Werner Marx · Hegels „Phänomenologie des Geistes"

Werner Marx

# Hegels „Phänomenologie des Geistes"

Eine Interpretation von Vorrede, Einleitung und der Abschnitte A und B

**Klostermann**RoteReihe

Die Untersuchung *Hegels Phänomenologie des Geistes: die Bestimmung ihrer Idee in ›Vorrede‹ und ›Einleitung‹* ist aus einer Reihe von Vorlesungen und Seminaren hervorgegangen, die an der Graduate Faculty der New School for Social Research in New York und an der Universität Freiburg gehalten wurden.

Hegels Phänomenologie des Geistes: die Bestimmung ihrer Idee
in „Vorrede" und „Einleitung" © Vittorio Klostermann GmbH ·
Frankfurt am Main · 1971
Das Selbstbewußtsein in Hegels Phänomenologie des Geistes
© Vittorio Klostermann GmbH · Frankfurt am Main · 1986

Neuauflage in einem Band
© Vittorio Klostermann GmbH · Frankfurt am Main · 2019

Alle Rechte vorbehalten, insbesondere die des Nachdrucks und der
Übersetzung. Ohne Genehmigung des Verlages ist es nicht gestattet,
dieses Werk oder Teile in einem photomechanischen oder sonstigen
Reproduktionsverfahren oder unter Verwendung elektronischer Systeme
zu verarbeiten, zu vervielfältigen und zu verbreiten.
Gedruckt auf alterungsbeständigem Papier.
Druck: docupoint GmbH, Barleben
Printed in Germany
ISSN 1865-7095
ISBN 978-3-465-04381-2

# INHALT

| | |
|---|---:|
| Vorwort zur zweiten Auflage | 6 |
| Vorwort | 7 |
| Historische Erinnerungen | 14 |
| I  Das natürliche Bewußtsein | 21 |
| II Das erscheinende Wissen | 26 |
|    1. Das Bedürfnis der Philosophie | 34 |
|    2. Die Bedingungen für die Darstellung des erscheinenden Wissens | 41 |
| III Natürliches Bewußtsein und Wissenschaft | 45 |
| IV Reflexionsphilosophie und absolute Reflexion | 59 |
| V Bewußtsein und Geist | 67 |
|    1. Der Begriff des Geistes | 71 |
|    2. Die Methode gemäß der Einleitung | 81 |
| VI Die Rolle des Phänomenologen und die Genese des Begriffs der Wissenschaft | 94 |
| VII Die Idee der Phänomenologie des Geistes und ihre Bedeutung für das Verständnis der Philosophie nach Hegel | 113 |
| Anhang: Die Dialektik und die Rolle des Phänomenologen | 124 |
| Register | 134 |

# Vorwort zur zweiten Auflage

Die zweite Auflage erscheint unverändert. Die Thesen der Abhandlung haben eine gute Aufnahme bei der Hegelforschung gefunden und die Darstellung hatte didaktischen Erfolg. Dies gilt auch für die englische Übersetzung (Harper & Row, New York, Evanston, San Francisco, London 1975).

Der Hauptgedanke des Buches hat sich weitgehend durchgesetzt, wonach die *Idee* der Phänomenologie des Geistes das dem Ganzen des Werkes einheitgebende *Prinzip* des Selbstbewußtseins ist wie es sich aus deren Begriffsnatur ergibt — nicht mit den im Buche B der Phänomenologie dargestellten Gestalten des Selbstbewußtseins zu verwechseln.

Mehr und mehr Beachtung hat die hier erstmals vertretene Auffassung gefunden, daß Hegel einen für das Verständnis des ganzen Werkes wichtigen Unterschied zwischen dem natürlichen Bewußtsein als solchem und dem natürlichen Bewußtsein als „erscheinendem Wissen" macht und nur dies letztere methodisch und logisch so „dargestellt" hat, daß sich das absolute Wissen als der dem natürlichen Bewußtsein der Reflexionsphilosophie zu vermittelnde Wissenschaftsbegriff erweist (vgl. hierzu die Rezension von W. Flach in Archiv für Geschichte der Philosophie Bd. 55, 1973, S. 100—113).

Der Hinweis auf eine bisher nicht beachtete Stelle in der Phänomenologie hat im Zusammenhang mit der Bestimmung der „Rolle der Phänomenologen" Interesse erweckt, zumal dadurch der besondere Charakter der dort herrschenden Dialektik deutlicher hervortrat. Diese Problematik wurde noch in einer anderen Richtung in einem Vortrag verfolgt, der anläßlich des X. Internationalen Hegelkongresses im Jahre 1974 in Moskau gehalten wurde. Er ist in dieser Auflage als Anhang abgedruckt.

September 1980                                                      Werner Marx

# Vorwort

In den letzten Jahren sind viele der alten Fragen zur Deutung der „Phänomenologie des Geistes" wieder in Bewegung geraten und neue sind hinzugetreten. Zu einer ganzen Reihe dieser Fragen hat der spätere Hegel selber Anlaß gegeben. Es gibt Äußerungen, die den Eindruck erwecken, als habe er sein Werk nur noch recht abschätzig bewertet; in anderen beurteilt er es nur distanziert – doch hat er es jedenfalls nie ganz verworfen.[1] Große Unklarheit ist dadurch entstanden, daß er die Stellung der „Phänomenologie des Geistes" zum ganzen System in der Großen Logik von 1812 anders bestimmte als in der umgearbeiteten Fassung der Logik von 1831 und daß die Philosophie des Geistes in der „Enzyklopädie der philosophischen Wissenschaften", in der die „Phänomenologie" einen besonderen Abschnitt des „subjektiven Geistes" ausmacht, wiederum eine völlig andere Bestimmung anzeigt. Die Frage, ob die Phänomenologie überhaupt noch als ein Glied des vollendeten Systems aufgefaßt werden darf, mußte sich stellen, als die Enzyklopädie das Problem des logischen Anfangs dadurch eindeutig zu lösen schien, daß statt des langen Weges der Phänomenologie der „*Entschluß, rein denken zu wollen*" (Enz. § 78)[2] genügte, um die logische Bewegung in Gang zu bringen.[3]

---

[1] Vgl. z. B. Enzyklopädie der Wissenschaften, § 415a, in der Hegel die Kantische Philosophie deswegen abschätzend bewertet hat, weil sie „nur Bestimmungen der Phänomenologie, nicht der Philosophie" des Geistes enthalte. Vgl. auch Hegels Brief an Schelling (Briefe von und an Hegel, Hrsg. v. J. Hoffmeister, Bd. 1. Hamburg 1952. 161 f.), wo von einer „unseligen Verwirrung", von einer „größeren Unform" der letzten Partien des Werkes die Rede ist, was damit entschuldigt wird, daß er seine Durchsicht „in der Mitternacht vor der Schlacht bei Jena geendigt habe". Zur Einschätzung der Phänomenologie des Geistes seitens der Schüler Hegels vgl. O. Pöggeler, Zur Deutung der Phänomenologie des Geistes, S. 257 ff., in: Hegel-Studien, Bd. 1, Bonn 1961, S. 255–294.

[2] Aus Hegels Werken wird folgenderweise zitiert: Phänomenologie des Geistes (= PhG), hrsg. v. J. Hoffmeister, Hamburg[6] 1952.
Vorrede und Einleitung wurden absatzweise durchparagraphiert (= V bzw. E).
Wissenschaft der Logik, Bd. 1 u. 2 (= Logik I, II) Hrsg. von G. Lasson, Leipzig[2] 1934.

Diese schwankenden Bestimmungen des späteren Hegel und manch anderes haben die Hegel-Forschung immer erneut zu der Frage veranlaßt, ob und in welchem Sinne die Phänomenologie des Geistes eine „Einleitung" ist, ob in dem Sinne einer „Propädeutik" (Gabler) oder einer „Genesis des Wissens" (Hinrichs) oder in welchem anderen Sinne, und ob und warum sie dies in der Form einer „Wissenschaft" sein muß. Vor allem wurde die Hegel-Forschung immer schon und wird sie weiter von der Frage bewegt, ob eine ihrer Idee nach absolut in sich geschlossene Systematik überhaupt eine „Einleitung" zulassen kann — die womöglich nicht zum System gehört —, und wenn ja, welche Funktion sie dann in dem von Hegel intendierten Sinn oder auch schlechthin haben kann.[4] In engem Zusammenhang mit diesem Problem steht eine weitere Frage, die die heutige Hegel-Forschung besonders beschäftigt: Handelt es sich bei der „Phänomenologie des Geistes" um ein Werk, das einheitlich durchkomponiert ist,[5] oder hat Hegel es bereits im Verlaufe der Abfassung in Anlage und Gliederung modifi-

---

Enzyklopädie der philosophischen Wissenschaften im Grundrisse (1830) (= Enz. 1830) neu hrsg. v. F. Nicolin u. O. Pöggeler, Hamburg 1959
Alle anderen Werke werden, wenn nicht anders vermerkt, zitiert nach: Georg Wilhelm Friedrich Hegel's Werke, Vollst. Ausg. hrsg. d. einen Verein von Freunden des Verewigten, Berlin 1832—1845 (= WW I ff.)
Kant, Fichte und Schelling werden nach folgenden Ausgaben zitiert: Kant, Kritik der reinen Vernunft, hrsg. v. R. Schmidt, Hamburg 1956 (= Kr. d. r. V. A bzw. B). Fichte, Sämtliche Werke, hrsg. v. I. H. Fichte, Berlin 1845—1846. Schelling, Sämtliche Werke, hrsg. v. K. F. A. Schelling, Stuttgart 1856—1861.

[3] Vgl. Logik I, 8. Hierzu vgl. die umgearbeitete Logik von 1831: Wissenschaft der Logik. Hrsg. v. G. Lasson. I, S. 54. Hierzu wiederum den § 36 der Heidelberger Enzyklopädie, in: Sämtl. Werke, hrsg. v. H. Glockner, Bd. 6, Stuttgart 1938, S. 48/49. Zum Problem der „Umdeutung der Phänomenologie" vgl. Hans Friedrich Fulda, Das Problem einer Einleitung in Hegels Wissenschaft der Logik, Frankfurt am Main 1965, S. 105 f. — Zu der sehr unterschiedlichen Bestimmung der Phänomenologie mit Rücksicht auf das System durch die Schüler Hegels und die ältere Hegel-Forschung vgl. ebd. S. 57 ff. und vgl. insbesondere die sehr nützliche Übersicht ebd., S. 77 f.

[4] Hierzu neuerdings vor allem H. F. Fulda, op. cit. zusammenfassend S. 110 f. und O. Pöggeler, op. cit. S. 259 ff.

[5] Eben dies sucht H. F. Fulda, op. cit., zu beweisen; hierzu kritisch O. Pöggeler, Die Komposition der Phänomenologie des Geistes, S. 52 ff., in: Hegel-Studien, Beiheft 3, Bonn 1966, S. 27—74.

ziert;⁶ ist der Text vom Anfang bis zum Ende eindeutig, oder wird durch ihn hindurch — aufgrund eines ganz anderen, zweiten Ansatzes — noch ein anderer Text sichtbar, handelt es sich hier um ein „Palimpsest", wie R. Haym, Th. Haering und neuerdings O. Pöggeler meinen?⁷ Untersuchungen über die Entwicklungsgeschichte der Phänomenologie haben — insbesondere durch Hinweise auf die persönliche Notlage Hegels — auf Bruchstellen und Widersprüche, und mit Hinblick auf das Vernunftkapitel, auf Unproportioniertheiten des Werkes hingewiesen.⁸

Die Frage wird oft so gestellt, ob es sich bei der Phänomenologie durchweg um eine „Wissenschaft der Erfahrung des Bewußtseins" handelt *oder* um eine „Phänomenologie des Geistes", bzw. ob das eine oder das andere nur für einen Teil des Werkes oder beides für es als ganzes gilt (s. u. S. 79 ff.). In der von Hoffmeister veranstalteten Ausgabe ist noch das Titelblatt⁹ abgedruckt, das lautet: „Erster Theil. Wissenschaft der *Erfahrung* des Bewußtseins". Die neuesten Forschungen des Hegel-Archivs haben zwar bestätigt, daß es nur aus einem buchbinderischen Mißgeschick erhalten blieb,¹⁰ dennoch ist unbestritten, daß für Hegel die Phänomenologie eine „Wissenschaft der Erfahrung des Bewußtseins" sein sollte.¹¹ Schon die ältere Hegel-Forschung hat gefragt, ob Hegel diese Intention durchgehalten hat, ob nicht — wie I. H. Fichte meinte — der erste Teil von einem transzendental-philosophi-

---

⁶ Zum Problem der Gliederung vgl. Th. Haering, Die Entstehungsgeschichte der Phänomenologie des Geistes, in: Verhandlungen des 3. Hegel-Kongresses, Hrsg. v. B. Wigersma. Tübingen/Haarlem 1934, S. 118—138, vgl. hierzu O. Pöggeler, Zur Deutung..., op. cit., S. 280, 289; ders., Die Komposition..., op cit., S. 31, 50.

⁷ So R. Haym, Hegel und seine Zeit. Vorlesungen über Entstehung und Entwicklung, Wesen und Werth der Hegel'schen Philosophie, Berlin 1857, S. 238. Ähnlich: Th. Haering, op. cit., S. 119 f., 133. Dieselbe Auffassung vertritt neuerdings mit Begründung O. Pöggeler, Zur Deutung..., op. cit., S. 264 ff.; ders., Die Komposition..., op. cit., S. 48.

⁸ Zum Problem des Vernunftkapitels vgl. vor allem O. Pöggeler, Zur Deutung..., op. cit., S. 272 u. 278; ders., Die Komposition..., op. cit., S. 47, 49 f.

⁹ Zur Frage des Titels erstmalig C. F. Bachmann: Anti-Hegel, Jena 1835, S. 182. Hierzu O. Pöggeler, Zur Deutung..., op. cit., S. 262 ff. u. 271 ff.

¹⁰ So O. Pöggeler, Zur Deutung..., op. cit., S. 272; ders., Die Komposition..., op. cit., S. 31.

¹¹ So auch O. Pöggeler, Zur Deutung..., op. cit., S. 272.

schen Ansatz aus verfaßt wurde, während — wie Haym das sieht — der zweite Teil von einem geschichts- und realphilosophischen Ansatz aus konzipiert worden ist.[12] In ähnlicher Weise stellt die neuere Hegel-Forschung diese Frage, und zwar meist mit Rücksicht auf die Gliederung und auf die von der Bestimmung des Geistes her erfolgte Umdeutung vieler Begriffe. Eine wichtige Rolle spielt hierbei der von der älteren Forschung oft unberücksichtigt gebliebene Gesichtspunkt, daß hinter der Phänomenologie vielleicht die Jenenser Logik und Metaphysik steht, die jetzt zuverlässig auf das Jahr 1804 datiert wurde,[13] wobei allerdings wichtige Veränderungen in der Reihenfolge der Kategorien zugestanden werden müßten.[14] Bei all diesen Erwägungen ist natürlich von allergrößter Bedeutung, ob und inwiefern die „Einleitung", die die „Methode" bestimmen sollte, für das ganze Werk gilt und ob und inwieweit die „Vorrede" für es Geltung hat.

Die Vorrede hat schon die ältere Hegel-Forschung zu der Frage nach Hegels Auffassung von der Bedeutung der „Geschichte" in der Phänomenologie des Geistes veranlaßt. Die Geschichte spielte bereits für den jungen Hegel eine wichtige Rolle, und zwar als Geschichte des menschlichen Geistes überhaupt, der Religion, des Volksgeistes usw. Sie wurde als Weltgeschichte und als Geschichte der Philosophie seit der Jenaer Zeit zum Thema verschiedener Vorlesungen. Von hier aus übte Hegels Auffassung der Geschichte die größte Wirkung auf die Entwicklung der Philosophie des 19. Jahrhunderts aus; sie war insbesondere für die Hervorbildung der Grundkonzeption des Marxismus von entscheidender Bedeutung.

Beunruhigend bleibt die Frage nach der Bedeutung der Geschichte für die Phänomenologie und nach der besonderen Art ihrer Geschicht-

---

[12] Der Name „Phänomenologie" tritt erstmalig in der Vorlesungsankündigung von 1806/07 auf; vgl. O. Pöggeler, Zur Deutung..., op. cit., S. 288; zur Kontroverse vgl. O. Pöggeler, Zur Deutung..., op. cit., S. 267 ff.

[13] Zur Deutung der Logik von 1804 vgl. O. Pöggeler, Die Komposition..., op. cit., S. 95 f. und H. Kimmerle, Zur Entwicklung des Hegelschen Denkens in Jena, in: Hegel-Studien, Beiheft 4, Bonn 1969, S. 33 ff.

[14] Vgl. hierzu O. Pöggeler, Die Komposition..., op. cit., S. 37 ff. und H. F. Fulda, Zur Logik der Phänomenologie von 1807, S. 95 ff. in: Hegel-Studien, Beiheft 3, Bonn 1966, S. 75—101.

lichkeit. Die eigentümliche Geschichtlichkeit der Phänomenologie des Geistes, wie sie in der Vorrede, den Schlußabschnitten des Werkes, vor allem aber in der Gesamtbewegung der in ihm dargestellten Entwicklung liegt (s. u. S. 46, 77), hat die Gegenwartsphilosophie insbesondere zu der Frage bewegt, in welchem Sinne die Antinomie einer „Geschichte des Absoluten" denkbar sei.

Die Erörterungen der meisten der genannten Probleme lassen sich als Beiträge zu der Frage nach der „Idee" des gesamten Werkes verstehen. Nun läßt sich diese Frage in unterschiedlicher Weise stellen. Sie kann aus dem Horizont des vollendeten Systems an die Phänomenologie gerichtet werden und dann zu der Frage werden, welchen Zweck und welche Aufgabe sie eigentlich noch angesichts eines in sich abgeschlossenen autonomen Systems haben könnte.[15] Diese Frage läßt sich auch aus einem werk- und entwicklungsgeschichtlichen Interesse her stellen, insbesondere mit Rücksicht auf die durch die neueste Hegel-Forschung notwendig gewordene veränderte Auffassung der Jenenser Logik und Metaphysik;[16] ebenso läßt sie sich systematisch aus der Problemlage der Jenaer Zeit entwickeln, als die Frage, ob und wie diese in der Problematik der Phänomenologie des Geistes Ausdruck gefunden hat.[17]

Es ist die Absicht der vorliegenden Untersuchung, durch eine Interpretation, die sich ausdrücklich nur auf die „Einleitung" und die „Vorrede" der Phänomenologie beschränkt, deren „Idee" herauszuarbeiten. Gegenüber der herrschenden Meinung sind wir der Auffassung, daß die Vorrede weitgehend eine Ergänzung zur Einleitung darstellt und somit nicht nur eine Vorrede zum nachfolgenden System sein sollte (s. u. S. 70ff., 81).

Diese Interpretation will nur „werkimmanent" verfahren. Dabei sind wir freilich nicht der naiven Meinung, als könnten wir den Text so deuten, „wie er dasteht". Vor dem historischen Bewußtsein unserer Tage würde solch ein Anspruch kaum bestehen. Man muß nicht der

---

[15] Eben dies ist das Thema der Arbeit von H. F. Fulda, op. cit.

[16] Das ist der leitende Gesichtspunkt der zitierten Untersuchungen von O. Pöggeler.

[17] So R. Bubner, Problemgeschichte und systematischer Sinn einer Phänomenologie, in: Hegel-Studien, Bd. 5, Bonn 1969, S. 129—159.

„hermeneutischen Schule" angehören, um zu wissen, daß jedwedes Lesen von Texten von „Vorurteilen" und allgemeinen „Voraussetzungen" bestimmt ist, die der Lesende an sie heranträgt.[18]

Dennoch besteht ein Unterschied zwischen einem werkimmanenten Auslegen, das die Phänomenologie nicht im Lichte eines eigenen philosophischen Entwurfs zu interpretieren unternimmt, und einem „rezipierenden" Auslegen. Beispiele solch einer Rezeption sind in unseren Tagen die Bemühungen, die aus phänomenologischer, ontologischer, marxistischer, existential-philosophischer oder seinsgeschichtlicher Sicht die Phänomenologie des Geistes — oder meist nur Stücke aus ihr — deuten. Die meisten dieser Rezeptionen sind — wie dies schon für Karl Marx der Fall war — aus der Not der Zeit geboren und streben eine grundsätzliche Verwandlung von Mensch und Wirklichkeit an (Lukács, Kojève, Bloch, Habermas).

Bei diesen Rezeptionen der Phänomenologie muß man allerdings wiederum zwischen zwei grundsätzlich verschiedenen Arten unterscheiden. Bei der ersten deutet der Autor selber den Text der Phänomenologie oder nimmt zu Fragen ihrer Komposition etc. Stellung, aber ausdrücklich und absichtlich im Lichte seines eigenen philosophischen Gesamtentwurfs. Ein markantes Beispiel in unserer Zeit ist Heideggers Versuch, die „Einleitung" der Phänomenologie des Geistes seinsgeschichtlich zu deuten.

Eine zweite Art von Rezeption liegt vor, wenn der Autor die Auslegung der Texte oder die Kompositionsauffassungen der Phänomenologie so übernimmt, wie eine ganz bestimmte Richtung der Hegel-Forschung sie ausgearbeitet hat (z.B. diejenige von Rosenkranz oder Haym oder Haering), wobei dies lediglich geschieht, um den eigenen philosophischen Gesamtentwurf zu stützen oder zu verdeutlichen. Wichtig ist, daß der Autor in diesem Fall darauf verzichtet, seinerseits den Text zu interpretieren und zu werkimmanenten Problemen Stellung zu nehmen.

Die erste Art der Rezeption, in der die Phänomenologie „produktiv" — verändernd — interpretiert wird, ist philosophisch sicherlich

---

[18] Zu dieser Problematik Hans-Georg Gadamer, Wahrheit und Methode, Tübingen ² 1965.

die wichtigste, aber auch die zweite ist durchaus legitim. Bedenklich ist letztere nur, wenn sie ein fixes Hegelbild übernimmt, ohne Prüfung, ob es sich bei dem derzeitigen Stande der Hegel-Forschung noch halten läßt. Mit allem Nachdruck muß nämlich daran festgehalten werden: es gibt die Möglichkeit eines mißverstandenen Hegel. Solche Mißverständnisse zu verhüten, ist eine wichtige Aufgabe der werkimmanenten Interpretation. Sie ist in unseren Tagen gerade dringend wegen der erwähnten zahlreichen und unterschiedlichen Versuche von Rezeptionen der zweiten Art. Dieser Aufgabe sollte die werkimmanente Interpretation heute, nachdem eine Richtung der Gegenwartsphilosophie das Verstehen von „Sinn" erstmalig zum Thema gemacht und Wesen und Ziel der Hermeneutik neu bestimmt hat, besonders wirksam entsprechen können. Ein hermeneutisch orientiertes, werkimmanentes Interpretieren wird nach dem „Sinn" oder der „Idee" eines Werkes — etwa der Phänomenologie des Geistes — fragen und eine einheitliche Dimension suchen, aus der sich die Verständlichkeit des gesamten Werkes erweisen läßt. Die einheitgebende Dimension kann in einem leitenden Problem gesucht werden, das bei Hegel endgültig oder auch vorläufig seine Lösung fand, oder sie kann — und dies wird das Ergebnis unserer Untersuchung sein — in dem Prinzip einer philosophischen Epoche gesehen werden, das in Hegels Werk zur Erfüllung gelangt. Jedenfalls läßt sich so zum einen die Fülle der einzelnen Probleme der Phänomenologie, wie sie sich dem Hegelinterpreten zeigen, auf eine Frage hin versammeln, die dem Ganzen eine verschärfte Relevanz verleiht. Zum anderen dürfte eine herausgearbeitete Idee der Phänomenologie für Versuche von Rezeptionen, jedenfalls für solche der zweiten Art, ein Maßstab sein, den sie nicht unbeachtet lassen dürfen.

## Historische Erinnerung

Um die Stellung der Hegelschen Metaphysik innerhalb der ihm zeitgenössischen neueren Metaphysik zu kennzeichnen und um von daher einen ersten Ausblick auf die „Idee" der Phänomenologie des Geistes zu gewinnen, fragen wir zunächst nach den unmittelbaren Vorbereitungen der Phänomenologie in der ersten Phase des Deutschen Idealismus, d. h. bei Fichte und dem jungen Schelling. Bei beiden findet sich der Gedanke einer genetischen Darstellung des Aufbaus des Selbstbewußtseins in seinen verschiedenen Vermögen, als eine „Reflexionsreihe" aufgefaßt, in der sich das Bewußtsein zunehmend besser durchschaut (vgl. Fichte I, 223). Fichte hatte diesen Gedanken in der „Grundlage der gesamten Wissenschaftslehre" von 1794 unter dem Titel einer „pragmatischen Geschichte des menschlichen Geistes" als die Aufgabe einer Wissenschaftslehre entwickelt; er hat sie für den Bereich des theoretischen Bewußtseins in der „Deduktion der Vorstellung" der „Grundlage" sowie im „Grundriß des Eigentümlichen der Wissenschaftslehre in Hinsicht auf das theoretische Vermögen" von 1795 durchgeführt. Schelling hatte diese Möglichkeit der Darstellung einer „Geschichte des Selbstbewußtseins" in den „Abhandlungen zur Erläuterung des Idealismus der Wissenschaftlehre" von 1796/97 aufgegriffen und im „System des transzentental Idealismus" von 1800 auszuführen gesucht.

Beide, Fichte wie Schelling, konstruieren die Geschichte des Selbstbewußtseins von seinen Anfängen her, beginnend mit den logischen Urhandlungen, die noch jenseits des Bewußtseins liegen. Es folgt die Genese des theoretischen Wissens, wobei mit der Empfindung (bzw. bei Fichte in der „Deduktion" mit der Anschauung) als der unmittelbarsten Weise des Wissens begonnen wird. Bei Fichte führt diese Genese in der „Deduktion der Vorstellung" über den Verstand zur Vernunft, bei Schelling im „System" über Anschauung und Reflexion zum „absoluten Willensakt", womit die Genese des Praktischen beginnt.

Hier ist nicht die gesamte Stufenfolge der frühen Systeme Fichtes und Schellings wiederzugeben. Nur dies ist hervorzuheben: Beiden kam es darauf an, zu zeigen, daß die Identität der reinen Selbstanschauung des Ich allen theoretischen und praktischen Leistungen (bei Schelling zudem: allen ästhetischen Leistungen) des Ich zugrunde liegt, daß sich aus ihr alle Kategorien und Anschauungsformen deduzieren lassen und daß sich auch das „gewöhnliche" Bewußtsein, das eine objektive Welt von sich unterscheidet, durch eine Selbstbegrenzung seiner ursprünglichen „intellektuellen Anschauung" erklären läßt. Damit verbunden wollten beide nachzeichnen, wie das Bewußtsein von einem ursprünglichen bewußtlosen Anschauen ausgehend sich zunehmend mehr zu einer Reflexion seiner selbst entwickelt. Während es Fichte bei dieser Bewegung nur um die Darstellung der Genese des Ich zu tun war und das Nicht-Ich eine untergeordnete Rolle spielte (subjektiver Idealismus), versuchte der junge Schelling zu zeigen, daß und wie die intellektuelle Anschauung ein Produzieren des dem Ich anderen, der „Natur" ist. Jedenfalls gelangt diese Reflexion am Ende des Weges zu der Einsicht in eine ursprüngliche Identität, somit zu eben dem — freilich jetzt mit Gehalten erfüllten — Gedanken, von dem die philosophische Reflexion ausgegangen war. Sowohl Fichte wie Schelling sind der Auffassung — ebenso wie später Hegel in der Phänomenologie —, daß die philosophische Reflexion der natürlichen „bloß folgen kann, aber ihr kein Gesetz geben darf" (Fichte I, 223); alles, was Fichte vom Philosophen verlangt, ist ein „experimentierendes Wahrnehmen" (ebd.). Schelling hat in seinen Münchener Vorlesungen zur „Geschichte der neueren Philosophie" (SW, X, 98) die Methode seines „Systems" als ein „sokratisches Gespräch" zwischen philosophischem und natürlichem Bewußtsein bezeichnet.

Hegel hat in der Phänomenologie diesen Gedanken einer Geschichte des Bewußtseins insofern aufgenommen, als auch sie in dem ersten Teil des Werkes eine Stufenfolge von „Vermögen" (sinnliche Gewißheit — Wahrnehmung — Verstand — Selbstbewußtsein) darstellt; auf das Ganze des Werkes gesehen wird das „Wissen" bis zu dem Punkt entfaltet, an dem es — als absolutes — zur Einsicht in die Subjekt-Objekt-Identität und damit zur Aufhebung des Gegensatzes von Wissen und Gegenständlichkeit gelangt. Allerdings geht es dabei nicht schlechthin von einer Selbstbeschränkung der ursprünglichen intellektuellen Anschauung aus, sondern — zunehmend deutlicher — von der des „Geistes", der „sich anders" wird und sich entfremdet, um sich im Anderssein wiederzufinden, wobei die Seite des Andersseins, der Objektivität, stärker zu ihrem Recht kommen wird. Das sei jetzt nur angedeutet (s. u. S. 71 ff.). Wir halten fest: Schon dem Idealismus vor Hegel ging es um die genetische Darstellung der Subjekt-Objekt-Identität. Um den Sinn dieser Identität besser zu verdeutlichen, müssen wir den Rahmen über die unmittelbaren „Vorbereitungen" der Phänomenologie hinaus erweitern.

Grundlegend für die Auffassung der Subjekt-Objekt-Identität im Deutschen Idealismus ist Kants Gedanke der „transzendentalen Apperzeption". Er bedeutet, daß das reine Subjekt — als ein Gefüge logischer Grundakte gefaßt — durch sein synthetisierendes Begreifen dem ihm entgegenstehenden Universum seine logische Form aufprägt. Das Subjekt ist also der Ursprung einer apriorischen Identität von Wissen und Objektivität in der Weise, wie Kant sie im „obersten Grundsatz aller synthetischen Urteile a priori" bestimmte: „Die Bedingungen der *Möglichkeit der Erfahrung* überhaupt sind zugleich Bedingungen der *Möglichkeit der Gegenstände der Erfahrung*" (Kr. d. r. V, A 158).

Hegel jedenfalls sah in der transzendentalen Apperzeption Kants die „Idee" der Identität von Denken und Sein ausgedrückt. In seiner ersten Auseinandersetzung mit Kant in dem Jenaer Aufsatz über „Glauben und Wissen" sah er den Ausdruck dieser Idee sogar nicht nur in der transzendentalen Apperzeption, sondern auch in der Einsicht in die „produktive Einbildungskraft" (WW I, Glauben und Wissen, 21). Die Einbildungskraft ist — nach ihm — für Kant das Vermögen, die Sinnlichkeit a priori zu bestimmen und ihre Synthesis den Anschauungen, den Kategorien gemäß zu machen, indem sie ein Schema produziert, das der Kategorie Bedeutung innerhalb der Anschauungen gibt; eben hierin sah Hegel die Identität, nämlich die „absolute, ursprüngliche Identität Entgegengesetzter" (ebd.). In dieser und anderen frühen Schriften faßte er die Einbildungskraft als das bewußtlose Produzieren von Anschauungen auf, das in die Differenz von Subjekt und Objekt „versenkt" ist und sie dadurch zusammenhält. Es mag offenbleiben, wie weit Hegel an dieser Stelle in die Einbildungskraft bei Kant die Fichtesche Fassung hineinliest, für den die Einbildungskraft als ein Schweben zwischen Ich und Nicht-Ich Anschauung hervorbringt. Für den späten Hegel — das sei angemerkt — gewinnt aber der Gedanke der transzendentalen Apperzeption die größere Bedeutung gegenüber dem der transzendentalen Einbildungskraft. Denn in der Wissenschaft der Logik (1812) erklärt er ausdrücklich, der „Begriff" habe die Struktur von Kants transzendentaler Apperzeption. Diese Überzeugung war bereits für die Phänomenologie des Geistes grundlegend; deshalb sei diese Anknüpfung Hegels an Kants transzendentale Apperzeption — und an diese als Struktur des Begriffs — noch etwas näher verdeutlicht. Kant schreibt in der Kritik der reinen Vernunft (B 139): „Die transzendentale Einheit der Apperzeption ist diejenige, durch welche alles in einer Anschauung gegebene Mannigfaltige in einen Begriff vom Objekt vereinigt wird". Dies besagt: Die transzendentale Apperzeption, die reine Subjektivität oder das reine Ich, konstituiert die Objektivität, indem sie die Mannigfaltigkeit der Anschauungen in den notwendigen Zusammenhang des Begriffs bringt. Dieser notwendige Zusammenhang des Begriffs „ist" — jedenfalls in Hegels Lesart—letztlich die transzendentale Apperzeption, das Selbst; und die bestimmten Begriffe oder Kategorien, in denen für Kant das Gegebene a priori urteilend zusammengefaßt wird, sind logische Funktionen, Arten des Selbst als „des" Begriffs. Für Hegel ist die zusammengreifende, apperzipierende Tätigkeit des Selbst nichts anderes als „der Begriff". Damit interpretiert er Kants Einsicht in die Struktur der transzendentalen Apperzeption wie folgt: Die sich als Begriff vollziehende, vereinigende Einheit des Selbst begründet den allgemeingültigen und notwendigen Zusammenhang der Objektivität. Daraus folgt für Hegel, daß das Subjekt sich in dem Bereich der Objektivität, die es „konstituiert" hat — in dem anderen —, wiederfinden kann. Eben das wird dann mit zu der „Idee" der Phänomenologie gehören: Das Bewußtsein muß die Vorstellung einer von seinem Wissen unabhängigen Gegenständlichkeit aufgeben und erkennen, daß alles andere von Kategorien des Selbst, des Begriffs, „durchzogen" ist, daß das Begreifen (der Begriff) in seinem „Anderssein", insofern er „Gedanke" ist, bei sich selbst bleibt, mit sich identisch ist.

Um der Bedeutung des Begriffs bei Hegel gerecht zu werden, darf man aber auch nicht übersehen, was ihn von Kants Verständnis der Subjekt-Objekt-Identität in der transzendentalen Apperzeption trennt. Für Kant war das reine Selbstbewußtsein in seiner einigenden Funktion für die Möglichkeit synthetischer Urteile a priori von Bedeutung, d. h. letztlich für die Grundlegung der Erfahrungserkenntnis der Naturwissenschaft und ihrer „Objektivität". Das Problem des Deutschen Idealismus, vor allem Hegels, war prinzipieller. Die Subjektivität war ihm die Bewegung, die das Ganze des Seins „logifiziert". Sie erhielt damit die Bedeutung, die der Logos für die griechische Philosophie besessen hatte.

Für die Griechen war in der Bestimmung des Logos bereits eine Identität von Denken und Sein gedacht, insofern der Logos zugleich die Ordnung selbst und das Wissen der Ordnung besagte. Diese Identität bedeutete für sie somit ein Partizipieren des Denkens an der Ordnung des Kosmos. Demgegenüber ist für das neuzeitliche Philosophieren seit Kant das wissende Subjekt der Ursprung der Ordnung der als Begriff formierenden (kategorialen) Gegenständlichkeit der Gegenstände. Diese „Wende" behält Hegel bei. Der Begriff ist für ihn der sich als Subjekt vollziehende Logos, der die Ordnung und Intelligibilität von allem, was ist, konstituiert. Dabei bedeutet „Subjekt" freilich nicht das menschliche oder gar individuelle Erkennen. „Subjekt" ist auch die sich in Formen und Gesetzen der Natur widerspiegelnde Ordnung, es ist auch der ordnende sittlich-objektive Geist sowie der sich in den geordneten Gebilden von Kunst, Religion und Wissenschaften darstellende „absolute Geist". Das Erkennen des Menschen stellt all diese Ordnungen nicht her, sondern vollzieht sie begreifend nach. Weil dieses Logifizieren aber schon immer geschehen ist, ist das Erkennen kein Formieren eines zuvor Formlosen, wie bei Kant, sondern ein Sich-durchsichtig-Werden der als Logos in allem waltenden Bewegung des Begriffs. Der Begriff gelangt zu einer eigenen vollen Durchsichtigkeit, nachdem er alles ihm „andere" durchdrungen und zu sich „aufgehoben" hat. Der Weg dieser zunehmenden Selbstdurchdringung ist die sich im Unterschied des wissenden und wissend handelnden Selbst und seines „Gegenstandes" vollziehende Bewegung. Die Darstellung eben dieses Weges ist die Phänomenologie des Geistes.

Dies genügt, um deutlich zu machen, daß sich Hegels Metaphysik in die Tradition der Logosphilosophie einfügt, wenngleich sie den Logos in seiner spezifisch neuzeitlichen, maßgeblich von Kant bestimmten Fassung aufnimmt. In diesem Hegel leitenden traditionellen Sinn des Logos liegen aber noch weitere Bestimmungen, die auch in der Phänomenologie wirksam geworden sind. Der Logos bedeutet traditionell nicht nur die Identität von Denken und Sein — neuzeitlich: von Subjektivität und Objektivität —; er hatte bereits für die Griechen den Sinn einer Ordnung, die — jedenfalls potentiell — total offenbar, für jeden nachvollziehbar sein muß. Der Logos als Gedanke, als Denken, gewährt eben diese Durchsichtigkeit. Der *nous* — der „Geist" oder die „Vernunft" — ist das lichtgebende Prinzip, das Denken ist als *noesis* die dem Menschen gegebene Möglichkeit eines intuitiven, niemals dem Irrtum unterlegenen, ans Licht bringenden Erfassens; der Vollzug des Logos als *dianoia* — der „Verstand" — vollzieht sich als Wissen, das begreift, urteilt, schließt, induziert und deduziert, Definitionen und Wesensbestimmung zu geben vermag. Diese Macht des *nous* und des Logos vollendete sich für die Griechen in der Philosophie, die sich als „Ontologie" verstand, als ein Suchen nach den letzten kategorialen Bestimmungen des Seienden, wie nach derjenigen des höchsten Seienden, des *theos,* insofern Ontologie immer zugleich Theologie war. Als die wichtigste Kategorie in dieser onto-theologischen Ordnung dachte Aristoteles diejenige der *ousia,* der Substanz, die sich in vielerlei Arten artikulierte, insbesondere als *telos.* Es ist von großer Wichtigkeit, an diese Bestimmung des *telos* eigens zu erinnern, weil der Gedanke des „erreichten Zieles" oder des „erfüllten Zweckes", der alles, was ist, vom Anfang her zu sich hinordnet, damit sowohl dem Seienden als solchem, wie dem Zusammenhang alles Seienden, dem Kosmos, eine bestimmte Art von „Notwendigkeit" zu verleihen vermochte.

Es wird sich zeigen, daß die Phänomenologie Hegels in all den genannten Hinsichten der Logos-Tradition verpflichtet geblieben ist, nicht nur in dem Gedanken der Identität von Denken und Sein, sondern vor allem darin, daß die Macht des Logos und des *nous* totale Durchsichtigkeit gewähren muß. Wenn auch in einer durch die Geschichte der Philosophie weitgehend veränderten Form, bleibt Hegels

Auffassung des Wesens der Philosophie onto-theologisch orientiert, und die immer noch kategorial gedachte Ordnung ist auch bei ihm entscheidend bestimmt von der Kategorie der „Substanz", die freilich selber — neuzeitlich gedacht — sich in dem bereits angedeuteten Sinne als „Subjekt" erfaßt. In der Kategorie der Substanz aber sieht auch Hegel die Bestimmung des *telos* und die in der teleologischen Kreisbewegung liegende „Notwendigkeit", die für ihn das Ganze der Ordnung beherrscht; diese ist freilich keine am Leitbild des *uranos* gedachte „kosmologische", sondern die zum System entfaltete Ordnung des Begriffs.

I

Das natürliche Bewußtsein

Im Vorwort (s. o. S. 7 ff.) wurde hervorgehoben, daß es in der älteren und in der neueren Hegel-Forschung unbestritten ist, daß die „Phänomenologie des Geistes" eine „Wissenschaft der Erfahrung des Bewußtseins" sein *wollte* und daß sie dies in ihren ersten Teilen auch ist. Im folgenden sei zunächst versucht, den Sinn oder die „Idee" einer solchen Wissenschaft zu bestimmen.

Als erstes stellt sich die Frage, ob es sich in dem Titel „Wissenschaft der Erfahrung des Bewußtseins" um einen genitivus subiectivus handelt, ob er eine Wissenschaft anzeigt, die sich selber als eine Erfahrung des Bewußtseins vollzieht. Allem Anschein nach ist diese Frage zu verneinen. Deutlich setzt der § 15 der Einleitung die Wissenschaft vom Bewußtsein ab, „das in der Erfahrung selbst begriffen ist". Dort sowie an anderen Stellen der Einleitung und des Textes der Phänomenologie wird der Wissenschaftler mit den Bezeichnungen „uns" bzw. „wir" von diesem erfahrenden Bewußtseinsvollzug unterschieden. Des weiteren wird die Wissenschaft, die in der Form einer „Darstellung" auftritt, als ein „Verhalten" zu ihrem Gegenstand bezeichnet (E § 9); dieser Gegenstand wird dort das „erscheinende Wissen" genannt (ebd.). Das erscheinende Wissen – und nicht die Wissenschaft – ist es somit, das die „Erfahrungen macht".

Der § 5 definiert nun die Darstellung des „erscheinenden Wissens" als den „Weg des natürlichen Bewußtseins, das zum wahren Wissen dringt". Das „erscheinende" Wissen – der Gegenstand der Darstellung – scheint somit eine bestimmte Weise des „natürlichen Bewußtseins" zu sein. Deswegen ist zunächst zu klären: Was besagt „natürliches Bewußtsein"?

Der Terminus „natürlich" darf nicht zu der Annahme verleiten, als gehe es hier um eine Bestimmung des Menschen in seinem Naturzustande. Von vornherein ist die irrige Auffassung abzuwehren, die „Phänomenologie des Geistes" wolle den Menschen in seiner Totalität bestimmen, etwa im Sinne Feuerbachs, der Marxschen Frühschriften oder gar einer zeitgenössischen Anthropologie. Diese Wissenschaft hat ausschließlich das „Bewußtsein" zum Thema; „Bewußtsein" aber bedeutet für Hegel immer wissenden Bezug eines Selbst auf Gegenständlichkeit. Die Selbstverständlichkeit, mit der Hegel Bewußtsein so ansetzt, hat ihre philosophiegeschichtlichen Hintergründe. Von „Bewußtsein" ist in der neuzeitlichen Denkgeschichte erst die Rede, nachdem Descartes das ego als eine res cogitans bestimmt hatte und die Vollzugsweisen dieser res als cogitationes. Das Eigentümliche dieser cogitationes lag in der Struktur der Bewegung, durch die das ego cogitans (das Subjekt), indem es sich auf sich selbst bezieht, sich zugleich auf das ihm Entgegenstehende, das andere, den Gegenstand (das Ob-jekt) bezieht und aufgrund dieses doppelten Bezuges sowohl seiner selbst wie des auf sich bezogenen gewußten Gegenstandes gewiß wird. Dieses cartesianische Prinzip des Selbstbewußtseins gehörte zu den „Selbstverständlichkeiten" der für Hegel zeitgenössischen „Bildung". Auf einer nicht philosophischen Ebene galt es als die Grundbestimmung des seiner selbst gewissen „gesunden Menschenverstandes" sowie des nach allgemeingültiger Gewißheit seiner Gesetze suchenden „Verstandes" der positiven Wissenschaften. In der Transzendentalphilosophie Kants bildete sich dieses Bewegungsprinzip als die „Form" aus, die spontan-logische Handlung, durch die sich das reine Ich hervorbringt und das ihm andere, die „Natur", die Sphäre der Gegenständlichkeit in dem Sinne „erschafft", daß die logische Form des reinen Ich das Ungeformte formt, durch kategoriale Synthesen organisiert. Da die Bewegung des reinen Ich aus seinem Bezug zur Sphäre der Gegenständlichkeit immer wieder auf sich zurückgeht, da sie in diesem Sinne eine „Reflexions"-Bewegung darstellt, verstand sich das Philosophieren, das diese transzendentale Bewegungsstruktur ausdrücklich machte, als eine „Reflexionsphilosophie". Deren Charakter wird noch näher zu kennzeichnen sein. Jetzt ging es nur darum, zu zeigen, warum für Hegel die Rede von „Bewußtsein" ohne weiteres und schlechthin den Bezug des seiner selbst gewissen ego auf eine als gewiß gewußte Gegenständlichkeit bedeutet hat.

Was aber besagt die das Bewußtsein qualifizierende Bestimmung

„natürlich"? Natürlichkeit bedeutet nicht „Leiblichkeit", „organische Natur". Wie die freilich erst später verfaßte „Enzyklopädie der philosophischen Wissenschaften" in ihrem Abschnitt „Anthropologie" des näheren entwickeln wird, liegt der Sieg über die den Geist beherrschende organische Natur gerade darin, daß sich der zunehmend erwachende Geist zum „Bewußtsein" fortzubilden vermag und dann näher zum „Selbstbewußtsein", zur „Vernunft". Der Terminus „Natur" bedeutet für Hegel schlechthin das Bindende und Bestimmende. Dies gibt es gerade auch noch im Element des Bewußtseins. Nur herrscht es hier als eine „unorganische" Natur (V § 28, vgl. PhG 210 ff.). Diese bezeichnet „die vorgefundenen Umstände, Lage, Gewohnheiten, Religion usw." (PhG 225), also alle das Bewußtsein bestimmenden Umstände der Gesamtsituation, in der es sich befindet. Das natürliche Bewußtsein „ist" wesenhaft in unmittelbarer Einheit mit seiner jeweils herrschenden, es bestimmenden Gesamtsituation, sie gehört zu ihr, obwohl sie ihm als eine ihm entgegenstehende Sphäre der Gegenständlichkeit gelten mag. Diese unmittelbare Einheit von Bewußtsein und bestimmender Situation hat Hegel in der Phänomenologie die „Gestalt" des Bewußtseins genannt (vgl. hierzu E § 17 und PhG 177).[1] Das „natürliche Bewußtsein" tritt in einer Vielzahl von „Gestalten" auf. Hierin liegt, daß die Natürlichkeit des Bewußtseins nicht etwa „natürlich" in dem Sinne einer „ewigen" Natur ist, sondern allein schon der sich wandelnden Situation wegen umgekehrt ein sich wandelndes, in diesem Sinne ein „geschichtliches" Bewußtsein ist. Diese Geschichtlichkeit des gestalthaften Bewußtseins ist fernerhin dadurch bezeugt, daß auch alle vergangenen, „schon abgelegten Gestalten" (V § 28) der „un-

---

[1] Zur Gestaltproblematik: H. Schmitz, Der Gestaltbegriff in Hegels „Phänomenologie des Geistes" und seine geistesgeschichtliche Bedeutung, in: Gestaltprobleme der Dichtung, Festschrift für Günther Müller, Bonn 1957, S. 315 ff.
Im Vernunftkapitel tritt das Bewußtsein nicht durchweg in der Form einer „Gestalt" auf, insbesondere nicht in dem Abschnitt „Beobachtende Vernunft".
Zum Unterschied zwischen „Gestalten des Bewußtseins" und „Gestalten einer *Welt*" vgl. PhG 314, 315.
In Hegels späterer Philosophie ist von Gestalten nicht mehr die Rede, bereits nicht mehr in der Vorrede zur Phänomenologie.

organischen Natur" (ebd.) eines jeweiligen Bewußtseins zugehören. Das natürliche Bewußtsein als ein geschichtliches wandelt sich. Die Verwandlung der jeweiligen Gestalt des natürlichen Bewußtseins in eine andere ist seine Bildung.

Bildung hat zunächst den Sinn von Durchbilden. Zu den Mächten, die das natürliche Bewußtsein durchgebildet haben, gehörte in der „alten Zeit" (V § 33) die Philosophie. Die Durchbildung der Natürlichkeit des Bewußtseins durch die Philosophie „tilgte" seine Auffassung von einer „unmittelbaren Wirklichkeit". Sie brachte die Wirklichkeit auf „Abbreviaturen", d. i. auf „einfache Gedankenbestimmungen" (V § 29), reinigte dadurch das Individuum von der unmittelbar-sinnlichen Weise seines „Wissens" und verwandelte den „Inhalt" seines Wissens zu einem „Gedachten" (ebd.). Das Gesamt des Gedachten, der Gedankenbestimmungen hat Hegel neuzeitlich „Substanz" genannt, wobei zugleich anzumerken ist, daß er diese Bestimmung oft auch in einem weiteren, nicht streng kategorialen Sinne gebraucht. Diese Substanz wurde durch die Durchbildung zum „Eigentum" des Selbst; sie gehörte dem „Selbst" an — aber noch in unmittelbarer Weise. Dieses Beispiel für die Geschichtlichkeit des „natürlichen" Bewußtseins zeigt zugleich, wie in der Durchbildung seine Weiterbildung liegt. Weiterbildung besagt, daß das Individuum „seine unorganische Natur in sich zehre und für sich in Besitz nehme" (V § 28). Das Bewußtsein baut die es bestimmende Natürlichkeit ab, bis sie ganz „insichgezehrt" ist. Das Bewußtsein muß für Hegel keinesfalls „natürliches" in dem Sinne bleiben, daß es von ganz bestimmten Umständen einer Gesamtsituation beherrscht bleiben muß. Die Weiterbildung führt vielmehr zunehmend zu einer Befreiung von solcher Herrschaft. Aber welche Art von Befreiung ist hier gemeint, wenn Hegel das Insichzehren zugleich als ein „Für-sich-in-Besitz-nehmen" gekennzeichnet hat? Es kann mit dem Insichzehren kein „Aufzehren" der Natürlichkeit etwa in dem Sinne gemeint sein, daß das Bewußtsein am Ende seines Bildungsweges von allen es bestimmenden Gehalten „abstrahiert" und sich auf sein reines Ich zurückgezogen hat, noch auch, daß es die Sphäre der Gegenständlichkeit im praktischen Handeln dem reinen Ich bzw. der Vernunft gemäß gemacht hat. In diesem Sinne hätte etwa Fichte das Insichzehren als ein

„Aufzehren" des „Nicht-Ich" denken können. Für Hegel bedeutet die erreichte Bildung des Bewußtseins eine Befreiung von der Herrschaft der Natürlichkeit in dem Sinne, daß es die Vernünftigkeit der Gegenständlichkeit, der Objektivität — sei es der Natur oder sei es der Institutionen und Vorstellungsweisen eines Volkes oder einer Epoche — begreift und sich so seiner Identität mit dieser Objektivität bewußt wird. Das Bewußtsein negiert also nicht einfach die es bestimmende Natürlichkeit, sondern es erkennt, daß auch den Vorstellungen, Gewohnheiten, Sitten etc. eine durchschaubare Bewegung von Gedankenbestimmungen zugrundeliegt. Durch das Begreifen dessen, was diese es bestimmende Gesamtsituation in Wahrheit ist, befreit es sich von der unorganischen Natur, hebt es das Bestimmtsein durch undurchschaubare Vorstellungen auf. Es ist wichtig, dessen eingedenk zu bleiben, daß die Befreiung von Bindungen nicht zu einer Absonderung des Bewußtseins — als der reinen Selbstgewißheit — von der Objektivität führt, weil dies nach Hegel nur ein leeres, „trockenes" Ich zum Resultat hätte. Vielmehr bleibt der ganze Bezug bestehen und wird dadurch gerade ausdrücklich gemacht, daß das Begreifen der Objektivität als einer vernünftigen, vom Gedanken durchherrschten, die Trennung von Bewußtsein und Gegenständlichkeit (in dem weiten Sinne, in dem oben von „Gesamtsituation" gesprochen wurde) und gerade damit die Abhängigkeit des Bewußtseins von dieser überwindet.

Auf unsere Frage nach dem Wesen des „natürlichen Bewußtseins" haben wir nunmehr diese Antwort erhalten: Als Bewußtsein hat es die in der neuzeitlichen Philosophie zur Bestimmung gelangte Bewegungsstruktur; als ein „natürliches" ist es eine Gestalt, die in unmittelbarer Einheit mit seiner es bestimmenden Gesamtsituation ist; wesenhaft aber ist es daraufhin angelegt, sich von eben dieser Bindung in der genannten Weise zu befreien, und so wird es je nach dem Stand der „Bildung", in unterschiedlichen Gestalten, als mehr oder weniger „natürliches" Bewußtsein auftreten. Dies ist es durchweg als „unmittelbare" Weise des „Geistes". Es wird noch zu zeigen sein, was das genauer besagt.

II

Das erscheinende Wissen

Als nächstes fragen wir, was es besagt, daß das „natürliche Bewußtsein", das in der Erfahrung begriffen ist, als „erscheinendes Wissen" Gegenstand der Darstellung ist. In Frage steht die Identität von erscheinendem Wissen und natürlichem Bewußtsein. Ist jeder Wissensvollzug des natürlichen Bewußtseins ein erscheinender, oder handelt es sich bei ihm um eine „qualifiziertere" Weise des Wissens des natürlichen Bewußtseins, und wenn ja, um welche?

Die Frage nach dem Verhältnis von natürlichem Bewußtsein und erscheinendem Wissen ist in der Hegel-Literatur bisher nicht genauer erörtert worden. Sie ist jedoch entscheidend für das Verständnis der Hegelschen Phänomenologie. Eine Antwort ergibt sich vielleicht aus den §§ 5—8 der Einleitung in Verbindung mit jenen Bestimmungen der Vorrede, die wir im Hinblick auf die Natürlichkeit des natürlichen Bewußtseins schon erläutert haben (s. o. S. 21 f.). Im § 5 der Einleitung wird erklärt, die Darstellung des erscheinenden Wissens könne von einem bestimmten Standpunkt aus als „der Weg des natürlichen Bewußtseins" genommen werden, „das zum wahren Wissen dringt". Nun beansprucht aber jedweder Wissensvollzug, ein „wahrer" zu sein, d. h. die Sache, das maßgebende Wahre, so erfaßt zu haben, wie es ist. Wieso kann dann überhaupt davon die Rede sein, daß das natürliche Bewußtsein — und dies besagt das wissende Bewußtsein — erst zu einem „wahren Wissen" dringt? Dies ist nur dann sinnvoll, wenn die Bestimmung „wahres" Wissen ein solches kennzeichnen soll, das schlechthin von einem „besser wissenden" unüberholbar ist, weil es ein Vollständiges weiß. Das Wissen müßte ein solches sein, das einer vollständigen, in diesem Sinne absoluten Wahrheit teilhaftig ist. Der § 6 der Einleitung bestätigt, daß Hegel mit dem „wahren" Wissen ein solches Wissen gemeint hat; für ihn gibt es ein Erkennen, das dergestalt im Bereich einer vollständigen Wahrheit steht, d. h. deren „Strahl" ist, der „uns berührt" (E § 1).

Es ist für das Verständnis alles Weiteren wichtig, daß wir gleich hier am Anfang unserer Erörterung zu verdeutlichen suchen, was Hegels Rede vom „absoluten Wissen" und dem „absolut Wahren" bzw. schlechthin „dem Absoluten" besagt. Dies ist umso wichtiger als man — in der Nachfolge von Feuerbach und Marx — auch heute geneigt ist, in der Bestimmung des „Absoluten" sofort eine „Mystifikation" oder eine rein religiöse Kategorie zu vermuten. Es ist zwar richtig, daß nach Hegel das göttliche Wesen, das das religiöse Bewußtsein vorstellt, „absolut" ist, aber dort, wo Hegel vom Erkennen bzw. Begreifen dessen spricht, „was an sich ist" (E § 1), hat die Bestimmung „absolut" nichts mit diesem religiösen Inhalt zu tun. In der Phänomenologie des Geistes geht es darum, darzustellen, daß und wie das wissende, seiner selbst gewisse Selbst dahin gelangen kann, daß es die „Realität", das andere, in seinen Letztbestimmungen, Kategorien so faßt, daß es in ihnen sein Selbst, d. h. dessen formende Denkbestimmungen wiederfindet. Diese völlige Durchdringung des Inhalts, für die es dann kein Fremdes mehr gibt, ist in einem das wahre oder absolute Wissen oder auch das absolut Wahre, die Wahrheit oder „das Absolute".

Wir werden noch näher sehen, daß eine der Aufgaben der Phänomenologie des Geistes — aus der sich ihre Idee wesentlich mitbestimmt — eben die Geschichte des Hervorbringens dieses Begriffs des Wissens oder der Wissenschaft ist, und dies als die Realisierung dessen, was für Hegel der „Begriff" ist. Daß der Gegenstand, die Objektivität letztlich im Begriff als der Einheit des Selbstbewußtseins liegt, der transzendentalen Apperzeption, der Subjektivität — dies hatte zuerst Kant gesehen. Aber für Kant bedeutete diese Identität von Subjektivität und Objektivität nicht das absolute Erkennen einer absoluten Wahrheit. Solch ein Erkennen gab es für ihn nur für den intellectus divinus. Kant faßt, nach Hegel, „unser" Erkennen als ein endliches subjektives Vermögen, dessen „Natur und Grenze" (E § 1) zu bestimmen die Aufgabe der transzendentalen Kritik eben deswegen ist, weil sie nachweisen kann, daß es *nicht* das, „was an sich ist", dem Bewußtsein „zu erwerben" (ebd.) vermag. Die transzendentale Kritik richtet sich auf die Bedingungen der Möglichkeit des Erkennens, weil sie sich zur Aufgabe gemacht hat, die Maßstäbe der Geltung alles Urteilens daraufhin zu überprüfen, ob sie zu Recht bestehen, und sie will die „geschickteste" Weise des endlichen Erkennens ermitteln (vgl. ebd.) und zeigen, daß sie, wenn auch nicht die absolute, so doch eine „andere" Wahrheit (E § 3) zu erfassen vermag, womit Kant diejenige der Naturwissenschaft des Galilei und Newton meinte. Bei dieser Überprüfung des Erkennens hat sich Kant aber — so rügt Hegel — von ungeprüften „natürlichen Vorstellungen" vom Wesen des Erkennens leiten lassen. Zu diesen natürlichen Vorstellungen gehören vor allem die Leitbilder vom Werkzeug und vom Medium. Das Erkennen wird einmal von Kant so vorgestellt, als ob es sich bei ihm um das spontane Hantieren mit einem Instrument handelt — „es ist, als ob man mit Spießen und Stangen auf die Wahrheit losgehen könnte" (Hegel, Vorlesungen über die Geschichte der Philosophie, WW XV, S. 555) — oder das Erkennen wird ganz rezeptiv vorgestellt, als ob es ein Medium wäre, in dem sich das zu Erkennende zunächst wie nach einem Gesetz der Strahlenbrechung brechen müßte. In beiden Fällen gelangt das Erkennen nicht rein mit dem zu erkennenden „Ansich" zusammen. Es vermag nur zu erfassen, was ihm als ein von seinen eigenen Werkzeugen Bearbeitetes oder als ein durch das Medium seines Erkennens Gebrochenes „erscheint". Für ein solches Erkennen, das nur „Erscheinungen" und nicht das „Ding an sich" zu erfassen vermag, gibt es somit eine Grenze zwischen diesem und dem Erkennen; das Erkennen steht ihm auf der einen Seite und das Absolute auf der anderen (E § 2).

Hegel hat im § 1 noch näher das Irrige einer kritischen Prüfung gezeigt, die das Erkennen — sei es im Bild des Werkzeugs oder des Mediums — als ein „Mittel" auffaßt: Sie bewegt sich in einem Zirkel. Wenn sie ihre ganze Anstrengung darauf verwandt hat, den Umfang der formierenden Funktionen des Werkzeugs kritisch zu bestimmen, also dies, was das Erkennen als die formende Tat vollzieht, dann liegt die kritische Bestimmung der Funktion des Erkennens nur darin, daß sie von dem „Ding an sich" eben diese Formen als bloß subjektive Zutat wieder abzieht. Oder, wenn die kritische Prüfung sich darum bemüht, das „Gesetz der Strahlenbrechung" zu ermitteln, als die Weise, in der das zu Erkennende im Erkennen als dem Medium erscheint, dann zieht sie eigentlich nur von dem „Ding an sich" das „Gesetz der Strahlenbrechung" wieder ab, also eben das, was sie zuvor aufgezeigt hatte. Hegel ist der Überzeugung, daß sich Kant mit diesen ungeprüften Leitbildern von Werkzeug und Medium die Einsicht in die Begriffsnatur des Selbstbewußtseins versperrt hat. Das Selbstbewußtsein ist Begriff, es ist die logische Form, die aber nicht nur wie bei Kant als transzendentale Apperzeption statisch ist, sondern die eine geschichtliche Bewegung darstellt, die sich zum einen von allen natürlichen Vorstellungen befreit (s. o. S. 23 f.) und sich zum anderen selbst zum Inhalt zu bestimmen vermag. Das besagt zugleich: Das Selbstbewußtsein qua Begriff vermag alles andere, Fremde, als sein eigenes anderes, als in seinem Wesen Selbes gedanklich zu durchdringen. Die Macht der Begriffsnatur des Selbstbewußtseins liegt eben hierin, daß es — zunehmend mehr — in seinem Selbst sowohl zu einer absoluten Gewißheit seiner selbst zu gelangen vermag, wie es auch das andere in seiner Wahrheit als von derselben Natur wie das Selbst erkennen kann. Dabei ist die Vollendungsgestalt dieses geschichtlich immer mehr zur Gewißheit und Wahrheit vordringenden Selbst diejenige, in der es sich in seinen Letztbestimmungen, den Regeln seines Denkens, den Denkbestimmungen in aller Andersheit, aller Gegenständlichkeit, Objektivität wiederfindet. Eben dieses vollständige Wiederfinden seiner Subjektivität in aller Objektivität macht die Begriffsnatur des Selbstbewußtseins aus, die es darzustellen vermag. Die in ihrer Vollständigkeit dargestellten Denkbestimmungen haben die Gestalt eines „Systems", des Systems der Wissenschaft der Logik. Es ist das „absolut Wahre" für ein Erkennen als „absolutes Wissen"; es ist „die Wahrheit", das Absolute. „Die wahre Gestalt, in welcher die Wahrheit existiert, kann allein das wissenschaftliche System derselben sein" (V § 5).

Auf unsere Frage, was Hegels Rede vom „absolut Wahren", der „absoluten Wahrheit" und dem „Absoluten" bedeutet, ist somit zu antworten: das dargestellte System der Kategorien, der Denkbestimmungen des „Selbst". Ihm steht nicht wie auf einer anderen Seite das Denken, das Erkennen gegenüber, es ist nicht durch eine „Grenze" geschieden, sondern Denken ist der Vollzug der Denkbestimmungen, ist — wie wir noch näher sehen werden — Subjektivität, die, als absolutes Wissen in den Gegenstand sich „vertiefend" (V § 53), ihn als die sich in dialektischer Bewegung voneinander ableitenden, zum Ganzen des in sich geordneten Systems fortbestimmenden Denkbestimmungen entfaltet. Die Wissenschaft der Logik ist das „Dasein" des sich als Begriff vollziehenden Selbstbewußtseins (vgl. PhG 556, 557). Daß sich das Selbstbewußtsein zu seiner „wahren Existenz", zum absoluten Wissen (E § 18) forttreiben kann, eben dies erweist der Weg der Darstellung, die die Phänomenologie des Geistes ausmacht. Ihr Weg ist nichts anderes als der des Gewordenseins des Selbstbewußtseins, das als absolutes Wissen das absolut Wahre zu erkennen vermag. Die Darstellung dieses Weges ist Hegels „Beweis", der, anders als Kants transzendentale Kritik, sich nicht nur auf das Vermögen des Subjekts zurückwendet und es „statisch" bestimmt, sondern die Entfaltung des Begriffs aufzeigt als die Macht, die als Subjektivität alle Objektivität zu durchdringen vermag. Wenn das absolute Wissen aber erst das „Ziel" des Erfahrungsweges des Bewußtseins ist, dann liegt hierin, daß das erscheinende Wissen in seinen Wissensvollzügen gerade nicht unüberholbar, sondern relativ ist, weil es sich nicht in allen Kategorien vollständig wiederfindet, sondern immer nur bestimmte erfaßt und eben darum dem Irrtum erliegen muß. Es ist ein Wissen, das seinem Wesen nach immer erneut zu der Einsicht gelangt, daß es die *realitas* nicht erfaßt hat. „Das natürliche Bewußtsein wird sich erweisen, ... nicht reales Wissen zu sein" (E § 6). Dies gilt für das Bewußtsein, das sich erst auf dem Weg befindet, absolutes Wissen zu werden. Es ist dementsprechend auch dadurch gekennzeichnet, daß es eine bewußte Einsicht in seine Unwahrheit zu haben vermag. So wird es auch das „unwahre Wissen" oder das „nicht wahrhafte Erkennen" genannt. Sein ständiges „Sich-geirrt-haben" hat in der Tat — wie wir sehen werden — wesentlich damit zu tun, daß es eine Geschichte von „Erfahrungen" durchlaufen muß. In dieser Hinsicht unterscheidet sich das „erscheinende Wissen" keineswegs von den Wissensweisen des natürlichen Bewußtseins schlechthin.

Es ist jedoch denkbar, daß es in anderer Hinsicht eine „qualifizierte" Form des natürlichen Bewußtseins ist. Offensichtlich liegt eine das erscheinende Wissen qualifizierende Hinsicht darin, daß es, insofern es Gegenstand der Darstellung ist, überhaupt auf dem dargestellten Wege zu dem Ziele „hindringt", ein wahres, ein absolutes Wissen zu werden.

Wollen wir damit behaupten, das natürliche Bewußtsein als solches sei von keinem Drang getrieben? Die Einleitung hebt ausdrücklich hervor, daß die Unruhe des Gedankens die Trägheit des natürlichen Bewußtseins stört (E § 8). Es muß immer erneut über das, was jeweils, und das heißt, was als „Einzelnes" und somit als „Beschränktes" gewußt ist, „hinausgehen" — „und da ihm das Beschränkte angehört, über sich selbst". Dadurch muß es sich jede „beschränkte Befriedigung" verderben. Zwar mag es vor dem Verlust des jeweils als wahr Gewußten und insofern vor einer „neuen" Wahrheit Angst haben und deshalb auch versuchen, entweder in „gedankenloser Trägheit" stehenzubleiben oder aus Empfindsamkeit auf seiner Versicherung zu beharren, daß etwas „in seiner Art gut" sei; oder es mag seinen jeweiligen Standpunkt mit „Eifer" aus „Eitelkeit" verteidigen und sich dabei an seinem eigenen Verstande weiden und somit nur sein „trockenes Ich" statt „allen Inhalts" finden. Aber es bleibt dabei ständig von einem Drang getrieben, und zwar deswegen — wie sich uns bald genauer zeigen wird — weil die im „Selbst" des natürlichen Selbstbewußtseins waltende Vernunft, der „Begriff", ihm diese „Gewalt" antut.

Nun mag zwar das natürliche Bewußtsein schlechthin in dieser Weise „getrieben" sein, aber dies besagt noch nicht, daß es dazu getrieben ist, sich auf jenen ganz bestimmten Weg zu begeben, an dessen Ende es zu einem wahren, absoluten Wissen wird; zwar zeigte sich uns bereits in der Möglichkeit eines geschichtlichen Wandels der Natürlichkeit des Bewußtseins dessen Fähigkeit, über eine gegebene Bindung, eine bestimmte Gestalt hinausgehen. Aber mit dieser Möglichkeit des sich Lösens von den Bindungen ist noch nicht der Weg eingeschlagen, sich von allen Bindungen und Voraussetzungen zu befreien, der Weg zum absoluten Wissen. Es erhebt sich die Frage: Ergreift das Bewußtsein diese Möglichkeit, zu einem „absoluten" zu werden, von selbst? Oder ergreift es sie vielleicht nur dann, wenn es zum „Gegenstand" der Darstellung und erst damit zu einem „erscheinenden Wissen" geworden ist? Wir können an dieser Stelle über die „Rolle", die die Darstellung spielt — als die Vollzugsgestalt dieser Wissenschaft, die die Phänomenologie des Geistes ist —, noch nichts Genaueres sagen. Das Eigentümliche des erscheinenden Wissens als einer Wissensweise des natürlichen Bewußtseins scheint jedenfalls darin zu liegen, daß es als Gegenstand einer Darstellung zu jenem bestimmten Ziele, dem absoluten Wissen hindringt, „die Reihe seiner Gestaltungen" durchläuft und dadurch „die ausführliche Geschichte der Bildung des Bewußtseins selbst zur Wissenschaft" ist (E § 6).

Daß das erscheinende Wissen und das natürliche Bewußtsein nicht zusammenfallen, zeigt sich nicht nur, wenn man das Ziel, sondern auch, wenn man das Gesetz des Fortganges zu diesem Ziel, dem absoluten Wissen, ins Auge faßt. Der erste Satz des § 7 der Einleitung lautet: „Die Vollständigkeit der Formen des nicht realen Bewußtseins wird sich durch die Notwendigkeit des Fortganges und Zusammenhanges selbst ergeben." Die Notwendigkeit des Fortganges von einer Gestalt des nicht realen Bewußtseins zu einer anderen ist hier jenes Moment, das die Vollständigkeit der Formen des erscheinenden Wissens garantiert. Eben dies, daß die Formen des erscheinenden Wissens, die als Gestalten des Bewußtseins im Verlaufe seiner Darstellung auftreten, sich in dieser vollständig versammeln lassen, begründet einen wesentlichen Unterschied des natürlichen Bewußtseins vom erscheinenden Wissen. Zwar ist, wie wir gesehen haben, die Natürlichkeit des natürlichen Bewußtseins für Hegel keine anthropologische Konstante, sondern Funktion der Bildungsgeschichte: Bewußtsein hat als natürliches seine „unorganische Natur", die als seine geschichtliche Gesamtsituation es unmittelbar bestimmt. Wie das natürliche Bewußtsein, so tritt auch das erscheinende Wissen in geschichtlichen Gestalten auf. Die Geschichtlichkeit jedoch, die dem natürlichen Bewußtsein, insofern es Gegenstand der Darstellung und somit erscheinendes Wissen ist, eignet, ist eine andere als die, die ihm außerhalb einer solchen Darstellung zukommt. Außerhalb der Darstellung wäre ihr Sinn weder durch die Kategorie der Notwendigkeit noch durch die der Vollständigkeit verständlich zu machen. Eine Bildungsgeschichte des natürlichen Bewußtseins könnte auch, mit den Worten des Schlußkapitels der Phänomenologie des Geistes, die „Form des freien zufälligen Geschehens" haben (PhG 563). Die Form der Notwendigkeit hingegen eignet nur einem Geschehen — das ist der Grundgedanke des § 7 der Einleitung —, dessen Bewegungsgesetz die bestimmte Negation ist. Sie ist dasjenige, „wodurch", wie es im letzten Satz von § 7 heißt, „sich der Fortgang durch die vollständige Reihe der Gestalten von selbst ergibt". Was also nach Hegel für die „ausführliche", das heißt für die vollständig ausgeführte „Geschichte der Bildung des Bewußtseins selbst zur Wissenschaft" (E § 6) erfordert wird, ist ein Doppeltes. Es ist zum einen die Vollständigkeit der Formen, und zum anderen das, was diese möglich macht: Die Notwendigkeit des Überganges von einer Form des Wissens zu einer anderen. Was Geschichte der Bildung des Bewußtseins in diesem Zusammenhang besagt, wird noch zu erörtern sein (s. u. S. 46 ff., 77 ff.). Hier an dieser Stelle mag es genügen, die Darstellung des erscheinenden Wissens im Unterschied von einer Geschichte des natürlichen Bewußtseins als qualifizierte Weise geschichtlicher Darstellung zu begreifen: qualifiziert durch ein Bewegungsgesetz, das für die Notwendigkeit des Fortganges zum absoluten Wissen und die Vollständigkeit der dargestellten Situationen auf dem Wege dahin einsteht.

Dies ergibt sich somit bisher über das „erscheinende Wissen": Es ist zunächst insofern eine qualifizierte Form des natürlichen Bewußtseins, als sich nur von ihm sagen läßt, daß es zu dieser, „zu seiner wahren Existenz sich forttreibt" (E § 17). Sodann auch insofern, als es nur als „Weg der Seele" beschrieben werden kann, „welche die Reihe ihrer Gestaltungen, als durch ihre Natur ihr vorgesteckter Situationen, durchwandert, daß sie sich zum Geiste läutere, indem sie durch die *vollständige* Erfahrung ihrer selbst zur Kenntnis desjenigen gelangt, was sie an sich selbst ist" (E § 5, Hervorhebung v. Verf.). Wir wissen aber noch nicht

1. worin das Wesen des erscheinenden Wissens genauer liegt, aufgrund dessen es eben dies vermag. Wir haben

2. auch nicht geklärt, wie es dies vermag, d. h. worin die ihm eigene Methode liegt, von der wir — durch den ersten Titel der Phänomenologie des Geistes — nur erfahren, daß sie sich als eine „Erfahrung" vollzieht. Noch wissen wir

3. warum — wie dies offensichtlich Hegels Auffassung ist — das natürliche Bewußtsein diesen Weg eines „erscheinenden Wissens" eigentlich gehen „soll" und warum dies gerade jetzt zu geschehen hat, anders gewandt, warum eine Darstellung des erscheinenden Wissens

eben jetzt — wie die Vorrede dies ausdrücklich behauptet — „an der Zeit" (V § 5) ist.

Zum Zwecke einer besseren Orientierung für alles folgende sei im nächsten Kapitel die dritte Frage zuerst beantwortet; dabei werden sich auch bereits Hinweise auf die anderen Fragen ergeben.


## 1. Das Bedürfnis der Philosophie

Warum *soll* das natürliche Bewußtsein überhaupt den Weg gehen, den Weg, den die Darstellung geht, die das „erscheinende Wissen" zum Gegenstand hat, und wieso soll es ihn *jetzt* gehen, wieso ist diese Darstellung „an der Zeit"? Die Antwort auf diese Frage liegt nahe: Eben dies ist für die Vollendung der Bildungsgeschichte des natürlichen Bewußtseins nötig. Um diese Antwort einsichtig zu machen, müßte zunächst geklärt werden, auf welchem Bildungsstand sich das natürliche Bewußtsein zu der Zeit befand, zu der die Darstellung unternommen wurde. Daraus müßte sich ergeben, warum eine Weiterbildung des natürlichen Bewußtseins, und zwar in dieser ganz bestimmten Richtung, zur Gestalt des absoluten Wissens hin, notwendig zu sein schien. Außerdem müßte hieraus folgen, warum die Darstellung diese Weiterbildung ermöglichen oder gar zu leisten beanspruchen kann und warum sie dies *jetzt* zu leisten vermag.

Wir wollen diese Frage in erster Linie anhand der Bestimmungen erörtern, die die Vorrede gibt. Auf die Frage nach der Stellung der Vorrede zum Ganzen der Phänomenologie kann erst später eingegangen werden. Denn um sie zureichend stellen zu können, ist es unerläßlich, zu klären, ob die Phänomenologie des Geistes in einer und derselben Hinsicht zugleich eine Erfahrungswissenschaft vom Bewußtsein sein kann (s. u. S. 79 ff.). Im gegenwärtigen Problemzusammenhang ist nur von Interesse, daß die von Hegel nachträglich verfaßte Vorrede die Einleitung nicht in Frage stellt, sondern sachlich ergänzt.

Außer der Vorrede werden wir zur Beantwortung unserer Frage auch Hegels Ausführungen in den Journalschriften der Jenaer Zeit heranziehen (s. auch oben S. 16).

Hegel ist der bestimmten Auffassung, daß seine Zeit „eine Zeit der Geburt und des Überganges zu einer neuen Periode" ( V § 11), daß ein „qualitativer Sprung" erfolgt ist und damit ein „Aufgang..., der, ein Blitz, in einem Male das Gebilde der neuen Welt hinstellt" (ebd.). Nun ist aber dieser „Anfang des neuen Geistes" das „Produkt einer weitläufigen Umwälzung von mannigfaltigen Bildungsformen, der Preis eines vielfach verschlungenen Weges und ebenso vielfacher Anstrengung und Bemühung" (V § 12). Im vorangegangenen Kapitel hatten wir kurz auf die Bestimmungen der Vorrede zur Bildungsgeschichte des natürlichen Bewußtseins in der „alten Zeit" hingewiesen; sie reichen für Hegel — in dieser Allgemeinheit — bis zu jener neuen „Durchbildung" des natürlichen Bewußtseins durch die Philosophie des Cartesius. Descartes war es, der das Prinzip der neueren Philosophie aus dem Wesen des Selbst, des Subjekts, begründete — bzw. umgekehrt, der das Selbst, das sich zu seiner Zeit erst in unvermittelter Weise als ein solches aus der Unmittelbarkeit der Substanz herausgebildet hatte, zum Grundprinzip der Philosophie gemacht hat. Dieses Prinzip der Subjektivität des Subjekts ist das „der unmittelbaren Gewißheit seiner selbst", die es von nun ab an und für sich „in jeder Gestalt seines Wissens zu besitzen weiß" (V § 26). Dies ist seine „absolute Form" (ebd.). Auf ihrer Grundlage wird sich das Selbst — in philosophischer Selbsterfassung — auch anderer Formen bewußt, die die Inhalte seiner Vorstellungen bestimmen, also „Gedachtes", Gedankenbestimmungen sind, wie etwa Subjekt-Objekt, Natur, Verstand, Sinnlichkeit (V § 31). Kennzeichnend für die dem Descartes unmittelbar folgende Zeit war es nun, daß das natürliche Bewußtsein diese „Formen" einfach als „bekannt" hinnahm, ohne sie „kritisch" zu prüfen (vgl. hierzu ebd.). Sie bildeten lediglich „feste Punkte" sowohl des „Ausgangs als der Rückkehr" eines „Hin- und Herredens" (ebd.).

Auf einer nächsten Stufe dieser Bildungsgeschichte hat sich das Selbst dann zu einem „allgemeinen" Selbst bestimmt; es ist dies das Selbst der Transzendentalphilosophie, das sich kritisch auf sich selbst als das Gefüge der die Objektivität konstituierenden logischen Formen richtet. Diese kritische Analyse der logischen Formen bzw. Kategorien selbst ist erst im vollen Sinne Denken; das im Element des

Denkens sich befindende Selbst aber ist „allgemeines Selbst". Denken in der Gestalt des Wissens ist ein „Tun", und zwar Tun des „allgemeinen Selbst" (V § 30). Dieses Tun richtet sich gegen das „bloße Bekanntsein" mit den Formen, beginnt sie „kritisch zu analysieren", zu „scheiden", und eben dadurch bildet es sich zum „Verstand" aus, der „Tätigkeit des Scheidens" (V § 32). Hegel hat diese „Kraft und Arbeit des Verstandes" zutiefst bewundert als die der „verwundersamsten und größten, oder vielmehr der absoluten Macht" (ebd.). Im Gegensatz hierzu ist der „Kreis, der in sich geschlossen ruht und als Substanz seine Momente hält, ... das unmittelbare und darum nicht verwundersame Verhältnis" (ebd.). Was Hegel hier „verwundersam" findet, ist nicht die kreisförmige Geschlossenheit des Konkreten, das als Wirkliches Allgemeines und Einzelnes vermittelt, sondern dies, „daß das Konkrete" — durch die analysierende Arbeit des Verstandes — „sich scheidet und zum Unwirklichen macht" (ebd.). Die „ungeheure Macht des Negativen", von der Hegel an der zitierten Stelle spricht, bezieht sich nicht unmittelbar auf die Arbeit der Weltgeschichte, sondern auf das Vermögen zur Abstraktion des Allgemeinen aus dem Konkreten, d. h. auf das Vermögen der Ausscheidung allgemeiner Gedankenbestimmungen aus dem Umfange jenes Kreises, in dem und als der das Konkrete Dasein besitzt: „Aber daß das von seinem Umfange getrennte Akzidentelle als solches, das Gebundene und nur in seinem Zusammenhange mit anderem Wirkliche ein eigenes Dasein ... gewinnt, ist die ungeheure Macht des Negativen; es ist die Energie des Denkens, des reinen Ichs" (ebd.). Dieser Gedanke wird im darauffolgenden Paragraphen wieder aufgenommen: In der neuzeitlichen Philosophie, so heißt es dort, „findet das Individuum die abstrakte Form vorbereitet", wenn auch einschränkend hinzugefügt werden muß, daß „die Anstrengung, sie zu ergreifen und sich zu eigen zu machen, ... mehr das unmittelbare Hervortreiben des Innern und abgeschnittene Erzeugen des Allgemeinen als ein Hervorgehen desselben aus dem Konkreten und der Mannigfaltigkeit des Daseins" ist (V § 33). Die Fähigkeit des Verstandes ist für Hegel, allgemein gesprochen, Analysis eines konkreten Ganzen in seine abstrakten Momente. Denn die „Energie des reinen Denkens, des reinen Ichs" legt die Vorstellungen „in ihre ursprünglichen

Momente auseinander" (V § 32). Sie erweisen sich eben dadurch, gar nicht die bisher als bekannt hingenommenen Formen der Vorstellungen, sondern „das unmittelbare Eigentum des Selbst" zu sein, d. h. dessen „Gedanken" und als solche „Unwirkliches" (vgl. ebd.). Aufgrund der Kraft des Verstandes lösen sich die bestimmten Gedanken aus dem konkreten Verband als der Unmittelbarkeit der Substanz, sie werden zu Geschiedenen, die jetzt ein eigenes, abgesondertes „Dasein" führen; aber erst jetzt „sind" sie Gedankenbestimmungen als solche, freilich zunächst nur als feste und ruhende Bestimmungen. In dieser Weise hat der analysierende Verstand die „ungeheure Macht des Negativen" erstmalig ins Werk gesetzt; sie ist es, die nunmehr überall große Veränderungen hervorbringt, sowohl im Bereich des praktischen „gesunden Menschenverstandes" wie in dem der Wissenschaften, vor allem aber auch in der Philosophie. Eben dadurch, daß das verständige natürliche Bewußtsein diese Macht des Negativen zunehmend besser zu gebrauchen lernte, hat es schließlich auch das „allmähliche Zerbröckeln" ermöglicht (V § 11), die dem „Aufgang" des neuen Geistes und dem „qualitativen Sprung" vorausgehende Zeit. Erst mit diesem Sprung, als einem nächsten Schritt, der den „Aufgang des neuen Geistes ausmacht", hat das natürliche Bewußtsein seinen Verstand so ausgebildet, daß es durch ihn zum „vernünftigen Wissen" werden könnte (V § 13), und das heißt, es hat begonnen, die Macht der Negativität als eine dem vernünftigen Selbst zugehörige Macht zu erkennen, die die ganze Substanz zu durchdringen und zu sich zu vermitteln vermag.

In dieser Macht der Negativität erblickt Hegel nun jenes Moment, vermöge dessen der Tätigkeit des Verstandes die Aufgabe zufällt, das unwissenschaftliche Bewußtsein mit der Wissenschaft zu vermitteln. Als das Gemeinschaftliche beider ist der Verstand die *Möglichkeit* der Wissenschaft: „Die verständige Form der Wissenschaft ist der Allen dargebotene und für Alle gleichgemachte Weg zu ihr, und durch den Verstand zum vernünftigen Wissen zu gelangen, ist die gerechte Forderung des Bewußtseins, das zur Wissenschaft hinzutritt; denn der Verstand ist das Denken, das reine Ich überhaupt; und das Verständige ist das schon Bekannte und das Gemeinschaftliche der Wissenschaft und des unwissenschaftlichen Bewußtseins, wodurch dieses unmittelbar in jene einzutreten *vermag*" (V § 13, Hervorhebung v. Verf.). Diese entscheidenden Sätze des § 13 umreißen die Funktion der analysierenden Arbeit des Verstandes für die Ausbildung der Wissenschaft zum gemeinsamen Eigentum Aller. Was im § 32 von der Arbeit des Verstandes allgemein gesagt ist, wird hier auf den Eintritt des unwissenschaftlichen Bewußtseins in die Wissenschaft, auf den Übergang zum Verstand, zum vernünftigen Wissen bezogen: Durch den Verstand zum vernünftigen Wissen zu gelangen, ist möglich, weil der Verstand „das Denken, das reine Ich überhaupt" ist, das mithin, was von Hegel im § 32 „die Energie des Denkens, des reinen Ichs" genannt worden ist. Insofern das Verständige das Bekannte, wenn auch noch nicht das Erkannte und wissentlich Ergriffene ist, befindet sich, der Meinung des eben zitierten Textes zufolge, auch das natürliche Bewußtsein, das sich auf der gegenwärtigen Bildungsstufe zum Verstand fortgebildet hat, in der Form des reinen Ichs und damit im Element des reinen Begriffs. Aber erst, wenn es dies Element in einer noch ausführlich zu erklärenden Weise sich durchsichtig machen und damit die Möglichkeit vernünftigen Wissens realisieren würde, könnte sich das natürliche Bewußtsein — auf philosophischer Ebene — zum wohlverstandenen „Idealismus" ausbilden, für den das „Selbstbewußtsein und Sein *dasselbe* Wesen ist" (PhG 178). Erst dann könnte es auch — als letzte Stufe auf diesem Bildungsgang — der absoluten Wahrheit teilhaftig werden und d. h., wie wir bereits hörten, als absolut wissendes einem System des Wissens, der Wissenschaft als einer solchen, Dasein geben. Zu all dem *könnte* es sich entwickeln. Aber — und dies ist von größter Wichtigkeit für unsere bestimmte Frage — Hegel zufolge haben sich zu Anfang des neuen Geistes dieser Weiterentwicklung Widerstände entgegengestellt. Eben sie müssen nunmehr durch eine große Anstrengung und Arbeit überwunden werden. Zu dieser Arbeit fühlte Hegel sich aufgerufen. In der Jenaer Zeit, wie es besonders deutlich in seiner Erstveröffentlichung „Die Differenz des Fichte'schen und Schelling'schen Systems" zum Ausdruck kommt, galt sein Bestreben einzig und allein diesem Ziel, gegen diese Widerstände zu kämpfen und das Bewußtsein seiner Zeit in die ganz bestimmte Richtung zu lenken, die er in der dem Selbstbewußtsein innewohnenden Vernunft sah; und eben diesem Ziele diente dann später, wenn auch auf andere Art, die als Phänomenologie des Geistes zu leistende „Darstellung des erscheinenden Wissens". In den Journalschriften hatte Hegel die Kultur seiner Zeit einer scharfen „Kritik" unterzogen (vgl. „Kritisches Journal der Philosophie", hrsg. v. Schelling und Hegel, Tübingen 1802/03), um durch sie das bloß verständige Selbstbewußtsein zu der ihm innewohnenden Vernunft zu erwecken. Er sah das Bedrohliche und das diese Entwicklung Behindernde vor allem in denjenigen philosophischen Positionen, die von der Macht des Selbstbewußtseins nur auf verständige Weise Gebrauch machten, die, ohne sich in die Sache selbst zu vertiefen, ihr verständiges Denken nur auf die vorgenommenen vorgestellten Inhalte und deren Formen, auf ganz bestimmte „Entgegensetzungen" und „Entzweiungen" festlegten. Beispiele für solche entzweienden Verstandesgegensätze waren ihm die überlieferten Gegensätze von Geist und Materie, Seele und Leib, Glauben und Verstand, Freiheit und Notwendigkeit, die im Fortgang der Bildung der zeitgenössischen Philosophie die Form von „Vernunft und Sinnlichkeit, Intelligenz und Natur" oder — wie es in der Differenzschrift (WW I, 174) heißt — „von absoluter Subjektivität und absoluter Objektivität" angenommen hatten. Diese Seiten wurden als feste Punkte aufgefaßt, die sich deshalb niemals zu einer wirklichen Einheit zurückführen ließen. Die Gegensätze wurden vor allem dadurch verfestigt, daß unter diese festen Bestimmungen das ihnen Zugehörige subsumiert wurde; nur mit Hinblick auf dieses Subsumieren läßt sich sagen, daß das Trennen in Gegensätze immer auch ein Beziehen, insofern ein Einigen einschloß. Aber es vermochte nur feste und endliche „Totalitäten" zu schaffen (vgl. WW I, 172), die nur dazu führten, daß das kulturelle „Leben" der Menschen in vielfacher Hinsicht entzweit wurde. Aus eben dieser Situation der Entzweiung ist der Philosophie die wirkliche Aufgabe erwachsen. „Wenn die Macht der Vereinigung aus dem Leben der Menschen verschwindet, und die Gegensätze ihre lebendige Beziehung und Wechselwirkung verloren haben und Selbständigkeit gewinnen, entsteht das Bedürfnis der Philosophie" (WW I, 174).

Wir brauchen hier nicht auf die bestimmte Art und Weise einzugehen, in der Hegel in der Jenaer Zeit diesem „Bedürfnis" eben durch jene „Kritik" zu entsprechen versuchte, und zwar dadurch, daß er die falsche, nur „verständige" Reflexion zu einer „vernünftig-spekulativen" zu verwandeln versuchte.[1] Für uns ist wichtig, daß ihn einzig und allein dieser durch die Reflexionsphilosophien bestimmte Bildungsstand des natürlichen Bewußtseins zu „Anfang des neuen Geistes" dazu bestimmt hat, die Phänomenologie des Geistes zu verfassen, die „Darstellung des erscheinenden Wissens" zu unternehmen. Von ihr muß er sich somit erhofft haben, daß sie das natürliche Bewußtsein seiner Zeit veranlassen würde, den Weg zu gehen, der es zu einem absoluten Wissen verwandeln würde, das dann dem wissenschaftlichen System, der Wissenschaft, Dasein geben könnte. Für Hegel war es „an der Zeit", daß das natürliche Bewußtsein ein „wissenschaftliches" wird. Dies eben hieß für ihn, daß sich vor allem die Philosophie seiner Zeit zur Wissenschaft „erhebe" (V § 5). „Daran mitzuarbeiten, daß die Philosophie der Form der Wissenschaft näherkomme, — dem Ziele, ihren Namen der *Liebe* zum *Wissen* ablegen zu können und *wirkliches Wissen* zu sein —, ist es, was ich mir vorgesetzt" (ebd.). Daß es auch darum ging, das natürliche Bewußtsein überhaupt zu diesem Ziele hinzuführen, ergibt sich aus der besonderen Art, in der diese Darstellung — die Phänomenologie des Geistes — „Vorbereitung" sein will, und zwar gerade für das „unwissenschaftliche" Bewußtsein schlechthin (V §§ 13 und 28). Bevor wir eben diese besondere Art der Darstellung näher kennzeichnen, halten wir für die uns leitende Absicht und zur Beantwortung der eingangs von uns gestellten Frage dieses fest: Das natürliche Bewußtsein soll den Weg zu dem bestimmten Ziele gehen und soll ihn jetzt gehen und darum als erscheinendes Wissen zum Gegenstand der Darstellung werden, weil nach Hegel eben dies zur Erfüllung des bildungsgeschichtlichen Weges nötig war. Allerdings — so wird sich uns bald zeigen — gehört hierzu nicht, einfach den Fortlauf der Bildungsgeschichte so beschreibend „darzustellen", wie dies in den knappen Bestimmungen der Vorrede mit Hinblick auf die vergangene und Hegel zeitgenössische Bildungsgeschichte geschehen ist. Die „Darstellung" muß noch ganz anderen Erfordernissen genügen, worin zugleich

---

[1] Zu Hegels Begriff der „Kritik" in der Jenaer Zeit vgl. jetzt R. Bubner, Problemgeschichte und systematischer Sinn..., op. cit.

liegt, daß auch ihr Gegenstand, das erscheinende Wissen, diesen Erfordernissen entsprechen muß.

## 2. Die Bedingungen für die Darstellung des erscheinenden Wissens

Das natürliche Bewußtsein steht innerhalb seiner Bildungsgeschichte auf einer Bildungsstufe, die durch das Prinzip der neueren Philosophie gekennzeichnet ist, das — wie bereits erwähnt — Descartes erstmalig ausgesprochen hat. In der Sicht Hegels ist es — wie wir sahen — zu Beginn einer neuen Epoche dahin gekommen, daß sich dieses Prinzip voll austragen ließ. Dies wäre — um das zunächst nur formell anzudeuten — der Fall, wenn sich das Selbstbewußtsein in dem bereits angedeuteten Sinne als absolutes Wissen an die Aufgabe machen würde, die absolute Wahrheit als ein wissenschaftliches System darzustellen. Diese Entwicklung ist aber durch die Hegel zeitgenössischen Philosophien wie durch die ganze durch sie bestimmte Kultur gehemmt worden. Wie wir hörten, haben die sogenannten „Reflexionsphilosophien" durch ein nur verstandesgemäß verfahrendes Scheiden und Beziehen und das Aufstellen fixer Verstandesgegensätze tiefgreifende Entzweiungen in dem geistigen Leben herbeigeführt. Soll diese Hemmung überwunden und die Philosophie zu dem wahren Begriff des Wissens und dessen Darstellung geführt werden, dann muß das zeitgenössische natürliche Bewußtsein, das noch nicht im Sinne des antizipierten Systems „wissenschaftlich" ist, davon überzeugt werden, daß allein die Wissenschaft das Prinzip des Selbstbewußtseins — auf dem auch das unwissenschaftliche Bewußtsein bereits steht — in sachgemäßer Weise zur Erfüllung zu bringen vermag. Wie hat dies zu geschehen? Es ist nicht damit getan, daß die Weiterbildung des natürlichen Bewußtseins zur Wissenschaft einfach „entworfen" wird. Solch ein Entwurf, der einer „Propädeutik" gleichkäme, würde wenig Überzeugungskraft haben. Er wäre keine geeignete „Vorbereitung". Sie bliebe nur „zufällig" (vgl. V § 34). Sie würde nur gewissermaßen von außen her ihren Standpunkt als den einzig „wahren" verkünden, sie würde ihn nur „versichern". „*Ein* trockenes Versichern gilt aber gerade soviel wie ein anderes" (E § 4). Soll diese Darstellung auch das zeitgenössische Philosophieren überzeugen und es dazu bewegen, den Begriff der Wissenschaft — so wie Hegel ihn versteht — anzuerkennen, dann muß diese Darstellung selber bereits einen „wissenschaftlichen" Charakter in dem Sinne haben, daß „der Weg, wodurch der Begriff des Wissens erreicht wird,... ein notwendiges und vollständiges Werden ausmacht" (V § 34). Wenn die Darstellung als der Weg zur Wissenschaft auch noch nicht diese selbst ist, so muß sie doch bereits eine solche „Notwendigkeit" an sich tragen, die die Hegel zeitgenössische Philosophie anerkennen muß. Welchen Inhalts muß aber diese Darstellung sein, wenn sie nicht nur eine äußerliche Propädeutik bleiben soll? Sie muß sich zur Aufgabe machen, all die Formen des Wissens zu untersuchen und zu prüfen, die mit dem Anspruch auftreten, die Sache in ihrer Wahrheit erfassen zu können. Die Wissenschaft muß die „Realität" des Erkennens der vielfachen Positionen prüfen. Sie muß sich kritisch mit ihnen auseinandersetzen. Hegel hatte in seiner frühen Schrift „Über das Wesen der philosophischen Kritik überhaupt und ihr Verhältnis zum gegenwärtigen Zustand des Philosophierens im besonderen" vom Jahre 1802 bereits seiner Überzeugung Ausdruck gegeben, daß solch eine Kritik der unterschiedlichen philosophischen Positionen möglich ist, weil „die Philosophie nur Eine ist, und nur Eine sein kann", weil „die Vernunft nur Eine ist" (WW XVI, 34). Kritik der Vernunft ist deswegen möglich, weil es für diese *eine* Vernunft auch nur *einen* „Begriff der Wissenschaft" geben kann und weil dieser sich eben aus dem zur Vernunft entwickelten Prinzip des Selbstbewußtseins notwendig ergeben muß.

Nun würde aber eine kritische Auseinandersetzung dennoch für die zeitgenössische Philosophie nicht überzeugend sein und darum auch nicht zur Überwindung der herrschenden Entzweiung führen, wenn sie sich damit begnügen würde, diesen Begriff der Wissenschaft als kritischen Maßstab einfach von außen her an die zu kritisierenden Positionen heranzutragen. Es ist nicht damit getan, irgendein Wissen „als eine gemeine Ansicht der Dinge nur (zu) verwerfen und (zu) versichern", daß man selber in der Wissenschaft „eine ganz andere Erkenntnis" habe und daß jenes Wissen für diese Wissenschaft „gar nichts ist" (vgl. E § 4). Auch ist es nicht damit getan, sich „auf die

Ahnung eines bessern" in diesen anderen Wissensweisen zu berufen (ebd.). Denn was würde jene anderen Positionen daran hindern, zu erklären, daß für sie ihrerseits die „Wissenschaft nichts ist" (ebd.)? Andererseits würden jene anderen Positionen auch nicht davon überzeugt werden können, daß ihr Erkennen nicht wahrhaftig ist, wenn sich die Kritik damit begnügen würde, darauf hinzuweisen, daß in diesem nicht wahrhaften Erkennen das wahrhafte schon vorhanden sei. Denn dies käme einer Anerkennung des nichtwahrhaften Erkennens gleich (vgl. ebd.).

In welcher Weise soll aber diese Kritik auftreten, damit sie das verständige „unwissenschaftliche" Bewußtsein wirklich davon überzeugt, daß es sich zu jenem Begriff von Wissenschaft entwickeln muß, der für Hegel die Erfüllung des Prinzips des Selbstbewußtseins ausmacht? Welche Erfordernisse wären an eine solche Kritik zu stellen? Für diese Kritik ist erforderlich, daß sie

1. der ausdrücklichen Absicht Rechnung trägt, nur „Vorbereitung" und „Einleitung" für das wissenschaftliche System zu sein, das an der Zeit ist und „auftreten" muß; sie muß sich ausdrücklich dazu bekennen, ihrerseits noch nicht den Begriff des Wissens zu haben, deswegen selber noch nicht absolutes Erkennen der absoluten Wahrheit zu sein und sich als ein solches vollziehen zu können. Sie muß ausdrücklich „der Form des reinen Begriffs sich entäußern" (PhG 563) und es sich zur Aufgabe machen, den „einfachen Begriff" der Wissenschaft als „das aus der Sukzession wie aus seiner Ausdehnung in sich zurückgegangene Ganze" (V § 12) aus den „zu Momenten gewordenen Gestaltungen" (ebd.) als ein Resultat zu „erzeugen" (vgl. V § 20). Nun ist es Hegels ausdrücklich gegen die gewöhnliche Ansicht des „Falschen" gerichtete Überzeugung, daß zu dem „Ganzen" als dem „Wahren" auch das „Falsche" mit gehört. Es gehört mit in den Prozeß, der das Ganze zum Resultat hat (vgl. V §§ 20 und 38 f.). Hegel hat einen solchen Prozeß des Werdens eine „Erscheinung" genannt; inwiefern er damit eine Erscheinung des Absoluten und später des Geistes meint, braucht jetzt nicht erörtert zu werden (s. u. S. 79 f.). Von der „Wissenschaft" — als dem nachfolgenden, erst zu errichtenden wissenschaftlichen System — her gesehen, ist diese Darstellung, die erst

den Begriff der Wissenschaft als das Resultat eines Prozesses entwickeln wird, eine „Erscheinung" (vgl. V § 38). In dieser Form ist sie auch nur der „*erste* Teil" der Wissenschaft (V § 35), ist sie erst die „auftretende" Wissenschaft (E § 4). Die Darstellung muß in der Weise „auftreten", daß sie sich ihrerseits erst zum Begriff des Wissens, zum wirklichen Wissen erheben muß. Dies ist das erste Erfordernis, dem die Darstellung genügen muß.

2. Darstellung besagt aber Darstellung eines Gegenstandes. So muß sich dieser Erscheinungscharakter der Darstellung wesenhaft auf ihren Gegenstand beziehen. All die Weisen des natürlichen Bewußtseins, die wesenhaft „nicht reales Wissen" sind, müssen in der Weise zur Darstellung gelangen, daß sie einen Prozeß, das „Werden" eines Ganzen ausmachen, das ein diesem Werden entstammendes Resultat hat. Das Wissen, das Gegenstand dieser als „Erscheinung" auftretenden Wissenschaft ist, muß somit selber in dem gleichen Sinne ein „erscheinendes" sein. Zu ihm gehören in der Tat wesenhaft die falschen Gestalten, denn jede Gestalt wird in der Prüfung zu einer falschen, die von einer neuen Wahrheit abgelöst wird; sie ist insofern eine „verschwindende", und dieses ständige Verschwinden der falschen im Auftreten der neuen wahren Gestalt ist der „bacchantische Taumel", von dem Hegel in der Vorrede spricht (§ 47).

3. Soll diese Darstellung des zeitgenössischen natürlichen Bewußtseins auf seiner derzeitigen Bildungsstufe überzeugen, dann muß dieses erscheinende Wissen so dargestellt werden, wie es sich verhalten würde, wenn es wirklich „in der Erfahrung selbst begriffen" (E § 16) wäre, eine Erfahrung freilich, in der die Notwendigkeit liegt, den ganz bestimmten Weg zum Ziele hin zu gehen, der für das natürliche Bewußtsein schlechthin nicht besteht, weswegen es ja gerade in der Entwicklung steckengeblieben ist. Im folgenden sei gezeigt, daß und wie die Darstellung des erscheinenden Wissens eben diesen Erfordernissen zu genügen versucht.

## III

### Natürliches Bewußtsein und Wissenschaft

Es hat sich ergeben, daß das natürliche Bewußtsein und seine Wissensweisen — wie sie sich in der „Form der Zufälligkeit" innerhalb der Geschichte entwickelt haben — *nicht* das erscheinende Wissen sind. Dieses ist nur dasjenige Wissen, das von der „auftretenden", „vorbereitenden" Wissenschaft, der Phänomenologie des Geistes, in der Form der Darstellung zum Gegenstand erhoben worden ist. Nur ein derartig vergegenständlichtes Wissen befindet sich auf dem Wege zu dem bestimmten Ziel, absolutes Wissen zu werden. Diese vorbereitende Wissenschaft gewinnt ihrerseits erst den Begriff des Wissens aus dem Resultat eines Werdens des Ganzen; sie ist — wie wir sahen — eben deswegen auch erst „Erscheinung", genauso wie ihr Gegenstand — eben weil er seinerseits ein werdender ist — „erscheinend" genannt wird.

Soll die Darstellung des erscheinenden Wissens durch die erscheinende Wissenschaft in einer Weise geschehen, die das Hegel zeitgenössische natürliche Bewußtsein davon zu überzeugen vermag, daß es auch selber diesen Weg gehen könnte, dann dürfen die möglichen Wissensweisen nicht schlicht deduziert werden, sondern dieses Werden muß als ein Geschehen aufgezeigt werden, als die Geschichte „durchgemachter" oder durchmachbarer Erfahrungen: als ein Geschehen, bei dem die Weise, wie diese Erfahrungen aufeinanderfolgen, von einer Notwendigkeit getragen ist, aufgrund deren das bestimmte Ziel, das absolute Wissen, der Begriff des Wissens, erreicht werden muß. Diese Darstellung würde des weiteren dann überzeugend für das natürliche Bewußtsein sein, wenn sich für den Begriff des Wissens aufzeigen ließe, in eben dem Prinzip zu gründen, auf dem ein jedes natürliches Bewußtsein in seinem Wesen beruht, so daß es sich hier um ein Ziel, ein *telos* handelte, auf das hin sich jedes natürliche Bewußtsein entwickeln könnte — wenn es nur die rechte Einsicht in sein Wesen hätte.

Die Phänomenologie des Geistes versucht in der Tat, in dieser Weise den Begriff des Wissens — zu dem sie sich selber erst erheben muß — dem zeitgenössischen Denken verständlich zu machen. Sie versucht, ihn zu „rechtfertigen" (Logik I 29).

Wie leistet sie diese „Rechtfertigung"? Sie stellt eine Geschichte der Erfahrungen dar, so wie sie das natürliche Bewußtsein auch hätte machen können, wenn es sich nur auf diesen Weg begeben hätte; sie zeigt des weiteren, wie eine ganz bestimmte Methode — die wir bald erörtern werden — den Erfahrungsgang mit Notwendigkeit zu diesem Ziele, dem absoluten Wissen als dem Begriff des Wissens, hinführt. Und vor allem macht sie sichtbar, daß die Entwicklung im Prinzip des Bewußtseins angelegt ist, daß sich somit jedes natürliche Bewußtsein zu diesem Ziele, diesem *telos* hin entwickeln könnte. Die Phänomenologie des Geistes — anders als die „Wissenschaft" als eine solche — ist eben durch dieses Sich-Einlassen auf das natürliche Bewußtsein nur eine „verständige Form der Wissenschaft" (V § 13). Weil sie in dieser Form ist, versteht sie sich als der „Allen dargebotene und für Alle gleichgemachte Weg" zur Wissenschaft (ebd.). Das natürliche Bewußtsein, das sich auf der gegenwärtigen Bildungsstufe schon seinerseits zu einem verständigen Denken ausgebildet hat, könnte also die Erfahrungsgeschichte des erscheinenden Wissens „mitvollziehen" und sich weiterbilden, um dann seinerseits in die Wissenschaft als eine solche einzutreten, „denn der Verstand ist Denken, das reine Ich überhaupt; und das Verständige ist das schon Bekannte und das Gemeinschaftliche der Wissenschaft und des unwissenschaftlichen Bewußtseins, wodurch dieses unmittelbar in jene einzutreten vermag" (ebd.).

In diesem Eintritt des natürlichen Bewußtseins in die Wissenschaft erblickt Hegel ein Bildungsgeschehen eigener Art. Die in der Vorrede von Hegel der Phänomenologie des Geistes zugesprochene „Aufgabe, das Individuum von seinem ungebildeten Standpunkte aus zum Wissen zu führen" (V § 28), deckt sich mit der in der Einleitung gegebenen Bestimmung, die Phänomenologie sei als Darstellung des erscheinenden Wissens zugleich die „Geschichte der *Bildung* des Bewußtseins selbst zur Wissenschaft" (E § 6). Hieraus scheint hervorzugehen, daß die Phänomenologie selber eine Bildungsgeschichte des Bewußtseins des Geistes von sich selbst zur Darstellung bringen will. „Die Wissenschaft", so heißt es im Hinblick auf deren ersten Teil (vgl. V § 35), die Phänomenologie des Geistes, „stellt sowohl diese bildende Bewegung in ihrer Ausführlichkeit und Notwendigkeit, wie das, was schon zum Momente und Eigentum des Geistes herabgesunken ist, in seiner Gestaltung dar. Das Ziel ist die Einsicht des Geistes in das, was das Wissen ist" (V § 29). Andererseits erscheint Bildungsgeschichte in der Phänomenologie des Geistes als das, was dieser als „wirkliche Geschichte" schon vorausliegt, und zwar in der Weise, daß sie eine Bedingung ihrer Existenz, d. h. ihres Auftretens in der Zeit, als eine Erscheinung neben anderen ist.[1] Mit dieser Konzeption hängt zusammen, daß die „Einsicht des Geistes in das, was das Wissen ist": nämlich absolutes Wissen zu sein, auf einem doppelten Wege erfolgt. Sowohl die Darstellung des erscheinenden Wissens wie auch die wirkliche Geschichte hat zu ihrem Ziel das absolute Wissen.[2] Auch die

[1] Zum Problem einer immanenten Rechtfertigung der Wissenschaft durch eine selbständige Bildungsgeschichte vgl. Fulda, Das Problem einer Einleitung in Hegels Wissenschaft der Logik, Frankfurt 1965, S. 217 ff. u. 251 ff. Fulda geht von der enzyklopädischen Gestalt der Hegelschen Philosophie aus, die ihm den Leitfaden für die Frage abgibt, welche Aufgabe der Phänomenologie von 1807 vom System her gestellt sein kann. Auf Fuldas Unterscheidung eines vierfachen Sinnes von Geschichte und Geschichtlichkeit in der Philosophie Hegels (Geschichte des absoluten Geistes, Weltgeschichte, Geschichte der Philosophie und Bildungsgeschichte) braucht hier nicht näher eingegangen zu werden, da sich der differenzierte Geschichtsbegriff des enzyklopädischen Systems in der Phänomenologie von 1807 noch nicht findet. Weltgeschichte und Bildungsgeschichte des allgemeinen Geistes verschmelzen in der Phänomenologie des Geistes zu einer Einheit, die als „wirkliche" Geschichte der Geschichte der Bildung des Bewußtseins zur Wissenschaft, die in der Phänomenologie dargestellt wird, gegenübergestellt und zugleich mit ihr verschränkt wird.

[2] J. Habermas hat in „Erkenntnis und Interesse" (Frankf. 1968) das Ziel der ganzen Bewegung der Phänomenologie in der Wiederholung der Bildungsgeschichte der Gattung als einer Emanzipationsgeschichte gesehen. Er hat nicht beachtet, daß es sich bei dem Ziel der Phänomenologie um nichts anderes handeln kann, als um die Entfaltung des Selbstbewußtseins in seiner *Wahrheit*. Diese Wahrheit ist nach der „Vorrede" nichts anderes als das Ganze des wissenschaftlichen Systems. Das sich selbst in seiner Wahrheit, d. h. als System seiner eigenen Bestimmungen wissende Selbstbewußtsein ist absolutes Wissen. Es geht nicht an, das Absolute und das absolute Wissen aus der Phänomenologie des Geistes auszuklammern und dennoch diese als ein „Modell" für eine Emanzipationsbewegung zu benutzen.

„wirkliche Geschichte", so erklärt Hegel im Schlußkapitel der Phänomenologie, ist eine Bewegung des Geistes, „die Form seines Wissens von sich hervorzutreiben" (PhG 559). Die wirkliche Geschichte ist somit die Bildungsgeschichte des allgemeinen Geistes, in der dieser sein Selbstbewußtsein hervorgebracht hat und die in der aufbewahrenden Erinnerung als eine Abfolge von Bildungsstufen erscheint: „Wenn also dieser Geist seine Bildung, von sich nur auszugehen scheinend, wieder von vorn anfängt, so ist es zugleich auf einer höheren Stufe, daß er anfängt. Das Geisterreich, das auf diese Weise sich in dem Dasein gebildet, macht eine Aufeinanderfolge aus, worin einer den andern ablöste, und jeder das Reich der Welt von dem vorhergehenden übernahm" (PhG 564). Demgegenüber organisiert die Wissenschaft des erscheinenden Wissens eben diese Bildungsgeschichte des absoluten Geistes so, daß sie dem natürlichen Bewußtsein der Zeit Hegels sowohl als notwendig wie auch als ausführlich, d.h. als vollständig, vorgeführt werden kann (vgl. den eben zitierten Satz V § 29, siehe auch oben S. 42). Als Resultat kann festgestellt werden, daß die Phänomenologie des Geistes zwar eine Bildungsgeschichte darstellt, aber doch derart, daß als deren Subjekt nicht der absolute Geist, sondern dessen Entäußerungsform, das Bewußtsein, erscheint.

Eine Schlüsselstellung für die Frage nach dem Sinn von Bildungsgeschichte und deren Verhältnis zur Phänomenologie nimmt der § 28 der Vorrede ein. Jede Deutung hat davon auszugehen, daß Hegel hier die Idee einer Bildungsgeschichte des allgemeinen Geistes, in der das geschichtlich Spätere zugleich das begrifflich Höhere ist, mit dem Gedanken verknüpft, daß der allgemeine Geist je einer Bildungsstufe sich ein Verhältnis zu dem Individuum gibt, dessen Substanz eben jener Geist ist. Hegel kann das Individuum im Vergleich zum Standpunkt der Wissenschaft ungebildet nennen, weil es von der Bildung seiner Zeit nur bestimmt ist, ohne sie sich wissentlich angeeignet zu haben. In der Ausdrucksweise des Paragraphen handelt es sich um das doppelte Verhältnis des „besonderen Individuums" zum „allgemeinen Individuum" auf der einen, und um das Verhältnis des „höherstehenden" Geistes zum „niedrigeren" auf der anderen Seite. Entsprechend erscheint als Subjekt der Bildung das allgemeine Individuum ebensosehr wie das besondere. Das macht der einleitende Satz des Paragraphen deutlich: „Die Aufgabe, das Individuum von seinem ungebildeten Standpunkte aus zum Wissen zu führen, war in ihrem allgemeinen Sinn zu fassen und das allgemeine Individuum, der selbstbewußte Geist, in seiner Bildung zu betrachten" (ebd.). Der Kontext zeigt, daß mit dem Individuum, das zum Wissen fortgebildet werden soll, im Unterschied zum allgemeinen das besondere Individuum gemeint ist. Als solches ist es, wie es wenige Zeilen später heißt, „der unvollständige Geist, eine konkrete Gestalt, in deren ganzem Dasein eine Bestimmtheit herrschend ist, und worin die anderen nur in verwischten Zügen vorhanden sind" (ebd.). In dem Satz, der hierauf folgt, bricht Hegel die Entgegensetzung von allgemeinem und besonderem Individuum zunächst ab, um einen weiteren Unterschied einzuführen: „In dem Geiste, der höher steht als ein anderer, ist das niedrigere konkrete Dasein zu einem unscheinbaren Momente herabgesunken; was vorher die Sache selbst war, ist nur noch eine Spur; ihre Gestalt ist eingehüllt und eine einfache Schattierung geworden" (ebd.). Das Verhältnis des Allgemeinen und Besonderen ist damit zurückgeführt auf ein geschichtliches Verhältnis, in dem das zeitlich Spätere zugleich das begrifflich Höhere ist. Das Vermittelnde beider ist der Begriff des Momentes; der Geist, der später ist als ein anderer, muß höher stehen, weil er den früheren erinnernd aufbewahrt hat und somit reicher ist als dieser. Der folgende Satz nimmt den ersten Unterschied wieder auf und verknüpft ihn mit dem zweiten. Bevor auf die Verknüpfung eingegangen werden kann, ist zunächst der erste Unterschied von Hegels Bildungsbegriff aus noch näher zu verdeutlichen.

In der Philosophischen Propädeutik von 1809/1811, die der Phänomenologie des Geistes zeitlich recht nahe steht, hat Hegel das Wesen der Bildung in der Erhebung zur Allgemeinheit erblickt. Die Aufgabe des einzelnen ist, „sein Einzelwesen zu seiner allgemeinen Natur zu erheben, sich zu bilden" (WW 18, § 41). Wer die Partikularität seiner abgesonderten und unmittelbar natürlichen Existenz seiner allgemeinen, d. h. geschichtlich vermittelten Natur unterwirft, ist gebildet.³ Die Notwendigkeit der Bildung wird daraus begründet, daß der Mensch mehr ist als nur „natürliches Wesen" (ebd.). Beide Momente, die Erhebung zur Allgemeinheit und die Vermittlung der unmittelbaren Natürlichkeit mit der allgemeinen, finden sich auch im Bildungsbegriff der Phänomenologie, nur daß hier die Hinsicht auf die Bildung des natürlichen Bewußtseins zur Wissenschaft der leitende Gesichtspunkt ist und daß „unorganische" Natur genannt wird, was in der Propädeutik „allgemeine" heißt. Vor allem der § 28 der Vorrede läßt diesen Zusammenhang erkennen. Der allgemeine Geist je einer Zeit ist die Substanz oder die unorganische Natur des besonderen Individuums. Dieses bildet sich, indem es sich das es bestimmende Allgemeine zu eigen und seine Natürlichkeit zum historischen Geist macht, der sich in ihm reflektiert: „Die Bildung in dieser Rücksicht besteht, von der Seite des Individuums aus betrachtet, darin, daß es dies Vorhandene erwerbe, seine unorganische Natur in sich zehre und für sich in Besitz nehme. Dies ist aber von der Seite des allgemeinen Geistes als der Substanz nichts anderes, als daß diese sich ihr Selbstbewußtsein gibt, ihr Werden und ihre Reflexion in sich hervorbringt" (ebd.). Man sieht, daß Bildung und Reflexion des Allgemeinen vermöge der Subjektivität der Substanz für Hegel zusammengehören: Die Bildung des allgemeinen Geistes reflektiert sich in der Bildung des Individuums, also darin, daß dieses sich von der Bildungsstufe des allgemeinen Geistes nicht mehr nur substantiell bestimmen läßt, sondern diesem sein Selbstbewußtsein in der wissentlichen Erhebung zu ihm vermittelt.

Von hier aus muß nun auch der geschichtliche Sinn der Bildung des individuellen Bewußtseins zum Standpunkt der Wissenschaft begriffen werden, der aus dem Grundgedanken des § 28 der Vorrede zu interpretieren ist: aus der Verschränkung der Bildungsbewegung des

---

³ Vgl. hierzu H. G. Gadamer, Wahrheit und Methode, Tübingen² 1965, S. 8 ff. Gadamer unterstreicht, daß die für Hegels Bildungsbegriff konstitutive Aufhebung der Natürlichkeit den Sinn geschichtlicher Vermittlung mit der Substanz des sittlichen Geistes hat, die sich erst in der von der Philosophie vollzogenen absoluten Aufhebung des substantiellen Andersseins vollendet: „Denn für Hegel vollendet sich die Bildung als die Bewegung von Entfremdung und Aneignung in einer vollständigen Bemächtigung der Substanz, in der Auflösung alles gegenständlichen Wesens, die erst im absoluten Wissen der Philosophie erreicht wird" (ebd. S. 12).

individuellen mit der des allgemeinen Geistes. Die Bildung des Individuums zur Wissenschaft ist die erinnernde Wiederholung der „Geschichte der Bildung der Welt". Daß das Wahre wesentlich Resultat sei, wird mit der Forderung, die Substanz als Subjekt zu denken, in der Weise verknüpft, daß zwei Bildungsbewegungen ineinandergreifen: Das Vorhandene, der allgemeine Geist als unorganische Natur des Individuums, kann nur auf dem Umweg des erneuten Durchlaufens seines geschichtlichen Werdens erworben werden. Das ist die Forderung an das "... Individuum, dessen Substanz der höherstehende Geist ist..." (ebd.). Diesen Gedanken formuliert Hegel mit folgenden Worten: „Der einzelne muß auch dem Inhalte nach die Bildungsstufen des allgemeinen Geistes durchlaufen, aber als vom Geiste schon abgelegte Gestalten, als Stufen eines Wegs, der ausgearbeitet und geebnet ist, so sehen wir in Ansehung der Kenntnisse das, was in frühern Zeitaltern den reifen Geist der Männer beschäftigte, zu Kenntnissen, Übungen und selbst Spielen des Knabenalters herabgesunken und werden in dem pädagogischen Fortschreiten die wie im Schattenrisse nachgezeichnete Geschichte der Bildung der Welt erkennen. Dies vergangne Dasein ist bereits erworbnes Eigentum des allgemeinen Geistes, der die Substanz des Individuums und so ihm äußerlich erscheinend seine unorganische Natur ausmacht" (ebd.). Diese bekannten Sätze sind jedoch nicht anthropologisch zu verstehen. Die anthropologische Wendung des Gedankens, daß der einzelne die Bildungsgeschichte des allgemeinen Geistes erneut zu durchlaufen hat, findet sich bereits bei Kierkegaard und ist seit Freud Gemeingut der tiefenpsychologischen Anthropologie geworden. Daß, mit den Worten Kierkegaards, „... das Individuum beständig von vorn (beginnt) ..., und in ihm die Geschichte des Geschlechts" (Werke V, Jena 1923, S. 23), weist schon voraus auf moderne Theorien zur Verklammerung von Onto- und Phylogenese.[4] Im Gegensatz hierzu ist nicht die Wiederholung der Gattungsgeschichte im Werden des einzelnen das Thema der Überlegungen Hegels, sondern die Bedingungen, denen das einzelne Individuum zu

[4] Für Kierkegaard bietet die anthropologische Wendung der Hegelschen Dialektik von Individuum und substantiellem Geist die Möglichkeit, das christliche Dogma der Erbsünde mit der Freiheit des Menschen zum Bösen zusammenzudenken.

genügen hat, wenn es sich den Standpunkt der Wissenschaft zu eigen machen will.

Um dies einzusehen, ist es wichtig, sich auch die Bedingungen zu vergegenwärtigen, ohne welche die der Phänomenologie gestellte „Aufgabe, das Individuum von seinem ungebildeten Standpunkt aus zum Wissen zu führen", unlösbar wäre. Für den Philosophen erwächst aus dieser Aufgabe die Forderung, die Aufeinanderfolge der Bildungsgestalten so zu organisieren, daß das an die Wissenschaft herantretende Individuum ihrer Darstellung auch zu folgen vermag. Daß diese Aufgabe lösbar ist, gründet in den Augen Hegels aber auch darin, daß die Bildungsgeschichte des allgemeinen Geistes eine Stufe erreicht hat, auf der das Prinzip der Wissenschaft auch das Prinzip des natürlichen Bewußtseins oder des besonderen Individuums ist. Dies vorausgesetzt, kann gesagt werden, daß die Wissenschaft das telos des natürlichen Bewußtseins ist (s. o. S. 45 f.). Diese besondere Konstellation von Bewußtsein und Wissenschaft soll nun noch genauer gekennzeichnet werden.

Wir hatten bereits hervorgehoben, daß sich die Phänomenologie des Geistes, weil sie eine vorbereitende und einleitende, in diesem Sinne erst „auftretende" Wissenschaft sein will, selber zur „Erscheinung" depotenziert hat. Außerdem hatte sich ergeben, daß für Hegel das verständige Denken das Vermittelnde von natürlichem Bewußtsein und Wissenschaft ist. Das bedeutet, daß die Depotenzierung zur Erscheinung nun den Sinn einer Herabsetzung auf die Bildungsstufe des Verstandes annimmt. Das natürliche Bewußtsein soll sich auf dem Wege über den Verstand zur „Vernunft" entfalten, in dem bestimmten Sinne, den Hegel mit dieser Bestimmung verbindet. Daß hierin eine wichtige Aufgabe der Phänomenologie des Geistes liegt und die ganz bestimmte „Strategie", die sie zu ihrer Erfüllung verfolgt, läßt sich noch deutlicher zeigen, wenn man die Konstellation zu erklären versucht, die bestehen würde, wenn es die Phänomenologie nicht gäbe. Dann würden sich das natürliche Bewußtsein der Hegel zeitgenössischen Bildungsstufe und die Wissenschaft als solche ohne Verständnis füreinander gegenüberstehen: „Jeder von diesen beiden Teilen scheint für den anderen das Verkehrte der Wahrheit zu sein" (V § 26). Diese Konstellation sei noch etwas näher verdeutlicht.

Das natürliche Bewußtsein hat — wie wir bereits erkannten — in der *„unmittelbaren Gewißheit* seiner selbst" sich selbst als „absolute Form" (ebd.). In dieser Form gründet für es die „absolute Selbständigkeit, die es in jeder Gestalt seines Wissens zu besitzen weiß"; als das „unbedingte Sein" hat es an seiner Selbstgewißheit „das Prinzip seiner Wirklichkeit". Von dieser Wirklichkeit aus gesehen muß die Gestalt des wissenschaftlichen Systems für es die „Form der Unwirklichkeit" haben, das „Element", in dem sich die Wissenschaft bewegt, muß ihm „eine jenseitige Ferne" darstellen, worin diese „nicht mehr sich selbst besitzt" (ebd.).

Umgekehrt muß der Wissenschaft als einer solchen der Standpunkt des natürlichen Bewußtseins, „von gegenständlichen Dingen im Gegensatze gegen sich selbst, und von sich selbst im Gegensatze gegen sie zu wissen", als das *„Andre"* gelten. Daß jenes Prinzip dem natürlichen Bewußtsein als Prinzip der Wirklichkeit gilt, muß der vollendeten Wissenschaft „als der Verlust des Geistes" erscheinen, und dennoch stellt die Wissenschaft als eine solche die „Voraussetzung oder Forderung" an das Selbstbewußtsein, daß es sich in das der Wissenschaft eigene Element begebe, in den ihr eigentümlichen „Äther sich erhoben habe, um mit ihr und in ihr leben zu können und zu leben" (ebd.).

Dies ist also die Konstellation von natürlichem Bewußtsein und Wissenschaft. Wenn aber alles daran liegt, das Individuum der Hegel zeitgenössischen Bildung aus der herrschenden Entzweiung zu erretten, dann muß ihm auch eine „Leiter" gereicht werden, um zu der Wissenschaft emporsteigen zu können. Eben aus diesem Grunde anerkennt Hegel, daß „das Individuum das Recht zu fordern" habe, daß die Wissenschaft ihm die „Leiter wenigstens zu diesem Standpunkte reiche" (ebd.). In der Tat erkennt Hegel — und hierin liegt die besondere „Strategie", mittels deren er die Aufgabe der Phänomenologie des Geistes erfüllt, diese „Leiter" zu sein —, daß eigentlich der „Standpunkt" der Wissenschaft bereits derjenige des natürlichen Bewußtseins ist, so daß es sich eigentlich nur darum handelt, daß sie „ihm in ihm selbst denselben aufzeige" (ebd.). Wie läßt sich aber der Standpunkt der Wissenschaft in dem natürlichen Bewußtsein aufzeigen? Dadurch, daß durch eine Darstellung des erscheinenden Wissens gezeigt wird, daß eigentlich das

„Element", das den Boden der Wissenschaft ausmacht, kein anderes ist als das Element, das das Prinzip der Wirklichkeit des natürlichen Bewußtseins ausmacht, eben die „absolute Form", das Prinzip des Selbstbewußtseins. Wir sagten zuvor (s. o. S. 46), die „Rechtfertigung", die die Phänomenologie des Geistes unternimmt, liege in dem Nachweis, daß das natürliche Bewußtsein in seinem Wesen auf das absolute Wissen, den Begriff des Wissens als sein telos schon angelegt ist. Jetzt sehen wir: Daß sich das Selbstbewußtsein als „Denken" — wenn auch in der Form des Verstandes — vollzieht, bezeugt ein „Element", das sich mit Notwendigkeit zum absoluten Wissen und damit zu dem vom absoluten Wissen dargestellten wissenschaftlichen System entfalten läßt. Hierin liegt ja, daß sich das natürliche Bewußtsein in seinem eigenen Elemente zu dem absoluten Wissen entwickeln könnte; was es zu leisten hätte, wäre — wie wir sahen — die Preisgabe seiner „Natürlichkeit"; dann würde es sich vom Verstand zur Vernunft oder vom unwissenschaftlichen Bewußtsein zum wissenschaftlichen Erkennen entwickeln.

Die Phänomenologie des Geistes erfüllt ihre Aufgabe dadurch, daß sie dieses „Element" der Gewißheit bzw. des wissenden Selbstbezugs entfaltet. Dieses Element „erhält seine Vollendung und Durchsichtigkeit selbst nur durch die Bewegung seines Werdens" (V § 26). Die Darstellung ist als eine solche — wie wir erkannten — der Prozeß dieses Werdens. Am Ende des Weges hat es sich als das „Wissen im allgemeinen" und d. h. als absolutes Wissen herausgebildet. Dies geschieht aber in der Phänomenologie des Geistes nur dadurch, daß es sich an dem Gegenstand der Darstellung, dem erscheinenden Wissen, voll entfaltet hat. Da — wie wir soeben sagten — das „Selbstbewußtsein" dieses Element ausmacht, so handelt es sich darum, daß durch das Werden auch das Selbstbewußtsein seine „Vollendung und Durchsichtigkeit" erhält. Eben dies erhält es durch die Geschichte der Erfahrung, die es als erscheinendes Wissen macht, in einer zunehmend durchsichtigen Weise, bis es an sein Ziel gelangt. Es ist nun von größter Wichtigkeit zu beachten, daß Hegel dieses dem verständigen, natürlichen Bewußtsein und der Wissenschaft gemeinsame „Element" als „Reflexion" bestimmt hat. „Reflexion", also „Zurückbeugung", war ein von der Physik wie der Psychologie und der Logik in vielfacher Hinsicht benutzter

Terminus; er spielte in der Philosophie seit Kant eine wichtige Rolle. Ohne jetzt auf die Begriffsgeschichte dieses Terminus einzugehen, ist es doch angesichts der Vielfalt seiner Bedeutungen notwendig, sich zu vergegenwärtigen, in welcher Bedeutung Hegel in der Phänomenologie des Geistes von Reflexion gesprochen hat. Dabei fällt auf, daß er in der Phänomenologie diesen Terminus nicht mehr in der Bedeutung gebraucht, die er in der Differenzschrift hatte. Dort bezeichnet Hegel die von ihm bekämpfte zeitgenössische Philosophie als „Reflexionsphilosophie", nennt aber auch in anderer Bedeutung des Terminus die „echte" Spekulation eine Reflexion. In der Phänomenologie des Geistes dagegen bezeichnet die Bestimmung „Reflexion" eine Struktur des cartesisch aufgefaßten Selbstbewußtseins. Wir haben bereits die Struktur des Selbstbewußtseins als die einer Bewegung gekennzeichnet, in der der vorgefundene „gegebene" Gegenstand, das obiectum, „vorgestellt" wird vom subiectum, das sich in einem auf diesen Gegenstand — als das ihm andere — und auf sich selbst als das in und durch diesen Bezug seiner selbst gewiß gewordene „Selbst" bezieht. Wir sahen des weiteren, daß die „Natürlichkeit" des Selbstbewußtseins in diesem, das Selbst bestimmenden „Gegebensein" des obiectums liegt. Wir erkannten, daß es zum Wesen des natürlichen Bewußtseins als des Selbstbewußtseins gehört, sich von dieser Bindung absolvieren zu können. Ist die Absolution gelungen, dann ist das Selbst zu einer von allen Bestimmungen befreiten Macht gelangt, dann ist es kein „Bewußtsein" im üblichen Sinne mehr, sondern ist zum absoluten Subjekt geworden. Diese Entwicklung läßt sich auch in der Terminologie der „Reflexion" beschreiben. Die Zurückbeugung des Selbst auf sich, das cogito me cogitare bei Descartes, ist eine Reflexion, durch die das Wesen der selbsthaften Ichheit als die res cogitans hervortritt, die bereits bei Descartes — durch das Experiment des Zweifelns — weitgehend ihre Unabhängigkeit von dem Gegebensein der vorgefundenen „Wirklichkeit" beweist. Die ungeheure Macht dieses Ich, sich mit Hilfe der Vorstellung auf alles Mögliche richten zu können und dadurch die Unmittelbarkeit des bloß sinnlichen Seinsbezugs zum Gegebenen als einer sinnlich gegebenen „Wirklichkeit" aufzuheben und in einem in sich beschlossenen Selbstbezug zu verharren, ist dann in der nachfolgenden

Gedankengeschichte zum „Prinzip" erhoben worden. Kant, der einerseits vor der Reflexion als dem nicht gegenstandsgebundenen Denken warnte, weil es zu einem haltlosen, spekulierenden Vernünfteln führen könne, hat andererseits durch seine transzendentale Philosophie den Weg zu der idealistischen Position eröffnet, insofern er die Subjektivität als das logische Prinzip eines „reinen" Ich vom Gegebenen abgelöst hatte. Dieses reine transzendentale Ich wird in Fichtes und Schellings Jugendschriften bereits zum „absoluten" Ich erhöht, das durch die Macht seiner Reflexion als einer Ermöglichung seiner selbst (als einer causa sui) nicht nur sich selbst, sondern durch seine Setzungen das Ganze auf seine Weise zu „erzeugen" vermag (vgl. die oben kurz dargestellte Entwicklung der Geschichte des Deutschen Idealismus). Es liegt somit in der Struktur der Reflexion, also in der Subjektnatur eines jeden natürlichen Bewußtseins, sich zum „absoluten Subjekt" entfalten zu können, und eben hierauf beruht genauer die „Strategie" der Phänomenologie des Geistes. Daß sich das Selbstbewußtsein als Reflexion vollzieht, besagt eben dies: Das „Andere", dieses anscheinend „vorgefundene" Gegebene, auf das ich mich in der wissenden Vorstellung meines Selbstbewußtseins beziehe, erweist sich als ein solches, das ich durch den Akt dieses Vorstellens — etwa mein Zweifeln — beseitigen, negieren kann. Es hat also seine „Wirklichkeit" als ein „Anderes" nur in und durch diesen wissenden Rückbezug (Reflexion) auf mein Selbst, das sich seinerseits in eben dem gleichen Akt auf sich zurückbeugt (Reflexion) und darin seiner und des von ihm Gewußten sicher wird. Dieses Reflektieren ist das „Element", in dem sich der gesunde Menschenverstand und auch jedes verständige philosophische Wissen bewegt. Dasselbe „Element" liegt aber auch dem Begriff des Wissens, der Idee der Philosophie als einer solchen zugrunde, nur muß es noch zur Klarheit kommen, zu einem von allem Fremdartigen ungetrübten „Äther" werden. Dies geschieht freilich nicht dadurch, daß von dem Fremdartigen abstrahiert würde, sondern so, daß das Bewußtsein den Unterschied zwischen seiner Reflexion und einem davon unabhängigen, reflexionslosen Anderssein als Schein durchschaut: Das Anderssein, die Objektivität, ist vielmehr in Wahrheit selbst Reflexion, Beziehung auf Anderes, die sich zugleich auf sich selbst bezieht. Es ist also nicht das Gegenteil seiner Reflexion, auf das sich das Bewußtsein in der Reflexion bezieht. Denn als Reflexion findet es sich selbst in dem anderen wieder. Die Reflexion ist mithin eine Bewegung, die Subjekt- und Objektseite übergreift. Erst wenn die Reflexion sich als eine solche Bewegung erwiesen hat, in der zudem Subjekt und Objekt als Momente der Bewegung selbst gesetzt und aufgehoben sind, ist sie zum Element des absoluten Wissens geworden. Eben dieses Werden soll die Bewegung bewirken, die die Phänomenologie des Geistes ausmacht. Sie gibt dem Element — der Reflexion — volle Durchsichtigkeit. Nach erreichter Vollendung ist die Reflexion das Element der Wissenschaft selber. Hegel hat dieses Element gekennzeichnet als das *„reine Selbsterkennen* im absoluten Anderssein" (V § 26). Dies besagt, es ist diejenige Reflexion, die sich als Wissensbezug beim anderen befindet, aber so daß in und mit diesem Bezug dieses andere zugleich eingeholt ist in das Selbst, und dieses Selbst sich dadurch als ein Prinzip erweist, das in völliger Freiheit von jedweder Bestimmtheit durch eine „Natur", das sich in völliger Selbstermächtigung, in der so verstandenen „Absolutheit" selbst besitzt; es „ist" als dieses Element, das jede „Unmittelbarkeit" — und das besagt für Hegel die Kategorie „Sein" — zu sich in seinen „Äther" zu erheben vermag, weil diese Unmittelbarkeit aufgrund des vorstellenden Bezugs zu ihr in Wahrheit ein Anderssein ausmacht, das als das andere des vorstellenden Subjekts in einer Reflexion des Subjekts gründet. Es gehört zur Idee der Phänomenologie des Geistes, nachzuweisen, daß das Wissen des natürlichen Bewußtseins sich als eine Reflexion vollzieht, und daß es, wenn es sich nur konsequent an diesen Charakter seines Wissens halten würde, sich wie von selbst zu der Existenz forttreiben müßte, in der es von aller Natürlichkeit oder von „Fremdartigem" befreit, eine Gestalt gewönne, in der die „Erscheinung dem Wesen (sc. der wohlverstandenen Reflexion) gleich ist" (E § 17). Daß ein jedes natürliche Bewußtsein diese Möglichkeit hat, will die Darstellung des Wissens dem Hegel zeitgenössischen Bewußtsein „vorexerzieren". Es will ihm zeigen, daß es selbst dahin gelangen könnte, wenn es sich konsequent auf denjenigen Weg begäbe, den das erscheinende Wissen als der Gegenstand dieser Darstellung geht.

Bevor wir die genauere „Methode" dieses Weges des erscheinenden Wissens als eines „Erfahrungsweges" und die Methode der Darstellung dieses Weges kennzeichnen wollen, sei zunächst aufgrund unserer Einsicht in das Wesen des Selbstbewußtseins als Reflexion erklärt, worin genauer in den für Hegel zeitgenössischen Philosophien die — nach ihm falsche — Auffassung von der Reflexion lag, die die Anstrengung dieser Darstellung nötig gemacht hat.

# IV

## Reflexionsphilosophie und absolute Reflexion

Die für Hegel zeitgenössische Stufe der Bildung läßt sich als die einer „Reflexionskultur" bezeichnen. Zu Beginn der neuen Epoche, dem „Anfang des neuen Geistes", hatte man bereits allgemein erkannt, daß das Wesen des Selbstbewußtseins in der „Reflexion" liegt; insoweit Reflexion sich als Philosophie vollzog, meinte man, daß es sich bei ihr um eine „vernünftige" Gestalt der Reflexion handle. Aber nach Hegel war diese philosophierende Reflexion noch eine Vollzugsweise des Verstandes. Denn bei ihr wurde — so suchte er in den Journalschriften zu zeigen — im wesentlichen nur die Kraft des Selbstbewußtseins, zu scheiden und entgegenzusetzen, ins Spiel gebracht. Unbeachtet blieb, daß die aufgrund solchen Scheidens entstandenen Gegensätze einer Identität der Subjektivität und Objektivität des Selbst entstammen und schon deswegen die Tendenz herrschen muß, daß die Entgegensetzungen zur Identität zurückgelangen. Erst die Bewegung einer solchen die Gegensätze vereinigenden Rückkehr zur Identität wäre der Vollzug der Vernunft. Auch dort, wo man dieses bereits im Sinne des „neuen Geistes" versuchte und die einigende Kraft des Selbst zu achten begann, hatte man — nach Hegel — die Absolutheit dieser Macht noch nicht durchschaut; man hatte deshalb die aus dem Entgegensetzen stammende Entzweiung von Subjekt und Objekt nicht wirklich „in das Absolute — als dessen Erscheinung ... als Leben" gesetzt. Eben hierin aber sah bereits der junge Hegel in der Differenzschrift die „Aufgabe der Philosophie" (WW I, 177). So bemühte er sich darum, gegenüber der sich nur als Verstand vollziehenden Reflexion, die für ihn nur das Vermögen der „Beschränkung" bzw. des Bestimmens war, zu einer Reflexion zu gelangen, die als ein „Instrument des Philosophierens" (a.a.O. 178) dienen und dem „Bedürfnis der Philosophie" (a.a.O. 172 ff., 177) entsprechen konnte. Den Weg dazu, daß sich das Selbstbewußtsein — als reflektierender Verstand — über sich zu einer vernünftigen Reflexion zu erheben vermöchte, sah er dort noch in der Möglichkeit einer „Verführung" (vgl. a.a.O. 178) des Verstandes zu einem unendlichen Vervollständigen seiner begrenzten Bestimmungen (vgl. a.a.O. 179). Wir brauchen hier nicht näher zu zeigen, wie sich dabei der Verstand selber „zerstört" und sich eben dadurch von selbst zur Vernunft aufhebt (vgl. ebd.), und zwar so, daß nicht etwa die Entgegensetzungen vernichtet, sondern als Erscheinung des Absoluten zur Identität konstruiert werden (a.a.O. 201). Die Methode einer sich als Vernunft vollziehenden Reflexion sah Hegel dort noch — Schelling folgend[1] — in Verbindung mit einer „transzendentalen Anschauung" (vgl. a.a.O. 194 ff.), die zur „Synthese Entgegengesetzter" in der Lage ist (a.a.O. 195) und insofern die „positive Seite" des spekulativen Wissens bzw. der Vernunft ausmacht.

Welches ist nun die Methode der sechs Jahre später veröffentlichten Phänomenologie des Geistes? Bei ihr ist von einer transzendentalen Anschauung nicht mehr die Rede, wohl aber von der Reflexion. Und zwar wird hier — wie wir bereits sahen — die Reflexion als das „Element" bestimmt, das die Wissenschaft als eine solche — das wissenschaftliche System — als ihren reinen „Äther" besitzt; die Reflexion vollzieht sich als das absolute Subjekt, insofern „ihr Wissen im allgemeinen" das *reine Selbsterkennen* im absoluten Anderssein" (V § 26) ist. Wir sahen auch bereits, daß dieses nämliche Element, die Reflexion, erst durch die Bewegung seines Werdens „seine Vollendung und Durchsichtigkeit" (ebd.) gewinnt, daß also die Reflexion, wenngleich noch nicht in vollkommener Form, auch das Element der Phänomenologie des Geistes bildet. Nun hatten wir zu Anfang dieser Erörterung hervorgehoben, daß ein Unterschied besteht, eine „Trennung" zwischen der Phänomenologie des Geistes als der Wissenschaft, die sich als Darstellung vollzieht, und ihrem Gegenstande, dem in der Erfahrung sich befindenden erscheinenden Wissen. Wir müssen dementsprechend gesondert fragen: In welcher Weise bestimmt die Reflexion als das Element der Phänomenologie die Darstellung, — und zum anderen, wie bestimmt sie ihren Gegenstand, das erscheinende Wissen? Auf eine all-

---

[1] Vgl. zum Verhältnis Hegels zu Schelling in der „Differenzschrift" vom Vf. ‚Die Bestimmung der Philosophie im Deutschen Idealismus', Stuttgart 1964; jetzt auch vom Vf. ‚Vernunft und Welt' (Phaenomenologica No. 36), Den Haag 1970, S. 1 ff.

gemeinere Art läßt sich aus der Vorrede aber auch eine Antwort entnehmen, die sowohl für die darstellende Wissenschaft wie für das erscheinende Wissen Geltung zu haben scheint und uns in eine Erörterung der Methode der Phänomenologie einführt, die von deren Element, der Reflexion her konzipiert sein muß.[2]

In § 17 der Vorrede hat Hegel das entscheidende Programm seines gesamten Philosophierens ausgesprochen: „Es kommt nach meiner Einsicht, welche sich nur durch die Darstellung des Systems selbst rechtfertigen muß, alles darauf an, das Wahre nicht als *Substanz*, sondern eben so sehr als *Subjekt* aufzufassen und auszudrücken". Wir hatten innerhalb unserer „bildungsgeschichtlichen" Erörterung bereits mehrfach von der cartesianischen Auffassung des Bewußtseins gesprochen. Aus der Sicht der Entwicklung des „Geistes", die die Vorrede verfolgt (s. u. S. 70), ist diese Stufe dadurch gekennzeichnet, daß sich der Geist in die „zwei Momente, des Wissens und der dem Wissen negativen Gegenständlichkeit" (V § 36) auseinanderlegte, und zwar durch die Macht des Negativen, das zunächst als diese „Ungleichheit des Ichs zum Gegenstande" (V § 37) erschien. Der Gegenstand ist in dieser Form dem wissenden Subjekt ein „anderes", aber die Philosophie hat auf dieser Stufe bereits erkannt, daß dieses andere ein „gedachtes" anderes ist (vgl. V § 29), daß der Inhalt der Vorstellungen letztlich in Gedankenbestimmungen aufgehoben ist, die in ihrer Gesamtheit die „Substanz" ausmachen. Spinoza galt die Substanz als das Absolute, als causa sui. Demgegenüber begann die Philosophie zu Anfang des „neuen Geistes", den für Hegel das idealistische Philosophieren seit Kant zum Ausdruck gebracht hat, nicht mehr in der Substanz, sondern in der Macht des Selbstbewußtseins, dem Subjekt, das Absolute zu sehen, dem allerdings eben die Substanz als „Objekt" entgegengesetzt blieb. Diese fixe Entgegensetzung der zwei Seiten von Subjekt und Objekt galt es also zu überwinden, eben aufgrund der Einsicht, daß das Subjekt als das Absolute Macht über die Substanz haben muß. Das Element dieses mächtigen Selbst ist aber die Reflexion; somit galt es zu zeigen, daß die Reflexion

[2] Vgl. zur Bedeutung der Reflexion in der Phänomenologie des Geistes neuerdings R. Bubner, Philosophie ist ihre Zeit, in Gedanken gefaßt, in: Hermeneutik und Dialektik, Hans-Georg Gadamer zum 70. Geburtstag, Tübingen 1970, Bd. I, S. 317—343 (v. a. S. 333 ff.).

auch auf der Seite der Substanz, also des Objekts, der Gegenständlichkeit, der Andersheit, am Werk ist. Dies hatte Schelling im „System des transzendentalen Idealismus" von 1800 durch die Darstellung einer Genese aufzuweisen versucht, in der sich die bei ihm als Natur aufgefaßte Substanz von der Materie zum Selbstbewußtsein — also der Reflexion — potenziert. Diese Genese der Natur (Substanz) stellte aber eine gegenüber der Genese des Selbstbewußtseins (zur Natur) gesonderte Reihe dar. Hatte sich Hegel in der Differenzschrift noch für dieses zweigeteilte System ausgesprochen, so versuchte er in der Phänomenologie des Geistes in einer einzigen Erfahrungsgeschichte zu zeigen, daß und wie sich die Substanz *selber* reflektiert und sich daher in ihr bereits das Subjekt zeigt, dem das Element der Reflexion zugehört. Für Spinoza war „Denken" nur *eines* der Attribute der Substanz, das andere die Ausdehnung. Da für Hegel Ausdehnung der Macht des Denkens unterliegt, insofern es sie gerade „aufheben" kann, gilt ihm die Substanz selbst — nicht nur qua Attribut — als Denken. Denken ist aber die Vollzugsweise des Absoluten als des „Selbst"; somit muß die Bewegung von der Seite der Substanz her so aufgefaßt werden, „daß diese sich ihr Selbstbewußtsein gibt, ihr Werden und ihre Reflexion in sich hervorbringt" (V § 28).

Wenn nun die Reflexion bereits das Element des erscheinenden Wissens ist, dann muß zu seiner Erfahrungsgeschichte gehören, daß auf der Seite, die dem Wissenden als Objekt entgegensteht, die Bewegung auch „erfahren" wird, in der sich dies Gesamt der Gedankenbestimmungen, die Substanz, reflektiert. Sie muß als die Bewegung erfahren werden, in der sich die Substanz, die noch nicht als Begriff erkannt ist, sondern erst eine unmittelbar das Bewußtsein bestimmende, unbewegte Sichselbstgleichheit darstellt, in eine Ungleichheit setzt, aus der die Reflexion aber zu einer neuen Gleichheit zurückführt. Diese „Reflexion in sich selbst", diese Bewegung, die wir noch näher erklären werden, wird zunächst als eine Tätigkeit erfahren, die allein der Gegenstandsseite angehört; dann aber beginnt das Bewußtsein, das in der Erfahrung begriffen ist, langsam zunehmend — eben auf dem Wege seiner Weiter-„Bildung" — zu durchschauen, daß sich die Reflexion in Wahrheit nicht auf zwei entgegengesetzten Seiten abspielt, sondern daß das Ganze ein

Geschehen des Selbst ist. Ausdrücklich weiß es dies aber erst am Ende dieses Weges, wenn es die Existenz des absoluten Wissens gewonnen hat. Eben dann, wenn aller „substantielle Inhalt" ebenso „unmittelbar Eigentum des Ichs" geworden ist, und d. h. wenn das Sein, die Substanz, ihrerseits „selbstisch oder der Begriff" geworden ist, „beschließt sich die Phänomenologie des Geistes" (V § 37). Das Programm der Phänomenologie muß also so verstanden werden, daß das erscheinende Wissen, wie es in der Entgegensetzung von Subjekt und dem ihm entgegenstehenden anderen, der Substanz, erscheint, eben diese Entgegensetzung durch die „Erfahrung" zur Identität bringt. Dadurch zeigt sich, daß auch auf der Seite der Substanz das Subjekt, die Reflexion, immer schon am Werke war, weswegen eben „das Wahre nicht als *Substanz*, sondern eben so sehr als *Subjekt* aufzufassen und auszudrükken" ist (V § 17). Die besonderen Bestimmungen, in denen das Subjekt „aufzufassen und auszudrücken" ist, hat Hegel in der Vorrede bereits genannt. Zum Zwecke einer besseren Einsicht in das Wesen des Subjekts als der absoluten Reflexion seien im folgenden einige dieser Bestimmungen verdeutlicht.

Die Grundbestimmungen, die das Wesen des Subjekts, dessen Subjektivität ausmachen, sind sämtlich Bestimmungen der Bewegung, in denen für Hegel die „Dialektik" des sich bewegenden „Begriffs" liegt. Insofern somit Subjekt und Vollzug des dialektischen Begriffs ein und dasselbe sind, wird sich uns weiteres zu Hegels Begriff des Begriffs zeigen. Die Grundbestimmungen der dialektischen Bewegung sind Aufhebung, Vermittlung und Negativität.

1. Das Subjekt vollzieht sich als ein Setzen. Seine erste Setzung (These) ist die der Unmittelbarkeit (Unvermitteltheit), in der das Wissen (Vorstellen) und sein Gegenstand in Identität „eines" sind, das Setzen somit in einer „sich selbst gleichen" (vgl. V § 55) Bestimmung, die entweder „unmittelbares Allgemeines" (vgl. V § 20) oder „bestehende Substanz" (vgl. V § 54) genannt werden kann.

2. In einem nächsten, sich aus der Zurückbeugung (Reflexion) des Subjekts ergebenden Schritt, scheidet es sich (im Sinne des Analysierens, vgl. V § 32) als setzendes Wissen von seiner Bestimmung. Es setzt sich als ein Selbst ihr „entgegen". Dieses scheidende Entgegensetzen ist

— wie wir bereits sahen — die Reflexion in der Weise des „Verstandes"; er vollzieht das Werk des „Negativen", insofern dieses Entgegensetzen ein Aufheben der Unmittelbarkeit, deren Vernichtung im Sinne des „tollere" ist. Dieses Negative erscheint aber nicht nur „als Ungleichheit des Ichs zum Gegenstande", es ist „ebensosehr die Ungleichheit der Substanz zu sich selbst" (V § 37). Die Macht des Negativen bringt auch die Bestimmtheit der Substanz, die als Sichselbstgleichheit ein bestehendes Dasein hatte, zur Ungleichheit, und d. h. zur „Auflösung" (V § 54). Diese Auflösung scheint sich jetzt nur auf der einen, nämlich der dem Selbst entgegengesetzten Seite, wie von selbst zu vollziehen, weil nunmehr das Wissen oder Denken des Selbst von dieser Seite unterschieden wird. Dennoch gilt, daß diese Macht des Negativen letztlich nichts anderes ist als eine Tätigkeit des Selbst, da es als Ich das Negative ist (vgl. V §§ 54, 21), so daß man auch sagen kann, daß es das auf dieser Seite waltende Denken sei, das diese Auflösung der Sichselbstgleichheit in die Ungleichheit bewirkt (vgl. hierzu V § 54 und § 55). Die Auflösung ist Werk des Gedankens (des *nous*, V § 55), und sie liegt darin, daß jede Sichselbstgleichheit (Identität) nur deswegen eine solche ist, weil sie sich immer schon in einem abgrenzenden Bezug zur Ungleichheit hält, dieses „Anderssein selbst an ihr hat", so daß dieser Schritt der Reflexion als ein Setzen nichts anderes ist als die Setzung dieses Andersseins. Die Reflexion zeigt sich somit sowohl als eine Bewegung auf der Gegenstandsseite, die in einer Entgegensetzung der Bestimmungen der Sichselbstgleichheit und des Andersseins resultiert, wie auch als eine solche, die Ich und Gegenstand in Gegensatz bringt. Wir befinden uns also auf der Stufe der Antithese.

Dieser antithesische Vollzug stellt jedoch bereits den Beginn einer „Vermittlung" dar. Diese ist freilich erst dann eine wirkliche Vermittlung, wenn

3. der dritte Schritt der Reflexion sich vollzieht, wenn sich das Selbst — das Subjekt — in seiner Gegenständlichkeit, im Anderssein — der Objektivität — „wiederfindet", in diesem Sinne zu sich zurückgeht, sich als „Reflexion im Anderssein in sich selbst" (V § 18) als das „*reine Selbsterkennen* im absoluten Anderssein" (V § 26) vollzieht — absolute Reflexion ist.

Diese „Reflexion in sich selbst" (V § 21) ist nichts anderes als „das Ich", das in sich zurückkehrend nun wirkliches „Fürsichsein" ist (ebd.), die Bewegung der „Vermittlung des Sichanderswerdens mit sich selbst" (V § 18) rein vollzieht. Diesen reinen Vollzug der Rückkehr bewirkt wiederum die „Negativität" — jetzt aber dadurch, daß die vorangegangene Negation, die die Auflösung und Wahrung der Ungleichheit bewirkte, aufs neue negiert wird. Die Negativität, als die doppelte Negation bestimmt, ist die sich „wiederherstellende" Gleichheit. Insofern die antithetische Position das Unwahre ausmacht, ist das durch das Werden des Ganzen als Resultat Erscheinende das „Wahre" (ebd.). In ihm hat sich das Werden von der These über die Antithese zur Synthese „aufgehoben" — im Sinne des Aufbewahrens und Verwandelns, Emporhebens (conservare und elevare). Die in dieser Weise „sich bewegende Sichselbstgleichheit" (V § 21) oder „Reflexion in sich selbst" bezeichnet die Natur einer sich vollendenden „Vermittlung", die die Nichtidentität jener Antithese zu einer neuen Identität hin vermittelt hat, eine Identität, die die alte Identität und diese Nichtidentität in sich schließt, Identität der Identität und Nichtidentität ist.

Das sich in der Gestalt der Reflexion vollziehende Selbst heißt das „Subjekt". Die Subjektivität des Subjekts bestimmt sich aus dieser Bewegung von Aufhebung, Negativität, Vermittlung; dies sind also die Grundbestimmungen, in denen sich die dialektische Bewegung von These, Antithese und Synthese vollzieht; so ist das Subjekt gleichbedeutend mit Begriff. Wir hörten, daß die Devise der Phänomenologie in der Auffassung Hegels liege, das Wahre nicht als Substanz, sondern ebensosehr als Subjekt auszudrücken. Das besagt, von der Seite der Substanz gesehen: In ihr muß die „Arbeit des Negativen" (V § 19) vollbracht werden, sie muß zu einer „lebendigen" Substanz (V § 18) verwandelt werden. Was dies wiederum philosophiegeschichtlich bedeutet — daß nämlich die cartesische res extensa, die vom Denken durch einen Abgrund getrennt war, und die spinozistische Substanz, der das Denken nur als ein Attribut inhärierte, als vom Denken gesetzt und von ihm bewegt aufgezeigt werden muß — dies braucht hier nicht weiter verfolgt zu werden. Es sei aber noch einmal daran erinnert, daß für Hegel das Selbst nichts anderes ist als die transzendentale Apperzeption Kants, die nach den apriorischen Regeln, den Kategorien, zu formieren, zu ordnen vermag. Hatte Kant diese Kategorien noch von der Urteilstafel des Aristoteles abgelesen, so waren sie im Deutschen Idealismus, und insbesondere für Hegel, aus dem als Vernunft entstandenen Selbst abzuleiten — richtiger, das Selbst als „Subjekt" leitete sie in seiner Selbstbewegung aus sich selbst ab und stellte sie als das wissenschaftliche System in der Vollständigkeit ihres Zusammenhanges dar. Diese Darstellung ist die „wahre Gestalt", in welcher die Wahrheit existiert (vgl. V §§ 5, 18, 19, 25, 38, 53) — die absolute Wahrheit in der Form der eigentlichen „Wissenschaft".

V

Bewußtsein und Geist

Die Phänomenologie des Geistes — so hat sich uns bisher ergeben — hat als „Vorbereitung" für die eigentliche Wissenschaft eine doppelte Aufgabe: Zum einen soll sie den „Begriff der Wissenschaft" in der Gestalt des absoluten Wissens (und dieses als Vollzug der absoluten Reflexion) hervorbringen, zum anderen soll sie das Hegel zeitgenössische natürliche Bewußtsein, das zur Wissenschaft hinzutreten will, davon überzeugen, daß ihr Element nichts anderes ist als das Prinzip des natürlichen Bewußtseins. Diese zweite Aufgabe soll dadurch erfüllt werden, daß dem natürlichen Bewußtsein demonstriert, „dargestellt" wird, wie es sich in den Bewußtseinsgestalten des „erscheinenden Wissens" zum absoluten Wissen entfalten kann, indem es seinen jeweiligen Anspruch, Wahres zu erfassen, prüft und ihn jeweils erneut als einen Irrtum durchschaut, bis es diejenige Wissensgestalt erlangt hat, die dem Irrtum nicht mehr ausgesetzt, sondern absolut ist. Da „das Bewußtsein nichts begreift, als was in seiner Erfahrung ist" (V § 36 und PhG 558), muß diese Darstellung diejenige einer Geschichte der Erfahrungen sein.

Diese zweite Aufgabe der Phänomenologie hängt mit der ersten zusammen, insofern die Darstellung der Erfahrungsgeschichte nichts anderes ist als die Geschichte der Hervorbringung des „Begriffs des Wissens". Es scheint — jedenfalls zunächst — möglich zu sein, daß der Phänomenologe beide Aufgaben ganz an das erscheinende Wissen „delegieren" kann und — wie es ja auch an einer Stelle ausdrücklich heißt — „uns nur das reine Zusehen bleibt" (E § 13). Näheres hierzu muß sich uns aus der „Methode der Ausführung" (E § 9) ergeben, wie sie in der Einleitung erläutert ist.

Wie wir bereits erkannt hatten, ist das erscheinende Wissen gegenüber dem „natürlichen Bewußtsein schlechthin" dadurch qualifiziert, daß es von der Darstellung auf dem Weg „mitgenommen" wird, der zu dem bestimmten „Ziel" hinführt, das ihm „gesteckt" ist (E § 8). Dieses „Mitgenommenwerden" besagt aber noch nicht, daß sich das erscheinende Wissen völlig passiv verhalten würde; im Gegenteil, es wird dargestellt, wie es sich aktiv „gegen" die Unwahrheit richtet (E § 6). Zunehmend stärker sucht es sich von den Bindungen zu befreien, die in seiner „unorganischen" Natur liegen (s.o.S.23). In seiner jeweiligen Gestalt unterzieht es seinen Wahrheitsanspruch nicht nur einem „methodischen Zweifel", wie dies erstmalig in der neuen Philosophie in den Meditationen des Descartes der Fall war, einem Zweifel, der bald wieder in die Sicherheit der Gewißheit seiner selbst wie des von ihm Gewußten zurückkehrt. Soll eine wirkliche Unabhängigkeit von allen Bestimmungen, soll die absolute Macht einer Selbstbestimmung erlangt werden, dann muß der Zweifel zu einer „Verzweiflung" (ebd.) werden und alle „natürlichen Vorstellungen, Gedanken, Meinungen", kurz: alle Weisen des Gegebenseins durch den Zweifel auflösen, die das Bewußtsein in jener „Entzweiung" halten, wie sie das zeitgenössische natürliche Bewußtsein bestimmt. Die für die Realisierung einer derartigen „Verzweiflung" geeignete Methode ist der „Skeptizismus", allerdings nicht derjenige, der wie der klassische bei der bloßen Aufstellung von Gegensätzen und Widersprüchen stehenbleibt. Es ist vielmehr ein Skeptizismus, der in radikaler Haltung alles, was ihm bewußt ist, bezweifelt, der sich „auf den ganzen Umfang des erscheinenden Bewußtseins richtet" (ebd.), um in jeder seiner Gestalten die in ihr herrschenden Widersprüche aufzudecken, eben dadurch die Natürlichkeit abzubauen und vollkommene „Voraussetzungslosigkeit" zu gewinnen. Dieser Skeptizismus ist so radikal, daß er schließlich auch sich selbst, seine eigene skeptische Haltung als „Maßstab" in Frage stellen kann, erst dadurch erweist er sich fähig, zu einem vollkommen voraussetzungslosen, absoluten Wissen zu gelangen; in eben diesem Sinne ist er ein „sich vollbringender Skeptizismus". Diese radikale Einstellung qualifiziert das erscheinende Wissen gegenüber dem „natürlichen Bewußtsein schlechthin". Denn nur sie hat seinen Geist „geschickt" gemacht, wirklich zu prüfen, was Wahrheit ist, und sich durch diese Selbstprüfung auf dem Wege fortzubestimmen; das natürliche Bewußtsein schlechthin, das sich nicht radikal verhält, bleibt unfähig dazu und vermag deswegen nicht den Weg zu gehen, der zum absoluten Wissen führt. Wieso ist aber das erscheinende Wissen dieser „Verzweiflung" und der Methode des sich vollbringenden Skeptizismus fähig? Der Grund dafür ist im Prinzip des erscheinenden Bewußtseins zu suchen. Worin liegt aber dieses Prinzip, das es zu einer solch radikalen Prüfung seiner selbst und zu einem Fortbestimmen mit dem Ziele des absoluten Wissens fähig macht? Hegels Antwort ist: Es liegt in seiner Begriffsnatur. Bewußt gemachtes Selbstbewußtsein ist der Begriff, und es vermag als ein solches diese seine Natur auch zu begreifen. So schreibt Hegel lapidar in diesem Zusammenhang: „Das Bewußtsein aber ist für sich selbst sein Begriff" (E § 8).

Wir können Hegels schwierige Lehre vom Begriff hier nicht einmal annähernd erläutern. Es muß genügen, nochmals (s. o. S. 17, 27) daran zu erinnern, daß bereits Kant die Struktur des Selbstbewußtseins als die einer „ursprünglich-synthetischen Einheit der Apperzeption" erkannte, der Einheit des „Ich denke". In seinen späteren Werken, insbesondere in der Wissenschaft der Logik, wird sich Hegel ausdrücklich auf diese kantische Bestimmung des Selbstbewußtseins beziehen und die logische Struktur des Selbstbewußtseins als die des Begriffes bestimmen (vgl. Wissenschaft der Logik II, S. 221). Nun ist zwar zu Anfang des „Weges", der Darstellung der Phänomenologie des Geistes, der Begriff gerade noch nicht zu einer Existenz gelangt, die sich — wie Hegel später schreiben wird (vgl. a.a.O. S. 220) — in der Freiheit seiner „schrankenlosen Gleichheit mit sich selbst" bewegt; und dennoch vermag das Bewußtsein bereits — eben weil es „für sich selbst" der Begriff ist — trotz aller Bindungen seine Maßstäbe und Voraussetzungen durch ein ihm selbst noch nicht durchsichtiges Begreifen zu kritisieren und sich durch eben diese Kritik bis zur Gestalt des absoluten Wissens hin zu entwickeln.

Um dies gründlicher einsehen zu können, müssen wir die Methode erörtern, in der sich in der Phänomenologie diese Kritik vollzieht. Dazu müssen wir zunächst — mit Hegel — klären, was eigentlich „Wissen" ist, und zwar in dem Bezug auf seinen Gegenstand, und was „Wahrheit" bedeutet, in deren Licht sich das Bewußtsein kritisch prüft.

Die „Einleitung" nennt die „abstrakten" Bestimmungen, und zwar so, wie wir sie „an dem Bewußtsein aufnehmen" und wie „sie sich unmittelbar darbieten" (vgl. E § 10). Die Vorrede — die zusammen mit den Schlußabschnitten der Phänomenologie zu lesen ist — nennt demgegenüber die Bestimmungen, die die Bewegung des sich vermittelnden und konkret werdenden Geistes anzeigen; wir werden sie hier mit heranziehen. Das wirft freilich die Frage auf — und sie müssen wir zuvor erörtern — wie sich diese beiden Aspekte der Phänomenologie, Erfahrungswissenschaft des Bewußtseins und Wissenschaft des erscheinenden Geistes zu sein, zueinander verhalten.

Die Frage, ob die Phänomenologie des Geistes in Wahrheit in zwei Teile auseinanderbreche, in eine Erfahrungswissenschaft und in eine Geisteswissenschaft, hat die Hegel-Forschung schon seit langem beschäftigt. Neuerdings ist die Kontroverse mit vielen bisher nicht beachteten Argumenten erneut ausgetragen worden. Wir sind der Auffassung, daß die Phänomenologie des Geistes vom Anfang bis zum Ende sowohl eine Erfahrungswissenschaft wie eine Geisteswissenschaft ist. Eben hieraus leiten wir das Recht ab, die Vorrede zur Phänomenologie des Geistes für die Interpretation der „Methode" der Phänomenologie heranzuziehen, obwohl sie vielleicht nur für eine Strecke des Weges der Darstellung gilt.

Keineswegs sei jedoch bestritten, daß sich in der Architektonik der Phänomenologie Bruchstellen befinden, die die Hegel-Forschung bisher noch nicht zu klären vermochte; sicher wäre es nicht richtig, von einer streng einheitlichen Konzeption der Phänomenologie zu sprechen. Dennoch glauben wir zeigen zu können, daß Hegel sowohl in der Einleitung wie innerhalb des Textes, im Geist-Kapitel, wie nach Vollendung des Werkes in der Vorrede die Phänomenologie durchgehend als Erfahrungswissenschaft und Geisteswissenschaft aufgefaßt hat. Die Geisteswissenschaft ist, weil sie sich auf die Erfahrung des Bewußtseins bezieht, Erfahrungswissenschaft.

Bevor wir diesen Nachweis in einigen Punkten führen wollen (s. u. S. 79), müssen wir die Unbestimmtheit beseitigen, die dem Gebrauch des Begriffs „Geist" bisher noch anhaftete. Was gehört eigentlich zum Begriff dessen, was Hegel als „Geist" bezeichnet hat? Um das zu verdeutlichen, müssen wir über den Text der Vorrede hinausgreifen und die letzten Kapitel der Phänomenologie heranziehen.

## 1. Der Begriff des Geistes

Das Wichtigste am Begriff des Geistes in der Phänomenologie ist, daß er als Einheit von Substanz und Subjekt aufgefaßt wird — und zwar als sich in historischen Gestalten zunehmend realisierende. „Substanz" bedeutet dabei zunächst „sittliche Substanz" (PhG 314) bzw. das „sittliche Leben eines Volkes" (PhG 315). Diese sittliche Substanz eines Volkes, die das Tun aller Individuen durchdringt und bestimmt, ist als solches Tun bereits in Einheit mit dem „Selbst", das wesentlich Tätigkeit ist. Aber diese Einheit von Substanz und Subjekt, an sich seienden und geltenden Sitten und Gebräuchen, sowie ihre Realisierung im „Tun Aller" (PhG 314) ist noch unmittelbar, gewissermaßen bewußtlos: Der Geist muß noch zum „Bewußtsein über das, was er unmittelbar ist, fortgehen" (PhG 315). Da die sittliche Substanz dasjenige ist, was seit der Heidelberger Enzyklopädie von Hegel als „objektiver Geist" bezeichnet wird,[1] während das „wirkliche Selbstbewußtsein" des Geistes (PhG 316) schon in der Phänomenologie als „absoluter Geist" bezeichnet wird, kann man mit J. Hyppolite[2] von der späteren Systemkonzeption rückblickend sagen, daß der „Geist" in der Phänomenologie nichts anderes als die Erfahrung des objektiven Geistes ist, durch die er zum absoluten Geist wird. Die verschiedenen Stufen, in denen der Geist das Bewußtsein über sich erlangt, können wir hier nicht im Einzelnen durchgehen. In den drei Hauptstufen des mit „Geist" überschriebenen Kapitels, den Abschnitten über die Sittlichkeit, die Bildung und die Moralität kommt es zunächst zu einer Trennung von „einzelnem Selbst" und objektivem Geist, die sich bis zur „Entfremdung" steigert: Das Selbst erkennt die Sitten und Institutionen der Gemeinschaft nicht mehr als Tun und Werk aller, sondern als fremde Wirklichkeit. Im Fortgang der Erfahrung schlägt aber die „vollendete Entfremdung" (PhG 423) in eine neue Identität um: Indem das Selbstbewußtsein als das wahre

---

[1] Zur Entstehung des Begriffs „objektiver Geist" vgl. M. Riedel, Objektiver Geist und praktische Philosophie, in: Studien zu Hegels Rechtsphilosophie, Frankfurt 1969, S. 11—41.

[2] J. Hyppolite, Genèse et Structure de la Phénoménologie de l'Esprit, Paris 1946, II, S. 312.

Wesen der Institutionen eines Volkes den „allgemeinen Willen" erkennt — ein Vorgang, der historisch in die Epoche der französischen Revolution fällt — ist für es die „Gewißheit seiner selbst das Wesen aller geistigen Massen ... und alle Realität ist nur Geistiges" (PhG 415). In dieser Identität ist aber die Selbsterkenntnis des Geistes noch keineswegs vollendet. Indem vielmehr das Selbst dieses Wissen von der Geistigkeit der Realität zum Maßstab seines Handelns machen will — was nach Hegel das Wesen der „moralischen Weltanschauung" ausmacht — kommt es erneut zu einem „Widerspruch" des „reinen Selbsts, und der Notwendigkeit desselben, sich zum Sein zu entäußern und in Wirklichkeit umzuschlagen" (PhG 470). Denn das Verwirklichen bedeutet immer einen Verstoß gegen die reine Allgemeinheit und Sichselbstgleichheit des — hier als „Pflicht" verstandenen — Geistigen. Dies ist ein Widerspruch, in den sich nach Hegel ebenso die kantisch-fichtesche Moralphilosophie seiner Zeit wie auch das pietistische Ideal der „schönen Seele" verwickeln muß. Die „Versöhnung" dieses Widerspruchs zwischen der reinen Allgemeinheit des Wissens seiner selbst und der Einzelheit alles Handelns und Verwirklichens gelingt erst auf der Stufe der „Religion", auf der das „an- und fürsichseiende Wesen" (PhG 314), das aller Wirklichkeit zugrunde liegt, sowohl als reines Wissen wie als „absolut in sich seiende *Einzelheit*" (PhG 471) angeschaut wird. Es ist bekannt, daß Hegel in dem Abschnitt über die Religion zusammengenommen hat, was in der späteren, enzyklopädischen Systematik zwei getrennte Formen des absoluten Geistes ausmacht: die Kunst und die Religion. Der Grund dafür liegt darin, daß für Hegel die griechische Kunst — insofern sie das Göttliche der darstellenden Aktivität des Subjekts unterwirft — einen entscheidenden Schritt in Richtung der „Subjektivierung" des Göttlichen darstellt, das in der orientalischen Naturreligion noch ganz substantiell verstanden ist. Vollendet wird dieser Prozeß aber erst in der „offenbaren Religion" des Christentums, dem ja auch — wie Hegel in der Vorrede zum Ausdruck bringt — der Begriff des „Geistes" eigentlich „angehört". Es ist vor allem die Vorstellung der Menschwerdung, in der „Gott ... unmittelbar als Selbst, als ein wirklicher einzelner Mensch, sinnlich angeschaut" (PhG 528) wird. In dieser Vorstellung wird „das Wesen als

Geist gewußt", nicht nur, weil hier das göttliche Wesen unmittelbar als „in sich seiende Einzelheit" vorgestellt ist, sondern auch weil die Menschwerdung Gottes — freilich noch auf eine bildhafte Weise — die Bewegung des Geistes anzeigt: „Denn der Geist ist das Wissen seiner selbst in seiner Entäußerung; das Wesen, das die Bewegung ist, in seinem Anderssein die Gleichheit mit sich selbst zu behalten" (ebd.). Als eben diese Bewegung der „Vermittlung des Sichanderswerdens mit sich selbst" (V § 18) bzw. als das in „seinem Außersichsein in sich selbst Bleibende" (V § 25) hat Hegel auch in der Vorrede den Begriff des Geistes bestimmt. Diese Bewegung, die in der Religion vorgestellt wird, bleibt aber dem Vorstellen selbst noch äußerlich. Um zum absoluten Wissen seiner selbst zu kommen, muß mithin der absolute Geist von der „Form des Vorstellens" (PhG 547) zu der des Begriffs übergehen. Erst das Begreifen ist ganz mit der Bewegung des Geistes identisch, ist dessen Selbsterkennen, in dem er sich nun in ein System von Gedankenbestimmungen entwickelt: „Der Geist, der sich so entwickelt als Geist weiß, ist die *Wissenschaft*", schreibt Hegel in der Vorrede (§ 25). Diese Wissenschaft, das System der reinen Denkbestimmungen, ist die Logik — und so zeigt sich, daß Hegels Geistbegriff, obwohl er ursprünglich der Religion angehört, seine Wurzeln in der Tradition der Logosphilosophie hat. Es ist die vollkommene Logizität des Wirklichen, die in ihm zum Ausdruck kommt. Dies wird erst vollkommen deutlich, wenn man einen Vorblick auf die spätere Systemkonzeption der Enzyklopädie tut, für die das Sich-darstellen des Geistes in allen Bereichen der Wirklichkeit von entscheidender Bedeutung ist. Wir wollen dies — obwohl wir uns hier im allgemeinen auf die Phänomenologie beschränken — jetzt einmal andeutungsweise tun, um der Bedeutung des so umstrittenen Geistbegriffs Hegels besser gerecht zu werden. Auf den Unterschied zwischen der Systemkonzeption der Enzyklopädie und derjenigen, die die Phänomenologie am Schluß entwirft, werden wir noch kurz zurückkommen.

Eine der deutlichsten Bestimmungen des Begriffs des Geistes findet sich im System der Philosophie von 1830 (WW VII₂), in der Einleitung zu deren drittem Teil, der Philosophie des Geistes. Dort heißt es im Zusatz zum § 385: „Der Geist ist wesentlich nur das, was er von sich selber weiß. Zunächst ist er nur an sich Geist; sein Fürsichwerden bildet seine Verwirklichung".

In dieser einfachen Bestimmung liegt ein Vielfaches. Zum einen: Der Begriff des Geistes bezeichnet ein Tun, nämlich dasjenige des „Erfassens" seiner selbst, also seiner Natur, seines eigenen Begriffes. Und in eben diesem Erfassen liegt seine Selbstverwirklichung, d. h. die Verwirklichung seines eigenen Begriffes.

Dem Sinn dieser einfachen Bestimmungen wird man nur gerecht, wenn man sich zugleich den grundlegenden Ansatz der Hegelschen Gesamtkonzeption vor Augen hält. Für Hegel durchzieht der Logos — die „logische Idee" — alles, was ist (vgl. a.a.O. § 381, Zusatz). Die logische Idee ist der Geist „an sich". Er offenbart sich in einer *ersten* Weise durch ein „Umschlagen" der logischen Idee in die „Unmittelbarkeit äußerlichen und vereinzelten Daseins" (a.a.O. § 384, Zusatz). Dieses Umschlagen ist das Werden der Natur, die insofern — genauso wie die logische Idee — eine „Voraussetzung" des wirklichen Geistes, des Geistes für sich ausmacht. „Der wirkliche Geist ... hat die äußere Natur zu seiner nächsten, wie die logische Idee zu seiner ersten Voraussetzung" (a.a.O. § 381, Zusatz). Aber die Natur widerspricht in ihrer Form dem Begriff des Geistes, der gerade nicht in der Äußerlichkeit, sondern der „Innerlichkeit" liegt (ebd.). Eben deshalb hebt der „in der Natur schlafende ansichseiende Geist ... die Äußerlichkeit, Vereinzelung und Unmittelbarkeit der Natur auf". Er wird „dadurch der in sich reflektierte, für-sich-seiende, selbstbewußte, erwachte Geist, oder der Geist als solcher" (a.a.O. § 384, Zusatz).

Wir hatten ja bei der Kennzeichnung des Bewußtseins in der Phänomenologie gesehen, wie dessen Wesen darin liegt, sich einen Gegenstand entgegenzustellen, der ihm als ein bloß gegebener oder vorhandener gilt. Wenn das dem Bewußtsein oder genauer dem Selbstbewußtsein Entgegenstehende seinerseits bereits „Geist an sich", d. h. Geist ist, der sich in bewußtloser Weise in der Natur ebenso sehr verhüllt, wie offenbart, dann läßt sich einsehen, daß sich das Bewußtsein, genauer das Selbstbewußtsein qua selbstbewußter Geist, in dem Gegenstand als seinesgleichen selbst zu erfassen vermag. Durch den Ansatz der Bewegung beim Geist-an-sich ist sichtbar, daß die Wirklichkeit des dem

Selbstbewußtsein entgegenstehenden Vorhandenen eigentlich darin liegt, daß sie eine vom Geist „gesetzte" ist — eben darum muß sie auch so umgebildet werden, daß sie dem Begriff des Geistes voll und ganz entspricht.

Das Geschehen liegt somit darin, daß der Geist, der die Äußerlichkeit der Natur in seine Innerlichkeit zurücknimmt, sie in diese aufhebt, als in die „sichselbstwissende wirkliche Idee" (a.a.O. § 379), oder daß er sie „idealisiert". Die wichtigste Bestimmtheit des Begriffs des Geistes ist die „Idealität": Der Geist qua Idee hebt das Andersseiende auf und kehrt dabei aus diesem anderen in sich zurück.

Das Tun des Geistes zeigt sich als ein sich Unterscheiden, sich Umgestalten und ein Zurückführen seines Unterschieds zur Einheit seines Begriffs. Dieses Tun bezeichnet die Weise, in der der denkende Geist des Menschen sich als ein „Ich" weiß. Das Ich vollzieht sich als diese Idealität des Geistes und bewährt sie in seiner Beziehung auf den ihm gegenüberstehenden mannigfaltigen Stoff. Durch seine vorstellende Tätigkeit setzt das Ich — als endlicher Geist — „die Dinge in den Raum seiner Innerlichkeit" (a.a.O. § 381, Zusatz). Als Denken ist das Ich der „in der Form der Allgemeinheit für-sich-seiende, wirklich freie Geist"; indem das Ich denkend den Stoff erfaßt, wird derselbe „von der Allgemeinheit des Ich zugleich vergiftet und verklärt, verliert sein vereinzeltes, selbständiges Bestehen und erhält ein geistiges Dasein" (ebd.). Dies geschieht insbesondere durch das philosophische Denken, das eine Idealisierung der Dinge dadurch vollbringt, daß es die bestimmte Weise erkennt, wie die ihr gemeinsames Prinzip bildende ewige Idee sich in ihm darstellt. Im philosophischen Denken macht sich der Geist zu der sich selbst vollkommen erfassenden wirklichen Idee und damit zum absoluten Geist. In ihm gelangt der Geist zu seinem Begriff. Alle äußerliche Objektivität oder „Natur", in die er sich „entäußert" hat, ist aufgehoben in der Subjektivität, in der zu ihrem Für-sich-Sein gelangten Idee. Diese aus jener Differenz hergestellte „Identität" des Geistes mit sich, bezeugt seine Macht, sich „im" anderen eine völlige Unabhängigkeit vom anderen zu erringen, das Anderssein so zu „ertragen", daß es sich durch Aufhebung desselben als die aus ihrem Anderssein in sich zurückkehrende Idee, als das sich selbst

Unterscheidende und in seinem Unterschiede bei-und-für-sich-seiende allgemein zu sein erweist. Der Geist bezeugt seine Kraft, sich in diesem Widerspruch, in der Entzweiung — in dem von ihm gesetzten Negativen — wiederzufinden, d. h. diese erneut zu negieren. Als solche Macht der „absoluten Negativität" ist die Substanz des Geistes die „Freiheit", d. h. das Nichtabhängigsein von einem anderen, das sich Auf-sich-selbstbeziehen. In dieser Weise bringt der Geist seine eigene Freiheit hervor, macht er sich selbst frei von allen, seinen Begriffen nicht entsprechenden Formen seines Daseins, indem er sie zu einer dem Begriffe des Geistes angemessenen Wirklichkeit umbildet.

Dieses sich befreiende Tun des Geistes vollzieht sich schließlich als ein „Sichoffenbaren". Der Geist offenbart im anderen sich in seinem Begriff als ansichseiender Geist oder logische Idee, als deren Entäußerung in die Unmittelbarkeit, als Natur und als der fürsichseiende selbstbewußte Geist, der diese Unmittelbarkeit der Natur in ihrer Innerlichkeit der Allgemeinheit gemäß gemacht hat. Dieses Sichoffenbaren vollendet sich dann, wenn jeder Dualismus einer selbständigen Natur und des fürsichwerdenden Geistes wiederum aufgehoben ist, also als „absoluter Geist", der sich als die absolute Einheit seines Ansichseins und seines Fürsichseins in unendlich schöpferischer Weise offenbart. Dieser absolute Geist ist in seiner absoluten Offenbarung die „absolute Wahrheit". Auf dem Standpunkt des absoluten Geistes, d. h. der Kunst, der Religion und der Philosophie, vollzieht sich der Geist nicht nur als subjektiver, noch erfaßt er sich nur als objektiver Geist, der in die äußerliche Realität seiner Freiheit gegeben ist, wie etwa im Staate, in dem er sich zu einer von ihm gesetzten sittlichen Welt entwickelt hat; als absoluter Geist hat er alle Gesetztheit zu sich aufgehoben. Alle Endlichkeiten sind negiert, sind zu einem Moment des unendlichen Geistes geworden.

Wenn wir hier den Geistbegriff Hegels anhand der Aussagen der Enzyklopädie und ihrer Systematik erläutert haben, so darf freilich nicht unerwähnt bleiben, daß Hegel zwar bereits in der Selbstanzeige der Phänomenologie die Dreiteilung des Systems in Logik, Natur- und Geistphilosophie angekündigt hat, daß aber der Schluß der Phänomenologie eine andere Konzeption der Systemglieder enthält. Ohne hier auf die Diskussion der Entwicklung der Hegelschen Systemkonzeption einzugehen,[3] sei diese Konzeption hier kurz referiert, zumal sie noch einmal Licht auf die Bedeutung der — als Bildungsgeschichte des absoluten Geistes aufgefaßten — Geschichte für die „Idee" der Phänomenologie wirft. In den letzten Abschnitten der Phänomenologie unterscheidet Hegel das absolute Beisichsein des Geistes und drei Weisen der Entäußerung. Der Geist, zu dem das Bewußtsein in der letzten Gestalt der Phänomenologie, dem absoluten Wissen, gelangt war, stellt sich zunächst in dem reinen „Äther seines Lebens" (PhG 562), nämlich in der Form des Begriffes dar. Diese Darstellung ist die Wissenschaft der Logik. Zur „höchsten Freiheit und Sicherheit seines Wissens von sich" (PhG 563) gelangt der Geist aber erst, wenn er sich dieser seiner reinen Form begibt und sich in den ihm scheinbar fremden Elementen von Bewußtsein, Raum und Zeit bzw. Geschichte darstellt — durch welche Darstellung er sich diese Elemente aneignet, sie im oben erörterten Sinne idealisiert. Die erste Entäußerung, die ins Bewußtsein, ist nichts anderes als die in der Phänomenologie dargestellte Folge der Gestalten desselben: Die Phänomenologie ergibt sich also jetzt als notwendige Folge der Logik. Die zweite, die Selbstanschauung des Geistes im Element des Raumes, ist die Naturphilosophie. Die dritte ist die Darstellung des Werdens des Geistes, d. h. seines zunehmenden Sichwissens in der zeitlichen Folge seiner Gestalten, d. h. in der Geschichte. Hegel hat hier freilich nicht eine Philosophie der Weltgeschichte in dem Sinne im Auge, wie er sie später als ein Sich-realisieren des objektiven Geistes dargestellt hat. Vielmehr geht es ihm um eine Darstellung des Sich-bildens des absoluten Geistes in der Geschichte. Dazu gehört ein „Aufbewahren" der Bildungsstufen des Geistes in der Geschichte „nach der Seite ihres freien in der Form der Zufälligkeit erscheinenden Daseins" (PhG 564), d. h. nach der Seite der Geschichte als einer zufälligen zeitlichen Aufeinanderfolge von Bildungsformen — und ein Begreifen dieser historischen Gestalten als Stufen eines notwendigen Werdens des absoluten Geistes. Dieses Begreifen, das aus der

---

[3] Vgl. dazu H. Kimmerle, Dokumente zu Hegels Jenaer Dozententätigkeit (1801 bis 1807) in: Hegel-Studien, Bonn 1967, S. 22—29 und H. F. Fulda, op. cit., v. a. S. 93 ff.

zufälligen Folge der Geistesgestalten eine notwendige „Organisation" macht, ist wiederum die Phänomenologie des Geistes, insofern sie — wie oben bereits erörtert — die in der Weltgeschichte geleistete „Arbeit" des Geistes für die Hinführung des natürlichen Bewußtseins zur Wissenschaft gewissermaßen „aufbereitet". Ob Hegel hier die Verselbständigung einer Seite der Phänomenologie in Form einer von der Aufgabe der Hinführung gelösten Bildungsgeschichte ins Auge faßt,⁴ kann ebenso unerörtert bleiben wie die schwierige Frage, was es eigentlich bedeutet, daß die „begriffne Organisation" der Geschichte erst *zusammen* mit dem „Aufbewahren" der geschichtlichen Gestalten in ihrer zufälligen Erscheinungsweise nach Hegel die „begriffne Geschichte" ausmacht.⁵ Wichtig für die eine hier zum Ausdruck kommende Systemkonzeption Hegels zur Zeit der Abfassung der Phänomenologie ist diese Dreiteilung der Entäußerung des Geistes in das Bewußtsein, die Natur und die begriffene Geschichte.

Wenden wir uns nun aber wieder dem Werden des absoluten Geistes zu, wie es in der Darstellung der Phänomenologie — um deren Idee und Methode es uns hier in erster Linie zu tun ist — aufgefaßt ist. Dieses Werden zum absoluten oder unendlichen Geist und innerhalb seiner zum absoluten Wissen stellt nun die Phänomenologie des Geistes — wie wir sahen — als eine Bewegung dar, in der der Geist im *„Element des unmittelbaren Daseins"* (V § 35), und das ist als Bewußtsein, sich selber ein anderes, d. h. zum Gegenstand seines Selbst, wird, sich entfremdet und dann dieses Anderssein aufhebt, aus dieser Entfremdung zu sich zurückgeht. Die Phänomenologie stellt dar, wie der Geist sich in dem Element dieses Gegensatzes von Wissen und Gegenständlichkeit entwickelt, wie er in der Weise von aufeinanderfolgenden Gestalten des

---

⁴ Dies deutet H. F. Fulda op. cit., S. 266 an. Der Nachweis der Notwendigkeit einer Bildungsgeschichte als eigenständiger „philosophischer Disziplin" (a.a.O. S. 221) läßt sich aber — wie schon oben hervorgehoben wurde — nur auf der Grundlage der Konzeption des enzyklopädischen Systems führen. Jedenfalls ist dem hier erläuterten Schlußabschnitt der Phänomenologie kein direkter Hinweis darauf zu entnehmen, daß das Begreifen der Geschichte als „Organisation" der Bildungsstufen des absoluten Geistes einer anderen Disziplin als der „Wissenschaft des erscheinenden Wissens" vorbehalten wäre.

⁵ Diese Schwierigkeit ist auch durch den Lösungsversuch von H. F. Fulda (a.a.O. S. 103) noch nicht befriedigend geklärt.

Bewußtseins in seinem Verhältnis zu der sich wandelnden Gegenständlichkeit, den logischen Momenten, auftritt. Der Weg dieser Entwicklung, in der sich das Bewußtsein zu seinen Momenten verhält, ist der Weg einer „Erfahrung", die das Bewußtsein macht.

Inwiefern die Phänomenologie zugleich Erfahrungswissenschaft des Bewußtseins und Geisteswissenschaft ist, wollen wir jetzt — nachdem der Begriff des Geistes präzisiert wurde — in vier Punkten nachzuweisen suchen.

1. Der § 17 der Einleitung stellt eine Bestimmung der *ganzen* Phänomenologie des Geistes dar. Sie wird sowohl als ein „ganzes System der Erfahrung, welche das *Bewußtsein* über sich macht", bezeichnet wie zugleich („oder") als „das ganze Reich der Wahrheit des *Geistes*". Hierin liegt: Das Subjekt der gesamten Erfahrung ist sowohl das Bewußtsein wie der Geist, oder genauer: der Geist als Bewußtsein; die Wissenschaft (das System) hat diese Erfahrung zu ihrem Gegenstand, sie ist als Geisteswissenschaft Erfahrungswissenschaft des Bewußtseins. In der Vorrede wird diese Auffassung einer Identität von Geisteswissenschaft und Erfahrungswissenschaft beibehalten, sie wird sogar noch ausdrücklicher gemacht. Der § 36 der Vorrede spricht ganz wie der § 17 der Einleitung von der Phänomenologie als von einem „System der Erfahrung des Geistes", und die Wissenschaft, die dieses System darstellt, wird im § 36 als eine „Wissenschaft der *Erfahrung*, die das Bewußtsein macht" gekennzeichnet. Die Identität von Erfahrungswissenschaft und Geisteswissenschaft könnte nicht klarer zum Ausdruck gelangen als dadurch, daß in ein und demselben Paragraphen in alternierenden Sätzen die Bewegung der Erfahrung des *Bewußtseins* und die Bewegung der Erfahrung des *Geistes* als gleichartig beschrieben werden; daß es sich dabei um den Geist im „*Element des unmittelbaren Daseins*" (V § 35) handelt, um den Geist als „Erscheinung" (V § 38), widerspricht dem nicht. Die Phänomenologie des Geistes als „auftretende Wissenschaft" wurde auch in der Einleitung (§ 4) als eine „Erscheinung" gedacht (s. o. S. 43).

2. Genauer bestimmt der § 17 der Einleitung das Eigentümliche der Phänomenologie daraus, daß sich in ihr das „Bewußtsein" in seinen unterschiedlichen Gestalten zu den logischen Momenten verhält. Eben

dies gilt, wie der soeben zitierte erste Satz des § 17 deutlich zeigt, für sie sowohl als eine Wissenschaft, die die „Erfahrung" kennzeichnet, „welche das Bewußtsein über sich macht", wie auch für sie als eine solche, die das „ganze Reich der Wahrheit des Geistes" ausmacht. Hierzu ist wiederum der § 36 der Vorrede heranzuziehen, wo ausdrücklich von dem „Bewußtsein" die Rede ist, insofern es das „unmittelbare Dasein des Geistes" bezeichnet. Der Geist in seiner Ur-teilung von Wissen und Gegenständlichkeit ist der Geist als subjektive Beziehung auf sich, als Reflexion, der sich ein Äußeres entgegengestellt hat; er weiß dieses zunächst nur als ein anderes in der Gestalt eines von ihm Unabhängigen. Anfang wie Ende dieser Bewegung werden sowohl für das Bewußtsein wie für den Geist in gleicher Weise bestimmt werden. Was das Ende angeht, so wird deutlich gesagt, daß dann, wenn der *Geist* aus seiner Entfremdung zurückkehrt, das „Abstrakte" oder auch das Gedachte „Eigentum des Bewußtseins" geworden sei.

3. Der Paragraph 17 kennzeichnet schließlich auch das zweistufige Ziel der gesamten Bewegung der Erfahrung wie auch der Darstellung dieser Bewegung, d. h. der Phänomenologie als einer Erfahrungs- wie als einer Geisteswissenschaft. Für das natürliche Bewußtsein als erscheinendes Wissen liegt das Ziel schlechthin darin, daß es seine Natürlichkeit aufgezehrt hat und nicht mehr mit Fremdartigem behaftet ist; für die Darstellung eben dieser Bewegung liegt es darin, daß sie als Darstellung der Erfahrung in den Büchern A, B und C über die Stationen Bewußtsein, Selbstbewußtsein, Vernunft, Geist und Religion zu der letzten Station des „absoluten Wissens" gelangt. Die erste Stufe dieses Zieles liegt für das erfahrende Bewußtsein dort, wo die „Erscheinung" seinem Wesen gleich wird, aber ohne daß es schon „dies sein Wesen erfaßt". Sie fällt zusammen mit der ersten Stufe des Zieles der Darstellung, die dort erreicht ist, wo die „eigentliche Wissenschaft des Geistes" — mit dem Abschnitt VI des Textes — beginnt. Das Endziel für das erfahrende Bewußtsein ist dort, wo es „selbst dies sein Wesen erfaßt"; dieses Endziel fällt zusammen mit dem der Darstellung des „absoluten Wissens". Das besagt: Bis zum Ende handelt es sich um eine Darstellung, die sich auf die sich zur wahren Existenz forttreibende *Erfahrung* des Bewußtseins bezieht.

Sowohl als uneigentliche wie als eigentliche Wissenschaft des *Geistes* (auch noch als Darstellung des Geistes qua absoluten Wissens) ist die Phänomenologie des Geistes, als eine auf *Erfahrung* bezogene, Erfahrungswissenschaft des Bewußtseins.

4. Daß umgekehrt die Phänomenologie von Anfang an Geisteswissenschaft sein will, läßt sich noch aus zwei weiteren Stellen des Textes belegen, zum einen aus der Stelle, wo es — schon früh bei der Darstellung des Selbstbewußtseins — heißt: „Hiermit ist schon der Begriff *des Geistes* für uns vorhanden" (PhG 140). Der wichtigste Beleg aber ist die Stelle, wo für den Philosophen die Geisteswissenschaft beginnt. Dort, wo sich der Geist als das „sich selbst tragende absolute reale Wesen" durchschaut (PhG 314) wird ausdrücklich erklärt, daß alle bisherigen Gestalten des Bewußtseins „Abstraktionen" des Geistes waren, daß es sich um Weisen gehandelt habe, in die sich der Geist als in seine „Momente" analysierte. Es wird somit ausdrücklich gesagt, daß das „Isolieren" solcher Momente den Geist selbst zur *„Voraussetzung"* und zum *„Bestehen"* hatte.

Unserer Auffassung von der Identität von Erfahrungs- und Geisteswissenschaft widerspricht nicht die sicher richtige Einsicht,[6] daß sich viele Grundbegriffe der Phänomenologie — und dies ganz konsequent mit der Entwicklung der Darstellung — geändert haben und daß die Methode als eine Prüfungsbewegung des Bewußtseins nur solange gilt, wie es erfahrend auf Zukommendes ausgerichtet ist und sich noch nicht als ein geistiges Wesen durchschaut hat.

Nach der Klärung dessen, was Geist für den Ansatz der Phänomenologie des Geistes bedeutet und in welchem Sinne diese sowohl Erfahrungs- wie Geisteswissenschaft ist, kehren wir zur Ausgangsfrage dieses Kapitels zurück. Wie geht die Phänomenologie methodisch vor, um die beiden ihr gestellten Aufgaben zu lösen, und welcher Begriff des Wissens ist dabei vorausgesetzt?

*2. Die Methode gemäß der Einleitung*

1. Vergegenwärtigen wir uns, daß für Hegel das Bewußtsein das „unmittelbare Dasein des Geistes" (V §§ 35, 36) ausmacht, wohingegen

---

[6] Vgl. hierzu O. Pöggeler, Zur Deutung..., op. cit., S. 289.

der sich vermittelnde Geist das Bewußtsein als die Bewegung des „Sichanderswerdens" ist, die zugleich dahin geht, „dieses Anderssein aufzuheben" (V § 36). Damit sich der Geist qua Bewußtsein anders werden kann, muß er die diesem eigentümliche „Negativität" (s. o. S. 37) realisieren, wodurch eine Ungleichheit zweier sich entgegenstehender Seiten entsteht, deren eine das Wissen ist und die andere die „dem Wissen negative Gegenständlichkeit" (ebd.). Will der Geist hingegen dieses Anderssein wieder aufheben, dann müssen die sich entgegenstehenden Seiten daraufhin angelegt sein, zu einer neuen Gleichheit zurückzufinden. Diese Bewegung der Wiedervereinigung der ungleich gesetzten Seiten bringt die Durchsichtigkeit hervor, jene Transparenz von allem, was ist, in der die Griechen die Herrschaft des Geistes, des *nous*, sahen.

Das Bewußtsein unterscheidet also etwas von sich, und dasjenige, was von ihm unterschieden ist, bleibt in einem Bezug zu ihm. Es ist „für das Bewußtsein" — „für es"; es hat ein „Sein", das für das Bewußtsein ist. „Sein von etwas für das Bewußtsein" oder „Füreinanderessein" realisiert sich als ein „Beziehen". Dieses Beziehen ist das Wissen. In unterschiedlichen Weisen vermag Wissen sich mit der ihm gegenständlichen Seite wieder zu vereinigen; in seiner Vollendungsgestalt vollzieht es sich als ein besonderer Akt des Zusammenschließens jener Ur-teilung; dies ist das Wissen als absolutes Begreifen, das die Identität der entgegenstehenden Seiten der Objektivität mit dem sich als Wissen vollziehenden Selbst, der Subjektivität, eben durch diese herbeiführt. Fassen wir die Struktur des Wissens jetzt in der Gestalt auf, die es in der neueren Philosophie mit Descartes erhalten hat, so gilt: Das Bewußtsein qua wissendes Subjekt stellt sich einen von ihm unterschiedenen Gegen-stand, ein Objekt vor; umgekehrt gesehen: Der so vorgestellte Gegenstand oder der Inhalt der Vorstellung steht im Bezug zum Bewußtsein, hat „Sein" für das Bewußtsein, gehört als gewußter Gegenstand oder Inhalt dem vorstellenden Wissen an. Nun wird aber zur gleichen Zeit

2. dieses „auf das Wissen Bezogene ... ebenso von ihm unterschieden und gesetzt als *seiend* auch außer dieser Beziehung" (E § 10). In einer ganz anderen Hinsicht als der zuvor genannten ist an dem Bewußtsein

eine „Gegenständlichkeit (V § 36). Auch sie gilt ihm als dem Wissen entgegengesetzt, und zwar so, als ob sie mit dem Bewußtsein und seinem Wissen gar nichts zu tun hätte. Sie gilt ihm als seiend „an sich" oder „an sich selbst". Diese Bestimmung kann zweierlei besagen: Zunächst, daß der Gegenstand für das Bewußtsein den Seinscharakter eines dinghaften Bestehens hat, eines Seins, das schlechthin als jedwedem Gedanken fremd und außerhalb seiner liegend gilt. Die Bewegung der Phänomenologie wird freilich zeigen, daß die Wissensweisen, die dem Gegenstand diesen Charakter des Bestehens zuschreiben, irrig sind und daß der „Gegenstand" keineswegs dinghaft und gedankenfremd ist, sondern dem Gedanken zugehört und von ihm bewegt und somit gerade undinglich ist.

Die zweite, sehr viel wichtigere Bedeutung des „Ansichseins" will die Gegenständlichkeit als ein vom Wissen unabhängiges und dieses bestimmendes „Maß" bezeichnen. Für die traditionelle Metaphysik gab von alters her das ewig bestehende Wesen oder das wesenhaft „Seiende" dem Wissen das Maß vor, denn beide hatten den Sinn des „Wahren". Schon früh — dies ergab sich uns bereits aus der von Hegel skizzierten Bildungsgeschichte — artikulierte sich dieses Wahre in der Form von „Abbreviaturen", die die Wirklichkeit auf ihre grundsätzlichen Bestimmungen gebracht, sie daher als außer dem Gedanken seiende bereits „getilgt" hatten (V § 29). Diese Abbreviaturen sind Gedankenbestimmungen oder Kategorien; in ihrer Gesamtheit machten diese die „Wahrheit" des Seienden aus, das sie so zu einem „Wahren" machten. Zugleich aber machten sie das Wissen von diesem Seiendem zu einem „wahren Wissen". Je nachdem, ob die traditionelle Metaphysik „platonisch" oder „aristotelisch" dachte, galt ihr die Wahrheit, dieses Maß, als „jenseits" des Seienden liegend oder als „in" ihm wohnend, es konkret von innen her bestimmend.

Für die neuere Philosophie seit Kant lag das Maß, die Wahrheit, in den Regeln des Wissens, den Kategorien, d. h. in Wesenheiten, die zusammen die Gesamtstruktur einer „Form" bildeten, die letztlich das Wesen des Selbst, dessen Subjektivität ausmachte. Insofern das Selbst durch seine Form zugleich auch den vorgestellten Gegenstand oder Inhalt — das Objekt — logisch formiert, heißt sie zu Recht auch die „Gegenständlichkeit". Die Form, wie sie sich in unterschiedlichen Arten ihrer Kategorien, Wesenheiten, artikuliert, ist also zugleich Subjektivität und Objektivität (Gegenständlichkeit). Zu Beginn der neuzeitlichen Entwicklung wurde aber gerade noch nicht erkannt, daß und wie das Wesen der Wahrheit mit dem Wesen des Subjekts und seinem wissenden Formieren zusammenhängt. Sie galt als außerhalb des Bewußtseins gesetzt, als jene Seite, die als „an sich" die „Wahrheit" ausmachte. In eben dieser Gestalt nimmt die Einleitung die Bestimmung der „Wahrheit" auf. Als solche ist sie das Maß, an dem das Bewußtsein mißt, ob der von ihm wissend vorgestellte Gegenstand oder Inhalt ein wahrer ist (insofern das Wesen oder das „Seiende") und ob sein Wissen ein wahres ist. Hierauf werden wir noch zurückkommen. Zunächst muß aber beachtet werden: Das Bewußtsein, wenn es einen Gegenstand als gewußten Inhalt vorstellt, kann ihn nur dann als einen „wahren" wissen, wenn ihm zugleich dessen Gegenständlichkeit, d. h. also dessen Form oder Wahrheit, vor dem Blick steht.

In der Einleitung hat Hegel diese die Wahrheit artikulierenden Gedankenbestimmungen „Momente" genannt (§ 17); sie bilden zusammen das „ganze Reich der Wahrheit". Diese Momente treten in der Phänomenologie — anders als in der Logik — allerdings nicht als „reine abstrakte Momente" auf, sondern so, daß sie zum Bewußtsein in einem Verhältnis stehen: Sie sind „für das Bewußtsein" oder „wie dieses selbst in seiner Beziehung auf sie auftritt" (ebd.). So erscheinen etwa dem Bewußtsein der Wahrnehmung (2. Kapitel des ersten Abschnittes) die Kategorien des Fürsichseins und Füranderesseins nicht in ihrer reinen logischen Form, sondern als Aspekte der Dinge bzw. ihrer Eigenschaften. In der Auffassung etwa der Eigenschaften als gegeneinander gleichgültig, d. h. als in der Einheit eines Dinges zusammenbestehend, ohne sich zu „affizieren", liegt die Kategorie des reinen Selbstbezugs bzw. Fürsichseins. Werden dagegen die Eigenschaften oder auch die Dinge als voneinander in der Weise des Sichausschließens unterschieden aufgefaßt, so ist dies die Weise, wie die Kategorie des Füranderesseins bzw. des — hier negativen — Bezugs auf anderes dem in der Erfahrung begriffenen Bewußtseins erscheint.

Selbst für die Logik gilt — und Hegel hatte dies ja bereits in den Jenenser Logiken gesagt —, daß eine einzige, nur isoliert aufgefaßte Bestimmung unwahr ist. Jede einzelne Bestimmung hat ihren Sinn bereits in anderen Bestimmungen angelegt, die zu ihr gehören. Diese „Konkretheit" gilt in noch stärkerem Maße und noch anders für die verschiedenen Gestalten des Bewußtseins. Die Wahrheit ist für sie meist ein undeutlicher Zusammenhang von Bestimmungen. Zusammen machen sie die Struktur des jeweils geltenden Ansich für das Bewußtsein aus.

Dieser Paragraph bestätigt jedenfalls, daß es Gedankenbestimmungen (Momente) sind, die die Wahrheit „für es" ausmachen. Darüberhinaus vermag er auch einem sonst naheliegenden Mißverständnis vorzubeugen, das sich aus Hegels Verwendung des Terminus „Gegenstand" leicht ergeben könnte. Wenn Hegel in der Einleitung von „Gegenstand" spricht, dann kann — je nach dem Zusammenhang — zum einen der „vorgestellte Inhalt" gemeint sein, der durch das Beziehen, das Wissen, „für das Bewußtsein ist", und es kann zum anderen mit diesem Titel die „Wahrheit" gemeint sein, die Form, die „Gegenständlichkeit", die den gewußten Gegenstand und das Wissen von ihm zu einem wahren macht.

Daß Hegel in der Einleitung in dieser Weise zwischen Gegenständlichkeit und Gegenstand nicht unterschieden hat, sollte vielleicht sichtbar machen, wie in der Phänomenologie die Momente als „Gestalten des Bewußtseins" auftreten. Sie treten eben nicht so auf, daß das Bewußtsein selbst eine Trennung zwischen dem vorgestellten Gegenstand (Inhalt) und der Gesamtstruktur einer Gegenständlichkeit — der Wahrheit — zu machen vermag. Das Bewußtsein in seinen naiven Weisen verhält sich — sehr vereinfachend gesagt — „aristotelisch"; für es „wohnt" die Form (Gegenständlichkeit) in dem Gegenstand (Inhalt). Richtiger noch, es ist sich eines solchen Unterschiedes überhaupt nicht bewußt. Aber nicht nur abstrahiert es nicht die „Form" von dem „Geformten", es ist sich auch nicht dessen bewußt, daß und wie diese Form, diese als Wahrheit auftretende Gesamtstruktur von Gedankenbestimmungen, „in" das Bewußtsein gehört, weswegen sie ihm ja in der Bestimmung des Ansich als gesetzt gelten. Daß diese Gedankenbestimmungen eigentlich Denkbestimmungen des Selbst sind, eben dies muß sich aus der Fortbestimmung der Gestalten des Bewußtseins und für es erst ergeben. Genauer: es muß sich ergeben, daß diese Gedankenbestimmungen „Momente des Begriffs" selber sind. Die Bewegung der Selbstprüfung, die sich im Lichte dieser Momente vollzieht, wird in der Tat erweisen, daß sie als „Wahrheiten" des Selbst, und d. h. schließlich des Begriffs, diesem zugehören, nicht nur „an sich", auch nicht nur „für sich", sondern „an und für sich" Geltung haben. Es wird sich dem Bewußtsein zeigen, daß die Seite der Wahrheit und die Seite des Wissens selbst eine Einheit, eine Identität bilden, die Identität eines Objekts (oder einer Substanz) und eines Subjekts, das sein Objekt übergreift.

3. Für die Methode der Phänomenologie, so wie die Einleitung sie darstellt, ist aus dem bisher Erläuterten dieses gewonnen: Da eine Seite am Bewußtsein die Gesamtstruktur der dem Wissen negativen Gegenständlichkeit ist, diese aber das Maß ausmacht, gilt, daß das Bewußtsein „seinen Maßstab an ihm selbst gibt" (E § 12). Innerhalb seiner kann es — in seinen unterschiedlichen Gestalten — prüfen, ob das, was ihm an dem vorgestellten Gegenstand (Inhalt) als das „Wahre", das Wesen oder wesenhaft Seiende gilt, in einer diesem Wahren entsprechenden Weise gewußt wird, und zwar von einem Wissen, das verbürgt, daß es seinen Gegenstand adäquat als einen wahren erfaßt hat. Das Bewußtsein vermag in dieser Weise zu prüfen, weil es als Bewußtsein immer sowohl Bewußtsein dessen ist, „was ihm das Wahre ist" — und somit Bewußtsein der das Wahre ausmachenden Gesamtstruktur von Gedankenbestimmungen — und „Bewußtsein seines Wissens davon". Beide, das Bewußtsein des Wahren wie das Bewußtsein des Wissens davon, sind *„für dasselbe"* — für das Bewußtsein, das deswegen in seiner Wesensstruktur als die „Vergleichung" dieser beiden Seiten bestimmt werden kann (E § 13). Das Bewußtsein ist aber auch Wissen von einem Gegenstand, den es als wahren weiß und darum an diesem Maßstab messen bzw. mit ihm vergleichen kann. In einem Beispiel aus dem Wahrnehmungskapitel ausgedrückt: Es weiß seinen Gegenstand, etwa einen Salzkristall, als Ding, das Träger von Eigenschaften ist. Damit hat sich das wahrnehmende Bewußtsein einen Maßstab gesetzt, der für den gewußten Inhalt eine Gesamtstruktur von Bestimmungen vor-

zeichnet und damit an das Wissen eine Reihe von Anforderungen stellt. Daß das Salz ein Ding sein soll, bedeutet zum Beispiel, daß es als ein sich von anderen Dingen Unterscheidendes, d. h. als ein ausschließendes „Eins" aufgefaßt werden muß; ferner, daß es trotz der Unterschiede, die seine Eigenschaften — das Scharf-, Kubisch-, Weißsein etc. — darstellen, als Ding die Einheit einer „Sichselbstgleichheit" ausmacht. Auch die Eigenschaften, die am Salzkristall wahrgenommen werden, müssen verschiedene Voraussetzungen erfüllen: Sie müssen bestimmte, voneinander unterschiedene sein, aber sie müssen zugleich gleichgültig gegeneinander sein, damit sie im Ding zusammenbestehen können. So enthält der Maßstab, den das Bewußtsein anlegt, „Vorschriften" sowohl für das Wissen wie für den Gegenstand. Zusammengefaßt bedeutet dies für die Struktur des Bewußtseins: Bewußtsein ist einerseits Vergleichung von Form mit Wissen (Vorstellen), andererseits Vergleichung von Form mit vorgestelltem Gegenstand (Inhalt). Das Bewußtsein ist in dieser Weise als der Vollzug einer Selbstprüfung.

Jetzt zeigt sich deutlicher, warum das erscheinende Wissen jene beiden Aufgaben der Phänomenologie zu übernehmen vermag und warum der Phänomenologe sie delegieren und sich — so scheint es jedenfalls zunächst der Fall zu sein — auf das „reine Zusehen" (E § 13) beschränken kann. Zwar will die Darstellung — wie wir zu Beginn unserer Erörterung eigens herausstellten — selber eine „Untersuchung" sein; sie will die „Prüfung der Realität des Erkennens" (E § 9), die „Wahrheit des Wissens" (E § 11) übernehmen. Aber wenn das von der Darstellung auf den Weg mitgenommene erscheinende Wissen so strukturiert ist, daß es sich wesenhaft als eine Vergleichung, als eine Prüfung vollzieht, dann brauchen „wir" — die Phänomenologen — dies nicht selber zu tun.

Wir haben deutlicher erkannt: Das „erscheinende Wissen" gibt aufgrund seiner eigenen Natur den „Maßstab", die „Gegenständlichkeit", die als Gesamt von Momenten oder Gedankenbestimmungen auftretende Wahrheit. Wir haben auch bereits eingesehen, daß das Wissen oder das Begreifen (der Begriff für sich) und dessen Gegenstand Momente eines Bewußtseins sind, und auch, daß die Bestimmungen des „Füreinanderesseins" und „Ansichselbstseins" dessen Bestimmungen sind. Wenn all dies zur Natur des Selbstbewußtseins — also zu der des erscheinenden Wissens — von selbst gehört, wozu bedarf es dann noch eines von außen hinzutretenden Phänomenologen? Im Gegenteil, es scheint sogar geboten, „*unsere* Einfälle und Gedanken bei der Untersuchung" wegzulassen. Auf diese Weise läßt sich viel eher „die Sache (des erscheinenden Wissens), wie sie *an* und *für sich* selbst ist", wirklich erreichen (E § 12). Gegenüber dem Hegel zeitgenössischen natürlichen Bewußtsein, das als ein „verständiges" davon überzeugt werden soll, daß es selber den Weg des erscheinenden Wissens gehen könnte, befindet sich der Phänomenologe somit in der für die Überzeugungskraft der Prüfung günstigen Lage, das Bewußtsein sich selbst — mit seinen eigenen Maßstäben — prüfen zu lassen. Eben weil die phänomenologische Wissenschaft sich zur „Erscheinung" depotenzierte (s. o. S. 43) und sich als in den Prozeß des Werdens des Ganzen eingeschlossen auffaßte und weil sie die eigentliche Wissenschaft noch nicht „in ihrer Wahrheit ausgeführt und ausgebreitet" (E § 4) hatte, hat sie ihren eigenen Maßstab überhaupt noch nicht „rechtfertigen" können. Wollte sie einen ungerechtfertigten Maßstab an das zeitgenössische natürliche Bewußtsein anlegen, dann brauchte dieses ihn „nicht notwendig anzuerkennen" (E §§ 9 und 11).

4. Wenn es somit im Wesen des erscheinenden Wissens liegt, daß es selber zu vergleichen und zu prüfen vermag, dann kann es in jeder Gestalt seinen Wahrheitsanspruch der Kritik unterstellen. In dieser Selbstprüfung wird es sowohl die Seite des wissenden Selbst wie die des vorgestellten Inhaltes an dem die jeweilige Gestalt bestimmenden „Moment", der Form der Wahrheit, messen und alle Widersprüche, die zwischen ihr und dem Wissen einerseits und dem vorgestellten Gegenstand (Inhalt) andererseits bestehen, aufdecken und sie Schritt für Schritt austragen. So entdeckt z. B. das Bewußtsein der Wahrnehmung, daß zwischen dem Maßstab, den es an die Dinge und an sein Wissen von ihnen legt, z. B. der Bestimmung der Sichselbstgleichheit, und dem Ding bzw. seinem Auffassen des Dinges ein Widerspruch besteht: Das Ding erscheint ihm als in sich gegensätzlich — einmal als für sich bestehend, selbständig, zum anderen als bestimmt durch seinen Bezug auf anderes, als unselbständig bzw. bloßes „Verhältnis" (PhG 99). Die gleiche Gegensätzlichkeit zeigt sein Auffassen, das nicht nur zwischen

diesen beiden Aspekten des Dinges schwankt, sondern auch zwischen gegensätzlichen Ansichten der beiden „Seiten" der Wahrnehmung, des Bewußtseins und des Dinges: Einmal erklärt es das Ding als einfach und die Unterschiede — z. B. das Weiß- und Kubischsein des Salzes — der Seite des wahrnehmenden Bewußtseins bzw. seiner unterschiedlichen Sinneswahrnehmungen zugehörig; dann wieder gilt ihm das Ding als bloßes Nebeneinander von Unterschieden, die erst im Bewußtsein ineinsgesetzt werden. Die Gegensätzlichkeit der Dinge und der Auffassungsweisen entspricht also — das ergibt die Selbstprüfung der Wahrnehmung — nicht ihrem Maßstab, der Sichselbstgleichheit. Das bedeutet, für die Erfahrung generell gesagt: Ergibt sich aus dieser Vergleichung, daß sich einerseits Form und andererseits Wissen bzw. vorgestellter Gegenstand (Inhalt) nicht entsprechen, dann wird ein solches Ergebnis der Selbstprüfung das erscheinende Wissen „nötigen", sein Wissen zu ändern und es der Form gemäß zu machen. Zwar war das erscheinende Wissen der Auffassung, daß an dem Gegenstand die Seite, die sein „Bestehen" ausmacht, sowie diejenige der Wahrheit, die ihn als das „Wahre" bestimmt, von dem Wissen völlig unabhängig, also „an sich" sei. Es muß aber gerade erkennen: „in der Veränderung des Wissens ändert sich ihm in der Tat auch der Gegenstand selbst" (E § 13). Gewissermaßen unter der Hand hat sich ihm mit der Veränderung seines Wissens die Gegenständlichkeit des Gegenstandes mitverändert: „denn das vorhandene Wissen war wesentlich ein Wissen von dem Gegenstande (sc. Gegenständlichkeit): mit dem Wissen wird auch er ein anderer, denn er gehörte wesentlich diesem Wissen an" (ebd.). Dies ist — wie hervorgehoben — die entscheidende Einsicht, zu der das erscheinende Wissen auf jeder Stufe seiner Gestalten erneut gelangt: daß eigentlich die Gedankenbestimmungen, die die Gegenständlichkeit ausmachen, die Formen, nicht nur Formen eines vom Wissen abgetrennten Gegenstandes, sondern Formen des Wissens sind und insofern dem Wissen, dem Selbst zugehören; es erkennt damit auf jeder Stufe bereits in vorläufiger Weise, daß die Gedankenbestimmungen die Denkbestimmungen des als Begriff aufgefaßten Selbst sind. Dies wird in der Einleitung so ausgedrückt, daß „dem Bewußtsein... dasjenige, was ihm vorher das *Ansich* war, nicht an sich ist", oder daß es nur „*für es an sich*" war. Das erscheinende Wissen muß jeweils erkennen, daß dasjenige in seinem Ansich-Charakter selbst „nicht aushält" (E § 13), was ihm als der Maßstab der Prüfung galt, eben weil die Gegenständlichkeit „dem Bewußtsein zu einem Wissen von ihm herabsinkt und das *Ansich* zu einem Für-das-*Bewußtsein*-Sein des Ansich wird" (E § 15). Hierin liegt somit: „der Maßstab der Prüfung ändert sich, wenn dasjenige, dessen Maßstab er sein sollte, in der Prüfung nicht besteht; und die Prüfung ist nicht nur eine Prüfung des Wissens, sondern auch ihres Maßstabes" (E § 13).

Wir müssen weiter fragen: In welcher Weise bestimmt sich das Selbstbewußtsein von einer Gestalt zur nächsten fort, wodurch gelangt es von der Geltung eines alten wahren Gegenstandes zu der eines neuen wahren Gegenstandes? Hegels Antwort auf diese Frage ist: Es gelangt zu ihm durch „Erfahrung". Erfahrung in ihrem eigentlichen Sinn gilt ihm als diese „*dialektische* Bewegung, welche das Bewußtsein an ihm selbst, sowohl an seinem Wissen als an seinem Gegenstande ausübt, *insofern ihm der neue wahre Gegenstand daraus entspringt...*" (E § 14). Versuchen wir, diese Erfahrung näher zu bestimmen.

Das Bewußtsein muß durch die bereits geschilderte Bewegung einer Selbstprüfung gegangen sein. Es muß sowohl die Seite seines Wissens wie diejenige des gegenständlich vorgestellten Inhalts an dem ihm bisher geltenden Maßstab, der Wahrheit — der Form, der Gesamtstruktur der Gegenständlichkeit — gemessen haben. Es muß dabei die Widersprüche zwischen der Form einerseits und dem Wissen und dem gewußten Inhalt andererseits aufgedeckt, diese Widersprüche ausgetragen haben, bis sich die ihm bisher geltende Wahrheit an ihnen aufgelöst hat. Es muß am Ende dieser Prüfungsbewegung zu der „Einsicht in die Unwahrheit" seiner bisherigen Auffassung gelangt sein und eingesehen haben, daß es mit der bisher geltenden Wahrheit „nichts" ist.

Außer der Prüfungsbewegung gehört aber zur Erfahrung, nach der zitierten Passage, daß das erscheinende Wissen einen „neuen wahren Gegenstand" aufgefaßt hat. Dieser scheint ihm unvermittelt an die Stelle des alten zu treten, es „findet" ihn in „zufälliger Weise und äußerlich" (E § 15); in diesem Sinne „entspringt" (E § 14) er ihm gleichsam. Es ist hervorzuheben, daß es nicht zu der „Erfahrung" des erscheinenden Wissens gehört, daß es den Zusammenhang zwischen den beiden Vorgängen der Prüfungsbewegung, die zu dem Nichts des alten Gegenstandes führte, und dem Auffassen des neuen wahren Gegenstandes als *eine* Bewegung erkennt und einsieht, daß diese Bewegung ihrem Charakter nach eine „dialektische" ist. Nur der Phänomenologe — so wird sich uns bald zeigen — erkennt sie als eine solche. Die Erfahrung des erscheinenden Wissens ist gerade von dieser Naivität bestimmt, nichts von einem Zusammenhang zwischen dem alten und dem neuen Gegenstand und der Wesensstruktur dieses Zusammenhanges überhaupt zu ahnen.

Zur Erfahrung des erscheinenden Wissens scheint aber noch ein weiteres zu gehören. Am Ende der Prüfungsbewegung erkennt es, daß jener alte Gegenstand, die Wahrheit, keineswegs *„seiend* auch außer dieser Beziehung" (E § 10) zum Bewußtsein—dem Wissen—ist. Es wird sich dessen bewußt, daß durch sie „was zuerst als der Gegenstand erschien, zu einem Wissen von ihm herabsinkt und das ‚Ansich' zu einem Für-das-Bewußtsein-Sein des Ansich wird" (E § 15). Wenn auch diese Einsicht zu seiner „Erfahrung" gehört, so zieht das erscheinende Wissen dennoch keine Konsequenzen aus ihr. Es könnte zu der Einsicht gelangt sein, daß es jetzt „zwei Gegenstände" habe, der eine das erste Ansich, der zweite das Für-es-Sein dieses Ansich. Aber diese Auffassung lehnt es sofort ab, weil die Tatsache, daß jener alte Gegenstand zu einem „Für-es-Sein" des Ansich wurde, ihm besagt, daß er gar kein Gegenstand im Sinne einer ansichseienden Wahrheit mehr ist, sondern nur eine „Reflexion des Bewußtseins in sich selbst", nur das „Vorstellen ... seines Wissens von jenem ersten" (vgl. E § 14). Und deswegen bleibt es für das erscheinende Wissen dabei: Der alte Gegenstand hat aufgehört, Maßstab zu sein und ist wie ein Nichts zu behandeln. Er ist in den „leeren Abgrund" (E § 7) zu werfen. Dabei ist das erscheinende Wissen davon überzeugt, daß es diese Erfahrung nicht etwa dadurch machte, daß sich der alte Gegenstand in der Prüfung veränderte, sondern dadurch, daß es den neuen Gegenstand entdeckte. Im Lichte der neuen Wahrheit meint es den alten Gegenstand als Nichts abgetan zu haben; als „Erfahrung" erscheint ihm lediglich die Entdeckung des neuen Gegenstandes (vgl. E § 14).

So zeigt sich, daß sich das erscheinende Wissen zwar von einer Gestalt zur anderen durch „Erfahrung" fortbestimmt, daß es aber den Zusammenhang zwischen dem vorangehenden Gegenstand und dem nächsten nicht einsieht. Daß und wie ein „Übergang" von dem einen Gegenstand zum anderen gemacht wird, erfährt das erscheinende Wissen gerade nicht. Somit scheint ihm in seiner Erfahrung auch nicht bewußt zu werden, daß es sich auf einem „Weg" befindet, der auf ein ganz bestimmtes Ziel hin, zum absoluten Wissen, geht. Dennoch geht es diesen Weg, geht es ihn also doch wohl aufgrund seiner „Erfahrung". Könnte es sein, daß das erscheinende Wissen wesenhaft nicht zu durchschauen vermag, was wirklich in seiner Erfahrung liegt? An eben dieser Stelle zeigt sich, daß der Phänomenologe — „wir" — doch eine Rolle spielt, die über die bisher gekennzeichnete hinausgeht, die wir darin sahen, daß er das erscheinende Wissen auf dem Weg der Darstellung mitnimmt, — obgleich das erscheinende Wissen seine Selbstprüfung gerade ohne jede Rücksicht auf die Maßstäbe des Phänomenologen durchzuführen vermag und, von einer Gestalt zur anderen fortgehend, zu der des absoluten Wissen gelangen kann, die den „Begriff des Wissens" ausmacht. Bisher schien uns, als ob das erscheinende Wissen selbständig die beiden Aufgaben der Phänomenologie (s. o. S. 43 f.) erfüllen könnte. Eben dies lag in seinem Prinzip, wonach das Selbstbewußtsein sein „Begriff für sich" ist. Allerdings hatte uns zum einen bereits unsere Unterscheidung zwischen dem „natürlichen Bewußtsein schlechthin" und dem „erscheinenden Wissen" darauf aufmerksam gemacht, daß das Bewußtsein dieses Prinzip nur dann entfalten wird, wenn es von der Darstellung mitgenommen und von ihr zu jener Verzweiflung und deren Methode des sichvollbringenden Skeptizismus genötigt wird, — ohne dies würde es, qua „natürliches Bewußtsein schlechthin", in einer bestimmten Gestalt verharren und nicht bis zum absoluten Wissen hindringen. Aus diesen Überlegungen ergab sich bereits, daß der Wissenschaftler bei der Realisierung des Prinzips des Selbstbewußtseins eine Rolle spielt. Nun hat sich uns aber noch ein weiterer Aspekt dieser Rolle gezeigt. Wir sahen ihn darin, daß der Phänomenologe die Naivität des erscheinenden Bewußtseins durchschaut, das nicht erkennt, was wirklich seine Erfahrung ausmacht und was sie bewirkt. Für unsere Frage nach der „Idee" der Phänomenologie ist es wichtig, daß wir diesen Aspekt der Rolle des Phänomenologen näher bestimmen und nicht nur darstellen, worin denn der Phänomenologe genauer die Struktur der Erfahrung des erscheinenden Wissens sieht, sondern auch, welche Konsequenzen sich hieraus für das Gesamtgeschehen der Phänomenologie ergeben.

## VI

## Die Rolle des Phänomenologen und die Genese des Begriffs der Wissenschaft

Gegen Ende der Einleitung ist von „unserer Zutat" — d. h. der des Phänomenologen — die Rede, welche „nicht für das Bewußtsein ist, das wir betrachten" (E § 15). Bei dieser Zutat — so erfahren wir — handelt es sich um die Betrachtung eines „Umstandes", der nur „für uns" ist. Was bezeichnet Hegel hier mit „diesem Umstand"? Der Umstand bezeichnet jene zur Erfahrung des erscheinenden Wissens gehörende Einsicht — die wir zuvor gekennzeichnet hatten —, daß als Folge seiner Selbstprüfung das „Ansich" des alten Gegenstandes zu einem „Für-das-Bewußtsein-Sein des Ansich" wird. Für den Phänomenologen liegt in eben diesem Umstande — dieser Erfahrung des erscheinenden Wissens — eine Bewegung, die den Zusammenhang zwischen der Erfahrung mit dem „Nichts" des alten Gegenstandes und dem Auffassen des „neuen wahren Gegenstandes" ausmacht, einer Bewegung, deren Charakter ein „dialektischer" ist.

Was besagt „dialektisch"? Auf diese sehr schwierige Frage können wir hier nur in einer sehr vereinfachenden Weise antworten. Grundsätzlich handelt es sich bei einer dialektischen Bewegung um eine solche, in der eine Setzung —, eine zunächst unvermittelte, unmittelbare Position, eine thesis, in ihrer Unmittelbarkeit „aufgehoben" (aufheben im Sinne von tollere) — negiert — wird, indem die in dieser These bereits angelegten Sinngehalte in ihrer Widersprüchlichkeit aufgedeckt und als Antithese gesetzt werden und die Widersprüche, „auf die Spitze getrieben", sich als solche negieren und zu einem aus diesen Sinngehalten „gewordenen" Resultat, einer Synthese aufgehoben werden. Das Resultat einer solchen dialektischen Bewegung liegt somit darin, die Gegensätze in einer neuen Einheit zu erhalten (conservare) und sie in diese emporzuheben (elevare). Wieso läßt sich der Zusammenhang zwischen dem Ergebnis der Prüfungsbewegung des erscheinenden Wissens, d. h. seiner Erfahrung des Nichts des alten Gegenstandes und des

Entspringens des neuen Gegenstandes, als eine Bewegung auffassen, die einen dialektischen Charakter hat? Zu Beginn einer neu auftretenden Gestalt setzt das erscheinende Wissen seinen Gegenstand, die Wahrheit, als Ansich; dies ist die These. Die Prüfungsbewegung selber, die die Widersprüche zwischen der Wahrheit (Form) und dem Wissen einerseits sowie dem vorgestellten Gegenstand (Inhalt) andererseits aufdeckt, diese Reflexionsbewegung macht die Antithese aus. Während für das Bewußtsein des erscheinenden Wissens die Erfahrung bei dieser Antithese endet, sieht der Phänomenologe, daß sie weitergeht. Sie geht eben dorthin, wo in der Sicht des erscheinenden Wissens ein völlig neuer Erfahrungsvorgang sich ereignet: das „Entspringen" des neuen wahren Gegenstandes. Eben dieses Entspringen zeigt sich dem Phänomenologen als ein „Entstehen", ein „Werden", das aus jener antithetischen Bewegung herkommt. Es ist das „Resultat", die Synthese, in der sich jene aufgedeckten Widersprüche aufheben zu dem neuen wahren Gegenstand. Der Phänomenologe sieht dieses Resultat zwar mit dem erscheinenden Wissen als ein „Nichts" an, aber als ein solches, das von der ganzen vorangegangenen Bewegung „bestimmt" ist — ein „bestimmtes Nichts", das er nur positiv aufzufassen braucht, um es als das „Prinzip" zu erkennen, das ihm aus der ganzen vorangegangenen Bewegung geworden ist (vgl. PhG 89 f.). — Diese Betrachtung des Phänomenologen enthüllt somit, daß der neue Gegenstand einzig und allein dadurch entstanden — „geworden" — ist, daß sich das erscheinende Bewußtsein dem alten Gegenstand zuwandte, an dieser Wahrheit sein jeweiliges Wissen und den vorgestellten Inhalt gemessen und die sich aus diesem Vergleich ergebenden Widersprüche aufgedeckt hat. Er sieht, daß mit diesen Gedankenbewegungen das erscheinende Wissen auf den alten Gegenstand reflektiert, sich ihm zukehrt, daß — wie Hegel schreibt — durch diese einer „*Umkehrung des Bewußtseins*" entstammenden Reflexionen der „neue Gegenstand" entstand. Hierin liegt, daß jener neue eigentlich der alte Gegenstand ist, allerdings mit dem Unterschied, daß der neue die über den alten „gemachte Erfahrung" (E § 14) enthält, eben die Erfahrung der „Nichtigkeit des ersten" Gegenstandes (ebd.). Kurz, für den Phänomenologen bedeutet die Veränderung der Bestimmungen des Gegenstandes vom „Ansich" zu einem „Für-das-Bewußtsein-Sein des Ansich" dieses: Durch die kritische Reflexion des erscheinenden Wissens und somit durch seine eigene Erfahrung mit dem alten Gegenstand ist der neue Gegenstand entstanden.

Es kann aber nicht genug betont werden, daß diese Betrachtung der Entstehung des neuen Gegenstandes eben nicht dem erscheinenden Wissen bewußt ist, obwohl sie das Ergebnis seiner eigenen recht verstandenen Erfahrung ausmacht. Nur für den Phänomenologen entsteht jeweils das neue Prinzip aus der vorangegangenen kritischen Reflexion des erscheinenden Wissens. Von dem Phänomenologen aus gesehen vollzieht sich diese dialektische Bewegung der Erfahrung des erscheinenden Wissens „gleichsam hinter seinem Rücken" (E § 15). Dies gilt, obwohl einzig und allein das erscheinende Wissen diese Bewegung durchführt, und darum erklärt Hegel auch ausdrücklich, daß „der *Inhalt* aber dessen, was uns entsteht", „*für es*" ist, „für das Bewußtsein ist, das in der Erfahrung selbst begriffen ist" (ebd.). So wird z. B. (vgl. PhG 89 ff.) die sinnliche Gewißheit, die erste Stufe des erscheinenden Wissens, zur Wahrnehmung, indem das Bewußtsein vom Aufzeigen eines sinnlichen Einzelnen, von dem nichts anderes gewußt werden kann, als daß es ein „jetzt" und „hier" vorfindliches „Dieses" ist, dazu übergeht, Dinge mit bestimmten Eigenschaften zu wissen — in Hegels Beispiel etwa einen Salzkristall, der weiß, scharf, kubisch etc. ist. Daß das Bewußtsein aber vom „Dieses" zum „Ding" bzw. von der sinnlichen Gewißheit zur Wahrnehmung übergehen *muß*, erkennt nur der Philosoph. Für ihn ist die „Form" des Dinges, Allgemeines zu sein bzw. als Allgemeines gewußt werden zu können, das notwendige Resultat der Erfahrung der sinnlichen Gewißheit, die dazu gezwungen war, das sinnliche Einzelne zu setzen, zu negieren und in eine Einheit vieler Einzelner zusammenzunehmen. Denn wird diese Bewegung nicht nur negativ gefaßt — als Beweis der Unhaltbarkeit des Maßstabes der sinnlichen Einheit — sondern positiv, dann ist sie nichts anderes, als das Hervorbringen eines Allgemeinen. Das Allgemeine der Wahrnehmung ist nämlich, wie Hegel sagt, der sinnliche Inhalt mit dem Moment der Negation, d.h. der bestimmte, sich von anderem unterscheidende Inhalt: Das Salz ist als weiß und nicht schwarz, kubisch und nicht eben bestimmt. Dies aber, daß das Prinzip der Wahrnehmung aus der Negation des Prinzips der sinnlichen Gewißheit hervorgeht — das Resultat der Erfahrung ist nach Hegel „ein bestimmtes Nichts oder ein Nichts von einem Inhalte, nämlich dem Diesen" (PhG 90) — erkennt nicht das erfahrende Bewußtsein, sondern nur der Philosoph. Der Phänomenologe deckt somit nur diese eine Seite der Erfahrung des erscheinenden Wissens in seiner vollen Bedeutung auf, daß es — aufgrund seiner Begriffsnatur — eine dialektische Bewegung zu vollziehen vermag und daß sie es ist, die es von einer Gestalt zur anderen fortbewegt.

Verdeutlichen wir uns noch genauer, was der Phänomenologe aufdeckt. Er deckt eine Struktur auf, die für eine jede der Gestalten gilt und, wichtiger noch, die deren Zusammenhang ausmacht. Denn daß der jeweilige neue Gegenstand — und die von ihm bestimmte Gestalt — nichts anderes ist als die über den vorangegangenen Gegenstand (in dessen vorangegangener Bewußtseinsgestalt) „gemachte Erfahrung", besagt doch, daß diese Erfahrungen zusammen eine Kette bilden. Durch sie schließt sich jede neue Erfahrung mit der vorauf liegenden zusammen und durch diese wiederum mit der ihr vorauf liegenden, also rückwärts bis zum Anfang der Erfahrung. Umgekehrt gilt damit auch, daß der Anfang, die erste dialektische Bewegung in dieser Erfahrungsgeschichte, in der letzten Gestalt und ihrem Gegenstand aufgehoben ist. So ist diese in der Tat das „Resultat" aller vorangegangenen Erfahrungen. Eben darin kommt auch die Bedeutung zum Ausdruck, die wir gemeinhin mit dem Wort „Erfahrung" verbinden. Wir sprechen davon, daß unsere Erfahrungen „wachsen", und als ein erfahrener Mensch gilt nur, wer „aus seiner Erfahrung gelernt hat", und d.h. für den sie nicht durch Vergessen verschwunden, sondern im Laufe der Zeit gewachsen ist und sich zunehmend angereichert hat.

Der Phänomenologe deckt somit auf, daß es zur Begriffsnatur des Selbstbewußtseins gehört, durch „Erfahrungen" in diesem Sinn zu wachsen. Daß damit freilich nicht das einzelne Selbstbewußtsein des Menschen gemeint ist, hatten wir bereits in unseren einleitenden Erörterungen hervorgehoben.

Das Anwachsen und Anreichern setzt sich aber nicht ins Unendliche fort; eben darin, daß es eine „letzte" Gestalt gibt, die den Charakter eines Resultats aller vorangehenden hat, liegt ja, daß es sich um eine „geschlossene" und nicht offene Weise des Anwachsens handelt. Es kann nicht deutlich genug hervorgehoben werden, daß die dialektische Bewegung des Begriffs für Hegel eine „teleologische" ist. Von den Grundbegriffen des Aristoteles leitet insbesondere der seiner Substanzlehre entstammende Begriff des telos Hegels Gesamtkonzeption, und zwar in den ganz bestimmten Bedeutungen, die dieser Begriff durch seine Übersetzung in die causa finalis erhalten hat (vgl. V §§ 18 und 22). Das Ende im Sinne des „erreichten Zieles" und „erfüllten Zweckes" bestimmt „vom Ende her" — rückläufig — den Anfang und alle Stadien der Entwicklung eines zu ihm hinführenden Prozesses. Das Ziel läßt als Ursache die am Anfang und in allen Stadien bereits angelegte, als reale Möglichkeit bereits vorausgesetzte Form hervortreten, zunehmend „wirklich" werden. Dergestalt zieht das Ende als das Höchste den Anfang und alle Entwicklungsstadien als die niederen zu sich herauf. Und entsprechend drängt der Anfang, drängen die vorausgesetzten Bedingungen und Entwicklungen zwecktätig zur Vollendung, zu ihrem zweckmäßigen, voll verwirklichten Ziele hin. Das Zusichhinaufziehen des telos und der zu ihm drängende Anfang bilden die zwei Seiten eines finalen nexus, eines durch und durch definierten, in sich geschlossenen Kreisganges. In diesem Kreisgang treten die für die Verwirklichung des Zweckes geeigneten Organe hervor. Mittels ihrer organisiert sich der Zweck zur eigenen Organisation.

Wird das Selbst, der Begriff — und das ist letztlich die Vernunft — teleologisch aufgefaßt, dann stellt seine Bewegung diese „Unruhe" dar, durch die es den in seinem Anfang liegenden „Zweck" — das „Ruhende", welches „selbst bewegend ist" (V § 22) — zur Hervorbringung des „Wahren" (V §§ 18, 37), d. i. des Begriffes in der Form des absoluten Wissens, veranlaßt. Das „Resultat" dieser Bewegung ist der „ausgeführte" Zweck. Das Selbst, der Begriff, vom Zweck (Resultat) zum Zweck (Anfang) zurückkehrend, ist als „das in sich Zurückgekehrte" (vgl. V § 22 und PhG 559, 563), „zweckmäßiges Tun" (V § 22), ein „Werden seiner selbst, der Kreis, der sein Ende als seinen Zweck voraussetzt und zum Anfange hat und nur durch die Ausführung und sein Ende wirklich ist" (V § 18).

Der junge Fichte hatte im Anschluß an Kants Methodenlehre in einer frühen Veröffentlichung (Über den Begriff der Wissenschaftslehre) die Art und Weise, wie sich das Selbst, der Begriff, die Vernunft teleologisch insichzurückkehrend organisiert und dadurch die Wahrheit hervorbringt, als „System" bestimmt. In diesem Sinne organisiert sich auch für Hegel der sich als Erfahrung vollziehende Prozeß zu einem „ganzen System" (E § 17, vgl. V § 38).

In der in sich zurückkehrenden Insichgeschlossenheit eines Systems liegt die Garantie dafür, daß die zur Darstellung gelangenden Gestalten des erscheinenden Wissens in „vollständiger" Weise versammelt sind (E § 7) und in einer in sich notwendigen Sukzession auftreten, so daß innerhalb der Gesamtbewegung eine jede eine ganz bestimmte Stelle einnimmt.

In dieser Weise macht der Phänomenologe sichtbar, daß sich der Begriff — anders als etwa bei Kant — nicht in einem apriorischen Apperzipieren des anderen erschöpft. Über Kants Apperzeption hinaus ist der Begriff, wie ihn die Phänomenologie darstellt, in der Lage, in dialektischen Erfahrungsbewegungen auf das „Wahre" hin gerichtet, ständig wachsend und sich in dem telos der absoluten Wahrheit vollendend, die Gestalt eines Systems hervorzubringen. Die besondere Geschichtlichkeit dieser Bewegung hatten wir darin gesehen, daß das natürliche Bewußtsein durch sie seine Natürlichkeit abarbeitet, damit es — als das Wahre — ein von jedweder „Gegebenheit" absolviertes, absolutes wird. Die Betrachtung des Phänomenologen weist durch die Darstellung dieser Bewegung aus, daß das erscheinende Wissen das Vermögen hat, von seiner Darstellung zu dieser Entfaltung der in ihm angelegten Bewegung auf den Weg „mitgenommen zu werden". Wie aber wird hierdurch die Rolle des Phänomenologen selber bestimmt?

Die Einleitung (§ 15) hat die in der „Betrachtung" liegende Rolle des Phänomenologen nur in dieser Hinsicht bestimmt: Wenn „wir" den sich aus der „Umkehrung des Bewußtseins" ergebenden „Resultatscharakter" der Erfahrungsbewegung betrachten, das „Entstehen" des neuen Gegenstandes aus dem alten, dann erkennen wir die „Notwendigkeit", mit der jeder „Übergang" von einem Gegenstand zum anderen gemacht wird. Durch diese Einsicht kommt ein „Moment des

Ansich- oder Fürunsseins" in die Bewegung des Bewußtseins, „welches nicht für das Bewußtsein" ist, „welches in der Erfahrung selbst begriffen ist". Hier wird dem Phänomenologen somit ausdrücklich eine „Rolle" zugesprochen. Wir, die Phänomenologen, sollten auf die Notwendigkeit der Bewegung achten, denn in ihr liegt die Legitimation dafür, auch bereits die Darstellung der Erfahrung des Bewußtseins — den Weg, der erst zur eigentlichen Wissenschaft führt — als eine „Wissenschaft" zu bestimmen. „Durch diese Notwendigkeit ist dieser Weg zur Wissenschaft selbst schon *Wissenschaft*..." (E § 16). Notwendig ist die Bewegung ja eigentlich schon deshalb, weil sie dialektisch ist. Denn Dialektik bedeutet die Art und Weise, wie innerhalb ihrer eine Stufe, die These, notwendig in die andere, die Antithese, führt und von ihr zur Synthese übergeht. Wir hatten ja hervorgehoben, daß der Phänomenologe — von der Erfahrungsbewegung der jeweiligen Stufe, die für ihn notwendig zu einem bestimmten Resultat führt, ausgehend — den Charakter der Bewegung als Dialektik erkennt; er sieht, wie durch Negation der in den Widersprüchen liegenden Sinngehalte der Übergang von einem alten Gegenstand zu einem „neuen" gemacht wird (vgl. E § 7 und § 14). So stellt sich ihm diese dialektische Bewegung als ein Fortbestimmen dar, das sich „so und nicht anders" vollzieht, in diesem Sinne „notwendig" ist. Weil diese Notwendigkeit herrscht und somit alle Schritte „vollkommen bestimmt" sind, können sie überhaupt „dargestellt" werden. Und dies besagt: Nur deshalb braucht dieser Weg kein „esoterisches Besitztum einiger Einzelner zu sein" (V § 13). Nur dieses exoterischen Charakters wegen kann der Phänomenologe die eine ihm zugeteilte Rolle erfüllen, das zeitgenössische natürliche Bewußtsein, die verständige Reflexionsphilosophie, davon zu überzeugen, daß sie aufgrund des ihr selbst innewohnenden Prinzips zur Wissenschaft hinzutreten könnte, wenn sie nur wollte.

Für unsere Frage nach der Rolle des Phänomenologen ist es aber wichtig, darauf hinzuweisen, daß die erst nach Vollendung des Werkes verfaßte Vorrede den Grund für die „Wissenschaftlichkeit" der Phänomenologie nicht in jener Kategorie der Notwendigkeit sieht, sondern in der Bewegung der Begriffe, der geistigen Wesenheiten. In der Vorrede heißt es (§ 34): „Diese Bewegung der reinen Wesenheiten macht die

Natur der Wissenschaftlichkeit überhaupt aus". Mit ausdrücklichem Bezug auf die Phänomenologie des Geistes heißt es weiter: „Der Weg, wodurch der Begriff des Wissens erreicht wird, wird durch sie (sc. die reinen Wesenheiten) gleichfalls ein notwendiges und vollständiges Werden, so daß diese Vorbereitung aufhört, ein zufälliges Philosophieren zu sein..." Dieser Weg wird — so endet dieser Paragraph — „durch die Bewegung des Begriffs die vollständige Weltlichkeit des Bewußtseins in ihrer Notwendigkeit umfassen".

In Frankfurt und dann später in Jena hatte Hegel in verschiedenen Fassungen seiner „Wissenschaft der Logik" bereits dargestellt, wie durch *den Begriff* sich die „reinen Gedankenbestimmungen, die bestimmten Begriffe, die geistigen Wesenheiten" bewegen. Am Ende der Phänomenologie des Geistes (562) wird diese Bewegung der bestimmten Begriffe als die „organische, in sich selbst gegründete Bewegung derselben" scharf unterschieden von der Weise, wie sich die Bewegung „dieser Momente" in der Phänomenologie des Geistes vollzieht. Die „Fortbewegung" des *reinen* Begriffs in der Logik „hängt" — so heißt es dort — „allein an seiner reinen *Bestimmtheit*". Die Weise, wie sich der reine Begriff durch die Bestimmtheit der Begriffe oder reinen Wesenheiten fortbewegt, hat die Vorrede in manchen Hinsichten gekennzeichnet. Im Element des reinen Denkens als der Realisierung des Begriffs organisieren sich die reinen Wesenheiten aufgrund der Verschiedenheiten ihres Inhalts zu dem „Wahren in der Form des Wahren" (V § 37, vgl. hierzu §§ 5, 18). Diese Bewegung des „Spekulativen" wird durch eine „spekulative Darstellung" in der eigentlichen Wissenschaft ausgesprochen (vgl. hierzu V §§ 58 ff., 62, 64 und 66 ff.).

Wie aber bewegt der Begriff die reinen Wesenheiten in der Phänomenologie des Geistes? Daß in ihr die Momente gerade nicht als „reine und abstrakte" auftreten, sondern als „Gestalten des Bewußtseins", hatte sich uns bereits aus dem letzten Paragraphen der Einleitung ergeben. Wir wissen auch bereits, daß die Bewegung in der Phänomenologie darin liegt, daß sich der Unterschied des Wissens einerseits und der ihm negativen Gegenständlichkeit andererseits — in der sich alle bestimmten Gestalten des Bewußtseins darstellen — aufhebt (V § 36). Es hat sich uns gezeigt, daß letztlich die negative Gegenständlichkeit der Maßstab und die Weise ist, in der jeweils andere Gedankenbestimmungen als die „Wahrheit" auftreten, die für das Bewußtsein Geltung haben. Die dem Wissen negative Gegenständlichkeit ist in ihrer abstrakten Beschaffenheit „Moment", ist eine „geistige Wesenheit". Daß das erscheinende Wissen zwischen dieser Gegenständlichkeit als der Form und dem vorgestellten Gegenstand, Inhalt, nicht oder nur undeutlich unterscheidet, gehört, so erklärten wir, zu den Eigentümlichkeiten des natürlichen Bewußtseins als erscheinendem Wissen.

Wir haben ja gesehen, wie sich der Unterschied des „Wissens und der Wahrheit" in jeder Gestalt dadurch aufhebt, daß das erscheinende Wissen selber die ihm bisher geltende Wahrheit als ein „Nichts" in den Abgrund wirft und sich einer neuen zuwendet, und daß nur der Phänomenologe hierin eine Bewegung sieht, die aufgrund ihres dialektischen Charakters sukzessiv die Gegenstände und die Erfahrungen, die mit ihnen gemacht wurden, zu einem „System der Erfahrungen" versammelt. Dies würde besagen, daß durch die — aufgrund der Betrachtung des Phänomenologen — durchsichtig gewordene Bewegung der „Erfahrung" des erscheinenden Wissens allein die Bewegung der reinen Wesenheiten erfolgt, die die Natur der Wissenschaftlichkeit überhaupt ausmachen. Wenn dem so wäre, dann würde die Vorrede (§ 34) die Rolle des Phänomenologen nicht erweitert haben gegenüber derjenigen, die in der Einleitung das Moment des „An-sich- oder Für-uns-Seins" ausmacht. Was aber besagt es dann, daß — wie oben zitiert — im gleichen Paragraphen gesagt wird, daß der Weg, wodurch der Begriff des Wissens in der Phänomenologie erreicht wird, „durch die Bewegung des Begriffs die vollständige Weltlichkeit des Bewußtseins in ihrer Notwendigkeit umfassen wird"?

Der diesem unmittelbar folgende Paragraph nimmt die Bewegung vom Standpunkt des „Geistes" auf. Der Geist wird sich Gegenstand, indem er sich in „das Element des unmittelbaren Daseins" (V § 35) herabsetzt. Wir hatten oben erklärt, warum sich — gemäß dem bereits in der Differenzschrift entworfenen Programm — der Geist zu einer „Erscheinung" herabsetzen muß, um in diesem Element den verständigen Unterschied von Wissen und Gegenstand wieder zu der Identität des Absoluten zu „konstruieren". In diesem Sinne ist die Phänomenologie des Geistes und ihre Darstellung des erscheinenden Wissens selbst eine Erscheinung des Absoluten oder des Geistes. In der Phänomenologie wird sich der Geist dadurch anders, daß er auftritt in der Weise von Gestalten des Bewußtseins, die den Gegensatz von Wissen und Wahrheit oder von Selbst und geistiger Substanz an sich haben und — in der dargestellten Weise — in einer Erfahrungsgeschichte mit dem jeweils herrschenden „Einfachen" diesen Unterschied aufheben. Vom Geist aus gesehen ist dies ein Sichtentfremden und ein aus dieser Entfremdung Zusichzurückkehren. Liegt in dieser Bewegung des Geistes die „Bewegung des Begriffs", von der der unmittelbar vorangehende § 34 der Vorrede spricht? Da die Bewegung der Entfremdung und Rückkehr in der Tat die „vollständige Weltlichkeit des Bewußtseins in ihrer Notwendigkeit" umfaßt, liegt es nahe, diese Frage zu bejahen. Nach § 35 der Vorrede kennzeichnet das „Element des unmittelbaren Daseins", in das sich der Geist herabgesetzt hat, die „Wissenschaft" dieses Weges, also die Phänomenologie des Geistes. Dieses Element sei die „Bestimmtheit", wodurch sich dieser Teil der Wissenschaft von den anderen unterscheide. Diese Bestimmtheit ist es auch, durch die diese Wissenschaft — in der von uns oben (s. o. S. 43) gekennzeichneten Weise — eine „Erscheinung" ist, zu der sich das „Absolute" depotenziert hat, um auf dem Niveau des erscheinenden Wissens dieses in seinem Scheincharakter zu enthüllen und es zu veranlassen, sich dieses Scheins zu entledigen, um sich aus der herrschenden Entzweiung zu befreien (s. o. S. 39).

Daß „das Element des unmittelbaren Daseins" des Geistes die „Bestimmtheit" der Phänomenologie ausmache, läßt sich auch so verstehen, daß sich diese Wissenschaft als der Geist vollzieht, der sich entfremdet, insofern er im Elemente des Bewußtseins seine Momente auslegt und sich als Gegenständlichkeit — Wahrheit, „geistige" Substanz — von sich als wissendem Selbst unterscheidet. Die Bewegung, durch die sich dieser Unterschied aufhebt, ist — und dies bezeugen die Schlußkapitel der Phänomenologie — die Rückkehr aus seiner Entfremdung. Die Bewegung, durch die sich die dem Wissen negative Gegenständlichkeit — die Wahrheit, die Gedankenbestimmungen, und das sind die Wesenheiten — zur Einheit mit dem Selbst bringt, ist der „Weg", den die „Wissenschaft dieses Weges", die Phänomenologie geht. So gesehen, wäre das Denken des Phänomenologen nichts anderes als die Weise, wie sich der Geist realisiert. Die „Rolle" des Phänomenologen würde dann aus den Weisen eines Denkens bestehen, das der Geist im Element des unmittelbaren Daseins realisiert. Welche Art von Denken ist dies, und was hat es mit der „Bewegung des Begriffs" zu tun?

Hegel hat in der Vorrede die Denkweise des Phänomenologen nicht eigens bestimmt. Es wäre sicher falsch, das phänomenlogische Denken mit dem „begreifenden" Denken, die Darstellung der Phänomenologie mit der „spekulativen" Darstellung,[1] also mit der „eigentlichen" Wissenschaft, der Wissenschaft der Logik, gleichzusetzen, ebenso wie es verkehrt wäre, das phänomenologische Denken mit dem „bloß räsonnierenden Wissen" identifizieren zu wollen, von dem die Vorrede das begreifende Denken absetzt. Das phänomenologische Denken ist sicher keine „Reflexion" in das leere Ich" (V § 59).

Faßt Hegel das Denken des Phänomenologen vielleicht „ähnlich" auf wie das begreifende Denken? Dieses realisiert sich — nach der Vorrede (§ 54) — dadurch, daß es sich in das „immanente Selbst des Inhalts" versenkt, wie auch zugleich in sich zurückkehrt als die Bewegung der reinen „Sichselbstgleichheit im Anderssein". Weil das Selbst das Fixe seiner selbst wie das Fixe der von ihm unterschiedenen Gedanken auf die Seite gesetzt hat (V § 33), kann es sich in der Sache verlieren, sich in sie „vertiefen", wodurch es die „sich selbst bewegende Seele des erfüllten Inhalts" wird (V § 53). Durch dieses reine Denken gerät in der Logik der in einer jeweiligen Bestimmung angelegte Sinn in Bewegung und bestimmt sich von der These zur Antithese und über diese zur Synthese fort.

Läßt sich sagen, daß in der Phänomenologie der „Inhalt" das Bewußtsein ist, wie es sich — insbesondere in den entscheidenden Positionen der Reflexionsphilosophie — in dem Unterschied von Wissen und negativer Gegenständlichkeit bzw. Wahrheit hält? Dann wäre die „Darstellung" die Art und Weise, wie sich das phänomenologische Denken in diesen Inhalt versenkt und vertieft; da aber dieser Inhalt,

[1] Zur Problematik der spekulativen Darstellung vgl. vom Vf. ‚Absolute Reflexion und Sprache', Frankfurt am Main 1967.

die Maßstäbe und Vorstellungen des Bewußtseins die reinen Wesenheiten sind — freilich so, wie sie für das Bewußtsein, und nicht so, wie sie im reinen Denken der Logik sind —, gerät durch dieses Versenken der Inhalt des Bewußtseins in Bewegung. Das bedeutet, daß jene Bewegung des Bewußtseins letztlich erst durch diese Darstellung „in Gang" gebracht wird. Die Darstellung hat Bewegungsstruktur, durch sie bewegen sich die reinen Wesenheiten für die Erfahrung, vollziehen sie die dialektische Bewegung. Diese entstammt somit der Bewegung der Darstellung als der „Bewegung des Begriffs", die „die vollständige Weltlichkeit des Bewußtseins in ihrer Notwendigkeit" umfaßt (V § 34).

Wenn dies so wäre, dann wäre die Rolle des Phänomenologen — als das „An-sich- oder Für-uns-sein" an der Gesamtbewegung — wesentlich bedeutender als die Bestimmungen der „Einleitung" dies vermuten lassen. Einen Beleg, der unsere Lesart unterstützen könnte, finden wir auf S. 556 der Phänomenologie; dort heißt es: „Was wir hier hinzugetan, ist allein teils die *Versammlung* der einzelnen Momente, deren jedes in seinem Prinzip das Leben des ganzen Geistes darstellt, teils das Festhalten des Begriffes in der Form des Begriffes, dessen Inhalt sich in jenen Momenten, und der sich in der Form einer *Gestalt des Bewußtseins* schon selbst ergeben hätte".

Diese Versammlung der Momente vollzieht die Darstellung, und sie ist auch die Weise, wie der Begriff in der Form des Begriffes „festgehalten" wird. Dadurch ergab sich der Inhalt des Begriffs als jene ganze Erfahrungsgeschichte, deren Resultat in der Form der letzten Gestalt des Bewußtseins bzw. des Geistes „der sich in Geistgestalt wissende Geist oder das *begreifende Wissen*" (ebd.) ist.

Uns ist hier nur wichtig, daß somit die Darstellung — und d. h. der Phänomenologe — der „Initiator" der Bewegung ist, die das erscheinende Wissen vollzieht. Wir hatten ja schon früher erkannt, daß das erscheinende Wissen die „Verzweiflung" an allen Gegebenheiten durch die Methode des „sich vollbringenden Skeptizismus" nur darum an sich hat, weil die Darstellung es hierzu „nötigt". Jetzt erkennen wir besser, daß diese Nötigung in jener „Zutat" der „Versammlung" liegt, die erst die Erfahrungsbewegung und mit ihr die Bewegung der Wesenheiten auslöst.

Wir haben jetzt gesehen: Nur, weil der Phänomenologe die „Notwendigkeit" in der Bewegung des erscheinenden Wissens erkennt, kann er die Aufgabe erfüllen, in exoterischer Weise das zeitgenössische natürliche Bewußtsein zu überzeugen. Und nur, weil sein Denken die Bewegungsstruktur des Begriffs hat, kann er das erscheinende Wissen dazu veranlassen, sich aufgrund seines eigenen Prinzips zum absoluten Wissen fortzubestimmen und damit den Begriff des Wissens hervorzubringen.

Wenn der Phänomenologe aber diese Versammlung der einzelnen Momente als seine „Zutat" zu leisten vermag, muß er dann nicht bereits in voller Kenntnis dieser Momente sein? Wie aber ist dies mit der anderen Bestimmung der Phänomenologie zu vereinbaren, daß sie erst „das Element des Wissens" „bereitet" (V § 37), daß in ihr erst „das Element der Wissenschaft" — der reine Begriff — auf einem langen Weg „erzeugt" wird (V § 27)? Die Auflösung dieser scheinbaren Paradoxie liegt in dem von uns zuvor schon erläuterten „Erscheinungscharakter" der Phänomenologie. Wir sagten, die Phänomenologie ist eine „Erscheinung" des Absoluten, das sich deswegen zu ihr depotenzierte, um den Gestalten des „Scheins", des unwahren Wissens, auf ihrem eigenen Niveau begegnen zu können und sie dabei davon zu überzeugen, daß in ihnen selber bereits das Prinzip eines wahren Wissens angelegt ist. Wenn sich der absolute Geist in dieser Weise durch eigenen „Machtspruch" herabsetzt, dann besagt dies, daß er sich durch die wirkliche Geschichte bereits erreicht hatte (vgl. PhG 559) und nun, um sich selbst dem noch gebundenen, natürlichen Bewußtsein durchsichtig zu machen, selber zu dieser Erscheinung „entlassen" hat. Hierin liegt, daß er in der Tat schon die „Gestalt" des absoluten Wissens angenommen hat und als solcher auch die eigentliche Wissenschaft vermag, sich aber dennoch, eben um jene Aufgaben erfüllen zu können, gegenüber dem erscheinenden Wissen so „verhält", als ob er den Begriff des Wissens noch nicht erzeugt hätte.

Das phänomenologische Denken hat diese Zwittergestalt, daß es zwar bereits absolut ist, sich aber gerade phänomenologisch darstellt — daß es sich gemäß § 9 der Einleitung nicht absolut als ein Verhalten der Wissenschaft zu dem erscheinenden Wissen verhalten will, sondern als eine Erscheinung, die sich zusammen mit dem erscheinenden Wissen von dem Scheine der Unwahrheit befreit. Eben dieses zwitterhaften Wesens wegen kann der Phänomenologe zum einen der „Wegweiser" für das erscheinende Wissen sein, zum anderen sich jedoch auf dessen Niveau halten und mit diesem zusammen den Begriff des Wissens hervorbringen.

Fassen wir die Bestimmungen der Rolle des Phänomenologen zusammen und sehen wir danach, ob wir sie auch an der Art und Weise bewähren können, wie sich der Phänomenologe in der Tat in den Expositionen des Textes verhält.

Der Phänomenologe — so ergab sich uns — ist *erstens* derjenige, der das erscheinende Wissen auf den Weg „mitnimmt". *Zweitens* ist er der Initiator der Bewegung der Erfahrungsgeschichte und damit auch der der dialektischen Erfahrungsgeschichte. *Drittens:* Der Phänomenologe überschaut mittels seines überlegenen Wissens die dialektische Bewegung der Erfahrung und die ihr zugrundeliegende Kategorie der Notwendigkeit, die die exoterische Darstellung ermöglicht und damit die „Rechtfertigung" gegenüber dem natürlichen Bewußtsein. *Viertens:* Für den Phänomenologen entsteht als Resultat der vorangegangenen Erfahrungsgeschichte die positiv als Prinzip aufgefaßte Synthese. *Fünftens:* Er kann „Wegweiser" für das erscheinende Wissen sein.

Wenn wir auf die „Expositionen" achten, die zumeist der Darstellung einer jeweiligen Erfahrungsgeschichte des erscheinenden Wissens vorangehen oder öfters auch innerhalb der Darstellung einer jeweiligen Gestalt eingefügt werden, so können wir das Folgende beobachten:

Bevor das erscheinende Wissen selber in die Prüfung eintritt, zeigt der Phänomenologe, daß und wie ihm aus der vorangegangenen dialektischen Erfahrungsbewegung ein „Prinzip" entstanden ist. Damit deckt er auf, worin der „Übergang" von dem vorangegangenen Gegenstand zu dem „neuen" lag.

Sehr deutlich ist dies wiederum an den ersten drei Paragraphen des Wahrnehmungskapitels zu sehen. Wir haben schon oben (s. o. S. 96 f.) kurz erläutert, daß für Hegel die dialektische Bewegung, die die sinnliche Gewißheit an ihrem Gegenstand vollziehen muß, zu einem Resultat führt. In diesem Resultat ist das Prinzip der sinnlichen Gewißheit, das Sein, zwar enthalten, aber als ein solches, das durch die negierende Bewegung in ein Allgemeines verwandelt ist. „Das Sein aber ist ein Allgemeines dadurch, daß es die Vermittlung oder das Negative an ihm hat" (PhG 90). Der Übergang zum Prinzip des Allgemeinen ergibt sich also zwangsläufig, wenn man die Negation, die die Erfahrung der sinnlichen Gewißheit darstellte, nicht als Vernichtung auffaßt, sondern als ein Verwandeln bzw. als ein „Aufheben", das die „wahrhafte gedoppelte Bedeutung" des Negierens und des Aufbewahrens besitzt (ebd.). Dazu aber ist nur der Philosoph in der Lage.

Als nächstes zerlegt er dieses Prinzip wiederum kritisch; er zeigt antizipierend auf, wie sich der neue Maßstab, die neue abstrakte Beschaffenheit, in konkreten Auffassungsweisen entwickelt, die antithetisch entgegengesetzt sind. Im Beispiel der Wahrnehmung geht das folgendermaßen vor sich: Das neue Prinzip war — wie erörtert — das Allgemeine als „Unmittelbarkeit", die die Negation, den Unterschied bzw. die „Mannigfaltigkeit" an sich hatte. Nun ist die abstrakte Beschaffenheit seines Inhalts dem Bewußtsein auf seinen ersten Stufen nicht als solche gegeben, sondern sie ist für es unmittelbar eins mit dem ihm gegebenen Inhalt bzw. Gegenstand, denn dieser Gegenstand gilt ihm als das „Wesen" (vgl. PhG 89). Wie zeigt sich nun für den Philosophen das Prinzip der Wahrnehmung an diesem Gegenstand? Dieser Gegenstand hat die Beschaffenheit des Allgemeinen, d.h. er ist unmittelbar oder einfach und zugleich in sich unterschieden oder mannigfaltig. Der Gegenstand gilt dem wahrnehmenden Bewußtsein somit „als das Ding von vielen Eigenschaften" (a.a.O. 90). Für den Philosophen ist nun aber deutlich, daß das Prinzip in sich einen Gegensatz birgt, nämlich den von Unmittelbarkeit und Vermittlung, Einfachheit und Unterschied. Dieser Gegensatz muß sich am Gegenstand des Bewußtseins und an den Weisen, diesen aufzufassen, in konkreter Form wiederfinden. In der Tat entwickelt der Philosoph die gegensätzlichen Aspekte des Dinges und die gegensätzlichen Auffassungsweisen der Wahrnehmung, auf den Seiten 90—92 des Kapitels, aus den Momenten des Prinzips: dem der Negation oder des Unterschiedes und der Unmittelbarkeit sowie der Einheit der beiden, der Unmittelbarkeit, die die Negation an ihr hat. Dem ersten Moment entspricht eine Auffassungsweise, die das ausschließende Unterscheiden in den Vordergrund rückt: Sei es das Einander-Ausschließen der unterschiedlichen Eigenschaften oder das der Dinge, als einfacher, bzw. als „Eins" genommen. Dem zweiten die der Gleichgültigkeit, des Nebeneinanderbestehens von Eigenschaften, die sich gegenseitig nicht „affizieren" — und die daher das Ding zu einem bloßen „Auch", einer Sammlung selbständiger, als Materien aufgefaßter Eigenschaften herabsetzt. Die Einheit beider Momente scheint die Auffassung darzustellen, daß die Eigenschaften sich zwar ausschließen, aber verschiedenen Dingen angehören, während sie innerhalb ihres Dinges, als „Medium des Bestehens" gefaßt, gleichgültig gegeneinander sind. Mit dieser Unterscheidung bzw. diesen „Insofern"-Eigenschaften, — insofern sie zu einem Ding gehören, schließen sie sich nicht aus, sie tun das nur, insofern sie zu verschiedenen gehören — kommt das Wahrnehmen aber nicht zurecht. Dies kann der Philosoph voraussehen, weil er begreift, daß in dem Prinzip der Wahrnehmung eine Synthese von Unmittelbarkeit bzw. Sich-auf-sich-Beziehen und Negation bzw. Sich-auf-ein-anderes-Beziehen noch nicht erreicht ist. In der Tat wird das Wahrnehmen in seiner Prüfung der verschiedenen Auffassungsweisen ständig zwischen den Momenten des Fürsichseins und Füranderesseins hin- und hergetrieben. Es ist also dem Philosophen möglich, vorauszusehen, welcher Widerspruch das Wahrnehmen schließlich zur Einsicht in die Unwahrheit seines Maßstabes treiben wird und daß daraus ein neues Prinzip resultieren muß, das eine — zumindest vorläufige — Auflösung dieses Widerspruchs darstellt. Er könnte folglich die abstrakte Form dieses Prinzips bereits vorwegnehmen. Aber das Prinzip wird zugleich Maßstab des erscheinenden Wissens sein und aus dieser Erfahrung hervorgehen. Der Philosoph muß also nicht nur seine vorgreifenden Reflexionen auf das erscheinende Wissen beziehen, sondern auch dieses auf den Weg der Erfahrung bringen. Das ist die Weise, in der die Darstellung das erscheinende Wissen „mitnimmt" und es in diesem Mitnehmen zur Selbstprüfung nötigt, in ihm die Verzweiflung hervorbringt, in der Methode des sich vollbringenden Skeptizismus. Eben durch diese Begegnung mit der von dem Phänomenologen vorexerzierten Kritik wird auch das erscheinende Wissen selber zu einer kritischen Haltung veranlaßt. Nur dadurch, daß der Phänomenologe sich durch die Darstellung in den „Inhalt" des Bewußtseins „vertieft" hat, bringt er diese Bewegung hervor, deren dialektische Natur er in der „Notwendigkeit" der Schritte durchschaut hatte. Nicht nur ist die Darstellung des erscheinenden Wissens deswegen „exoterisch", sondern auch seine voraufgehende Exposition. Die Exposition ist vor allem aber der „Wegweiser" für die Erfahrungsgeschichte des erscheinenden Wissens. Wenn dieses — eben noch als natürliches Bewußtsein — oft nur in vager Weise seine Maßstäbe kennt, oft auch andere „ausgibt" als diejenigen, die es in Wirklichkeit leiten, so folgt es doch immer genau den vom Phänomenologen am Anfang der Darstellung einer jeden Gestalt und innerhalb ihrer vorentworfenen Schritten.

Für das Verständnis dieser der Phänomenologie zugrundeliegenden Idee sei noch dies angemerkt: Wir hatten gesehen, daß die „Rechtfertigung", die die Phänomenologie des Geistes leisten soll, vor allem darin liegt, daß sie ihren „Standpunkt" dem Hegel zeitgenössischen Bewußtsein „verständlich" machen soll, um es dazu zu veranlassen, sich „weiterzubilden", indem es mit Hegel den Weg zur Wissenschaft geht, sich selber zu einem absoluten Wissen verwandelt, das in die Wissenschaft des Absoluten eintreten kann. Um dieses Ziel zu erreichen, muß die Phänomenologie aber gewisse Zugeständnisse an das zeitgenössische Verstehen machen, die wir uns noch im einzelnen vergegenwärtigen müssen.

Das zeitgenössische natürliche Bewußtsein soll — so sahen wir — über seine vergangene Substanz verständigt werden. Eben deswegen hat die Bewegung der Phänomenologie nicht erst bei der bildungsgeschichtlichen Situation eingesetzt, auf der sich das zeitgenössische Bewußtsein bereits befindet, sie geht vielmehr auf bildungsgeschichtliche Positionen zurück, wie sie sich zu Anfang der abendländischen Denkgeschichte ausgebildet haben. Purpus hat in überzeugender Weise gezeigt, daß und wie die gesamte Erfahrungsgeschichte, die den Abschnitt A ausmacht — und die wir im Folgenden exemplarisch erörtern werden — Positionen enthält, die sich in der griechischen Philosophie ausgebildet haben.[1] Der Abschnitt B kennzeichnet dann die Entwicklung von den

[1] W. Purpus, Zur Dialektik des Bewußtseins nach Hegel, Berlin 1908.

Anfängen der römischen Welt — die für Hegel in dem Kampf um Anerkennung und dem daraus zunächst entstehenden Herrschafts-Knechtschafts-Verhältnis lagen — bis zum Christentum des Mittelalters, dessen Wesen Hegel im Prinzip des „unglücklichen Bewußtseins" entfaltet. Die mit dem Abschnitt C anhebende Entwicklung begrifft die neuzeitliche Bildung des natürlichen Bewußtseins. Dieser Zusammenhang zwischen der Phänomenologie und der Geschichte der Philosophie läßt sich durch Hegels eigene Bestimmungen belegen. Nun hat er aber doch — und das ist deutlich im dritten Kapitel des Abschnittes A zu sehen — etwa die in der griechischen Philosophie sich ausbildende Entwicklung mit Bestimmungen durchsichtig gemacht, die, wie etwa die der „Kraft", an Leibniz und, wie der Dualismus von Erscheinung und übersinnlicher Welt, an Kant erinnern. Dies erklärt sich zum einen daraus, daß Hegel ja, wie wir sahen, die Aufgabe der Phänomenologie in jener „Rechtfertigung" gegenüber dem *zeitgenössischen* natürlichen Bewußtsein sah; eben weil sie das Element der Wissenschaft „verständlich" machen soll, muß es in einer Sprache und Denkweise dargestellt werden, die diesem geläufig war. Eben deswegen erfolgt die gesamte Darstellung überhaupt von dem Prinzip her, auf dem die neuere Philosophie stand, dem Prinzip des Selbstbewußtseins. Von ihm her läßt sich die Entwicklung der griechischen Philosophie — der ja die Bestimmung „Bewußtsein" völlig unbekannt war — genetisch als ein Werden vom Bewußtsein zum Selbstbewußtsein bestimmen. Insofern das Selbstbewußtsein sich für Hegel als der „Begriff" gezeigt hat, wird die Aufeinanderfolge der Gestalten zu einer „begriffnen" Geschichte (vgl. PhG 564), die gerade nicht auf der zufälligen Sequenz des Auftretens beruht, sondern auf der Folge, die der Begriff des Wissens verlangt. Die Notwendigkeit der Schrittfolge, die der Begriff des Wissens verlangt, hängt freilich mit der Erfahrung zusammen, die das Bewußtsein mit seinen Vorstellungen von Wissen — für den Phänomenologen: Bestimmungen des Begriffs — macht. Denn es ist das — negative — Resultat einer jeweiligen Erfahrung, das der Phänomenologe als „bestimmtes Nichts" und damit — positiv — als die neue Gestalt erkennt. Dieser Zusammenhang mit der Erfahrung des Bewußtseins besagt aber nicht, daß es sich hier um eine „Universalgeschichte" handelt, es geht vielmehr um eine „Genese" des Begriffs des Wissens. Eben deswegen ist das historische Element, in dem die Gestalten auftreten, bei weitem nicht von derselben Wichtigkeit wie das begriffliche. Von entscheidender Wichtigkeit für das Verständnis der Phänomenologie ist eigentlich nur die Weise, wie die Wesenheiten, die kategorialen Bestimmungen, die dem Selbst, dem Begriff, angehören, eben durch die Erfahrung, die mit ihnen gemacht wurde, sich zu einem System organisieren. Für das Verständnis der Phänomenologie hat man darum auch nicht so sehr auf die historische Seite der Genese zu achten — über sie kann man sich leicht in Hegels Vorlesungen über die Geschichte orientieren — als vielmehr auf die für das Verständnis so viel schwierigere Seite der kategorialen Entwicklung, zumal sie von Hegel selbst nur in sehr kryptischer Weise durchgeführt wurde.

## VII

Die Idee der Phänomenologie des Geistes und ihre Bedeutung für das Verständnis der Philosophie nach Hegel

Worin liegt nun zusammenfassend die Idee der Phänomenologie des Geistes, die wir zu bestimmen versuchten? Sie liegt im Prinzip des Selbstbewußtseins. Aus ihm läßt sich die „Rechtfertigung" begründen, die diese „vorbereitende" und „einleitende" Wissenschaft ausmacht — eine Rechtfertigung in der von uns aufgezeigten doppelten Richtung: einmal als Nachweis der Notwendigkeit des Auftretens eines wissenschaftlichen Bewußtseins, des absoluten Wissens, und zum anderen eine Rechtfertigung in dem Sinne, daß auch das unwissenschaftliche — Hegel zeitgenössische — Bewußtsein davon überzeugt wird, daß auch es zu diesem absoluten Wissen gelangen könnte, wenn es sich nur auf den Weg begeben würde, den die Darstellung aufgezeigt hat. Die Möglichkeit einer solchen Rechtfertigung zeigte sich uns deswegen im Prinzip und d. i. in der Begriffsnatur des Selbstbewußtseins begründet, weil dieses als logische Form eine Reflexionsbewegung vollzieht, die nicht nur — wie die transzendentale Apperzeption Kants — statisch ist, sondern geschichtlich in dialektischen Schritten den „Weg der Erfahrung" geht, sich durch den Bezug zu den unterschiedlichen Formen der Gegenständlichkeit mit Inhalt erfüllen und sich so „für sich" zu einem allgemeinen Selbstbewußtsein hervorbilden kann. Weil das Selbstbewußtsein als Prinzip Begriffsnatur hat, vermag es zunehmend den in seiner jeweiligen Gestalt liegenden Gegensatz von Wissen und Gegenständlichkeit zu überwinden, sich von allem Gegebensein und aller Fremdheit dieser Gegenständlichkeit zu „reinigen", sich mehr und mehr der Identität dieses Seins mit seinem Denken bewußt zu werden. Das Selbstbewußtsein kann wahres, wissenschaftliches, absolutes Wissen sein. Dann hat es sich von allen Bindungen der ihm entgegenstehenden Objektivität in dem Sinne befreit, daß es deren Vernünftigkeit als mit „seiner" Vernunft identisch weiß, den in ihr waltenden Geist als „seinen" erfaßt hat. In der Natur, in den seine

Situation ausmachenden Vorstellungen, in den Institutionen und Sitten seines Volkes und schließlich in allen Bestimmungen der Andersheit sieht es die durchschaubare Bewegung von Gedankenbestimmungen, die alle als Denkbestimmungen Weisen eines „Selbst" sind, das ihm nicht mehr als ein solipsistisches leeres Ich gilt, sondern als wohlverstandenes „allgemeines", vernünftiges Selbstbewußtsein, und d. i. als der sich selbst begreifende Begriff. Dieses zum wahren Wissen entfaltete Begreifen, das — im Anderssein bei sich selbst bleibend — das System dieser Gedankenbestimmungen, die Wahrheit, zur Darstellung zu bringen vermag, hat die Entzweiung überwunden, und es hat im Lichte der Wahrheit das Wahre und sich in dem Wahren wiedergefunden, es hat durch diese wissend vollzogene Versöhnung alles Geistigen mit seinem Geist die „Befreiung" von allen natürlichen Bindungen erreicht — eine Befreiung allein durch und aufgrund jener Wahrheit. Dieses Prinzip des Selbstbewußtseins — das in jedem Menschen als Menschen angelegt ist — enthält somit das Versprechen einer „vernünftigen" Menschheit, die bewußt der Wahrheit teilhaftig werden kann. Dadurch, daß das Selbstbewußtsein zu erlernen vermag, in allen Bereichen dessen, was ist, die dem dargestellten System zugehörigen Gedankenbestimmungen als die „seinigen" wiederzufinden, kann es „durch die Wahrheit" frei werden. Diese Befreiung ist nicht mit dem später von Hegel in der Geschichtsphilosophie entwickelten Sinn von Freiheit zu verwechseln. Dort wurde das telos einer eschatologisch gedachten Geschichte aus dem Bewußtsein des Fortschritts zur Freiheit bestimmt, zu einer Freiheit, die das Menschentum auch erringen kann, ohne der Wahrheit in dem Sinne teilhaftig zu werden, wie dies in der letzten Gestalt des Geistes, dem absoluten Wissen in der Phänomenologie des Geistes der Fall ist.

Diese Befreiung — und hierin liegt eine weitere, sehr wichtige „Botschaft" der Phänomenologie des Geistes, die wir ihrer entwickelten „Idee" entnahmen — kann nicht ohne Leitung und Mitwirkung des Philosophen erfolgen. Ohne sie würde das natürliche unwissenschaftliche Bewußtsein auf dem Bildungsstand der „Entzweiung des Lebens" stehenbleiben. Wohl mag es unruhig das Bedürfnis nach einer Überwindung dieser Entzweiung verspüren, aber zunächst muß der Philosoph es davon überzeugen, daß es selber den Weg zum wissenschaftlichen Bewußtsein zu gehen vermag. Nur dadurch, daß der Phänomenologe die genetische Darstellung des gesamten Weges auf sich nimmt, nur dadurch des weiteren, daß er sich in die den Weg vorzeichnenden Wesenheiten vertieft, deren Bewegung, die in die ganz bestimmte Richtung des absoluten Wissens verläuft, in Gang bringt und hält, nur dadurch, daß er die bildungsgeschichtliche Substanz der unterschiedlichen Gestalten durch Subjektivität, durch kategoriale Reflexion in Bewegung setzt und hält, nur dadurch läßt sich — so sahen wir — die Notwendigkeit dafür aufweisen, daß es zu jener letzten Gestalt des Geistes, dem absoluten Wissen kommen muß. Nur weil der Phänomenologe in dieser Weise das unwissenschaftliche Bewußtsein zu überzeugen vermag, könnte sich das diesem innewohnende Prinzip des Selbstbewußtseins voll entfalten. Die Mitwirkung der Philosophie erschöpft sich somit nicht darin, eine „Propädeutik" zu sein. Sie erfüllt ihre Aufgabe auch nicht durch eine bloße Darstellung der Bildungsgeschichte der Menschheit, auch nicht dadurch, daß sie das natürliche Bewußtsein lehrt, eine „kritische Haltung" einzunehmen, der Philosoph muß vielmehr zunächst selber das Prinzip des Selbstbewußtseins dialektisch ausgetragen haben, bevor die latente Vernunft zur Realisierung gelangen kann. Nur wenn man die Rolle des Philosophen in der Phänomenologie in ihrer ganzen Bedeutung mitsieht, läßt sich sagen, daß wir mit dieser „Idee" der Phänomenologie vor der Vollendungsgestalt der traditionellen und damit auch der neuzeitlichen Metaphysik stehen: Seit den Anfängen bei den Griechen ist die Metaphysik davon ausgegangen, daß die Menschheit potentiell „vernünftig" ist, der Wahrheit teilhaftig werden und durch sie frei werden kann, und auch davon, daß die Philosophie hierbei eine entscheidende Rolle zu spielen hat.

Abschließend sei gefragt, welche Bedeutung die von uns entfaltete „Idee" der Phänomenologie des Geistes für das Verständnis der Entwicklung der Philosophie nach Hegel bis heute haben kann. Dabei lassen wir im Rahmen dieser Untersuchung ausdrücklich unberücksichtigt, ob und wie Hegel selbst durch das nach 1807 entwickelte System Sinn und Bedeutung dieser Idee verändert oder gar in Frage gestellt haben mag.[1] Wir fragen auch nicht nach der „Wirkungsgeschichte" dieser Idee; wir wollen nur kurz andeuten, wie sie dem Verständnis der nachfolgenden Entwicklung dienen kann.

Wir müssen feststellen, daß sich das Prinzip des Selbstbewußtseins gerade nicht entsprechend dieser Idee entwickelt hat. Nicht nur, daß es sich ohne Mitwirkung der Philosophie realisierte — das in der Begriffsnatur des Selbstbewußtseins liegende „Können" hat sich auch keineswegs in der Richtung entfaltet, die ihm Hegel in der Phänomenologie gewiesen hat. Es ist kein wissenschaftliches Bewußtsein geworden, das seine Aufgabe nur darin sieht, alles als den Geist zu wissen, der mit seinem Geist verwandt ist. Es hat sich nicht in der Weise durch Wahrheit freigemacht, daß es in allen Bereichen die Denkbestimmungen des allgemeinen Selbst gesucht und sich in ihnen wiedergefunden hätte. Das „Bedürfnis", das Hegel zu der Zeit seiner ersten Veröffentlichung (1801) als das „Bedürfnis der Philosophie" bestimmt hatte, das Bedürfnis, aus jener „Entzweiung" des Lebens herauszufinden (Differenzschrift, WW I, 172), war sicher nicht mehr das Bedürfnis der Philosophie der nachhegelschen Epoche. Hatte schon zu Hegels Zeiten „der sogenannte gesunde Menschenverstand" hierfür keinen Sinn (vgl. WW I, 183), — angesichts der wachsenden Macht der Naturwissenschaften und der Auswirkungen der industriellen Revolution dürfte in der Folgezeit auf nichtphilosophischer Ebene kein derartiges Bedürfnis vorhanden gewesen sein. Aber auch das nachhegelsche philosophische Denken zeigte keinerlei „Bedürfnis" mehr, die „Leiter" zu der „Wissenschaft" zu erklimmen, um zu ihr hinzutreten zu können. Diesen Verfall der Spekulation muß Hegel kurz vor seinem Tode bereits geahnt haben, als er am Ende der zweiten Vorrede zur Wissenschaft der Logik von seinem Zweifel schrieb: „ob der laute Lärm des Tages und die betäubende Geschwätzigkeit der Einbildung, die auf denselben sich zu beschränken eitel ist, noch Raum für die Teilnahme an der leidenschaftslosen Stille der nur denkenden Erkenntnis offen lasse" (Logik I, 22).

Sieht man von den Positionen des Hegelianismus und des Neukantianismus ab, so ist im wesentlichen die Entwicklung der Philosophie

[1] Vgl. hierzu H. F. Fulda op. cit., der auch vom späteren System her die Notwendigkeit der Phänomenologie verteidigt; vgl. insbes. S. 289, 299 und 301.

dahin gegangen, das Prinzip des Selbstbewußtseins von seiner logischen Form in eine anthropologische zu verwandeln (Feuerbach) oder seine Bewegungsstruktur, die Reflexion, lediglich als ein kritisches Instrument zu verwenden, das sich auf die gesellschaftlich-ökonomischen Gegebenheiten der Zeit als Material der Kritik richtet. Dieses zur sozialkritischen Reflexion verwandelte Denken übernahm sein telos, das Bewußtsein der Freiheit, aus der Hegelschen Geschichtsphilosophie — und nicht aus der Phänomenologie des Geistes. Die Bewegungsstruktur dieses kritischen Denkens hat seine Wesensherkunft im cartesischen Prinzip des Selbstbewußtseins: Die Reflexionsbewegung bezieht sich auf sich selbst und ihre Wissensweise wie auch zugleich auf die Sphäre der Gegenständlichkeit als des von diesem Wissen Gewußten. Und es gründet auch in der logisch-dialektischen Ausbildung dieses Prinzips, insofern die Sphäre der Gegenständlichkeit in entgegengesetzten Bestimmungen aufgefaßt wird, die dann zur Identität konstruiert werden müssen. Allerdings richtet sich dieses Reflektieren, anders als bei Hegel, nur noch auf das „Reich der Empirie". Und da es sich von jedwedem „System" losgelöst hat, entbehrt es auch des Maßstabes einer Wahrheit, die für Hegel in der Vollständigkeit der dialektisch aufeinander bezogenen Gedankenbestimmungen gelegen hatte. Daß dieses kritische Reflektieren der Junghegelianer (etwa Ruges und Bauers) im Prinzip des Selbstbewußtseins begründet liegt, bedarf keines weiteren Nachweises. Die Frage, ob und in welchem Sinne der Marx'sche Entwurf einer neuartigen Vernünftigkeit des Menschen — als eines konkreten, sinnlich-natürlichen, nicht mehr entfremdeten Einzelnen — und derjenige der von diesem neuen Menschen veränderten Gesellschaft noch auf dem Prinzip des Selbstbewußtseins beruhen, ob des weiteren diese antiidealistische Art von Vernünftigkeit auch in der Negation ihrer Prinzipien (etwa desjenigen der Identität) noch der traditionellen Logos- und Telosphilosophie zugehörig bleibt, mag hier offenbleiben. Ebenso bleibe unentschieden, ob der Gedanke einer „revolutionären Praxis" noch in dem Gedanken der Subjektivität angelegt ist. Sicher aber ist wohl, daß die Marx'sche Ideologiekritik und historisch-ökonomische Wissenschaft trotz ihrer materialistisch-konkreten Ausrichtung eine „Reflexionsbewegung" ist, die unbeschadet ihrer gegenüber

Hegel veränderten dialektischen Struktur ihre Wesensherkunft im Prinzip des Selbstbewußtseins hat. Das seiner selbst und seiner Mittel bewußte Denken, das sich in diesem Selbstbezug auf die ökonomisch-geschichtliche Gesellschaft bezieht, versucht durch die Entfaltung der in ihr liegenden Widersprüche zu einer Einsicht in die historisch-gesellschaftliche Realität zu gelangen. So wie diese kritische Reflexion von Marx kann auch die Methode der „kritischen Theorie", die sich als Verwandlung des Marxismus versteht, aus dem Prinzip des Selbstbewußtseins abgeleitet werden, insofern sie auf der „Kraft der Selbstreflexion"[2] beruht.

Gesetzt, daß in der von uns herausgearbeiteten „Idee" der Phänomenologie des Geistes dieses Prinzip am konsequentesten entfaltet worden ist, dann ließe sich an ihm als einem „Maßstab" ermessen, inwieweit diese unterschiedlichen nachhegelschen Entwicklungen dem ihnen innewohnenden Prinzip – trotz aller Variationen – treugeblieben sind bzw. in welchem Abstand sie sich von ihm halten. Die „Idee" der Phänomenologie des Geistes kann aber auch in einer ausgesprochen „umgekehrten" Weise als „Maßstab" aufgefaßt werden. In einigen Richtungen der Gegenwartsphilosophie sind Bestimmungen entwickelt worden, die sich als „Entgegensetzungen" zu jener Idee verstehen lassen. In diesem Sinne kann sie jedenfalls als ein „Orientierungspunkt" für alle unausdrücklichen und ausdrücklichen Bestrebungen zu einer „Überwindung der Subjektivität" angesehen werden, in der – positiv aufgefaßt – der Weg zu einer ganz anderen Grundauffassung des Denkens läge. Im Folgenden sei gezeigt, wie eine andere Auffassung vom Wesen des Menschen, der Sphäre der „Objektivität", des Verhältnisses beider zueinander, des Wesens der Wahrheit und der Rolle des Philosophen in einer jener Idee entgegengesetzten Weise sichtbar wird

---

[2] Vgl. J. Habermas, Technik und Wissenschaft als „Ideologie", Frankfurt 1968, S. 164. Wir übersehen dabei nicht, daß Habermas die Reflexion materialistisch an die „Naturgeschichte der Menschengattung" gebunden wissen will. Trotzdem bleibt seine Auffassung eines Interesses der Vernunft an Mündigkeit, das sich in der Selbstreflexion zum Ausdruck bringt und das nach Habermas' Worten „theoretisch gewiß" ist bzw. „a priori eingesehen werden" kann (a.a.O. S. 163), an Hegels Einsicht in die Kraft des Selbstbewußtseins, sich aus allen Bindungen der „Natürlichkeit" zu befreien, orientiert.

— wobei uns die von Heidegger entwickelten Bestimmungen als Beispiel der radikalsten Form einer solchen Entgegensetzung dienen.

1. Schon in der Lebensphilosophie, insbesondere bei Nietzsche und Dilthey, wird die Bestimmung des Wesens des Menschen als Vernunft und Geist fraglich und damit auch die Selbstauffassung aus dem Prinzip des Selbstbewußtseins sowohl in seiner cartesischen, wie in seiner transzendentalen und absoluten Form. Die „Krise der Vernunft" (Ortega y Gasset) hat sich aber im heutigen Denken noch verschärft. Zu derselben Zeit, in der der Mensch in der Gewißheit seiner zunehmenden Erkenntnis seinen Herrschaftsanspruch über die Natur und den Mitmenschen mit den Mitteln der neuzeitlichen Technik voll zu entfalten beginnt, haben ihm die empirischen Wissenschaften der Psychologie, Psychiatrie, Psychoanalyse und Biologie die Grenzen einer „Vernünftigkeit" aufgezeigt, die beansprucht, ihrer selbst vollends gewiß und mächtig zu sein und sich selbst sowie anderes bestimmen zu können. Ob hierdurch beeinflußt oder nicht — die Philosophie hat in unterschiedlichen Versuchen nachgewiesen, daß die Frage nach dem Wesen des Menschen sich nicht in zulänglicher Weise am Leitfaden des traditionellen Vernunft- und Subjektbegriffs entwickeln läßt. Die anthropologische Richtung, die zu zeigen versuchte, daß das Denken nur eines der Vermögen eines total und konkret aufgefaßten Wesens des Menschen ist, hat allerdings keine „Grundlegung" zu leisten vermocht. Edmund Husserls Versuch einer Radikalisierung und Vollendung des Cartesianismus und der Transzendentalphilosophie — der an sich gerade als eine Rückkehr zum Prinzip des Selbstbewußtseins und sogar zu einer idealistischen Grundauffassung angesehen werden muß — enthielt, insbesondere in seiner späteren Entwicklung, Motive, die die Frage nach dem Wesen des Menschen auf einen der „Idee" der Phänomenologie entgegengesetzten Weg gedrängt haben. Husserls Forderung nach der „Selbstgegebenheit" alles Seienden, die auch die Weise der Selbstgegebenheit des Menschen impliziert, wie seine Einsicht in die fundierende Kraft „ursprünglicher" Erfahrungen haben mit dazu geführt, daß Heidegger die „Faktizität" des menschlich Seienden, des Daseins, durch eine Daseinsanalyse zum Thema machte, die, nicht mehr vom „Bewußtsein" ausgehend, die besonderen Seins-

weisen dieses faktisch Seienden aufzudecken versuchte; nicht mehr ist das zur absoluten Reflexion entfaltete cogitare, das seiner selbst gewisse Subjekt als Vollzieher von Akten, Thema, sondern das Sein des einzigen Seienden, dem es seinsverstehend um sein eigenes Sein geht und das sich im Spielraum der Möglichkeiten seiner Umwelt und geschichtlichen Horizonte zum eigenen Sein, dem Dasein anderer und den Dingen immer schon verhält. Heideggers Bestimmung der „Sorgestruktur" der seinsverstehenden Existenz, insbesondere aber die temporale Analyse der „Endlichkeit" müssen bereits als eine Entgegensetzung zu dem Prinzip des Selbstbewußtseins aufgefaßt werden.[3] Zwar wird es, so wie es sich in der „Idee" der Phänomenologie vollendete, durch Heideggers Daseinsanalysen keineswegs „widerlegt", diese haben aber in grundlegender Weise die Möglichkeit sichtbar gemacht, daß es eine ihm genau „entgegengesetzte" Selbstauffassung des Menschen geben kann. Angemerkt sei, daß Heideggers spätere Bestimmung des Wesens des Menschen, die alle traditionellen Denkwege aufgibt, eine noch radikalere Entgegensetzung zu jener „Idee" darstellt; ein vom Sein „ereignetes Dasein" ist gerade kein seiner selbst gewisses gründend-begründendes Subjekt, es existiert gerade nicht als der sich begreifende Begriff. Es vermag nur noch den Anspruch des Ereignisses zu hören und ihm zu entsprechen.

2. In der „Idee" der Phänomenologie des Geistes — so sahen wir — liegt, daß das Selbst sich in allen Bereichen der Gegenständlichkeit, der Objektivität, in den in ihr waltenden Kategorien wiederzufinden vermag. Die Naturwissenschaften unserer Tage haben — freilich nur auf empirischen Basis — die Frage gestellt, ob die „Natur" in ihrer Gesetzmäßigkeit ganz und gar durchschaubar ist, und die Sozialwissenschaften haben vor allem durch eine Analyse der Geschichte dieses Jahrhunderts und seiner politischen, gesellschaftlichen und institutionellen Verfallserscheinungen zweifelhaft gemacht, ob es einen vernünftig-objektiven Geist, eine sittliche Substanz des Volkes oder gar der Menschheit gibt, in der sich das Individuum wiederfinden könnte.

---

[3] Vgl. hierzu und zum Folgenden vom Verfasser: Heidegger und die Tradition, Stuttgart 1961; zur Entgegensetzung von Hegel und Heidegger vgl. insbes. a.a.O. S. 52 ff., S. 93 ff., 110 ff.

Während die Philosophie bereits im 19. Jahrhundert mit Feuerbach und Marx, Kierkegaard und Nietzsche die Auffassung einer Vernünftigkeit der Welt aufs schärfste angegriffen hatte, hat man in der Gegenwartsphilosophie in grundlegender Weise versucht aufzuzeigen, daß und wie die Welt in einer dem Hegelschen „Begriff an sich" entgegengesetzten „ursprünglichen" Weise konstituiert ist. Husserl hat in seiner Spätphilosophie die dem vorwissenschaftlichen Erfahren geltende „Lebenswelt" als den Bereich oder Horizont bestimmt, in dem sich dieses Erfahren in unmittelbar-anschaulicher Weise bewegt. Der Rückgang von der von dem „Objektivismus" der Wissenschaften bestimmten und ausgelegten Welt auf diese „natürliche" Welt als auf die jene fundierende ist als eine Entgegensetzung zu der im Prinzip des Selbstbewußtseins und damit der „Idee" der Phänomenologie des Geistes liegenden Bestimmung der Objektivität anzusehen. In diesem lebensweltlichen Bereich der alltäglichen Selbstverständlichkeiten und der Praxis herrschen keine traditionell aufgefaßten Kategorien des Selbst, in denen es sich wissend wiederfinden könnte; das lebensweltliche Erfahren bewegt sich in der Lebenswelt in Glaubensgewißheit, auf ihre Typik vertrauend und ihre Horizonte prä-prädikativ antizipierend. Wenn für Husserl diese Lebenswelt auch noch ein „Gebilde" war, insofern sie ihren Ursprung den Erfahrungsleistungen der Gemeinschaft der Subjekte verdankte, so ist dennoch die „passive" Konstitution der den lebensweltlichen Erfahrungen geltenden Lebenswelt als eine „Entgegensetzung" zu der Position des absoluten Wissens anzusehen. Aber auch hier ist die sehr viel radikalere Entgegensetzung in den Daseinsanalysen und insbesondere der Spätphilosophie Heideggers zu finden. Die Weltlichkeit des In-der-Welt-Seins, des umweltlichen Spielraumes, des „Worin" von Verweisungsbezügen, in denen sich Dasein besorgend-umsichtig immer schon „bedeutet", kennzeichnet die Transzendenz im Sinne eines vagen Seinsverstehens und nicht in dem einer die Objektivität übergreifenden Subjektivität. Die äußerste Entgegensetzung zu der in der „Idee" der Phänomenologie liegenden Bestimmung von Objektivität liegt aber in der Auffassung des späten Heidegger von der Welt als einem — sich freilich erst in einem „anderen Anfang", und zwar „jäh", ereignenden — Bereich, der gerade nicht einem begründend-gründenden Denken — geschweige denn einem sich in einem Feld von Kategorien begreifenden Begriff — sondern nur einem „poietischen" Erfahren in bestimmten „Gegenden" präsent wesent werden kann, in die für Heidegger das menschliche Wohnen ursprünglich eingelassen ist. Welt, so aufgefaßt, als ein gerade nicht durchschaubarer Bereich, der das Wesen des Menschen immer schon bestimmt und übertroffen hat, müßte dann die eigentliche Dimension sein, aus der sich das dem Prinzip des Selbstbewußtseins entgegengesetzte andere „Prinzip" bestimmen lassen soll.

3. Die Entgegensetzung zu dem Verhältnis von Denken und Sein, wie es die Tradition seit Parmenides dachte und wie es sich neuzeitlich im Prinzip des Selbstbewußtseins transzendentallogisch bei Kant und dann weiter im Deutschen Idealismus als der Gedanke einer „Identität" entwickelte, findet sich gleichfalls am radikalsten in der Spätphilosophie Heideggers ausgesprochen. Nicht das im absoluten Wissen liegende Bewußtsein von einer aus der Nicht-Identität von Wissen und Gegenständlichkeit „zurückgekehrten" Synthese — nicht diese Identität, sondern die Erfahrung einer „Zugehörigkeit" zum „Ereignis" durch ein „geschickliches" Hören und Entsprechen kennzeichnet für Heidegger dieses „Verhältnis". Hier wird keine „Befreiung" dadurch erreicht, daß sich das „Selbst" in den alle Bereiche durchwaltenden Denkbestimmungen wiederfindet, sondern ein verhalten-poietisches Dasein hat umgekehrt das „Bedingtsein" und Bestimmtsein als sein Wesen erfahren und in jener rechten Zugehörigkeit zum Ereignis den Sinn seines Daseins gefunden.

4. Die entscheidende Entgegensetzung zu der von uns herausgearbeiteten „Idee" der Phänomenologie ist aber in der alle Grundbestimmungen des späteren Heidegger tragenden Auffassung vom Wesen der „Wahrheit" zu sehen. Die „Wahrheit", zu der die einleitende vorbereitende Wissenschaft der Phänomenologie in der letzten Gestalt des absoluten Wissens hinführt, liegt in dem dialektisch versammelten System der Denkbestimmungen. Diese total manifeste Wahrheit ist der letzte und äußerste Ausdruck des im logos und nous liegenden Prinzips einer totalen Lichthaftigkeit. Heideggers Auffassung vom Wesen der Wahrheit als eines Geschehens, in dem „Verborgenheit"

— lethe — sich in einem Bereich der Lichtung — aletheia — so in die „Entborgenheit" schickt, daß sie diese in unterschiedlichen Weisen weiter durchwaltet, diese Auffassung vom „Wesen einer ursprünglichen Wahrheit" ist seine schärfste „Waffe" gegen das Prinzip der Subjektivität. Wenn das, was sich dem Wissen oder Begreifen zeigt, nur eine von der Verborgenheit durchwaltete oder sich gar der eigentlichen Wahrheit „entziehende" Seite des Seins ist, dann ist damit der Möglichkeit radikal entgegengedacht, daß der sich begreifende Begriff, das sich zum wahren Wissen entfaltende Selbst, sich in der vollständigen Bewegung der Denkbestimmungen als der Wahrheit des Systems wiederfinden kann.[4]

5. Die Rolle, die Heidegger dem Philosophen bei der Entfaltung dieser „Wahrheit" und der aus ihr gedachten Bezüge von Ereignis, Sein, Welt und Dasein zugesprochen hat, ist innerhalb der Entwicklung der Gegenwartsphilosophie am radikalsten der Rolle entgegengesetzt, die der Phänomenologe in der Phänomenologie des Geistes spielt. Der „Denker" hat nicht durch eine Vertiefung in den Begriff dessen dialektische Fortbestimmung in Gang zu setzen und in Bewegung zu halten und in dieser Bewegung darzustellen, er hat schlicht auf den sich ihm zusprechenden Anspruch zu hören und ihn zur Sprache zu bringen. Er braucht keine „Rechtfertigung" der eigentlichen Wissenschaft in dem gekennzeichneten doppelten Sinn zu geben, da es ihm gerade nicht darum geht, einen Begriff der Wissenschaft hervorzubringen, noch darum, das zeitgenössische Bewußtsein dazu zu veranlassen, zu einer exoterisch aufgefaßten Wissenschaft hinzuzutreten. Der „Denker" sieht, gerade im Gegenteil, seine Aufgabe darin, gegen alle zeitgenössischen Tendenzen die Möglichkeit eines „anderen Anfangs" vorzubereiten.

Die Idee der Phänomenologie des Geistes hat sich somit als ein Maßstab erwiesen, an dem sich die Entwicklung des Denkens nach Hegel messen läßt, sowohl hinsichtlich der Weitergeltung des Prinzips der Subjektivität wie auch des Versuches seiner Überwindung.

---

[4] Vgl. hierzu vom Verf.: Vernunft und Welt, Den Haag, 1970, S. 85 ff., 101 ff.

## Die Dialektik und die Rolle des Phänomenologen

Die Darstellung der Phänomenologie des Geistes hat als „Vorbereitung" für die eigentliche Wissenschaft diese Aufgaben: zum einen soll sie den „Begriff der Wissenschaft" hervorbringen, und zum anderen soll sie das „natürliche Bewußtsein", die unfreie, unwahre, nur verständige Reflexionsphilosophie davon überzeugen, daß sie zur freien, wahren, absoluten Reflexion, der Wissenschaft, gelangen kann, weil deren Element bereits in ihr wirksam ist. Beide Aufgaben einer „Rechtfertigung" des wissenschaftlichen Standpunktes hängen zusammen. Unsere Frage ist: Welche Rolle spielt bei ihrer Erfüllung der Phänomenologe, der Philosoph, spielen — in Hegels Terminologie — „wir"? Hegel hat sich zu diesem für das Verständnis der Methode des Werkes wichtigen Thema nur spärlich geäußert.

Zunächst sei in Kürze an Bekanntes erinnert. Sieht man von den letzten Abschnitten der Einleitung ab, so geht es ihr ja darum zu zeigen, warum „wir" es nicht nötig haben, „... *unsere* Einfälle und Gedanken bei der Untersuchung zu applizieren" (§ 12) und warum, „uns nur das reine Zusehen bleibt" (§ 13). Heißt dies aber, daß „wir", daß der Phänomenologe insofern überhaupt keine Rolle spielt?

Die Hegel-Forschung hat wenig den Unterschied beachtet, der zwischen den in geschichtlicher Vielfalt auftretenden Gestalten des „natürlichen Bewußtseins" besteht und dem qualifizierten Wissen des natürlichen Bewußtseins, dem „erscheinenden Wissen" (vgl. o. S. 21 ff., 26 ff., 30 ff.). Das natürliche Bewußtsein unterwirft sich nicht von selbst dem Bewegungsgesetz, das für die Notwendigkeit des Fortgangs zum absoluten Wissen und den vollständigen Zusammenhang seiner Gestalten einsteht. Den Weg eines zielgerichteten Fortschritts, auf dem es „die Reihe seiner Gestaltungen" durchläuft und dadurch „die ausführliche Geschichte der Bildung des Bewußtseins selbst zur Wissenschaft" ist (E § 6), geht einzig und allein das „erscheinende Wissen"; und dies nur darum, weil der Phänomenologe es als seinen „Gegenstand" (E § 5) auf den Weg der Darstellung mitnimmt, und zwar konsequent so weit, bis es das bereits „gesteckte Ziel" (E § 8) erreicht. Auch wenn dem Phänomenologen „nur das Zusehen bleibt", spielt er somit insofern eine Rolle, als er überhaupt eine Wissensweise des natürlichen Bewußtseins methodisch zum Thema macht. Freilich muß man diese Bestimmung eines ersten Aspekts seiner Rolle sofort einschränken und hinzusetzen: eine entscheidende Funktion hat er hier nicht. Denn in den ersten Teilen der Einleitung wird ja gezeigt, daß und wie sich das Bewußtsein von selbst — aufgrund der Dynamik seiner Begriffsnatur — fortbewegt. Indem es die „Realität des Erkennens" (E § 9), dessen Anspruch, die Sache jeweils in ihrer Wahrheit erfaßt zu haben, prüft, vollzieht es sich ohne fremde Hilfe als eine „Vergleichung seiner mit sich selbst" (E § 12), bewegt es sich in der Weise einer Selbstprüfung und Selbstkorrektur und mißt sein jeweiliges Vorstellen sowie dessen Inhalt an dem innerhalb seiner „an ihm selbst gegebenen" Maßstab (ebd.). Für unser Thema ist es noch wichtig hervorzuheben, daß Hegel diese an dem Bewußtsein selbst ausgeübte Bewegung, aus der ihm jeweils „*der neue wahre Gegenstand ... entspringt*", als „Erfahrung" und diese Erfahrung als eine „dialektische" bestimmt hat (E § 13). Alle diese Textstellen sind in der Hegel-Literatur hinreichend erörtert worden (vgl. o. S. 86 ff., 90).

Das gleiche gilt für jene Passagen am Ende der Einleitung, in denen das erste — und wie man allgemein meint, das einzige — Mal die Rolle des Phänomenologen von Hegel selber bestimmt wurde (vgl. o. S. 94 ff.). Wir brauchen hinsichtlich dieses zweiten Aspekts der Rolle des Phänomenologen darum nur kurz daran zu erinnern, daß dort ausdrücklich „unsere Zutat" zum Thema gemacht wird, die in der „Betrachtung eines Umstandes" liegt, der nur „für uns" ist und nicht „für das Bewußtsein ..., das wir betrachten" (E § 15). Dem Phänomenologen zeigt sich — was dem betrachteten Bewußtsein entgeht — der „neue Gegenstand als geworden durch eine *Umkehrung* des Bewußtseins selbst" (ebd.). Anders als dem erscheinenden Wissen gilt ihm das Resultat der vergleichenden Erfahrung einer Nichtentsprechung von Wissen und Ansich (Wahrheit) nicht als ein in den Abgrund zu werfendes „leeres Nichts" (E §§ 7, 15), sondern als ein Nichts „*desjenigen, dessen Resultat es ist*" (ebd.). Er erkennt, daß die Erfahrung der Nichtigkeit des alten

Gegenstandes — des ersten Ansich — als ihr eigenes Resultat den „neuen Gegenstand" enthält. Genauer gesagt: Er erkennt, daß es sich bei jener Erfahrung der Nichtentsprechung, und d. h. der Erfahrung des Aufbrechens von Widersprüchen zwischen der bisher herrschenden Sphäre der Gegenständlichkeit oder Wahrheit und dem Wissen von ihr seitens des erscheinenden Wissens, um eine antithetische Bewegung handelt. Verliert durch sie die Sphäre für das erscheinende Wissen selbst ihren Charakter eines außerhalb des Bewußtseins gesetzten Ansich (§ 10) und wird zu einem Für-das-Bewußtsein-Sein des Ansich (E § 15), bietet sich diesem veränderten Wissen (der „Reflexion des Bewußtseins in sich", § 14) das „Wahre" (ebd.) als ein anderer, zufällig aufgefundener (vgl. § 15) zweiter, neuer Gegenstand dar, so erkennt der Phänomenologe, daß der neue Gegenstand nichts anderes ist als die aus jener antithetischen Erfahrungsbewegung resultierende Synthese. Er durchschaut somit, worin der „dialektische" Charakter der Bewegung des erscheinenden Wesens liegt und sieht zugleich, daß sie nicht nur das „Werden", das „Entstehen" einer einzelnen bestimmten Gestalt ausmacht, sondern daß der Resultats- und Übergangscharakter dieser Bewegung „die ganze Folge der Gestalten des Bewußtseins in ihrer Notwendigkeit leitet" (§ 15). Die in dieser Dialektik liegende Notwendigkeit ist es auch, die ihm überhaupt die „wissenschaftliche Darstellung" der dialektischen Schritte in ihrem ganzen Zusammenhang ermöglicht, die „Rechtfertigung" des wissenschaftlichen Standpunktes vor der nur verständigen Reflexionsphilosophie (E § 16).

Aber erschöpft sich in diesem Durchschauen des dialektischen Charakters und in den Unternehmen der Darstellung die „Zutat" des Phänomenologen, von der die Einleitung spricht? Handelt es sich bei der Darstellung nur um ein derart passives reproduzierendes Geschehen, durch das — wie es an einer anderen Stelle der Einleitung heißt (§ 10) — die Bestimmungen des erscheinenden Wissens als Gegenstand der Darstellung in schlichter Weise nur „aufgenommen [werden], wie sie sich unmittelbar darbieten"? Spielt somit das aktive Denken des Phänomenologen überhaupt keine Rolle?

Wir haben bisher nicht beachtet, daß der § 15 der Einleitung verlangt, das jedesmalige Resultat der Prüfungsbewegung des erscheinenden Bewußtseins müsse als ein solches „aufgefaßt" werden. Der § 7 der Einleitung hat bereits klargemacht, daß die „Darstellung des nicht wahrhaften Bewußtseins" eben dieses „Auffassen" zu leisten hat. Am Ende dieses Paragraphen richtet Hegel sich offenbar an den Phänomenologen, wenn er schreibt: „Indem dagegen das Resultat, wie es in Wahrheit ist, aufgefaßt wird, als *bestimmte* Negation, so ist damit unmittelbar eine neue Form entsprungen und in der Negation der Übergang gemacht, wodurch sich der Fortgang durch die vollständige Reihe der Gestalten von selbst ergibt." Hier ist die Verantwortlichkeit des Phänomenologen klar umrissen. Seine Thematisierung des Wissens ist eine Leistung seines Denkens in einer doppelten Weise: Sie liegt zunächst in der Darstellung selber. Denn nur die Darstellung macht deutlich, daß und wie sich die widersprüchlichen Erfahrungen des erscheinenden Wissens so zuspitzen, daß sie sich negieren und eine „neue Form" ergeben, und daß die Negation den Übergang macht und damit die „Vollständigkeit der Formen und die Notwendigkeit des Fortganges und Zusammenhanges der Gestalten" (§ 7) sichert.

Es gibt aber noch eine weitere Leistung des aktiven Denkens des Phänomenologen: Man braucht sich doch nur die Expositionen zu vergegenwärtigen, durch die er, vor allem am Anfang des Werkes, aber auch noch später — selbst in Abschnitten über den „Geist" — die Erfahrungsgeschichte durch eigene Reflexionen einleitet, unterbricht, eine jeweilige Gestalt abschließt, zu einer neuen hinüberleitet, um zu erkennen, daß es sich bei diesem „Auffassen" und der Sicherung des „Übergangs" um zusätzliche Leistungen handelt, die sich auch keineswegs in einfach aufnehmenden Denkakten erschöpfen. Wie aber lassen sich diese Denkakte näher bestimmen? Die von uns bisher zitierten bekannten Stellen in der Einleitung geben auf diese Frage keine Antwort.

Wir möchten nun darauf aufmerksam machen, daß es am Schluß der Phänomenologie, auf S. 556, einen Text gibt, in dem wiederum von einer „Zutat" des Phänomenologen die Rede ist, der vielleicht mehr Licht auf die Art und Weise seiner denkenden Aktivität wirft.

Dort, wo im Kapitel „Das absolute Wesen" der Begriff in seiner vollen Bestimmung hervortritt, heißt es: „Was wir hier hinzugetan, ist allein teils die *Versammlung* der einzelnen Momente, deren jedes in seinem Prinzip das Leben des ganzen Geistes darstellt, teils das Festhalten dieses Begriffes in der Form des Begriffes, dessen Inhalt sich in jenen Momenten, und der sich in der Form einer *Gestalt des Bewußtseins* schon selbst ergeben hätte."

Die Bestimmungen der „Zutat" als „*Versammlung*" (von Hegel gesperrt gedruckt) und als „Festhalten" haben einen aktiveren und spezifischeren Sinn, als diejenigen der Zutat in der Einleitung. Vor allem aber fällt auf, daß hier das Verhältnis des Phänomenologen zu den Kategorien, wie sie in der Phänomenologie auftreten, den Momenten, das Thema ist. Hegel hat sich freilich im gleichen Kapitel einige Seiten später (S. 562) sehr darum bemüht, die andersartige Funktion der Kategorien in der Phänomenologie gegenüber derjenigen in der Logik herauszustellen. Er hebt mit Nachdruck hervor, daß im reinen Äther der Wissenschaft die Fortbewegung des reinen Begriffes allein von seiner *Bestimmtheit* abhängt. Mag auch jedem abstrakten Moment der Wissenschaft eine Gestalt der Phänomenologie entsprechen, so gilt doch mit Entschiedenheit, daß sie hier — wie die Einleitung bereits festlegte (E § 17) — nur „für das Bewußtsein sind", daß sie nicht als reine Momente auftreten, sondern in der Form von „Gestalten des Bewußtseins".

Es kann gar kein Zweifel darüber herrschen, daß dieser grundlegende Unterschied zwischen der Logik und der Phänomenologie besteht. Aber dennoch — und dies hat die Hegel-Forschung in den letzten Jahren zunehmend mehr gesehen —: Die Bewegungsstruktur der Phänomenologie darf nicht ausschließlich aus der Perspektive der Erfahrungsgeschichte des sich selbst prüfenden Bewußtseins gesehen werden. Wenn es auch noch umstritten ist, bis zu welchem Grade die kategorische Entwicklung von Bedeutung ist, so scheinen uns Textstellen in der Vorrede, die sich eindeutig auf die Phänomenologie beziehen, einen sicheren Beleg dafür abzugeben, daß diejenigen „einfachen Bestimmungen" des Begriffes oder „reinen Wesenheiten" eine Rolle spielen, die Hegel die „Selbstbewegungen" oder „Kreise" genannt hat (§ 33, cf § 56), und zu denen außer den in § 56 aufgezählten Bestimmungen wie Ansichsein, Fürsichsein, Sichselbstgleichheit, auch u. a. solche gehören wie Unmittelbarkeit, Vermittlung, Einfachheit, Unterschied, Einzelheit, Besonderheit, Allgemeinheit, Sichaufsichbeziehen, Sichaufanderesbeziehen.[1] Von ihnen heißt es im § 34 mit direktem Bezug auf die Phänomenologie (vgl. § 35): „Diese Bewegung der reinen Wesenheiten macht die Natur der Wissenschaftlichkeit überhaupt aus. Als der Zusammenhang ihres Inhalts betrachtet, ist sie die Notwendigkeit und Ausbreitung desselben zum organischen Ganzen. Der Weg, wodurch der Begriff des Wissens erreicht wird, wird durch sie gleichfalls ein notwendiges und vollständiges Werden...", er umfaßt „durch die Bewegung des Begriffs die vollständige Weltlichkeit des Bewußtseins in ihrer Notwendigkeit".

Angesichts der Bedeuung, die Hegel dieser kategorialen Seite der Phänomenologie beimißt, erscheint es geboten, unsere Frage nach der Rolle des Phänomenologen, des „Wir", in der folgenden Weise neu zu formulieren: Welche Art von Denken realisiert den Bezug des Phänomenologen zu den „Momenten" als deren „Versammlung" und als ein „Festhalten des Begriffes in der Form des Begriffes"? Es wäre sicher falsch, das phänomenologische Denken mit dem „begreifenden Denken", also die Darstellung der Phänomenologie mit der „spekulativen Darstellung"[2] gleichzusetzen. Und ebensowenig geht es an, das phänomenologische Denken mit dem „bloß räsonierenden Wissen" zu identifizieren, von dem die Vorrede das begreifende Denken absetzt. Das phänomenologische Denken ist sicher keine „Reflexion in das leere Ich" (V § 59). Faßt Hegel das Denken des Phänomenologen vielleicht „ähn-

---

[1] Dazu gehören auch noch solche Wesenheiten wie Etwas, Anderes, Bestimmung, Beschaffenheit, Eines — Vieles, wie auch die von Identität, Differenz, Gleichheit, Ungleichheit, Negation, Widerspruch, es gehören aber auch wohl solche Bestimmungen hierzu wie Endlichkeit, Unendlichkeit, Gegenständlichkeit, Ungegenständlichkeit, Wesen(tlichkeit), Unwesentlichkeit, Substanz, Subjekt, Urteil, Schluß und auch die Ausdrücke, die keinen anderen Sinn als den einer vermittelnden Bewegung tragen wie „Vermittlung des Sichanderswerdens mit sich selbst", Reflexion im Anderssein in sich selbst, Reflektiertsein, Aufgehobensein. Von diesen Wesenheiten heißt es am Ende des Kapitels „Die Wahrnehmung" (Ph. S. 101), daß sie und der „sogenannte gesunde Menschenverstand" „nur das Spiel dieser Abstraktionen" seien, während die Philosophie es mit diesen „Gedankendingen zu tun" habe und sie erkennt „für die reinen Wesen, für die absoluten Elemente und Mächte" und darum „Meister über sie" ist.

[2] Zur Problematik der spekulativen Darstellung vgl. vom Verf. „Absolute Reflexion und Sprache", Frankfurt/Main 1967, auch in „Vernunft und Welt", Den Haag 1970, unter dem Titel „Vernunft und Sprache", S. 21 ff.

lich" auf wie das begreifende Denken? Dieses realisiert sich — nach der Vorrede (§ 54) — dadurch, daß es sich in das „immanente Selbst des Inhalts" versenkt. Dadurch, daß es sich in der Sache verliert, sich in sie „vertieft", wird es zu der „sich selbst bewegenden Seele des erfüllten Inhalts" (V § 53). Durch dieses reine Denken gerät in der Logik der in einer jeweiligen Bestimmung angelegte Sinn in Bewegung und bestimmt sich von der These zur Antithese und von dieser zur Synthese fort.

Sicher läßt sich nicht behaupten, daß der Phänomenologe dadurch, daß er sich in den Inhalt der „Momente", der Wesenheiten, wie sie in der Phänomenologie auftreten, versenkt und vertieft hat, deren Bewegung veranlaßt. Das würde ja gerade dem Sinn der der Phänomenologie eigentümlichen Methode widersprechen, die wir herausstellten, wonach das erscheinende Wissen, aufgrund seiner Begriffsnatur, von selbst die dialektische Bewegung vollzieht. Und es würde auch dem Sinn der in der Einleitung bestimmten „Zutat" widersprechen, insofern sich hier der Phänomenologe, gerade wenn er das Resultat der Negation als eine solche „auffaßt" und den Übergang der Formen sichert, auf die Bewegung des erscheinenden Wissens selber einläßt, auf dessen Ebene seine Reflexion vollzieht. Aber es scheint doch so zu sein, daß er sich nicht auf diese Bewegung in der Erfahrungsebene allein verläßt. Wie die vielen und unterschiedlichen Expositionen des Phänomenologen im Text bezeugen, leitet und steuert er die Bewegung durch kategoriale Reflexionen; diese sind freilich dort, wo das erscheinende Wissen überhaupt seinen „*Begriff* als *Begriff* noch nicht erfaßt" (S. 103) hat, intensiver und häufiger als in späteren Stadien der Darstellung.[3] Jedenfalls

---

[3] Der Unterschied zwischen der sich entfaltenden Erfahrungsgeschichte des erscheinenden Wissens und der Funktion des „Wir" wird innerhalb dieser reflektierenden Exposition zu Beginn des Kapitels „Kraft und Verstand, Erscheinung und übersinnliche Welt" genau bestimmt (S. 102 f.). Dort, wo erklärt wird, daß an dieser Stelle das Bewußtsein noch „keinen Anteil an seiner freien Realisierung hat", heißt es: „Wir haben hiemit noch vors erste an seine Stelle zu treten und der Begriff zu sein, weilcher das ausbildet, was in dem Resultat enthalten ist; an diesem ausgebildeten Gegenstande, der dem Bewußtsein als ein Seiendes sich darbietet, wird es sich erst zum begreifenden Bewußtsein."
Daß und wie die Reflexionen des Phänomenologen zunehmend geringer werden, zeigt ein Vergleich zwischen den Expositionen zu Beginn der Phänomenologie im Buch „Bewußtsein" (vgl. hier insbesondere S. 89, 103, 111, 128, 140) mit denen zu

sind sie es, die die einzelnen Momente auf ihr Ziel hin „versammeln", und insofern sie den Übergang von einer Negation zur anderen in der Richtung auf das absolute Wissen hin halten, machen sie vom Standpunkt des Phänomenologen aus sein „Festhalten des Begriffes" aus. Das Wichtige aber ist — und eben dies kennzeichnet die Zutat des Phänomenologen in einer neuen Weise — daß durch sie der „Begriff *in der Form des Begriffes*" (kursiv von mir) festgehalten wird, denn dies besagt, daß das Denken des Phänomenologen in dieser Hinsicht seine Gehalte nicht der Erfahrungsgeschichte des erscheinenden Wissens entnimmt, wenngleich er sich auf es einlassen muß, sondern der „Form des Begriffes". Zu dieser Form gehören die zuvor beispielhaft genannten „reinen Wesenheiten", die „einfachen Bestimmungen", die „reinen Selbstbewegungen", die die Bewegung *des* Begriffes zuwege bringen, durch die — nach dem zitierten Text der Vorrede — der Weg der Darstellung „die vollständige Weltlichkeit des Bewußtseins in ihrer Notwendigkeit umfassen" wird.

Wenngleich in der Phänomenologie die „dialektische Bewegung" des erscheinenden Wissens der Motor der Bewegung bleibt, so muß der Phänomenologe doch vermittels dieser kategorialen Bestimmungen den Begriff in der Form des Begriffes festhalten.[4] Hat man sich davon über-

---

Beginn des Buches „Vernunft" (vgl. S. 176 ff.) und an dessen Ende (vgl. S. 301, 306) sowie mit denen im Abschnitt „Geist" (vgl. z. B. S. 314, 354).

[4] Vermittels der einfachen kategorialen Bestimmung vermag der Phänomenologe z. B. zu erkennen, daß das Prinzip, das ihm entstanden ist, „das Ding von vielen Eigenschaften", einen Gegensatz birgt, nämlich den von Unmittelbarkeit und Vermittlung, Einfachheit und Unterschied. Dieser Gegensatz muß sich am Gegenstande des Bewußtseins und an den Weisen, diesen aufzufassen, in konkreter Form wiederfinden. So entwickelt der Phänomenologe die gegensätzlichen Aspekte des Dinges und die gegensätzlichen Auffassungsweisen der Wahrnehmung, auf den S. 90—93 des Kapitels, aus den Momenten des Prinzips: dem der Negation oder des Unterschiedes und der Unmittelbarkeit sowie der Einheit der beiden, der Unmittelbarkeit, die die Negation an ihr hat. Indem er — immer im Hinblick auf die Entwicklungsgeschichte des erscheinenden Wissens — die Entfaltung der Bestimmungen auseinander verfolgt, kann er voraussehen, daß das Wahrnehmen selber nicht mit seinen unterschiedlichen Auffassungsweisen zurechtkommen wird, denn er begreift, daß in dem Prinzip der Wahrnehmung eine Synthese von Unmittelbarkeit bzw. Sich-auf-sich-Beziehen und Negation bzw. Sich-auf-ein-anderes-Beziehen noch nicht erreicht ist. Deswegen kann er auch antizipieren, welcher Widerspruch das Wahrnehmen schließlich zur Einsicht in die Unwahrheit seines Maßstabes treiben wird und daß daraus ein neues Prinzip

zeugt, daß der Philosoph sich nicht allein auf der Ebene des erscheinenden Wissens hält, sondern zugleich auf einer kategorialen, dann stellt sich — auch wenn es offen bleiben mag, wie diese Kategorien zu der damaligen Konzeption der Logik Hegels stehen — doch die Frage mit Dringlichkeit, wie es sich systemtheoretisch rechtfertigt, daß er bereits im Besitze des spekulativen Standpunktes ist, eine Frage, die man auch als diejenige aufrollen kann, in welchem Sinne die Phänomenologie als eine auftretende Wissenschaft — mit Hegel (E § 4) — „selbst eine Erscheinung" ist. Auf sie kann hier nicht näher eingegangen werden (vgl. o. S. 43, 106).

Fassen wir jetzt nur noch einmal die hier entwickelten Aspekte der Rolle des Phänomenologen zusammen: Er ist *erstens* derjenige, der das Wissen als „erscheinendes" zum Thema macht, durch diese Thematisierung seine dialektische Bewegung auslöst. *Zweitens* ist er derjenige, der den dialektischen Charakter dieser Bewegung nicht nur durchschaut, sondern ihr jeweiliges Resultat als eine Synthese der voraufgegangenen antithetischen Entwicklung auffaßt, die notwendig den Fortgang zu den folgenden Gestalten ermöglicht — und der aufgrund der Einsicht in diese Notwendigkeit der Schrittfolgen die Darstellung als eine Rechtfertigung des wissenschaftlichen Standpunktes unternimmt. *Drittens* ist er derjenige, der durch seine Reflexionen auf kategorialer Ebene die Gesamtbewegung als diejenige des Begriffes steuert und leitet.

resultieren muß, das eine — zumindest vorläufige — Auflösung dieses Widerspruchs darstellt. Die Expositionen, diese vorgreifenden Reflexionen auf die kategorialen „Bestandteile" des neuen Maßstabes und die von ihnen aus zu antizipierenden Widersprüche sind aber keineswegs auf die ersten Kapitel beschränkt. So wird etwa in dem Buch „Der Geist" zu Beginn des Abschnittes „Die sittliche Welt" (S. 317 ff.) von den Kategorien der Einzelheit und Allgemeinheit aus der Gegensatz der sittlichen Welt, das menschliche und göttliche Gesetz bestimmt. Dieser „wesentliche Gegensatz" liegt der „Vielheit der sittlichen Momente" in der sittlichen Welt zugrunde und wird sich in der Erfahrung — vor allem der sittlichen Handlung — zum Widerspruch verschärfen, der schließlich diese Gestalt des Geistes zur Auflösung bringt. Eine sehr weitgehende Antizipation der Erfahrung hinsichtlich der in ihr wirksamen Wesenheiten (Substanz, Ansichsein, Sichselbstgleichheit auf der einen, Fürsichsein, Ungleichheit auf der anderen Seite) findet sich auch zu Beginn des Kapitels „Der sich entfremdete Geist" (S. 347, insbesondere S. 354). Gleichwohl wird, je mehr das Bewußtsein seinen Begriff als Begriff erfaßt und frei realisiert, der Anteil der Reflexionen an der Gesamtbewegung geringer (vgl. Anm. 3).

Nur wenn man diese drei Aspekte der Rolle des Phänomenologen zusammen sieht, erkennt man, warum und wie er der eingangs bestimmten Aufgabe der Phänomenologie zu entsprechen vermag.

# REGISTER

Abbreviatur 83
Absolutes 27, 29, 47, 49, 102 f.
Äußerlichkeit 75
Allgemeines 36, 96
Anderssein 16, 56 f.
Anfang 7
Anschauung, intellektuelle 15
Ansichsein 83, 89 f.
Aufhebung 63 ff.

Bauer, B. 117
Bedürfnis d. Philosophie 34 ff., 59
Begriff 17 f., 65, 69
– d. Wissenschaft 42, 67
Besonderes 49
Bewegung
– d. Begriffs 101 ff.
–, dialektische 90, 94 f., 98, 100
– d. reinen Wesenheiten 100 f.
Bewußtsein 22
–, natürliches 21 ff., 40 f., 53
–, Umkehrung des 95
–, unwissenschaftliches 37, 40 f.
Bildung 24, 46, 49 f.
Bildungsgeschichte 32, 41, 46 ff., 51, 78, 110, 115
Bloch, E. 12
Bubner, R. 11, 40, 61

Darstellung 18, 21, 30, 41 ff., 104 f.
Dasein, unmittelbares 78 f., 103
Denken 19, 35, 38, 62, 104, 106, 122

Descartes 22, 35
Dieses 96
Dilthey, W. 119
Ding 96, 108 f.

Einbildungskraft 16 f.
Einleitung 7
Einzelnes 36
Entfremdung 103
Entzweiung 39, 68, 114
Epoche 41, 59
Ereignis 122
Erfahrung 9, 16, 44, 62, 79 ff., 90 f., 97
Erscheinung 43, 57, 79, 103, 106

Faktizität 119
Feuerbach 117, 121
Fichte, J. G. 14 f., 56, 99
Form 85
Freiheit 114
Für – es 89 ff., 96
Fulda, H. F. 8, 10 f., 47, 78, 116

Gabler, G. A. 8
Gadamer, H. G. 12, 50
Galilei 28
Gedanke 19
Gedankenbestimmung 37, 83, 89
Gegenstand 22, 82, 85
Gegenständlichkeit 18, 78, 83 ff., 89 f.

Geist 37, 48 f., 71 ff., 105
– an sich 74
–, absoluter 76 f.
–, Aufgang des 37
– für sich 74 f.
Genese
– des Begriffs des Wissens 112
– des Ich 15
– der Natur 62
– des Selbstbewußtseins 62
– des Wissens 8
Geschichte 10, 47, 114
– des Bewußtseins 15
– der Bildung s. Bildungsgeschichte
– der Bildung des Bewußtseins 46 ff.
– des Selbstbewußtseins 14
–, wirkliche 47 f.
Geschichtlichkeit 11, 32
Gestalt 23, 44
Gewißheit, sinnliche 96, 108

Habermas, J. 12, 47, 118
Haering, Th. 9, 12
Haym, R. 9, 12
Heidegger 119 ff.
Hinrichs, H. W. F. 8
Husserl 119
Hyppolite, J. 71

Ich 36, 56, 75
Idealismus 14 ff.
Idealität 75
Identität 16, 59, 75, 86
Individuum 48
Innerlichkeit 75

Kant 16, 22, 27 f., 30, 66, 99, 122
Kategorie 83

Kierkegaard 51, 121
Kimmerle, H. 10
Kojève, A. 12
Kosmos 18
Kunst 72

Lebenswelt 121
Logik 30, 73, 101
Logos 18 f., 122
Lukács, G. 12

Marx, K. 12, 117, 121
Maß 83
Maßstab 86 f., 88 f.
Metaphysik 19, 83
Methode 60 ff., 81 ff.

Natur 23, 62, 75
–, unorganische 23
Negation, bestimmte 32
Negatives 36 f., 64
Negativität 82
Newton 28
Nichts, bestimmtes 95
Nietzsche 119
Notwendigkeit 33, 42, 100
nous 19, 82, 122

Objekt s. Gegenstand
Ontologie 19
Ordnung 18
Ortega y Gasset 119

Parmenides 122
Pöggeler, O. 8 ff.

Prinzip 35, 41
- d. Wissenschaft 52
- d. Selbstbewußtseins 22, 54, 92, 113 ff.
Propädeutik 8, 41 f., 115
Purpus, W. 110

Rechtfertigung 113
Reflexion 15, 22, 54 ff.
Reflexionskultur 59
Reflexionsphilosophie 22, 55, 59 ff.
Religion 72
Riedel, M. 71
Rosenkranz, K. 12
Ruge, A. 117

Schelling 14 f., 56, 60, 62
Schmitz, H. 23
Seiendes 83
Selbst 17, 35, 72
Selbstanschauung 15
Selbstbewußtsein 14, 22, 54, 62, 92, 113
Selbsterkennen 60
Selbstgewißheit 53
Selbstprüfung 87 ff.
Selbstreflexion 118
Sichselbstgleichheit 87 ff.
Skeptizismus 68, 105, 109
Spinoza 61 f.
Subjekt 22, 61 ff., 82 f., 86
- - Objekt 15 f.
Subjektivität 18, 63, 83 f.
- Überwindung der 118
Substanz 50, 61 ff.
System 7, 29, 99

Telos 19 f., 45 f., 52, 54, 98, 114
Transzendentalphilosophie 22

Übergang 92
Urhandlung 14
Ur-teilung 82

Vermittlung 63 ff.
Vernunft 42, 52, 59 f., 114
- Krise der 119
Versammlung 105
Verstand 36, 59 f.
Vollständigkeit 33

Wahrheit 26 ff., 47, 84 ff., 90, 102, 122
Wahrnehmung 88, 107 ff.
Welt 121 f.
Weltgeschichte 77 f.
Wissen 40, 88 ff.
-, absolutes 29 f., 47 f., 54, 80, 106
-, begreifendes 105
-, erscheinendes 26 ff., 41 ff., 45, 67 f., 87 f., 91, 95 ff.
-, reales 30
-, spekulatives 60
Wissenschaft 37, 40, 41 ff., 45 ff., 53, 73, 100
-, Bildung des Bewußtseins zur 46 f.
-, Weg zur 42

Zutat 94

WERNER MARX
DAS SELBSTBEWUSSTSEIN IN HEGELS
PHÄNOMENOLOGIE DES GEISTES

# Inhalt

Vorwort      VII

I.   1. Zur Vorgeschichte der Idee und Aufgabe der ‚Phänomenologie des Geistes'     1
     2. Selbstbewußtsein, Begriff, Logos     4
     3. „Natürliches Bewußtsein" und „erscheinendes Wissen – die ‚Phänomenologie des Geistes' als Vorbereitung der ‚Wissenschaft der Logik'     7
     4. Die Entwicklung des Bewußtsein zum Selbstbewußtsein     15

II.   5. Das Selbstbewußtsein – „die Wahrheit der Gewißheit seiner selbst"     23
     6. Die Begierde     26
     7. Das Selbstbewußßtsein als „Leben"     35
     Exkurs I („Objektiver Geist")     53
     8. Die Verdopplung des Selbstbewußtseins in seiner Einheit – der Kampf um Anerkennung     53
     Exkurs II (Hegel und Marx)     65
     9. Der Herr und der Knecht     73
     Exkurs III (Bewußtsein der Freiheit in der Weltgeschichte)     81

III.   10. Allgemeinheit und Freiheit des Selbstbewußtseins     99
     11. Stoizismus     102
     12. Skeptizismus     111

IV.   13. Das unglückliche Bewußtsein I     124
     Ausgangspunkt und Momente des unglücklichen Bewußtseins     127

14. Das unglückliche Bewußtsein II 132
Analytische Darstellung der Bewegung
des unglücklichen Bewußtseins
und seiner geschichtlichen Bedeutung

   A. Der Begriff des unglücklichen Bewußtseins
      (Verhältnis des Bewußtseins
      zum „ungestalteten Unwandelbaren") 132

      1) Unmittelbare Entgegensetzung des
         einzelnen Bewußtseins
         für sich zum Unwandelbaren 133

      2) Hervortreten der Einzelheit am
         Unwandelbaren und des Unwandelbaren
         an der Einzelheit 139

   B. Die Realisierung des unglücklichen Bewußtseins
      (Verhältnis des Bewußtseins
      zum „gestalteten Unwandelbaren") 143

      1) Das reine Bewußtsein
         in Andacht und Sehnsucht 146

      2) Das Bewußtsein als Begierde, Arbeit,
         Genuß und Dank 158

      3) Das Bewußtsein als aufgehobenes
         Fürsichsein: Einheit von Einzelnem
         und Allgemeinem 163

Verzeichnis der zitierten Ausgaben und
Einzelwerke 178

Sachregister 180

Namenregister 183

# Vorwort

Die vorliegende Abhandlung zum Buch B „Selbstbewußtsein" aus Hegels ‚Phänomenologie des Geistes' stellt die überarbeitete Fassung von Vorlesungen dar, die 1976/77 an der Universität Freiburg gehalten wurden. Sie knüpft an die 1971 (zweite Auflage 1975) veröffentlichte Arbeit des Verfassers ‚Hegels Phänomenologie des Geistes' an. Deren Aufgabe war die geschichtliche, sachliche und methodische Bestimmung der Idee dieses Hegelschen Werkes, wie sie sich aus „Vorrede" und „Einleitung" erkennen läßt. Ergab sich daraus, daß die Idee der ‚Phänomenologie des Geistes' als vorbereitender und einleitender Wissenschaft im *Prinzip* des Selbstbewußtseins liegt, so geht es nun um jenen bestimmten Abschnitt im Fortgang des sich realisierenden Prinzips, in dem das Bewußtsein sich selbst als „Selbstbewußtsein" versteht und als solches eine bestimmte, aber sich aufhebende *Gestalt* des „erscheinenden Wissens" ausmacht.

Absicht der kommentierenden Auslegung dieses wichtigen Abschnitts ist es, in unmittelbarer und genauer Beziehung zum Hegelschen Text Orientierung zu geben und das Verständnis der exponierten Sachverhalte zu erleichtern. Das Buch beansprucht nicht, einen umfassenden wissenschaftlichen Kommentar unter Einbeziehung des derzeitigen Standes der Forschung zu geben. Es will vielmehr in einführender Weise die von Hegel vorgelegten Sinnansprüche erschließen.

Bei der Überarbeitung des Vorlesungsmanuskripts (Kap. 1–12) und der Erstellung der dazu gehörigen Anmerkungen war mir Herr Priv.-Doz. Dr. Klaus E. Kaehler behilflich. Er hat außerdem in Zusammenarbeit mit mir die Kapitel 13 und 14 verfaßt.

# I.

## 1. Zur Vorgeschichte der Idee und der Aufgabe der Phänomenologie des Geistes

Die „Phänomenologie des Geistes" war und ist in der Einschätzung vieler Anhänger und Gegner Hegels sein größtes Werk. In ihm hat er die Idee und Aufgabe der Philosophie zur Darstellung gebracht, wie er sie von seinen Vorgängern im „Deutschen Idealismus" vorbereitet fand und in den Arbeiten seiner Jenaer Zeit in Ansätzen bereits für sich formuliert hatte.
Nicht um Hegels Verdienst zu verkleinern, muß deshalb darauf hingewiesen werden, wie insbesondere durch Fichte und Schelling dieses Werk vorbereitet wurde. Bei beiden findet sich bereits der Gedanke einer genetischen Darstellung des Aufbaus des Selbstbewußtseins in dessen verschiedenen Vermögen als einer Reflexionsreihe, in der das Bewußtsein sich zunehmend besser durchschaut (vgl. Fichte I, 223). Fichte hatte diesen Gedanken in der „Grundlage der gesamten Wissenschaftslehre" von 1794 mit dem Titel einer „pragmatischen Geschichte des menschlichen Geistes" als die Aufgabe einer „Wissenschaftslehre" entwickelt; er hat sie für den Bereich des theoretischen Bewußtseins in der „Deduktion der Vorstellung" der „Wissenschaftslehre" von 1794 und danach in der Schrift „Grundriß des Eigentümlichen der Wissenschaftslehre in Hinsicht auf das theoretische Vermögen" von 1795 durchgeführt. – Schelling hatte diese Möglichkeit der Darstellung einer „Geschichte des Selbstbewußtseins" zuerst in den „Abhandlungen zur Erläuterung des Idealismus der Wissenschaftslehre" von 1796/97 aufgegriffen und danach im „System des transzendentalen Idealismus" von 1800 ausgeführt.[1]

---

[1] Zum Vergleich von Schellings „System" mit Hegels „Phänomenologie des Geistes" s. vom Verf.: Aufgabe und Methode der Philosophie in Schellings System des transzendentalen Idealismus und in Hegels Phänomenologie des Geistes. In: Schelling: Geschichte, System, Freiheit. Freiburg/München 1977, S. 63–99.

Fichte und Schelling konstruieren die Genese des Selbstbewußtseins, indem sie mit logischen Urhandlungen beginnen, die, noch jenseits des Bewußtseins liegend, dessen Entstehen und die Möglichkeit von Wissen aufzeigen. Es folgt die Grundlage des Systems des theoretischen Wissens und danach die Grundlage der Wissenschaft des Praktischen, wobei sich diese als Bedingung der Möglichkeit der ersteren erweist. Ohne hierauf näher einzugehen, sei nur dies hervorgehoben: Fichte und Schelling kommt es zunächst darauf an zu zeigen, daß das Ich eine Identität ist, die im Wissen des Ich von sich selbst liegt und die der Philosoph durch den Akt ausdrücklicher Selbstanschauung, durch intellektuelle Anschauung hervorzubringen, zu produzieren und zugleich anzuschauen vermag. Das Ich als Objekt zeigt sich ihm als nichts anderes als das Wissen von sich selbst, das Subjekt; das Ich qua Objekt entsteht nur dadurch, *daß* es von sich weiß, Subjekt ist. Das Wissen von dieser Identität hat den Charakter einer absoluten Gewißheit, die allem theoretischen und praktischen Wissen (bei Schelling zudem: allem ästhetischen Wissen) zugrunde liegt. Aus dieser Selbstanschauung lassen sich nicht nur alle Kategorien und Anschauungsformen vorblickend deduzieren, sondern auch rückblickend das Entstehen von „Bewußtsein" überhaupt, wobei erst das bewußte Subjekt eine objektive Welt von sich unterscheidet.

Fichte ist es bei seiner Grundlage der Wissenschaftslehre im wesentlichen um die Darstellung der Genese des *Ich* zu tun. Das Nicht-Ich, das gegenüber dem Ich Andere, insbesondere die Natur, spielt eine untergeordnete Rolle. Demgegenüber versucht der junge Schelling zu zeigen, daß und wie in einem mit der Genese des Ich das dem Ich „Andere", vor allem die „Natur", als natura naturans gedacht, entsteht. Er zeigt somit neben der in der Selbstanschauung, dem Sichselbstwissen, liegenden „subjektiven" Identität von Ich als Subjekt und Ich als Objekt noch eine zweite Identität auf, diejenige von Ich (Subjekt) und Natur (Objekt).

Was die Methode dieser Darstellung angeht, so ist Fichte ebenso wie Schelling der Auffassung, daß die philosophische Reflexion der natürlichen „bloß folgen kann, ihr aber kein Gesetz geben darf" (Fichte I, 223), daß sie die der ganzen Entwicklung zugrunde liegende Vernunft nur nachkonstruieren soll. In diesem Sinne verlangt Fichte vom Philosophen ein „experimentierendes Wahrnehmen" (ebd.). Schelling wird später in seinen Münchener Vorlesungen zur „Geschichte der neueren Philosophie" (SW, X, 98) die Methode seines „Systems des transzendentalen Idealismus" von 1800 als ein „sokratisches Gespräch" zwischen philosophischem und natürlichem Bewußtsein kennzeichnen.

In der „Phänomenologie des Geistes" hat Hegel nun diese Gedanken einer „Geschichte des Bewußtseins" insofern aufgenommen, als auch sie in dem ersten Teil des Werkes eine Genese von „Vermögen" ist. Allerdings geht er nicht – wie Schelling – von einer sich vorbewußt vollziehenden Stufe aus. Es handelt sich für Hegel immer nur um Gestalten eines bewußten „Wissens".[2] Das Buch A der Phänomenologie von 1807 hat den Titel „Bewußtsein" und handelt von „Wissen" als sinnlicher Gewißheit, Wahrnehmung und Verstand. Es folgt das Buch B, „Selbstbewußtsein", dann Buch C, „Vernunft", die in eine Entwicklung des „Geistes" übergeht, der „sich anders" wird, sich entfremdet, um sich im Anderssein wiederzufinden, wobei in der ganzen Phänomenologie diese Seite des Andersseins als Objektivität – diese zweite Identität – zu ihrem Recht kommt. Gegenüber dem „subjektiven Idealismus" Fichtes ist derjenige Hegels – wie Schellings – ein „objektiver Idealismus"; dabei hat Hegel, anders als Schelling, die Objektseite der sozialen Institutionen in diese zweite Identität hineingedacht. All dies sei jetzt nur angedeutet. Festzuhalten ist: Schon dem Idealismus vor Hegel ging es um die genetische Darstellung der Subjekt-Objekt-Identität des Ich.

---

[2] Später, in der „Enzyklopädie der Philosophischen Wissenschaften", wird er in der „Philosophie des Geistes" eine vorbewußte Stufe aufzeigen, die dort „Anthropologie" heißt. Die „Phänomenologie des Geistes" beginnt jedoch sowohl in der ursprünglichen als auch in der enzyklopädischen Fassung mit Bewußtsein und Wissen.

## 2. Selbstbewußtsein, Begriff, Logos

Das Buch B, das Thema der folgenden Ausführungen sein wird, stellt die Entwicklung des *Bewußtseins* als *Selbstbewußtsein* dar. Im Unterschied zu dieser besonderen Gestalt des erscheinenden Wissens bildet Selbstbewußtsein als Prinzip die „Idee" der Phänomenologie schlechthin und bestimmt deren Methode. Grundlegend für die Auffassung des Selbstbewußtseins als *Prinzip* war im Deutschen Idealismus Kants Einsicht in die „transzendentale Apperzeption". Diese besagt: Das reine Subjekt – als ein Gefüge logischer Grundakte – prägt durch sein synthetisierendes Begreifen dem ihm entgegenstehenden Universum seine logische Form auf. Das Subjekt ist somit der Ursprung einer apriorischen Identität von Wissen des wissenden Ich und Objektivität, so wie Kant dies im „obersten Grundsatz aller synthetischen Urteile a priori" ausspricht: „Die Bedingungen der *Möglichkeit der Erfahrung* überhaupt sind zugleich die Bedingungen der *Möglichkeit der Gegenstände der Erfahrung*" (Kr.d.r.V., A 158).

Kant schreibt in der Kritik der reinen Vernunft (139): „Die transzendentale Einheit der Apperzeption ist diejenige, durch welche alles in einer Anschauung gegebene Mannigfaltige in einen Begriff vom Objekt vereinigt wird". Dies besagt: Die transzendentale Apperzeption, die reine Subjektivität oder das reine Ich, konstituiert die Objektivität, indem sie die Mannigfaltigkeit der Anschauungen in den notwendigen Zusammenhang des Begriffs bringt. Dieser allgemeingültige und notwendige Zusammenhang der Objektivität, dieses Konstituierte, „ist" dann in Hegels Lesart in der „Wissenschaft der Logik" nichts anderes als die transzendentale Apperzeption, er „ist" die sich vereinigende, begreifende Einheit des Selbst, das sich als eine solche selbst weiß, kurz: der Begriff. Hierin liegt, daß sich das Subjekt, das Selbst in der Objektivität, die es „konstituiert" hat – als in dem Anderen seines Selbst – muß wiederfinden können. Eben diese das ganze Geschehen der Phänomenologie des Geistes durchziehende Macht des Selbstbewußtseins als eines sich wissenden Begreifens, als des Begriffs, bildet die „Idee" oder das Prinzip der Phänomenologie. Darum wird ein Wissen, das sich selbst ganz durchsichtig geworden ist, die Vorstellung einer von seinem Wissen unabhängigen Gegenständlichkeit oder Objektivität aufgeben; es hat erkannt, daß das begreifende Selbst, der Begriff, auch in seinem „Anderssein", der Gegenständlichkeit, bei sich selbst bleibt, daß Subjekt und Objekt identisch sind.

Um der Bedeutung des Begriffes bei Hegel gerecht zu werden, muß man aber sogleich sehen, was ihn von Kant trennt. Für Kant ist das reine Selbstbewußtsein in seiner einigenden Funktion für die Möglichkeit synthetischer Urteile a priori von Bedeutung, d. h. für eine Grundlegung der Objektivität der Erfahrungserkenntnis der Naturwissenschaft. Die in der transzendentalen Apperzeption liegende Konsequenz ist für Hegel prinzipieller. Die Subjektivität hat die ganze Sphäre des Anderen logifiziert, hat deren Objektivität schlechthin begründet. Damit erhält sie eine Bedeutung, die zugleich auf diejenige des Logos in der griechischen Philosophie zurückgeht.

Für die Griechen lag in der Bestimmung des Logos gleichfalls eine Identität von Denken und Sein, insofern der Logos zugleich das Wissen von der Ordnung des Denkens und die Ordnung selbst bedeutete. Das Denken partizipiert aber nur an der ewig bestehenden Ordnung des Kosmos. Demgegenüber „konstituiert" seit Kant das wissende Subjekt die Ordnung, d. i. die Objektivität, die Gegenständlichkeit der Gegenstände. Ebenso konstituiert auch für Hegel der sich als Subjekt vollziehende Logos die Objektivität von allem, was ist. Dabei bedeutet „Subjekt" nicht das individuelle Erkennen. Es ist vielmehr das allgemeine Wissen des Verstandes und der Vernunft; „Subjekt" ist auch der sittlich-objektive Geist und der sich in den Gebilden von Kunst, Religion und philosophischer Wissenschaft darstellende „absolute Geist". Allgemeines Wissen und Geist sind, wie Hegel zeigen wird, Weisen des Sich-selber-durchsichtig-Werdens des in allem waltenden Begriffs. Der Weg dieser zunehmenden Selbstdurchdringung des Begriffes ist zunächst die sich im Unterschied des wissend handelnden Selbst und seines „Gegenstandes" vollziehende Bewegung.

Nun liegen in dem Hegel leitenden traditionellen Sinn des Logos noch weitere, dem griechischen Denken entstammende Leitgedanken, die in der Phänomenologie noch wirksam sind. Der Logos hatte bereits für die Griechen den Sinn einer Ordnung, die – jedenfalls potentiell – total intelligibel und offenbar, für jeden nachvollziehbar sein muß. Der Logos gewährt diese Durchsichtigkeit, und der *nous* – der „Geist" oder die „Vernunft" – ist das lichtgebende Prinzip, das Denken als *noesis*, die dem Menschen gegebene Möglichkeit eines intuitiven, niemals dem Irrtum unterliegenden, ans Licht bringenden Erfassens; Logos als *dianoia* – oder „Verstand" – vollzieht sich als Wissen, das begreift, urteilt, schließt, induziert und deduziert, Definitionen und Wesensbestimmung zu geben vermag. Diese Macht des *nous* und des Logos vollendete sich für die Griechen in der Ersten Philosophie, die sich – wenn auch noch nicht unter diesem Namen – als „Ontologie" verstand, und sich als ein Suchen nach den letzten kategorialen Bestimmungen des Seienden realisierte. Zugleich suchte diese nach den Bestimmungen des höchsten Seienden, des *theos*, denn Ontologie war für sie immer zugleich Theologie.[3] Die wichtigste Kategorie in dieser onto-theologischen Ordnung war für Aristoteles die der *ousia*, der Substanz, die sich in vielerlei Bestimmungen artikuliert, insbesondere die des *telos*. Es ist von großer Wichtigkeit, an diese Bestimmung des *telos* zu erinnern, weil der Gedanke des „erreichten Zieles" oder des „erfüllten Zweckes", der alles, was ist, vom Anfang her zu sich hinordnet, sowohl dem Seienden als solchem wie dem Ganzen des Seienden, dem Kosmos, einen notwendigen Zusammenhang zu verleihen vermochte. Denn die Phänomenologie des Geistes ist auch in dieser Hinsicht noch der Logos-Tradition verpflichtet geblieben – nicht nur in dem Gedanken der Identität von Denken und Sein und nicht nur darin, daß die Macht des Logos und des Nous vollkommene Durchsichtigkeit gewähren. So ist, wenn-

---

[3] Vgl. hierzu vom Verf.: The Meaning of Aristotle's ‚Ontology'. The Hague 1954; ferner: Einführung in Aristoteles' Theorie vom Seienden. Freiburg 1972, bes. S. 64 ff.; und: Hegels Phänomenologie des Geistes. Die Bestimmung ihrer Idee in „Vorrede" und „Einleitung". Frankfurt ²1975.

gleich in einer durch die Geschichte der Philosophie weitgehend veränderten Weise, auch Hegels Auffassung des Wesens der Philosophie noch onto-theologisch, und die kategoriale Ordnung des Ganzen ist noch von der Kategorie der „Substanz" bestimmt, die freilich für ihn zugleich als „Subjekt" – eben als Begriff – aufgefaßt werden muß.[4] Geleitet von der Kategorie der Substanz, denkt auch Hegel in der Phänomenologie des Geistes noch teleologisch; freilich hat das *telos* nicht mehr wie für die Griechen die Form einer ewig zu sich zurückkehrenden Kreisbewegung, sondern es ist christlich auf ein zukünftig Letztes hingeordnet: eschatologisch.

## 3. Natürliches Bewußtsein und „erscheinendes Wissen" -
die Phänomenologie des Geistes als Vorbereitung der Wissenschaft der Logik

Die Phänomenologie des Geistes ist die „Vorbereitung" (S. 31)[5] für die eigentliche Wissenschaft: die „Wissenschaft der Logik".[6] Nur ein Wissen, das die Gestalt des absoluten Wissens erreicht hat, vermag die Logik zu denken und darzustellen, dem „Begriff

---

[4] Hierzu vom Verf.: Heidegger und die Tradition, Stuttgart 1961 (2. Aufl. Hamburg 1980), S. 57; und Hegels Phänomenologie des Geistes, S. 18 ff.
[5] Zur näheren Bestimmung dieser „Vorbereitung" s. R. Bubner: Problemgeschichte und systematischer Sinn der ‚Phänomenologie' Hegels (In: Dialektik und Wissenschaft, Frankfurt) Frankfurt 1973, S. 9–43), S. 25 ff. 32, 35, 39, 41. Zum gesamten Problem ob und in welchem Sinne die ‚Phänomenologie' als Einleitung in die „Wissenschaft der Logik" zu verstehen sei, s. H. F. Fulda: Das Problem einer Einleitung in Hegels Wissenschaft der Logik, Frankfurt/M. ²1975, Kap. 2 (S. 55–171).
[6] Zur Frage, auf welche „Logik" der Jenaer oder der frühen Nürnberger Zeit die Phänomenologie von 1807 zu beziehen sei – das Werk mit dem Titel „Wissenschaft der Logik" erschien erst 1812/16 – vgl. H. F. Fulda, op. cit. (vorige Anm.) S. 140 ff., sowie modifizierend und ergänzend dazu: Zur Logik der Phänomenologie von 1807, in: Fulda/Henrich (Hrsg.), Materialien zu Hegels ‚Phänomenologie des Geistes', Frankfurt/M. 1973, S. 391–425. Ferner R. Bubner, op. cit. (vorige Anm.) S. 38; J. H. Trede: Phänomenologie und Logik, in: Hegel-Studien 10 (1973), S. 173 ff.

der Wissenschaft" zu entsprechen. Die Phänomenologie des Geistes ist der Weg, auf dem sich der „Begriff der Wissenschaft" durch eine Reihe immer neuer Gestalten, wie sie in der abendländischen Welt- und Denkgeschichte aufgetreten sind, hervorbildete. Sie ist der von dem Philosophen, der bereits diesen Weg hinter sich hat und des absoluten Wissens fähig ist,[7] dargestellte Weg. Der Philosoph sucht aber nicht willkürlich solche Gestalten heraus, sondern nur solche, die zu dem Begriff der Wissenschaft, zu dieser Vollendungsgestalt hinführen können. Terminologisch heißt das: Der Philosoph stellt nicht alle Gestalten des „natürlichen" Bewußtseins, des „natürlichen" Wissens, dar, die es in der Denkgeschichte jemals gab, sondern nur solche, die der Entwicklung, die zum Begriff der Wissenschaft, dem absoluten Wissen, hinführt, dienlich gewesen sind und diesem Begriff – seine Erfüllung vorbereitend – schon entsprochen haben. Hegel hat diese besonderen Formen des Wissens des „natürlichen Bewußtseins" das „erscheinende Wissen" genannt.[8]

Nur das „erscheinende Wissen" kommt zur Darstellung, nur es wird vom Philosophen auf den Weg der Darstellung gebracht und mitgenommen, bis es an das Ende, die Vollendung zum absoluten Wissen, gelangt, das als solches den „Begriff der Wissenschaft" ausmacht. Das „erscheinende Wissen" wird auf den Weg einer Bildungsgeschichte geschickt. Diese Bildungsgeschichte

---

[7] Es sei angemerkt, daß dieses Verhältnis in der Hegel-Forschung keineswegs unstrittig und sicherlich noch nicht restlos geklärt ist. Nicht strittig dürfte heute allerdings sein, daß eine Formulierung wie die M. Heideggers: „Die Phänomenologie bewegt sich ... von Anfang an *im* Element des absoluten Wissens" (in: Gesamtausgabe, II. Abt. Bd. 32: Hegels Phänomenologie des Geistes, Frankfurt/M. 1980, S. 43) das Problem verkürzt. – Zur Diskussion s. u. a.: H. F. Fulda, op. cit., R. Bubner op. cit.; U. Claesges: Darstellung des erscheinenen Wissens. Systematische Einleitung in Hegels Phänomenologie des Geistes. Hegel-Studien Beiheft 21. Bonn 1981; J. C. Flay: Hegel's Quest for Certainty, Albany/N. Y. 1984, S. 10, 40 u. pass.; sowie die angegebenen Arbeiten des Verf. zu Hegels PhG.

[8] Zum Unterschied von „natürlichem Bewußtsein" und „erscheinendem Wissen" sowie zur näheren Bestimmung des letzteren in der PhG sei an dieser Stelle verwiesen auf die Ausführungen in ‚Hegels Phänomenologie des Geistes', Kap. I (bes. S. 26 ff.). Eine Analyse der Rolle des „erscheinenden Wissens" in der Phänomenologie gibt U. Claesges, op.cit. (s. vorige Anm.).

des erscheinenden Wissens wird von der Phänomenologie dem „natürlichen Bewußtsein" andemonstriert,[9] das Hegel zeitgenössisch war, und das sich auf einem bestimmten Bildungsstand befand, den Hegel als den einer bloßen Reflexionsphilosophie bezeichnete und kritisierte. Hegel war der Auffassung, daß seine Zeit – wie es in der „Vorrede" heißt – „eine Zeit der Geburt und des Übergangs zu einer neuen Periode" war, daß ein „qualitativer Sprung" erfolgt sei, ein „Anfang..., ein Blitz, der in einem Male das Gebilde der neuen Welt hinstellt" (S. 16 ob.). Aber Hegel zufolge haben sich dem Anfang des neuen Geistes und seiner Weiterentwicklung Widerstände entgegengestellt. Das die Entwicklung Behindernde sah er vor allem in den reflexionsphilosophischen Positionen, die von der Macht des Selbstbewußtseins nur auf verständige Weise Gebrauch machten, die, ohne sich in die Sache selbst zu vertiefen, ihr verständiges Denken auf ganz bestimmte „Entgegensetzungen" und „Entzweiungen" festlegten. Beispiele für solche entzweiende Verstandesgegensätze – wie der junge Hegel bereits in der Differenzschrift von 1801 erklärte[10] – sind die überlieferten Gegensätze von Geist und Materie, Seele und Leib, Glaube und Verstand, Freiheit und Notwendigkeit, und innerhalb der zeitgenössischen Philosophie die von Vernunft und Sinnlichkeit, Intelligenz und Natur, die, alle auf ihren Begriff gebracht, den Gegensatz von absoluter Subjektivität und absoluter Objektivität ausmachen. Die Hegel zeitgenössische Philosophie hat diese Seiten als feste Punkte aufgefaßt und es nicht vermocht, sie zu einer wirklichen Einheit zurückzuführen. Dies hat „Totalitäten" geschaffen, die dazu führ-

[9] Vgl. aber die Vorbehalte, die R. Bubner (op. cit. S. 34 f.) dieser Deutung gegenüber geltend macht: es kann sich in der Tat nicht um „ein gleichgültiges Nebeneinanderbestehen von einer durch die Unwissenschaftlichkeit des Bewußtseins nicht betroffenen Wissenschaft und einem auf Wissenschaft angelegten Bewußtsein" handeln. Dazu vom Verf.: Hegels Phänomenologie ..., Kap. VI und: Die Dialektik und die Rolle des Phänomenologen.
[10] „Differenz des Fichteschen und Schellingschen Systems der Philosophie" (Jena 1801): WW 2, S. 8–138 / GW 4, S. 1–92. Vgl. vom Verf.: Die Bestimmung der Philosophie im Deutschen Idealismus, Stuttgart 1964; sowie die Einleitung zur Ausgabe der ‚Differenzschrift' im Reclam-Verlag (Stuttgart 1982).

ten, daß das kulturelle Leben der Menschen in vielfacher Hinsicht entzweit wurde. Aus eben dieser Situation der Entzweiung ist der Philosophie die wirkliche Aufgabe erwachsen. In der Differenzschrift heißt es: „Wenn die Macht der Vereinigung aus dem Leben der Menschen verschwindet, und die Gegensätze ihre lebendige Beziehung und Wechselwirkung verloren haben und Selbständigkeit gewinnen, entsteht das Bedürfnis der Philosophie (WW 2, S. 22).[11] Diese Art des Philosophierens, die nicht eine wirkliche Einheit zu denken vermag, bezeichnet Hegel – wie gesagt – als Reflexionsphilosophie. Dieser Bildungsstand des natürlichen Bewußtseins zu „Anfang des neuen Geistes" bestimmt ihn dazu, die „Phänomenologie des Geistes" zu verfassen, die „Darstellung des erscheinenden Wissens" zu unternehmen. Von ihr erhofft er sich, daß das natürliche Bewußtsein seiner Zeit, eben die „Reflexionsphilosophie", durch eine solche Darstellung veranlaßt werde, selber den Weg zu gehen, der es zu einem absoluten Wissen verwandeln würde, das dann dem wissenschaftlichen System, der Wissenschaft, Dasein geben könnte. Für Hegel ist es „an der Zeit", daß das natürliche Bewußtsein ein „wissenschaftliches" wird. Dies eben heißt für ihn, daß sich vor allem die Philosophie seiner Zeit zur „Wissenschaft erhebe". So schreibt er: „Daran mitzuarbeiten, daß die Philosophie der Form der Wissenschaft näherkomme – dem Ziele, ihren Namen der *Liebe zum Wissen* ablegen zu können und *wirkliches Wissen* zu sein – ist es, was ich mir vorgesetzt" (S. 12). Daß es darum geht, das natürliche Bewußtsein zu diesem Ziele hinzuführen, ergibt sich aus der besonderen Art, in der diese Darstellung – die Phänomenologie des Geistes – „Vorbereitung" sein will, und zwar gerade für das „unwissenschaftliche Bewußtsein".

Wie läßt sich aber das natürliche Bewußtsein davon überzeugen, daß es sich genauso wie das erscheinende Wissen verhalten könnte? Es läßt sich dadurch überzeugen, daß ihm nachgewiesen wird, daß das Prinzip, aus dem es dem erscheinenden Wissen möglich ist, sich zum absoluten Wissen zu entfalten, genau das-

---

[11] Vgl. vom Verf. ‚Hegels Phänomenologie des Geistes', S. 34 ff.

selbe Prinzip ist, auf dem das unwissenschaftliche Bewußtsein seinerseits steht, das es nur nicht zu realisieren unternimmt. Bei einem solchen Nachweis ist es nicht damit getan, daß die Darstellung der Weiterbildung des natürlichen Bewußtseins zur Wissenschaft die Gestalt eines „Entwurfes" hat. Ein solcher Entwurf, der einer „Propädeutik" gleichkäme, würde wenig Überzeugungskraft haben. Er wäre keine geeignete „Vorbereitung". Denn er würde nur, gewissermaßen von außen her, seinen Standpunkt als den einzig „wahren" verkünden, ihn nur „versichern". „*Ein* trockenes Versichern gilt aber gerade soviel wie ein anderes" (S. 66). Soll die Darstellung des Bildungsganges des erscheinenden Wissens zur Wissenschaft, wie die Phänomenologie sie durchführt, auch das zeitgenössische Philosophieren überzeugen und es dazu bewegen, den „Begriff der Wissenschaft" seinerseits zu übernehmen, dann muß diese Darstellung selbst bereits einen „wissenschaftlichen Charakter" haben, und zwar in der Weise, daß „der Weg, wodurch der Begriff des Wissens erreicht wird ..., ein notwendiges und vollständiges Werden" ausmacht (S. 31). Wenn die Darstellung als der Weg zur Wissenschaft auch noch nicht diese selbst ist, so muß sie doch bereits eine „Notwendigkeit" an sich tragen, die die Hegel zeitgenössische Philosophie als eine solche anerkennen muß. Welchen Inhalts aber muß diese Darstellung sein, wenn sie nicht nur eine äußerliche Propädeutik bleiben soll? Sie muß sich zur Aufgabe machen, all die Formen des Wissens zu untersuchen und zu prüfen, die mit dem Anspruch auftreten, die Sache in ihrer Wahrheit erfassen zu können. Die Wissenschaft muß die „Realität" des Erkennens der vielfachen Positionen prüfen, muß sich *kritisch* mit ihnen auseinandersetzen.

Nun würde aber eine kritische Auseinandersetzung dennoch für die zeitgenössische Philosophie nicht überzeugend sein und nicht zur Überwindung der herrschenden Entzweiung führen, wenn sie sich damit begnügen würde, diesen Begriff der Wissenschaft als kritischen Maßstab einfach von außen her an die zu kritisierenden Positionen heranzutragen. Sie kann nicht einfach irgendein Wissen als „eine gemeine Ansicht der Dinge nur verwerfen und versichern, daß sie eine ganze andere Erkenntnis und jenes Wissen für sie gar nichts ist" (S. 66). Auch ist es nicht damit getan, sich „auf die Ahndung eines Besseren" in diesen anderen Wissensweisen zu berufen. Was würde jene anderen Positionen daran hindern zu erklären, daß für sie ihrerseits die „Wissenschaft nichts ist"? (ebd.). Die Frage ist, in welcher Weise die Kritik auftreten soll, damit sie das „unwissenschaftliche Bewußtsein" wirklich davon überzeugt, daß es sich zu jenem Begriff von Wissenschaft entwickeln muß, der für Hegel die Erfüllung des Prinzips des Selbstbewußtseins ausmacht. Vor allem müssen die Weisen des Wissens und wissenden Handelns so zur Darstellung kommen, daß sie einen Prozeß des Werdens eines Ganzen ausmachen, das ein aus diesem Werden stammendes Resultat hat. Zu diesem Werden des Ganzen gehören nun wesentlich auch deren falsche Gestalten. Denn in der kritischen Prüfung der Phänomenologie wird jede Gestalt – mit Ausnahme des absoluten Wissens – zu einer falschen, die von der neu auftretenden Gestalt und ihrer „Wahrheit" abgelöst wird, und ist insofern eine „verschwindende". Hegel hat dieses ständige Verschwinden einer falschen im Auftreten einer neuen wahren Gestalt in der Vorrede (S. 39) als einen „bacchantischen Taumel" bestimmt. Von entscheidender Wichtigkeit aber ist nun, daß das erscheinende Wissen in all seinen Gestalten so dargestellt werden muß, wie es sich verhält, wenn es wirklich in der „Erfahrung selbst begriffen" ist, eine Erfahrung freilich, die von der Notwendigkeit geleitet ist, die es zwingt, den ganz bestimmten Weg zum Ziele hin zu gehen, und die für das natürliche Bewußtsein der Reflexionsphilosophie unmittelbar nicht besteht, weswegen es ja gerade in der Entwicklung steckenblieb.

Wichtig ist also, daß die möglichen Wissensweisen nicht schlicht deduziert werden. Vielmehr muß das Werden als ein Geschehen aufgezeigt werden, als die Geschichte durchgemachter oder durchmachbarer Erfahrungen, als ein Geschehen, bei dem die Weise, wie diese Erfahrungen aufeinander folgen, die Notwendigkeit ist, die auf das bestimmte Ziel, das absolute Wissen geht. Dabei muß dem natürlichen Bewußtsein der Reflexionsphilosophie gezeigt werden, daß dieser Begriff des Wissens in eben dem Prinzip gründet, auf dem jedes natürliche Bewußtsein in seinem Wesen beruht, so daß es sich hier um ein Ziel handelt, auf das hin sich jedes natürliche Bewußtsein entwickeln könnte, wenn es nur die rechte Einsicht in sein Wesen hätte.

Die Phänomenologie des Geistes stellt also eine Geschichte der Erfahrungen dar, wie sie das natürliche Bewußtsein auch machen kann, wenn es sich nur auf diesen Weg begibt. Das natürliche Bewußtsein, das sich auf der gegenwärtigen Bildungsstufe schon seinerseits zu einem verständigen Denken ausgebildet hat, zu einer Reflexionsphilosophie, könnte also die Erfahrungsgeschichte des erscheinenden Wissens „mitvollziehen" und sich weiterbilden, um dann seinerseits in die Wissenschaft als eine solche einzutreten.

Wie muß nun der Philosoph vorgehen, damit das Individuum der Hegel zeitgenössischen Bildung aus der herrschenden Entzweiung errettet werden kann? Hegels Antwort in der Vorrede (S. 25) ist: Es muß ihm eine Leiter gereicht werden, um zu der Wissenschaft emporsteigen zu können. So hat das „Individuum das Recht zu fordern, daß die Wissenschaft ihm die Leiter wenigstens zu diesem Standpunkt reiche" (ebd.). Hegel sieht, daß eigentlich der „Standpunkt" der Wissenschaft bereits derjenige des natürlichen Bewußtseins seiner Tage, also der Reflexionsphilosophie, ist, so daß es sich eigentlich nur darum handelt, daß sie „ihm in ihm selbst denselben aufzeige" (ebd.). Wie läßt sich aber der Standpunkt der Wissenschaft in dem natürlichen Bewußtsein aufzeigen? Eben dadurch, daß durch eine Darstellung des erscheinenden Wissens gezeigt wird, daß eigentlich das „Element", das den Boden der Wissenschaft ausmacht, kein anderes ist als *das* Element, das das Prinzip der Wirklichkeit des natürlichen Bewußtseins ausmacht. Dies aber ist eben das „Prinzip des Selbstbewußtseins", das Hegel hier die „absolute Form" nannte. Hierin liegt: Auch das natürliche Bewußtsein ist bereits in seinem Wesen absolutes Wissen, der Begriff des Wissens ist in ihm bereits als ein *telos* angelegt. Es müßte nur seine „Natürlichkeit" preisgeben, dann würde es sich vom Verstand zur Vernunft, vom unwissenschaftlichen Bewußtsein zum wissenschaftlichen Erkennen entwickeln.

Die Phänomenologie des Geistes muß somit das Element des wissenden Selbstbezugs entfalten, es muß ihm – so heißt es in der Vorrede – die „Vollendung und Durchsichtigkeit" (S. 24) seines Werdens aufzeigen. Eben diese erhält es durch die Darstellung der Geschichte der Erfahrung, die es als erscheinendes Wissen macht, wodurch es in einer zunehmend durchsichtigen Weise an sein Ziel gelangt. Jenes Element aber, das dem verständigen natürlichen Bewußtsein *und* der Wissenschaft *gemeinsam* ist, hat Hegel als „Reflexion" bestimmt.

Diese Rückbeugung – die Reflexion – des Selbst auf sich hat Descartes erstmalig in seiner Einsicht in das *cogito me cogitare* philosophisch auf den Begriff gebracht. Durch sie tritt das Wesen der selbsthaften Ichheit als die *res cogitans* hervor, die durch das Experiment des Zweifelns ihre Unabhängigkeit von dem Gegebensein der vorgefundenen „Wirklichkeit" beweist. Die ungeheure Macht dieses Ich, sich mit Hilfe der Vorstellungen auf alles mögliche richten zu können und dadurch die Unmittelbarkeit des bloß sinnlichen Seinsbezugs zum Gegebenen als einer „sinnlich gegebenen Wirklichkeit" aufzuheben und in einem in sich geschlossenen Selbstbezug zu verharren, diese Macht ist es, die in der nachfolgenden Gedankengeschichte zum Prinzip erhoben wurde. Kant hatte durch seine Transzendentalphilosophie den Weg zu der „idealistischen" Position eröffnet, insofern er die Subjektivität als das logische Prinzip eines „reinen Ich" vom Gegebenen abgelöst hatte. Dieses reine transzendentale Ich wird in Fichtes sowie Schellings Jugendschriften bereits zum „absoluten Ich" erhöht, das durch die Macht seiner Reflexion als *causa sui* nicht nur sich selbst, sondern durch seine Setzungen, die die Entwicklung der Vernunft nachkonstruierten, das Ganze zu „erzeugen" vermag. Auf die Bewegung der Reflexion, so wie sie dann Hegel sieht, wird einzugehen sein. Jedenfalls ist für Hegel die Subjektivität des „Subjekts" die Bewegung, die er eine „dialektische" nennt, und „Subjekt" ist für ihn – wie gezeigt (s. o. S. 3 f.) – gleichbedeutend mit „Begriff": gemäß Kants Einsicht in die transzendentale Apperzeption ist es die Bewegung, die sich als kategoriale Synthese der der Anschauung gegebenen Mannigfaltigkeit vollzieht. Die Devise der Phänomenologie ist die Auffassung Hegels (ebd., S. 19), daß das „Wahre nicht als Substanz, sondern ebenso sehr als Subjekt aufzufassen und auszudrücken ist". Philosophiegeschichtlich bedeutet dies hinsichtlich der Neueren Philosophie, daß die Cartesische *res extensa*, das Objekt, die für Descartes von der *res cogitans*, dem Denken, dem Subjekt, durch einen Abgrund getrennt war, und die Spinozistische Substanz, der das Denken nur als ein Attribut inhäriert, jetzt auch als im *Denken*, eben als Subjekt, gesetzt und als von ihm bewegt aufgezeigt werden muß, von dem Denken, dessen Struktur eben diejenige der kantischen transzendentalen Apperzeption ist, die nach apriorischen Regeln, den Kategorien, die Wirklichkeit zu formieren, zu ordnen vermag. Hatte Kant diese Kategorien noch am Leitfaden der übernommenen Urteilstafel des Aristoteles gewonnen, so waren sie im Deutschen Idealismus, insbesondere für Hegel, aus dem als Vernunft sich begreifenden Selbst abzuleiten, richtiger: das Selbst als Subjekt leitet sie in einer Selbstbewegung aus sich selbst ab und stellt sie als das wissenschaftliche System in der Vollständigkeit ihres Zusammenhanges dar. Diese Darstellung ist die „wahre Gestalt" – so heißt es in der Vorrede in einem berühmten Paragraphen – „in welcher die Wahrheit existiert" (ebd. S. 12; 20 f., 24, 30, 44), die absolute Wahrheit in der *Form* der eigentlichen „Wissenschaft". Deren „Vorbereitung" aber ist die „Phänomenologie des Geistes".

## 4. Die Entwicklung des Bewußtseins zum Selbstbewußtsein

Die vorangegangenen Überlegungen haben ergeben: Die Phänomenologie des Geistes soll zum einen den „Begriff der Wissenschaft" in der Gestalt des absoluten Wissens hervorbringen, zum anderen soll sie das Hegel zeitgenössische natürliche Bewußtsein, das zur Wissenschaft hinzutreten will, davon überzeugen, daß sein Prinzip kein anderes ist als dasjenige, das dem erscheinenden Wissen innewohnt, das die „Phänomenologie des Geistes" darstellt und das sich dadurch von dem natürlichen Bewußtsein und seinem Wissen unterscheidet, daß es in den ganz bestimmten Gestalten aufgetreten ist, die Vorstufen der letzten Gestalt sind, dem absoluten Wissen. Darum kann diese zweite Aufgabe dadurch erfüllt werden, daß dem natürlichen Bewußtsein gezeigt wird, daß es sich seinerseits in denselben Gestalten realisieren könnte, in denen sich in der Darstellung der Phänomenologie das erscheinende Wissen entfaltet. Dieses entwickelt sich – in nacheinander folgenden Gestalten des Wissens und wissenden Handelns –, indem es seinen Anspruch, das Wahre erfassen zu können, auf jeder erreichten Stufe prüft, diesen Anspruch aber immer aufs neue als irrig durchschaut und sich korrigiert, bis es diejenige Wissensgestalt erlangt, die keinem Irrtum mehr ausgesetzt, sondern „absolut" ist. Eben diese Entwicklung könnte auch das Wissen des „natürlichen Bewußtseins" der Hegel zeitgenössischen Reflexionsphilosophie durchmachen, wenn es sich nur selber auf diesen Weg zum „absoluten Wissen" hin begeben würde.

Das erscheinende Wissen ist nun gegenüber dem natürlichen Bewußtsein und seinem Wissen dadurch qualifiziert, daß es von der Darstellung „auf den Weg mitgenommen" wird, der zu dem bestimmten „Ziel" hinführt, das ihm „gesteckt" ist (S. 69). Dieses „Mitgenommenwerden" besagt nun nicht, daß sich das erscheinende Wissen völlig passiv verhält; im Gegenteil, es wird dargestellt, wie es sich selbst aktiv gegen die jeweils herrschende Unwahrheit richtet (S. 69 f.) und sich immer mehr von den Bindungen befreit, die in den zufälligen Gegebenheitsweisen seiner historischen Gestalt liegen, seiner „unorganischen" Natur, wie Hegel sie nennt. In seiner jeweiligen Gestalt unterzieht das erscheinende Wissen seinen jeweiligen Wahrheitsanspruch nun nicht nur einem „methodischen Zweifel" – wie das in der neueren Philosophie in den „Meditationen" des Descartes geschah – einem Zweifel, der schnell zu der Sicherheit der Gewißheit des

Selbstbewußtseins zurückkehrt. Eine Unabhängigkeit von allen Bindungen kann das erscheinende Wissen nur dadurch erlangen, daß sein Zweifel eine „Verzweiflung" ist an allen natürlichen Vorstellungen und Gedanken und Meinungen. Nur durch eine alles erschütternde Verzweiflung können alle festen Formen des Gegebenseins aufgefaßt werden, die das Bewußtsein in jener „Entzweiung" halten, die das zeitgenössische natürliche Bewußtsein der Reflexionsphilosophie bestimmte. Die für die Realisierung einer derartigen „Verzweiflung" geeignete philosophische Einstellung ist die des „Skeptizismus", die radikale Haltung, die alles, was es als wahr weiß, total bezweifelt – eine Verzweiflung, die sich – mit Hegel (S. 68) – „auf den ganzen Umfang des erscheinenden Bewußtseins richtet", in jeder seiner Gestalten die in ihr herrschenden *Widersprüche* radikal aufdeckt, dadurch alle Bindungen der unorganischen Natürlichkeit abbaut und eine vollkommene Gesetzlosigkeit gewinnt. Wieso aber ist das erscheinende Wissen dieser „Verzweiflung", dieses „sich vollbringenden Skeptizismus" fähig? Der Grund hierfür kann nur im Prinzip des *erscheinenden Bewußtseins* liegen: in der „Begriffsnatur" des Selbstbewußtseins. Das Selbstbewußtsein ist – wie wir erkannten – Begriff. Der Begriff aber vermag sein eigenes Wesen, sich selbst, zu begreifen, zu durchschauen. In diesem Sinne schreibt Hegel lapidar in der Einleitung (S. 69): „Das Bewußtsein aber ist für sich selbst sein *Begriff*".
Das Selbstbewußtsein – weil es Begriff ist – kann trotz aller Bindungen an natürliche Gegebenheitsweisen, an Voraussetzungen, sich auf sich selbst richten und sich durchschauen, und das besagt: sich selbst kritisieren und sich durch eben diese Selbstkritik bis zur Gestalt des absoluten Wissens hin entwickeln. Diese Selbstkritik vollzieht sich in der Phänomenologie als eine Selbstprüfung und Selbstkorrektur, deren Methode in den Paragraphen 10 ff. (S. 70 f.) der „Einleitung" angegeben ist.[12]
Es wurde bereits hervorgehoben, daß Hegels Auffassung vom Wesen des Selbstbewußtseins auf Kants Einsicht in die Struktur

[12] Für die Interpretation von Vorrede und Einleitung sei verwiesen auf ‚Hegels Phänomenologie des Geistes', Frankfurt ²1975.

und Funktion der transzendentalen Einheit des Selbstbewußtseins zurückgeht, auf seine Einsicht in die „transzendentale ursprüngliche Einheit der Apperzeption", darauf somit, wie sich die Einheit des Selbst als synthetisierendes Begreifen, und d. h. als der Begriff vollzieht, der kategorial, und das heißt bei Kant, nach bestimmten Regeln urteilend, dem Universum diese, *seine* subjektive Form aufprägt und dadurch für alles Wissen von Gegenständen zunächst deren Gegenständlichkeit konstituiert und damit die Objektivität eines notwendigen und allgemeingültigen Zusammenhanges.

Der Begriff im Vollzug seiner Kategorien, seiner Denkbestimmungen, konstituiert das Begriffensein der Gegenstände, deren Objektivität. Diese Einsicht Kants hat Hegel, worauf eingangs hingewiesen wurde, in der „Wissenschaft der Logik" so aufgefaßt: „Diese Objektivität hat der Gegenstand ... im *Begriffe*, und dieser ist die *Einheit des Selbstbewußtseins*, in die er aufgenommen wurde; seine Objektivität oder der Begriff ist daher selbst nichts anderes als die Natur des Selbstbewußtseins, hat keine anderen Momente oder Bestimmungen als das Ich selbst" (WL II, S. 222). Trotz der Differenz der Subjekt- und Objektseite herrscht somit eben wegen der Begriffsnatur des Selbstbewußtseins eine Identität zwischen Denkbestimmungen und Gedankenbestimmungen. Das so verstandene Selbstbewußtsein, der Begriff, ist nichts Statisches, sondern eben weil er sich selbst durchschauen, sich selbst erfassen will, höchste Bewegung. In diesen beiden bisher genannten Aspekten ist das Selbstbewußtsein das Prinzip des ganzen Werkes, ist es nichts anderes als die Bewegung des Begriffs. In dieser Bewegung bleibt es freilich nicht „Selbstbewußtsein" in dem engeren Sinn dieser Bezeichnung, die Hegel im Buch B der „Phänomenologie des Geistes" gebraucht, vielmehr wird „Selbstbewußtsein" (im engeren Sinn) – und hier geht Hegel über Kant und Fichte hinaus – zur „Vernunft" und zum „Geist".

Der Begriffsnatur des Selbstbewußtseins wegen muß für Hegel der wahre Idealismus die volle Entfaltung dessen, was der Begriff in seinem Begriffensein sowohl strukturell wie in seinen geschichtlichen Gestalten an und in sich trägt, als Prinzip darstellen – die Entwicklung zusammen mit ihrem Resultat. Die Darstellung eines „Resultats" genügt somit nicht, sondern: „Das wirkliche Ganze ist nur das Resultat zusammen mit seinem Werden" (S. 11), und: „Das nackte Resultat ist der Leichnam, der die Tendenz hinter sich gelassen" hat (ebd.). Oder anders noch (S. 21): „Das Wahre ist das Ganze", und das Ganze „ist nur das durch seine Entwicklung sich vollendende Wesen". Ein „wahrer Idealismus" muß den *Weg* darstellen, den das *Selbstbewußtsein* bereits „im Rücken und vergessen" hat. (S. 177).

Diesen Weg, den das Selbstbewußtsein – im engeren Sinne – bereits im Rücken hat, stellt das Buch A, hier terminologisch im Unterschied zum „Selbstbewußtsein" als „Bewußtsein" bezeichnet, dar. Das „Bewußtsein" ist überhaupt das Wissen, das sich bei der gegenständlichen Welt und ihren Dingen aufhält. Es richtet sich nicht auf sich, weiß sich nicht, realisiert sich nicht wissend als „Selbstbewußtsein". Das „Bewußtsein" meint in seinem Wissen qua Wahrnehmen und Verstand von den Dingen und der Welt seine „Wahrheit" zu haben. Das Bewußtsein in der Gestalt der sinnlichen Gewißheit *meint* sie als sinnlich *Einzelne*, als *Dieses*, zu wissen, wie der Titel des ersten Kapitels besagt: „Die sinnliche Gewißheit; oder das Diese und das Meinen" (S. 79). Aber es macht die Erfahrung, daß es zwar „meint", ein einzelnes sinnliches Dieses erfassen zu können, aber daß es nicht „wissen" kann. Wissen beansprucht, Wahres zu nehmen. Wahres aber kann nur ein Allgemeines, niemals ein Einzelnes sein. Dies ist die Überzeugung der traditionellen Philosophie.

Das Bewußtsein als sinnliche Gewißheit macht die Erfahrung, daß es nur als ein „Wahrnehmen" *wissen* kann. Als „Wahrnehmen" versucht es auf der nächsten Stufe, das Allgemeine eines Etwas zu nehmen, und d. h. eines Dinges, in seinen allgemeinen, wenn auch sinnlich bedingten Eigenschaften. Will es ein Ding nehmen, dann muß es sich auch das nehmen, was diese sinnlich allgemeinen Eigenschaften zusammenhält, ihr Medium. Das wahrnehmende Bewußtsein macht aber dabei die Erfahrung, daß es sich täuscht, wenn es glaubt, diese Wahrheit zugleich nehmen zu können. Der Titel dieses Kapitels lautet dann: „Die Wahrnehmung, das Ding und die Täuschung". Die Wahrnehmung kann das sinnlich Allgemeine der Eigenschaften und das Medium, das die sinnlichen Eigenschaften zusammenhält, nicht zusammendenken. Dieses Zusammendenken gelingt erst einem Wissen, das das Wirken von „entgegengesetzten" Kräften zu verstehen vermag, dem „Verstand".

Den Übergang vom Bewußtsein zum „Selbst"-bewußtsein stellen die letzten Seiten des Kapitels „Kraft und Verstand, Erscheinung und übersinnliche Welt" dar.[13] Der Verstand, das verständige Wissen, vollzieht sich – insbesondere in den Naturwissenschaften – als ein „Erklären" bestimmter Phänomene durch Gesetze, etwa des Phänomens des Gewitters, des Blitzens, durch das Gesetz der Elektrizität. Als ein solches Auf-ein-Gesetz-Bringen spricht das Erklären eine Wahrheit aus. Diese Möglichkeit, Wahrheit auszusagen, hat das Erklären nur, weil es sich bereits – wenn ihm auch nicht bewußt – als Begreifen, als Begriff, vollzieht. Das „Erklären" setzt nämlich einen Unterschied zwischen dem, was zu erklären ist, also etwa dem Phänomen dem Blitzens als einer Manifestation elektrischer Kraft *und* dem Gesetz der Elektrizität, und zeigt zugleich, daß dieser Unterschied sich aufhebt, weil die Kraft so beschaffen ist wie das Gesetz (vgl. S. 119). Der Begriff ist die Macht des Unterscheidens und des Aufhebens des Unterschiedes. Kategorial ausgedrückt: Der Begriff setzt den Unterschied zweier Seiten, des *Einen* und des *Anderen* oder des „Seins für sich" und des „Seins für anderes". Er setzt „Sein für sich" als das Eine und Sein für anderes als das Andere, aber gerade indem er sie so als sich widersprechend setzt, erweist er, daß es den Sinn eines „Seins für sich" gar nicht geben kann ohne Verweis auf ein Anderes, das somit – kategorial gesprochen – das Andere des Einen ist, daß beide Seiten ihrem Sinn nach zusammengehören – womit der Unterschied als gesetzer sich gerade wieder aufhebt. Im Vollzug des

---

[13] Hierzu H. G. Gadamer: Die verkehrte Welt. In: H. F. Fulda/D. Henrich (Hrsg.), Materialien zu Hegels ‚Phänomenologie des Geistes', Frankfurt 1973, S. 106–130 (zuerst in: Hegel-Studien, Beiheft 3, Bonn 1966, S. 135 ff.

Erklärens setzt sich das erklärende Selbst ein Anderes entgegen, setzt es in der Tat so, als ob es gar nicht zum Erklären gehöre – als „Gegenstand". Aber dieser in seinem „Erkanntsein" oder Begriffensein, als allgemeingültig *gewußter* Gegenstand und als gewußt in seinem notwendigen Zusammenhang, seiner Gegenständlichkeit oder Objektivität, *ist* das Andere *des Einen* und ist deshalb der begreifende Vollzug des erkennenden Selbst.
Die verschiedenen Gestalten des „Bewußtseins", die die Phänomenologie im Buch A darstellt, haben zwar alle ein Anderes als das Selbst des Selbstbewußtseins zum Gegenstand, ein Anderes, in das das Wissen sich als sinnliche Gewißheit, als Wahrnehmung, als Verstand, verlor, aber es gibt keine sinnliche Gewißheit, Wahrnehmung, kein Verstehen, kein Bewußtsein ohne *Selbst*bewußtsein. Der Begriff als Realisierung des Selbstbewußtseins ist es, der die Gegenständlichkeit, die Objektivität der Gegenstände in ihrem Anderssein gesetzt und bereits dieses Anderssein als das Anderssein des Einen – des Selbst – aufgehoben hat. Somit ist die Wahrheit der „sinnlichen Gewißheit", der „Wahrnehmung" und des „Verstandes", als Weisen des wissenden Bewußtseins, das Selbstbewußtsein, der Begriff, der das Andere setzt als Anderes und diesen Unterschied als das „Andere des Einen" mit sich immer schon aufgehoben hat. Am Ende des Kapitels „Verstand" weist der Philosoph darauf hin, daß im erklärenden Verstand – freilich von diesem unbemerkt – der Begriff, und das heißt das Selbstbewußtsein, am Werke war, eine Wahrheit, die sich erst dann „bewähren" kann, wenn das Selbstbewußtsein als ein solches „hinter den Vorhang" tritt, um zu sehen, daß nichts dahinter als was davor ist (vgl. S. 129). Kategorial ausgedrückt besagt dies: Alle bisher dargestellten Gestalten des „Seins für Anderes" sind in Wahrheit Gestalten des „Seins für sich", sind das Andere dieses Einen. Anders gewandt: Alle Bestimmungen, die die Gegenständlichkeit, den ganzen Horizont, die Objektivität der Gegenstände ausmachen, das Gesamt dieser Gedankenbestimmungen, sind Bestimmungen des Selbst. Hier ist wieder zu erinnern an die grundlegende Bedeutung der kopernikanischen Wende Kants (vgl. ob. S. 3 ff.). Kants

grundsätzliche Einsicht ist, daß sich im Vollzug des reinen Subjekts, dem transzendental apperzipierenden Begreifen der Mannigfaltigkeit der Vorstellungen, ein allgemeingültiger und notwendiger Zusammenhang konstituiert: die Objektivität des Objekts. Und dies besagt, daß es eine Identität zwischen der Subjektivität, dem Subjekt, dem Einen und der von ihm selbst konstituierten Objektivität als dem Anderen des Einen gibt. Kant hatte diese Einsicht, daß die Bestimmungen des Subjekts diejenigen des Objekts sind, allerdings nur formal verstanden. Hegel geht es demgegenüber darum, aufzuzeigen, daß und wie sich das Subjekt, der Begriff, „bewährt" – wie sich bewährt, daß die Sphäre der Bestimmungen des Andersseins oder der Objektivität, der Gedankenbestimmungen, die vom Begriff (Selbstbewußtsein) gesetzte ist, als von ihm im Vollzug seiner Denkbestimmungen konstituierte.

Es muß sich als die „Wahrheit" ergeben – es muß sich „bewähren" – daß alle Gegenständlichkeit, alle Objektivität als ein Begriffensein des begreifenden Subjekts ist. Dieses Ziel, das das Selbstbewußtsein als Begriff und d. h. als *Prinzip* des ganzen Werkes vorschreibt, wird das Buch B („Selbstbewußtsein" im engeren Sinne) jedoch noch nicht erreichen. Das Inhaltsverzeichnis zeigt dies schon an. Die letzte Stufe der Darstellung des Buches B heißt „Das unglückliche Bewußtsein". Das Bewußtsein ist unglücklich, weil es noch nicht an jenes Ziel gelangt. Das Buch B geht über in das Buch C, zur Darstellung der Vernunft und des Geistes. Auf diesem ganzen Wege handelt es sich immer wieder darum, wie sich das Selbstbewußtsein qua Begriff bewährt, in diesem Sinne zunehmend „Wahrheit" gewinnt.

## II.
### 5. Das Selbstbewußtsein -
### „die Wahrheit der Gewißheit seiner selbst"

Im Buche B, dem Buche, das die Darstellung des „Selbstbewußtseins" im engeren Sinn zum Thema hat, vollzieht sich die Bewegung des Begriffs so, daß das Selbst als „bloße Gewißheit seiner selbst", als das Cartesische *cogito me cogitare*, auftritt, als ein nur auf sich bezogenes Wissen, in dem das Ich „sich" nur innerlich findet. In einem nächsten Schritt wird es jedoch bereits dazu übergehen, diese „Innerlichkeit" äußerlich zu setzen, das, was es innerlich als sich selbst bestimmt ist, nach außen hin zu realisieren und sich in dem wiederzufinden, was es *selbst* nach außen gesetzt hat. Hier wird die in Kants „Kritik der praktischen Vernunft" und dann in Fichtes „Wissenschaftslehre" von 1794 philosophisch begründete Auffassung des Selbst als eines praktischen, willentlichen, autonom sich selbst bestimmenden, in seinem sich veräußerlichenden Vollzug zur Darstellung gebracht. Dieses „Sich-äußerlich-Machen" hat zum Resultat, daß das Selbst *sich* in dem wiederfindet, was es *selbst* nach außen *gesetzt* hat. So vollzieht sich der „gute Wille" der praktischen Vernunft (Kant), indem er sein „Gesetz", den kategorischen Imperativ, nach außen setzt und sich dann in diesem *Gesetz* als seinem eigenen wiederfindet, indem er sich dessen Notwendigkeit unterwirft, als dem Eigenen seines freien Sichselbstbestimmens.

In der „Phänomenologie des Geistes" strebt in einem ersten Schritt das seiner selbst gewisse Ich als Einzelnes dahin, sich einen für es sinnlich daseienden einzelnen Gegenstand anzueignen, und sich so in ihm wiederzufinden; anders gewandt: es will seine Identität mit einer solchen gegenständlichen Seite bewähren, um so die „Gewißheit seiner selbst" zu erlangen. Das geschieht im praktischen Vollzug der *Begierde*. Dieser Versuch mißlingt jedoch. Die Gewißheit seiner selbst kann dies einzelne Ich nicht in einem *un*mittelbaren Bezug auf einen einzelnen anderen, ihm gegebenen Gegenstand finden. Es muß vielmehr über *andere selbstbewußte Iche* erst einen Bezug zu der Sphäre begehrter Gegenstände überhaupt herstellen. Es kann sich nur in anderen selbstbewußten Ichen und dann erst durch sie vermittelt in der Welt begehrter Gegenstände wiederfinden. Dies gelingt ihm aber nur nach einem Kampf mit den anderen Subjekten, einem Kampf um Anerkennung.

Bevor wir damit beginnen, diesen ersten Versuch des Bewußtseins darzustellen, die Wahrheit der Gewißheit seiner selbst zu finden, sei verdeutlicht, worin eigentlich diese „Wahrheit" liegt, die es sucht. Der zweite Absatz beginnt: „Mit dem Selbstbewußtsein sind wir nun also in das einheimische Reich der Wahrheit eingetreten" (S. 134).

Welches ist dieses „einheimische Reich der Wahrheit", in das wir – die Philosophen – mit dem Selbstbewußtsein „eingetreten" sind? Das Selbstbewußtsein hat – wie gesagt – die Natur des Begriffs. So muß es sich um das Reich des Begriffs handeln. Dieser Eintritt in das einheimische Reich des Begriffes wird so gekennzeichnet, wie dies bereits erklärt wurde (s. o. S. 20 f.): als das Verhältnis, in dem die ganze Welt des Andersseins, von der das Buch A handelte, zum Selbstbewußtsein als dem Vollzug des Begriffes steht. Wie der vierte Satz des zweiten Absatzes (S. 134) erklärt, sind „das *Sein* der Meinung, die *Einzelheit* und die ihr entgegengesetzte *Allgemeinheit* der Wahrnehmung sowie das *leere Innere* des Verstandes zu Momenten des Selbstbewußtseins geworden". Sie sind für es zu seinen „Momenten" geworden, zu Abstraktionen oder Unterschieden innerhalb seiner. Das Hauptmoment, „das *einfache selbständige Bestehen* für das Bewußtsein", das für alle drei Weisen des Wissens, sinnliche Gewißheit, Wahrnehmung, Verstand, die Sphäre der Gegenständlichkeit, des *Andersseins*, ausmachte, scheint „verlorengegangen zu sein". Die Wahrheit aber ist, daß das Selbstbewußtsein „ist" als die Rückbewegung, die Reflexion aus diesem Anderssein, aus dem Sein der sinnlichen und wahrgenommenen Welt und der des Verstandes. Das Selbstbewußtsein ist in der Erfahrung, die das

Bewußtsein mit sich selbst machte, „geworden" – geworden aus dieser „*Rückkehr aus dem Anderssein*".

Wozu ist es nun seiner Struktur nach geworden? Zunächst: Es ist zu einem „Wissen von sich selbst" – wie die Überschrift des Kapitels anzeigt – zu einer „Gewißheit seiner selbst" geworden, dem nicht mehr „das Wahre etwas anderes ist als es selbst" (S. 133), sondern eine „Gewißheit, welche ihrer Wahrheit gleich ist"(ebd.). Gewißheit ist das Wissen eines Selbst, das „sich" weiß, indem es sich selbst *als* sich selbst von sich unterscheidet, insofern in sich ein Anderssein setzt. Allerdings ist dieser Unterschied nicht durch ein Anderes von außen vermittelt, darum „ist" er zunächst nur un-mittelbar und als ein solcher immer schon vernichtet, in diesem ersten Sinne des Wortes „Aufhebung". Das „Mich" oder „Sich", dieser Unterschied, den das wissende Selbst in sich selbst setzt, ist lediglich *innerlich.* Der Unterschied hat keine Äußerlichkeit; er hat für das Selbstbewußtsein nicht die „Gestalt des Seins" (ebd.). Ein Selbstbewußtsein, das in dieser Bewegung eines *innerlichen* Sich-Selbst-Unterscheidens verbleibt, das nur innerlich ein Anderssein setzt, ist für Hegel kein wahres Selbstbewußtsein. Diese Gestalt ist nur die „bewegungslose Tautologie" des „Ich bin Ich". In ihr unterscheidet sich zwar ein wissendes Ich vom gewußten Ich, aber weil der Unterschied innerlich bleibt, ist er leer.

Das Ich des Selbstbewußtseins muß sich nun einem eigenen Prozeß des „Sichanderswerdens" veräußern, indem es sich mit der Welt des Andersseins vermittelt, mit der es in den Bewußtseinsgestalten des Buches A bereits Erfahrungen gemacht hatte. Das bedeutet: Die Welt des Andersseins, die „ganze Ausbreitung der sinnlichen Welt", die die sinnliche Gewißheit und das Wahrnehmen im Buche A erfahren hatten, muß *erhalten* bleiben (S. 134 u.). Sie muß sich jetzt erweisen, in ihrem Bestehen einen Bezug zur Einheit des Selbstbewußtseins zu haben, Sein *für* das Selbstbewußtsein, *sein* Anderes zu *sein*, – und insofern Selbstbewußtsein dasselbe wie der Begriff ist, ein „unterschiedenes *Moment*" des Begriffes zu sein. Da jedoch dem Selbstbewußtsein sein Ich als das „Ansich", als die Wahrheit gilt, kann das Bestehen der sinnlichen Welt lediglich den Seinscharakter der „Erscheinung" für es haben.

Das Bewußtsein als Selbstbewußtsein hat damit (S. 135, Z. 6) jetzt einen „gedoppelten Gegenstand" (S. 135 oben): Einmal jeden unmittelbaren Gegenstand, den der sinnlichen Gewißheit und der Wahrnehmung, die ganze Ausbreitung der sinnlichen Welt, deren Sein aber auf Grund der Erfahrung, die das Bewußtsein gemacht hatte – und die das Buch A darstellte –, „für es mit dem *Charakter des Negativen* bezeichnet ist" (ebd.). Als zweiten Gegenstand aber hat es *sich selbst* – und dieser gilt ihm jetzt als das „wahre Wesen". Solange sich das Selbstbewußtsein, der Begriff, noch nicht als das wahre Sein der gegenständlichen Welt erwiesen hat, besteht für das Selbstbewußtsein auf dieser Stufe ein Gegensatz zwischen dem ersten und dem zweiten Gegenstand. Aus dieser Entgegensetzung ergibt sich eine Bewegung, „worin dieser Gegensatz aufgehoben und ihm die Gleichheit seiner mit sich selbst wird" (ebd.).

Ist die Welt des Andersseins für das Selbstbewußtsein „Erscheinung" und als eine solche ein „Moment des Begriffes", so muß sich dies nun in der sich entfaltenden und zur Darstellung gelangenden Erfahrungsgeschichte *bewähren*. Dazu ist erforderlich, daß das Selbstbewußtsein *durch die Tat* eine Negation an dem selbständigen Bestehen der Ausbreitung der sinnlichen Welt vollzieht, d. h. daß es praktisch werde.

## 6. Die Begierde

Das Selbstbewußtsein als der sich aktiv, praktisch vollziehende Begriff heißt zunächst *Begierde*. Wenn das Selbstbewußtsein als Begierde sein Ziel erreicht und ein ihm entgegenstehendes selbständig bestehendes Anderes, ein Ding in seinem Sein, negiert, wenn es sich das begehrte Andere aneignet, dann hat es erwiesen, daß das Selbst das wahre Wesen des Anderen, des Dinges, ist, weil es – das Selbst – das stärkere ist; dann hat das Selbst

„dargestellt", daß die Äußerlichkeit, die Gestalt des „Seins" der Dinge „die seinige des Selbst" ist.

Hegel hatte in dem Kapitel „sinnliche Gewißheit" (S. 87) angemerkt, daß bei den Eleusischen Mysterien der Ceres und des Bacchus die „Nichtigkeit" des Seins und der sinnlichen Dinge in ihnen durch das Essen und Trinken vollbracht werde. Hieran kann man sich klarmachen, was Hegel meint, wenn er für die Konstitution des Selbstbewußtseins verlangt, daß es, „der Nichtigkeit dieses Anderen gewiß", dasselbe für sich als seine Wahrheit setzt, indem es den selbständigen Gegenstand vernichtet (S. 139, Z. 7 ff.). Wir befinden uns bereits auf einer anderen Stufe als der der sinnlichen Gewißheit. Das begehrende Selbstbewußtsein und sein Gegenstand haben eine andere Seinsart. Zunächst sei die des begehrenden *Selbst*bewußtseins, die subjektive Seite, und dann die Seinsart der begehrten sinnlichen Dinge erörtert, auf die sich das Selbstbewußtsein als Begierde richtet, an denen es seine Begierde vollzieht.

Was ist ein seiner „selbst" bewußtes Begehren seinem Wesen nach? Es ist das Bewußtsein eines Mangels. Es mangelt mir etwas, wenn ich z. B. das Bewußtsein habe: „Ich bin krank". Hegel hat in seinen Jenenser Vorlesungen „Krankheit" und „Begierde" ihrem Begriff nach als vergleichbar betrachtet (GW 8, S. 179). Bewußtsein eines Mangelzustandes ist Bewußtsein eines Nichthabens oder Nichtseins. Obwohl sich das Selbstbewußtsein in seiner Einheit des Bestehens seines *eigenen* Seins bewußt ist, hat es das Bewußtsein des Mangels, des Nichtseins, mit Bezug auf Anderes. Es ist sich als begehrendes somit zugleich seines Seins und eines Nichtseins bewußt. Die Wahrnehmung will *ein Ding* zugleich in seinen allgemeinen Eigenschaften, kategorial dem „Sein für Anderes" und dem diese Eigenschaften zusammenhaltenden Medium, dem „Fürsichsein", nehmen. Sie macht aber die Erfahrung, daß es diese Kategorien nicht zusammendenken kann; das Ding – so heißt es am Ende des Kapitels „Wahrnehmung"[14] – geht an diesem Widerspruch zugrunde.

[14] Siehe S. 99, Abs. 2.

Demgegenüber ist es die Auszeichnung alles Lebendigen, Beseelten, einen Widerspruch aushalten zu können. Zugleich aber ist es deswegen auch darauf aus, diesen Widerspruch aufzuheben. Nur ein Selbstbewußtsein als ein „lebendiges", beseeltes, vermag einen Widerspruch an sich selbst auszuhalten und ist zugleich „getrieben" ihn aufzuheben. Es wird alsbald Zusätzliches über das Lebendigsein des Selbstbewußtseins und seines Gegenstandes zu sagen sein. Jedenfalls: Das „begehrende" Selbstbewußtsein existiert als der Widerspruch zwischen dem Bewußtsein seines Seins als Einheit und dem Bewußtsein eines Mangels, eines Nicht-Seins und *ist* zugleich darauf aus, diesen Widerspruch aufzuheben. Das Selbstbewußtsein will sich jedoch nicht als Trieb, sondern als *Begierde* realisieren, Trieb und Begierde sind zu unterscheiden. Fichte hat am Ende der „Wissenschaftslehre von 1794" eine ausführliche Darstellung des Triebes des Selbstbewußtseins gegeben. Das Wesen des Triebes hat er vom Wesen des *Strebens* her bestimmt. Für Fichte ist Streben überhaupt der Grundzug des Selbstbewußtseins. In der „Wissenschaftslehre" von 1794 trennt der zweite Grundsatz die Sphäre des Andersseins, des Nicht-Ich, grundsätzlich von der des sich selber setzenden *Ich*: „Dem Ich (ist) schlechthin entgegengesetzt ein Nicht-Ich" (I, 104). In der grundsätzlichen Trennung der Sphären des Ich und des Nicht-Ich liegt, daß das Ich die Sphäre des Andersseins nur „erstreben" kann, sie aber niemals – wie das bei Hegel geschieht – zu einer völligen Identität mit sich zu bringen vermag. Darin, daß das Ich wesenhaft ein strebendes ist, liegt für Fichte die Bedingung der Möglichkeit dafür, daß es ein *moralisch* strebendes ist. Wie schon bei Kant liegt die Möglichkeit der Moralität, d. h. für den Wunsch und die Bereitschaft, sich einem moralischen Gebot zu unterstellen, darin, daß das Selbstbewußtsein überhaupt seinem Wesen nach zu streben vermag, und dies besagte für Fichte, daß es „triebhaft" ist. Für Fichte ist somit die Triebhaftigkeit des Menschen etwas ihn Auszeichnendes, eben weil sie Moralität ermöglicht. Dabei wird sich der Trieb zur Sittlichkeit zu einem sozial pflichtmäßigen Handeln ausbilden. Welche Bedeutung hat nun der Trieb bei Hegel und in welchem

Verhältnis steht er zur Begierde? Für Hegel ist in den Jenenser Vorlesungen die „Begierde" der Grundzug, den der Mensch mit allen *animalischen* Organismen gemeinsam hat. Sie hat für ihn gerade nichts mit Trieben zu tun, die auch er – wie Fichte – vom menschlich-sittlichen Streben her auffaßt, das das Selbstbewußtsein als sittliches ermöglicht. Hegel nennt die Begierde in den Vorlesungen von 1803/04 (JR I, S. 220), sogar ein „Tierisches Bewußtsein". In den Vorlesungen von 1805/06 wird die Begierde gleichfalls in der Darstellung des „animalischen Prozesses" (JR II S. 140 ff.) abgehandelt. Innerhalb der Darstellung des subjektiven Geistes als *Wille* in den Jenenser Vorlesungen grenzt Hegel dann auch folgerichtig von der „Begierde" den „Trieb" ab (JR II S. 197), und zwar innerhalb der Erörterung des Wesens der *Arbeit*. Dieses steht für ihn in einem Bezug zum Trieb und nicht zur Begierde. Demgegenüber wird nun in der „Phänomenologie des Geistes" von 1807 auf S. 149 das Wesen der Arbeit aus einem Bezug zur Begierde bestimmt. Insofern läßt sich sagen, daß in der „Phänomenologie des Geistes" die Begierde, eben weil sie in einem Bezug zur Arbeit steht, nicht mehr tierisch gedacht wird, sondern, da die Arbeit den Anfang des sozialen Verknüpftseins des einzelnen mit der Gemeinschaft ausmacht, jetzt ihrerseits als die Grundlage für Sittlichkeit angesehen wird. Arbeit – wie wir später näher sehen werden – erfüllt eine entscheidende Funktion innerhalb des gemeinsamen Lebens. In der „Phänomenologie" leitet in der Tat die Arbeit, und zwar, wie es dort heißen wird, als „gehemmte" Begierde (S. 149), das einzelne Selbstbewußtsein in das allgemeine Selbstbewußtsein der Gattung oder des Volkes über.

Diese Zusammenhänge werden bei der Erörterung von „Herrschaft und Knechtschaft" näher zu entwickeln sein. Jetzt kommt es darauf an, einsichtig zu machen, wie das Selbstbewußtsein als „begehrendes" versucht, durch die Vermittlung des begehrten Gegenstandes – des Dinges als dem Anderen seiner selbst – zu der „Wahrheit" der Gewißheit seiner selbst zu gelangen.

Wenn das Selbstbewußtsein, um seine Begierde zu befriedigen, sich auf den selbständig bestehenden Gegenstand hin bewegt, ihn ergreift, ihn sich aneignet, ihn „aufhebt" zunächst im Sinne des *tollere*, des Vernichtens, also in dieser tatsächlichen Weise die Nichtigkeit des Seins, des Bestehens der Dinge bezeugt, dann hat es immerhin jenen Widerspruch aufgehoben, der zwischen dem Bewußtsein seiner als eines Mangelnden, seines Nichtseins in Bezug auf Anderes, und dem Bewußtsein der Gewißheit seines Seins bestand. Es hat – wenn auch nur in einer vorübergehenden-Weise – auf dem Wege über ein Anderes, d. h. vermittelt durch es, das Bewußtsein einer Sichselbstgleichheit erreicht, das Bewußtsein also, daß das „Andere" als das Andere des Einen mit ihm „identisch" ist. In diesem Bewußtsein einer Sichselbstgleichheit „findet" es sich als ein Selbst, richtiger: „fühlt" es sich als ein Selbst – ein Gefühl, das der Befriedigung seiner Begierde entstammt. Das „Selbstgefühl" als Gefühl der Befriedigung gehört – wie Hegel später in der „Enzyklopädie" erklären wird[15] – eigentlich *nicht* erst dem *Bewußtsein*, sondern bereits der Seele an, die in der „Anthropologie" in der Lehre vom „subjektiven Geist" behandelt wird und dem Bewußtsein vorangeht. In der „Phänomenologie des Geistes" gelangt das Ich erst durch die Befriedigung der Begierde zu einem Selbstgefühl. Dieses Gefühl, das daraus resultiert, daß es sich seiner selbst in dem begehrten Gegenstand gegenständlich wurde, ist die erste Station auf dem Weg, den es gehen muß, um zu der Wahrheit der Gewißheit seiner selbst zu gelangen. Hier wird Hegels tiefe Einsicht in das Wesen des *menschlichen* Bewußtseins sichtbar: Selbstbewußtsein als menschliche Begierde sucht letztlich gar nicht den Besitz eines von ihm begehrten Gegenstandes, sondern sich selbst. Es sucht sich selbst zu gewinnen durch das Gefühl seiner Befriedigung. Die menschliche Begierde geht eigentlich nicht auf den Gegenstand, sondern auf sich selbst, auf ein „Sich", das sich selbst als ein Selbst „selbständig" fühlen, sich als ein Selbst bestätigt fühlen will. Wir sehen nun deutlicher, warum für Hegel ein Sichselbstfinden in der bloßen Innerlichkeit nicht ausreicht. Nur dadurch, daß sich das Selbst in der Vermittlung über ein Äuße-

---

[15] Enz. (von 1830): §§ 407 ff.

res[16] – hier den selbständigen Gegenstand der Begierde als einem anderen – mit sich zusammenschließt und dadurch das Bewußtsein des Selbstgefühls, der Befriedigung, erhält, hat es sich „als" ein Selbst bewährt; dadurch, daß es sich gegenständlich wurde, sich objektivierte und sich in dieser ersten Weise in einem anderen Gegenstand wiederfand, hat es sich erst eigentlich als ein Selbst *gewonnen*.

Es bedarf also eines Umweges, damit das Selbstbewußtsein als „Gewißheit seiner selbst" zu einer Bewährung, einer Wahrheit seiner selbst gelangt. Das Bewußtsein wird ausdrücklich dadurch, daß es Begierde ist, „zu sich gebracht". Wenn wir mit irgend etwas beschäftigt sind, aber z. B. plötzlich das Bewußtsein von Hunger haben, werden wir durch ihn „auf uns selbst zurückgebracht". Die Begierde erwacht in uns als unsere „eigene". Das Bewußtsein eines Mangels bewegt zur „Tat"; als sinnlich gewiß wissendes, und als wahrnehmendes sowie als verstehendes braucht das Bewußtsein nicht zu handeln, aber ein begehrendes Bewußtsein, das seine Begierde befriedigen will, muß handeln. Es muß, wenn es hungrig ist, das Brot ergreifen, und es in seiner jetzigen Seinsweise als Brot als einen Gegenstand dieser Form und dieses Stoffes negieren, in dem ersten Sinn des Terminus „aufheben". Hier zeigt sich, daß alles Tun, Handeln, Erwirken eben zunächst negierend ist. Aber alles Handeln und Tun, Er-

---

16 So schreibt A. Kojève (in: Hegel. Eine Vergegenwärtigung seines Denkens. Kommentar zur Phänomenologie des Geistes. Dt. hrsg. von I. Fetscher, Frankfurt/M. 1975): Der vom Objekt seiner Kontemplation „absorbierte" Mensch kann nur durch eine Begierde „zu sich gebracht" werden: z. B. durch die Begierde zu essen ... In und durch oder richtiger noch als „seine" Begierde konstituiert sich der Mensch und offenbart er sich – sich selbst und andern – als ein Ich, das als vom Nicht–Ich wesentlich verschiedene, ihm radikal entgegengesetzte Ich. Das (menschliche) Ich ist das Ich einer – oder der Begierde" (S. 20 f.). Doch solange der Gegenstand der Begierde ein bloß dinglicher, natürlicher ist, wird das begehrende Ich zwar zum Selbstgefühl, aber noch nicht zum eigentlich menschlichen Selbstbewußtsein gelangen. Dieses findet es erst, indem es sich im Begehren eines nichtdinglichen Anderen konstituiert (Kojève S. 21 f., 55). Dieser Schritt, durch den sich die bloß natürliche Begierde in eine Begierde nach *Anerkennung* wandelt, wird sich im Folgenden erst noch genauer ergeben (s. im Text der PhG S. 139 ff.).

wirken von Werken, vollzieht sich auch – wie sich bald zeigen wird – in einem zweiten und einem dritten Sinn des Wortes „Aufheben" – Aufheben als ein „Aufbewahren" und Aufheben als ein zu Höherem „emporheben".

Bereits als Begierde ist das selbstbewußte Tun „aufhebend" nicht nur im Sinne des „Zerstörens". Durch eben dieses Tun wird ja das *Selbst* als ein solches nicht nur bewahrt, es wird sogar ein höherer Zustand erreicht, indem es in seiner eigentlichen Selbstheit eröffnet und in ihr gestärkt wird. Derjenige, der seinen Hunger gestillt hat, fühlt sich „wie neu geboren". Auch erkennen wir hier, wie Hegel mit dieser Einsicht in das Wesen der Begierde und der Tat hinter das „Logische" – im üblichen Verständnis dieser Grundbestimmung – zurückgeht. Dieses Sich-in-und-durch-die-Begierde-Eröffnen und dieses das Ich als Selbst konstituierende Tun liegen in einer Sphäre, die sich nicht mit dieser Kategorie erfassen läßt.

Dadurch, daß das Selbstbewußtsein selbständig bestehende Gegenstände begehrt, sich auf sie richtet, werden nun aber auch diese Gegenstände in ihrem Seinscharakter verändert. Sie sind nicht mehr Gegenstände, die nur schlechthin ein sinnliches Dasein haben. Das waren sie für die sinnliche Gewißheit und ihr bloßes Meinen. Sie werden zu von *einem Selbstbewußtsein begehrten Gegenständen*. Das Sein der Gegensätze als „begehrte" bezeichnet ihre *soziale* Relevanz, als von vielen selbstbewußten Subjekten *begehrte* Gegenstände sind sie – national-ökonomisch ausgedrückt – *Konsumgüter* geworden.

Zusammengefaßt gilt somit: Wenn sich das Selbstbewußtsein nur *innerlich* von sich selbst unterscheidet, sich als sein „Mich" weiß, nur „Gewißheit seiner selbst" ist, dann ist für Hegel nur eine „unmittelbare", noch nicht vermittelte Stufe, darum keine wahre, keine bewährte, erreicht. Das Selbstbewußtsein muß „die Wahrheit der Gewißheit seiner selbst" erlangen, dies aber ist nur dann möglich, wenn es sich mit und durch ein ihm äußerlich Anderes vermittelt und sich in dem Anderen wiederfindet, sich durch die Vermittlung dieses Anderen mit sich selbst zusammenschließt; dann nur bewährt es sich. Das Ich muß sich äußerlich werden, sich in dieser Äußerlichkeit als ein *Selbst* bewähren. Es muß beweisen, daß jenes Andere *sein* Anderes ist, daß dessen wahres Wesen in ihm, dem Subjekt, liegt. Soll dies möglich sein, dann kann die Ausbreitung der sinnlichen Welt – dieses Andere gegenüber dem Selbst – kein unangreifbares Bestehen haben, es muß sich zeigen, den Charakter des Negativen zu haben – in *einer* Bedeutung dieses Terminus –, d. h. nur „Erscheinung" für das Ich zu sein. *Daß* das Andere für es nur den „Charakter des Negativen" hat, nur Erscheinung ist, dies muß aber das Selbstbewußtsein wirklich erfahren, es muß die Identität des Andersseins mit sich selbst, mit der Einheit seines Fürsichseins erweisen. Soll solch ein „Erweisen" geschehen, dann muß sich das Subjekt zunächst einmal auf das Andere richten, es begehren, sich also als „begehrendes Selbstbewußtsein" vollziehen und sich im Vollzug dieses Begehrens erweisen, daß das Selbst das Stärkere ist und darum das wahre Wesen jenes Anderen ausmacht.

Gehört also zum Wesen des begehrenden Selbstbewußtseins zunächst das Bewußtsein eines Mangelzustandes, eines „Nicht-Seins", so ist es doch zugleich *seiner selbst* gewiß als eines wahren „Seins". Hierin liegt das Bewußtsein eines Widerspruchs. Es ist für Hegel gerade das Vorrecht des Beseelten, einen Widerspruch zwar aushalten zu können, aber zugleich mit dem Trieb begabt zu sein, diesen Widerspruch aufzuheben.[17]

Wie hebt die Begierde den Widerspruch auf? Wenn im Selbstbewußtsein etwa das Bewußtsein des Mangels an Nahrung liegt, dann wird es darauf drängen, das den Hunger stillende Andere anzugreifen, seinen negativen, seinen Erscheinungscharakter an ihm zu vollziehen und es, in diesem ersten Sinne von Negieren als *tollere*, aufzuheben. Ist dies geschehen, so ist für das Selbstbewußtsein die Nichtigkeit des äußeren Gegenstandes durch die Tat erwiesen, und damit ist auch der Widerspruch, der im Selbstbewußtsein herrschte, zunächst einmal aufgehoben, denn es hat das Sein des Gegenstandes *seinem* Sein gleichgemacht und die Nichtigkeit des Anderen *für sich* als seine Wahrheit gesetzt

[17] S. WL II, S. 58 f.

(S. 139 ob.). In dem Akte dieser Aufhebung fühlt es sich darum im Genusse seiner selbst, es hat das „Selbstgefühl" eines momentanen Friedens mit sich, d. h. es findet eine freilich nur flüchtige Befriedigung.

Darin nun, daß das begehrende Selbstbewußtsein eine Bestätigung seiner selbst und nicht den Gegenstand, vielmehr *seine* Befriedigung sucht, liegt des weiteren, daß es als ein Selbst durch sie „selbständig" werden will. Die Überschrift des folgenden Abschnitts A: „Selbständigkeit und Unselbständigkeit des Selbstbewußtseins" zeigt an, wohin die Entwicklung geht: Das Selbstbewußtsein will durch die Vermittlung mit dem Anderen zu einem *selbständigen* Selbst werden. An dem Phänomen der Begierde zeigt sich: Das Bewußtsein ist – ähnlich wie im Buche A – im theoretischen Wissen von Gegenständen im Anderen verloren, von ihm absorbiert. Es erwacht – wie gezeigt – zu sich selbst, richtet sich auf sich selbst erst dann, wenn die Begierde in ihm erwacht. Diese aber verlangt eine Tat. Wir können zwar in passiver Haltung etwas empfinden und wahrnehmen, aber wir können nicht das Bewußtsein eines Mangels in das Bewußtsein der Befriedigung des Selbst verwandeln, ohne zu handeln. Dieses Handeln hat somit eine doppelte Wirkung: Es negiert nicht nur den Gegenstand, es bringt auch das Selbst auf sich selbst zurück, ist insofern „Rückkehr zu sich selbst". Allerdings ist diese Rückkehr zu sich durch die Begierde noch keine vollkommene, denn das begehrende Selbstbewußtsein erlangt in seinem Selbstgefühl der Befriedigung noch keinen wirklichen „Frieden". Obwohl das selbstbewußte Ich die Gewißheit seiner selbst in einem Anderen zur Wahrheit erhebt, sie bewährt, macht es doch eben in dieser Befriedigung die Erfahrung, daß es nicht vermochte, die Andersheit überhaupt, die Gegenständlichkeit der begehrten Gegenstände überhaupt, sich selbst gleichzumachen. Der Grund hierfür liegt zum einen darin, daß ein selbständig bestehender, begehrter Gegenstand durch die begehrende ihn negierende Tat nur als ein *einzelner* angegriffen wird, zum anderen darin, daß das begehrende Ich ihm als einzelnes, d. h. in einer Einstellung, die nur auf die *eigene* Befriedigung aus ist, begegnet.

Um eine ihm wirklich Frieden bringende Einheit seiner im Anderen zu erlangen, müßte das Ich sich als ein „allgemeines" in einer „allgemeinen" Andersheit wiederfinden, sich durch sie vermitteln. Was diese Einheit oder Identität eines „allgemeinen Ich" in einer „allgemeinen" Andersheit bedeutet, sei jetzt nur angedeutet. Das Ich ist – für Hegel – seiner *Form nach* dann ein „allgemeines", wenn es sich dessen bewußt geworden ist, qua Selbstbewußtsein Vollzug des Begriffes zu sein, wenn es sich als Begriff begreift. Und es ist sich dem *Gehalt nach* als „allgemeines" bewußt, wenn es sich als seiner Gattung zugehörig weiß, seiner Gemeinschaft, seinem Volke und dessen Sitten, *mores* – im weitesten Sinne, wozu auch das geltende Recht, die Kunst, die Religion gehören – oder mit Hegel: seiner „Sittlichkeit". Ein Selbstbewußtsein, das sich der Form und dem Gehalt nach als „allgemeines" bewußt ist – sich so begreift – ist ein *vernünftiges*, das sich als „geistig" gewordenes Selbst in einer allgemeinen Sittlichkeit realisiert, indem es sich im Vernünftigen – als objektiver Geist – weiß und darin handelt. Im Abschnitt C.BB, „Der Geist", wird in der „Phänomenologie des Geistes" gezeigt, wie das Selbstbewußtsein, das sich in der rechten Gesinnung in der *Substanz* seines Volkes wiederfindet, eine wahre Befriedigung erreicht.

## 7. Das Selbstbewußtsein als „Leben"

Für die vollständige Begründung dafür, daß das Selbstbewußtsein als Begierde noch nicht zu einer wahren Befriedigung und zur „Wahrheit der Gewißheit seiner selbst" gelangt, sowie für ein zureichendes Verständnis der weiteren Entwicklung, in der das Selbstbewußtsein die Einzel*heit* seiner selbst wie seines Gegenstandes überwindet, ist nun eine weitere Erörterung einer der wesentlichen Bestimmungen des begehrenden Selbstbewußtseins notwendig, der des „Lebens". Dieser Begriff wurde erstmalig am Ende des Kapitels „Verstand ..." eingeführt (S. 125). Das Resultat der Bewegung des in diesem Kapitel dargestellten verständigen Wissens in seinem Vollzug wurde als „Leben" bezeichnet. Diese Bestimmung diente bereits dort der Kennzeichnung des „Begriffes", der „einfachen Unendlichkeit", welche auch die „Seele der Welt, das allgemeine Blut" genannt und in seiner Bewegung als eine sich selbst unterscheidende, sich in sich entgegensetzende Sichselbstgleichheit, die Bewegung des Entzweiens und die Aufhebung der Entzweiung aufgezeigt wurde (S. 30 f.). Im „Erklären" des Verstandes waltet bereits der Begriff (s. o. S. 20 f.), nämlich als das Setzen des Unterschiedes von Einem und Anderem und der Aufhebung dieser Entzweiung: Wenn das Phänomen des Blitzes „erklärt" wird, wird die Kraft der Elektrizität von dem Gesetz der Elektrizität unterschieden, und die Aufhebung des Unterschiedes liegt darin, daß die Kraft unter das Gesetz subsumiert wird. Der Begriff, das Bewegen des verständigen Wissens, ist aber – so zeigt sich dann – seiner Natur nach nichts anderes als das Selbstbewußtsein in seinem Vollzug.

Warum aber wird jetzt (S. 125 ff.) der absolute Begriff als Wesen des „Lebens" bestimmt? Schon in den *Theologischen Jugendschriften* aus der Zeit von 1793–1800 hatte Hegel bei der Erörterung des Wesens Gottes und seiner Schöpfung, der Welt, durch den *Logos* die Bestimmung „Leben" eingeführt. So wird in der Abhandlung „Der Geist des Christentums und sein Schicksal" (Nohl, S. 307) Leben als das Wirkliche im „unendlich Teilenden" – dem Logos – genannt. Damit ist ein „Ganzes" gemeint, das sich von sich unterscheidet, „teilt", wobei diese Teile solche einer Bewegung sind, die nicht an ein Ende gelangt, sondern ohne Ende – unendlich – fortgeht, weil sie sich immer wieder in sich zurücknimmt. Hegel führt dort die Metapher des „unendlichen Lebensbaumes" und seiner Zweige ein, um deutlich zu machen, daß das „Einzelne, Beschränkte, als Entgegengesetztes, Totes" (ebd.), weil einem Ganzen angehörig zugleich ein Lebendiges ist. Weiter spricht Hegel auch vom „reflektierten Leben" (ebd.). Das durch Reflexion „aufgefaßte Leben" wird „Wahrheit" genannt und diese Wahrheit *Licht* (*phoos*). In dieser Struktur eines sich zu sich selbst verhaltenden reflektierenden Lebens, für das das von ihm Unterschiedene

Wahrheit bedeutet und diese Licht ist, liegt diejenige vorbereitet, die Hegel dann in den „Jenenser Systementwürfen" (GW 6–8) „den Geist" genannt hat.

Die Auffassung, daß das Leben in seiner Vollendungsgestalt „Geist" ist und Geist das Licht und diese insbesondere das Wesen Gottes bezeichnen, hat eine auf das griechische Denken zurückgehende Tradition. Bereits für Aristoteles lag das Wesen des Gottes im *nous* – im Geist – und er hat dieses Wesen zugleich im Buch C der ‚Metaphysik' (1072 b, 27 ff.) als „Leben" bestimmt. Bei Aristoteles wie am Ende der Tradition bei Hegel handelt es sich um eine geistige Auffassung von Leben, nicht etwa um eine biologische. Der Zusammenhang von Er-leben, von Leben einerseits und von Geist andererseits, ist in der Sache angelegt. Er tritt deutlich hervor in der Möglichkeit der Rückwendung des Lebens auf sich selbst, seiner Reflexivität, die Hegel in den *Theologischen Jugendschriften* erwähnt und die Dilthey später in der Bestimmung der „immanenten Reflexivität des Lebens" sieht, die für ihn die Philosophie des Lebens ermöglicht als die Selbstbesinnung des Lebens auf sich.

Was versteht Hegel nun näher unter „Leben"? In der Naturphilosophie der „Enzyklopädie" (§§ 337 ff. und in den Zusätzen hierzu) heißt es: „Erst das Leben ist das Wahre, es ist höher als die Sterne und die Sonne, die wohl ein Individuum, aber kein Subjekt ist. Als die Einheit des Begriffs und einer nach außen gekehrten Existenz, worin sich der Begriff erhält, ist das Leben, die Idee".

Das Leben wird dort weiter bestimmt einmal als die „Vereinigung von Gegensätzen überhaupt". Leben ist, „wo Inneres und Äußeres, Ursache und Wirkung, Zweck und Mittel, Subjektivität und Objektivität usw. ein und dasselbe ist" (ebd.). Zum anderen ist dann von Leben die Rede, wenn das erste Mal eine Durchdringung der Realität durch Geistiges, den Begriff, stattfindet, und das ist der Fall beim *Organismus*. Im Organismus ist bereits ein ordnendes, insofern geistiges Prinzip am Werk. Es gibt da schon den Unterschied des Stoffes und des Geistigen, das ihn formt, indem es sich den Stoff zum *organon*, zum Werkzeug macht und insofern den Unterschied zu ihm, dem Geistigen, das Anderssein auch immer schon aufgehoben hat. „Das Leben hat ... sein Anderssein an ihm selbst, es ist *eine* abgerundete Totalität in sich, – oder es ist *Selbstzweck*" (ebd.). Es wird dann vom Organismus als Leben der Übergang zum „subjektiven Leben" gemacht. Dabei spielen die zu Hegels Zeiten von den Naturwissenschaften gegebenen Kennzeichnungen des Lebens als Sensibilität, Irritabilität und Reproduktion eine große Rolle (§§ 353 ff.). Das Subjekt als lebendiges Individuum wird von dem Begriff der Assimilation her bestimmt (§§ 397 ff.), der ebenfalls für die Naturwissenschaft jener Zeit von Bedeutung war. Das Individuum erhält sich – das wird auch in der „Phänomenologie" sichtbar – durch ein „praktisches Verhältnis" (§ 359) zu der ihm äußerlichen unorganischen Natur, der sinnlich daseienden Welt, wie etwa im Verzehr der Nahrung, indem es sie in sich setzt und verwandelt. Das Individuum erhält sich dadurch, daß es die an sich unorganische Natur in seine Organisation, seinen Organismus mit Hilfe der Organe aufnimmt und sie sich assimiliert. So ergreift es dasjenige, das für es vorher als das Leben schlechthin, aber in der Gestalt einer äußerlichen Natur, galt. In der Selbsterhaltung, die das Individuum im Assimilationsprozeß vollzieht, wird *an sich* zugleich seine *unmittelbare* Einzelheit und deren Verhältnis zum Anderen der äußeren Natur aufgehoben. Indem so das Individuum durch sich selbst zum Träger und Hervorbringer des Lebens als solchen wird, ist es seinem Begriff nach „*konkretes Allgemeines, Gattung*" geworden (§ 366). Diese sich hervorbringende Allgemeinheit, dieses sich „Generierende", wird auch später in der „Wissenschaft der Logik"[18] als „Gattung" bezeichnet. Dort wird als „Prozeß der Gattung" die folgende Entwicklung dargestellt: Von der bloß unmittelbaren Weise der Gattung aus, in dem sich – wie soeben gezeigt – ein Träger, ein Subjekt, hervorbildete, beginnt dieses Subjekt sich auf ein anderes Subjekt zu beziehen, die sich beide in gleicher Weise als All-

---

[18] WL 3. Buch, 3. Abschnitt, 1. Kap.: die (unmittelbare) Idee als „Leben" (S. 413 ff,); s. auch Enz. §§ 367–376.

gemeinheit konstituieren und insofern beide derselben Gattung angehören, dann aber wiederum in eine Differenz treten. Diese Differenz ist die Geschlechtsdifferenz. Daß und wie in der Geschlechtsdifferenz im Gattungsprozeß die unmittelbare Weise des Lebens weiter überwunden wird und aus ihr der Geist hervorgeht, hat der Auslegung große Schwierigkeiten bereitet.[19]
Im Zusatz zur „Enzyklopädie" (§ 376) heißt es: „Das Ziel der Natur ist, sich selbst zu töten und ihre Rinde des Unmittelbaren, Sinnlichen zu durchbrechen, sich als Phönix zu verbrennen, um aus dieser Äußerlichkeit verjüngt als Geist hervorzutreten". Hier wird die Versöhnung des Geistes mit der Natur und der Wirklichkeit als eine Befreiung angesehen, die es ermöglicht, daß der Geist sich nur mit sich selbst, dem Geistigen, befassen kann.
In der „Phänomenologie des Geistes" erfolgt nun zu Beginn des Buches B (Selbstbewußtsein) die Bestimmung des Gegenstandes des Selbstbewußtseins als Begierde durch diesen Begriff des Lebens. Er ist zunächst maßgebend für die Bestimmung der Seinsart der begehrten Gegenstände, nämlich ihrer „Selbständigkeit" als Teile oder Glieder des Lebens. Hierin liegt der Begriff der „Ständigkeit", was soviel heißt wie „Bestehen haben". Die durch das Leben „Unterschiedenen" haben ein „Bestehen"; ohne ein Bestehen könnten sie auch nicht „aufgehoben" werden. Das Bestehen der einzelnen Glieder, der Verschiedenheiten des Lebens verdanken sie der „Substanz". Für Hegel hat aber „Substanz" gerade nicht die Bedeutung der *res extensa* wie für Descartes. Wie wenig dies der Fall ist, zeigt sich in dem synonymen Gebrauch von Substanz mit der Bestimmung „Leben", das im Gegenteil als eine „allgemeine Flüssigkeit" (S. 136) oder „allgemeines Blut" (S. 125) bezeichnet wird. Leben als Substanz (und umgekehrt: Substanz als Leben) besagt somit: die innere Bewegung eines Prozesses, in der sich Sichselbstgleichheit in Ungleichheit setzt, um zur Sichselbstgleichheit zurückzukehren. Leben hat

---

[19] Vgl. O. Pöggeler: Selbstbewußtsein und Identität, in Hegel-Studien Bd. 16 1981 (S. 189–217), S. 191, 194; D. Wandschneider/V. Hösle: Die Entäußerung der Idee zur Natur und die zeitliche Entfaltung als Geist, in: Hegel-Studien, Bd. 18 / 1983 (S. 173–199), S. 181 ff.

immer schon Anderssein gesetzt oder Unterschiedlichkeit, und zwar als individuelle lebendige Gestalten. Diese individuellen Gestalten, insofern sie Unterschiede sind, verdanken somit ihr „Bestehen" dem Leben, der Substanz, als dieser Bewegung, die gerade als Sich-selbst-gleiche diese selbständig bestehenden Unterschiede, die Andersheiten, setzt, um sie mit sich gleichzusetzen. Sie sind als solche ein integraler Faktor dieses Prozesses. Eben hierin aber zeigt sich, in welchem Sinne für Hegel Leben nicht nur „Ständigkeit" sondern „*Selbst*"-Ständigkeit gibt.

Die Bewegung des Lebens ist „reine achsendrehende Bewegung" (S. 136 oben), Leben dreht sich um sich als einen Pol, der als solcher ruhig ist, sich aber in seinen Drehungen, in seinen Differenzierungen, Teilungen und Unterscheidungen in äußerster Unruhe befindet. Als Pol ist Leben ein Selbst, und in diesem Sinne hatte Hegel in dem abschließenden Paragraphen des Kapitels „Verstand" (S. 125) Leben eine „Seele" („Seele der Welt") genannt. Seele sein heißt „Zentrum" sein. In der Entwicklung des neuzeitlichen Logos, insbesondere seit der Kantischen „transzendentalen Wende", ist das Zentrum das logische Selbst. Dies zeigt sich bei Hegel darin, daß für ihn das Leben seine volle Realisierung im allgemeinen Selbstbewußtsein findet. Jedes Selbstbewußtsein ist als Einzelnes seiner selbst nur als ein individualisiertes Lebendiges bewußt. Es muß langsam zu dem Bewußtsein gelangen, daß es in Wahrheit nur als ein vom ganzen Leben Unterschiedenes und ihm zugehörig Bleibendes, als allgemeines Selbstbewußtsein, ein Individuum ist.

Im Verlauf des Buches B „Das Selbstbewußtsein" geht es entsprechend dieser Zusammengehörigkeit um die Darstellung dieser Erfahrung, wie das individualisierte, vom Leben unterschiedene und zunächst nur auf sich als die Gewißheit seiner gerichtete Selbst des Selbstbewußtseins mehr und mehr das Bewußtsein erlangt, daß und wie es seine der „Selbst-Ständigkeit" dem totalen Leben verdankt. Diese Entwicklung wird in den Kapiteln des Buches B somit auf den Seiten 135 ff. von der Bestimmung Leben her vorgezeichnet. Es handelt sich um eine Bewegung, in der sich vom Leben und innerhalb seiner unterschiedene Gestalten nicht mehr als im Allgemeinen aufgelöst erfahren, sondern als „entzweite", selbständige und für sich Bestehende gegenüber der allgemeinen Substanz, der allgemeinen Flüssigkeit des Lebens. Kategorial gesehen hat das allgemeine Leben die Bestimmung des „Ansich" und die unterschiedene Gestalt die des „Anderen". Aber dieses Andere, die abgesonderte Gestalt, bedarf doch, um sich zu erhalten, des Lebens, des Ansich. Das Leben als Lebendiges wird für dieses zu einem „Anderen". Dies erweist es an dem äußeren Leben, indem es es „aufzehrt". Wenn es das Andere, das Lebendige, nun aber in sich hineinzieht, es verbraucht, es verwendet, zehrt es in Wahrheit das auf, auf dem sein eigenes Leben beruht, sein Wesen.

Wenn die Individualität sich das Gefühl der Einheit mit sich selbst gibt, indem sie das Andere, das Lebendige, aufzehrt, hebt sie zugleich eben *das* auf, was sie gewissermaßen braucht, um sich in Abhebung zu dem, was sie *nicht* ist, für sich zu fühlen. Sie hebt diesen Gegensatz zum „Anderen" auf. Durch diese Bewegung, in der sich eine individuelle Gestalt zu erhalten sucht, hört die allgemeine Substanz des Lebens, die allgemeine „Flüssigkeit", auf, der ruhige Pol zu sein, um dessentwillen sie da ist, sondern Leben ist jetzt „Leben als Lebendiges" (S. 137). Es ist für den Unterschied da, d. h. für das Individuum, das sich vom Leben unterschieden hat und in diesem Unterschied an und für sich selbst ist. Es hat sich jetzt selber zu der unendlichen Bewegung gemacht, und von ihr wird – wie gezeigt – jenes zuvor ruhige Medium aufgezehrt. Durch diese Bewegung der selbständigen Gestalten wird Leben erst zum „Prozeß". In ihm also ist das „allgemeine Leben" nur noch für das Individuum da, das sich selbst zum Subjekt gemacht hat und für das jetzt das Leben „das *Andere*" ist. Hierin aber liegt eine „Verkehrung", und zwar eine „*Verkehrtheit an sich selbst*" (S. 137). Wenn sich die Individualität das Gefühl der Einheit mit sich selbst gibt dadurch, daß sie die allgemeine Flüssigkeit, das Leben, aufzehrt, wird diese *Einheit* selbst „flüssig", d. h. es kommt zu einer „allgemeinen Auflösung". Das individuelle Bestehen wird aufgelöst. Andererseits hieß es zu Anfang: Das allgemeine Leben macht das *Wesen* der individuellen Gestalt aus – deren Fürsichsein liegt in der „einfachen Substanz". Wenn es nun dieses Andere – indem es sich aufzehrt – als das Andere in sich setzt, hebt die Individualität ihre Einfachheit, also ihr Wesen (als Individuum) auf – es entzweit die Substanz, die unterschiedslose Flüssigkeit in sich – somit setzt es wiederum eine Individualität. So kann Hegel sagen: „Die einfache Substanz des Lebens also ist die Entzweiung ihrer selbst in Gestalten und zugleich die Aufhebung dieser bestehenden Unterschiede; und die Auflösung der Entzweiung ist ebensosehr Entzweien oder ein Gliedern" (S. 137). Der Prozeß des Lebens erweist sich „ebensosehr Gestaltung als das Aufheben der Gestalt" zu sein. Und das, was zuvor die „in dem Medium der Selbständigkeit ruhig auseinander gelegte Gestaltung" war, erweist sich „ebensosehr ein Aufheben wie Gliederung" (S. 138) zu sein. Immer wird gegliedert und das Gegliederte wieder aufgelöst. „Dieser ganze Kreislauf" – beendet Hegel die Analyse – „macht das Leben aus" – es erschöpft sich weder in der einen noch in der anderen Bestimmung, „sondern das sich entwickelnde und seine Entwicklung auflösende und in dieser Bewegung sich einfach erhaltende Ganze" (ebd.) – das ist „das Leben", – die einfache Substanz – zu der wir durch die unterschiedlichen Bestimmungen und ihre Auflösungen hindurch zurückkehren. Aber dieses Zurückkehren zu einer Einheit ist der Bewegung durch die verschiedenen Bestimmungen wegen eine – freilich nicht bewußtseinsmäßig aufzufassende – „Reflexion", eine reflektierte Einheit, die anders ist als jene, von der wir ausgingen. Sie ist eine Einheit, die alle vorher durchgegangenen Bestimmungen als ihre Momente „als aufgehoben" in sich hat. Hegel nennt sie die *Gattung*, die sich freilich noch nicht ihrer selbst bewußt, die noch nicht „für sich" ist.

Ein Sein, das in allen Unterschieden sich selbst gleichbleibt und sich als ein solches sich selbst gleichbleibendes neu generiert, hat die Philosophie seit jeher als „Gattung" bestimmt. Gattung, das griechische *genos*, besagt Genesis, Werden, Entstehen. Eine Gattung verwirklicht sich als eine sich in sich einigende Einheit der unterschiedlichen Gestalten, in die sie sich besondert hat, ohne sich durch diese Besonderung aufzulösen. Das Leben in all seinen Stufen generiert sich in dieser Form der Gattung. Die sich selber generierenden Gattungen erhalten sich durch die Generationen hindurch und sind als solche Träger des Lebens; aus und in ihnen unterscheiden sich, besondern sich die Individuen, die ihrerseits aber endlich sind, vergehen müssen; sie werden mit ihrem Tode in das Leben der ewigen Gattung zurückgenommen.

Leben als Gattung hat als solches kein Bewußtsein: Die Gattung existiert – mit den Worten des Phänomenologen – nicht „für sich", aber muß als dies einfache, unbewußte Existieren – und Existieren hat für Hegel diesen Sinn: „nach außen treten" – Beziehung haben zu dem, was sie nicht ist, dem Anderen. Kategorial ausgedrückt: Gattung ist „Sein-für-Anderes". Dies Andere aber, „für" das sie *als dies Einfache existiert* (S. 138), ist selbst Leben, aber Leben als Bewußtsein. Dieses nun kann nicht so beschaffen sein wie das Bewußtsein von einem *Ding*, wenn ihm in der Gattung das Wesen seiner selbst als *Leben* der Gegenstand ist. Es ist vielmehr das Selbstbewußtsein.

Es hat sich uns bereits gezeigt: Selbstbewußtsein ist kategorial bestimmt „Fürsichsein"; in seinem Fürsichsein ist es aber zugleich „Sein-für-Anderes". Eben dies folgt aus seiner Begriffsnatur: Die eigentümliche Macht des Begriffes liegt darin, Fürsichsein und Sein-für-Anderes vereinigen zu können. Das Selbstbewußtsein ist, indem es Bewußtsein der Gattung ist, Bewußtsein seiner selbst, denn als Leben ist es selbst Gattung – als solche ist es *Sein-für-Anderes*; und da es dies zugleich für sich selbst ist, ist es ebenso *Fürsichsein*. Selbstbewußtsein ist also „für sich selbst Gattung" (S. 138 u.) und damit die höchste Wirklichkeitsweise und Potenz des Lebens, das *telos* desselben. Die Rede im letzten Satz von „Verweisen auf" Bewußtsein ist deshalb auch zu verstehen als ein Verweisen auf das *telos* des Lebens.

Da aber Leben – wie wir in den Erörterungen der Grundzüge des Lebens gesehen haben (s. u. S. 37 f.) – für Hegel „sichselbstgleiche Selbständigkeit" (S. 136) ist, so wird sich zeigen müssen, daß das lebendige Selbstbewußtsein auch die höchste Weise ist, in der sich Leben als diese „sichselbstgleiche Selbständigkeit" verwirklicht. Das Selbstbewußtsein muß, um wahr zu sein, um sein wirkliches Wesen zu bewähren, sich als die Wahrheit dieses Wesens erweisen, nämlich sichselbstgleiches selbständiges Leben zu sein. Die nächsten Abschnitte handeln deshalb von der Bewährung, von dem Bemühen des lebendigen Selbstbewußtseins, sichselbstgleich selbständig zu werden – mehr und mehr ständig, d. h. das *Bestehen* in dem Sinne zu erweisen, daß es ein *Selbst* in dem eigentlichen Sinne wird, daß es in seinem Anderssein mit sich gleich, „bei sich selbst" bleibt.

Der Weg dieser „Erfahrung" ist nun zu betrachten. Sie enthält die Entfaltung, die wir zuerst an dem Leben als solchem gesehen haben. Wir werden somit hier jene Entwicklung wiederfinden, die wir beim Lebensprozeß des Individuums in jenem Kreislauf des Lebens beobachteten, als sich das Individuum von dem Ganzen, von der flüssigen Substanz des Lebens, abzulösen versuchte, sich aber bei diesem Versuch „verkehrte", weil es nicht sein Ziel erreichte, sich mehr und mehr zu individualisieren, sondern, im Gegenteil, sein Wesen als Individuum in diesem Versuch auflöste, das übrige Leben in sich hineinzuziehen. Auf dieser potenzierten Stufe von Leben wird allerdings keine „Auflösung" des Individuums erfolgen, aber dem lebendigen Selbstbewußtsein gelingt auch nicht, was es als Lebendiges zu erreichen versuchte: im Anderssein bei sich selbst zu bleiben, es wird vielmehr zunächst die „Erfahrung der Selbständigkeit" (S. 135) seines Gegenstandes machen. Am Anfang hat sich das Selbstbewußtsein nur als „*reines Ich*" zum Gegenstand, die Gattung nur als das „einfache Wesen", worin zunächst für das Selbstbewußtsein die Unterschiede, die Momente des Lebensprozesses, nicht enthalten sind. Dies ist das Ich, das bereits zu Beginn des Buches B so gekennzeichnet worden war, daß es sich in seiner *Innerlichkeit* nur als ein Mich weiß und in dieser bewegungslosen Tautologie des Ich bin Ich für sich selbst *nicht* „lebendig" ist, sondern im Kantischen und Fichteschen Sinne ein „reines Ich" ist. Diesen Gegenstand des Ich nennt Hegel hier einen „abstrakten" (S. 138 u.). Von ihm aber wird ferner gesagt, daß er sich auf dem Erfahrungs-

wege „bereichern und die Entfaltung erhalten (werde), die wir – die Philosophen – an dem Leben gesehen haben" (ebd.).
Das „einfache Ich" ist gekennzeichnet als das „einfache" Allgemeine (S. 139 ob.). „Einfach" besagt: als Einheit Fächer, d. h. Unterschiede zu haben, aber so, daß sie nur an sich sind, noch nicht nach außen getreten und vermittelt. Die Unterschiede, die Fächer, sind in einer *Einheit* zusammengebunden: darum ein-fach; sie sind „Momente" der Gattung, die sie zugleich von sich als einender Einheit unterschieden hat. Das Ich als einfache Gattung ist bereits die Macht des „Scheidens", des Sichunterscheidens, die Macht des Negierens. Darum nennt Hegel ihr Wesen „negatives Wesen" (ebd.). Dieses bewährt sich zunächst dadurch, daß es das Andere, das sich eben als ein „Anderes", und zwar als ein anderes „selbständiges Leben", darstellt und das ihm als ein von ihm zu negierendes gilt, als ein solches behandelt. So wie ein Organismus sich dadurch erhält, daß er die es umgebenden Nährstoffe – dieses „selbständige Leben" – in sich hineinzieht, so vermittelt sich das menschliche Selbstbewußtsein mit diesem Anderen, indem es das Andere als *diesen* Gegenstand *vernichtet*. In dieser Gestalt ist es – so zeigte sich – „Begierde". Eben dadurch, daß es in solchem Verhalten der Nichtigkeit dieses Anderen gewiß wird, diese Nichtigkeit *für sich* als seine Wahrheit setzt, gibt es sich – so heißt es weiter – „die Gewißheit seiner selbst, als *wahre* Gewißheit" (ebd.), und der Satz endet mit dem Hinweis darauf, daß sie ihm auf „gegenständliche" Weise geworden ist. Damit erreicht – wie gesagt – es ein erstes Gefühl seiner als eines Selbst – das Selbstgefühl; und hierin liegt eine Befriedigung. Aber erreicht es den Frieden, den es sucht?
Der folgende Satz lautet: „In dieser Befriedigung aber macht das Selbstbewußtsein die Erfahrung von der Selbständigkeit seines Gegenstandes" (S. 139). Der Gegenstand ist ein „lebendiger", er hat als vom „Leben" unterschiedener jenen Charakterzug an sich, den ihm das Leben verleiht, den des Bestehens. Das Bestehen eines Anderen ist gerade nötig, damit sich ein Selbstbewußtsein durch ihn vermitteln kann. Insofern ist zu sagen, daß „die Begierde und die in ihrer Befriedigung erreichte Gewißheit", die

durch das Aufheben eines selbständigen Gegenstandes erreicht wird, „bedingt" sei – nämlich durch diese Selbständigkeit des Gegenstandes. „Daß dies Aufheben sei, muß das Andere sein" (ebd.). Hierin liegt: Das Selbstbewußtsein als begehrendes muß, um die Gewißheit seiner selbst in gegenständlicher Weise zu erlangen, immer wieder einen anderen selbständigen, zu begehrenden, Gegenstand haben; insofern vermag das begehrende Selbstbewußtsein den Gegenstand als solchen, die Gegenständlichkeit, durch seine negative Bewegung *nicht* aufzugeben. Es muß ihn als begehrten immer wieder „erzeugen". Damit aber erzeugt es auch zugleich immer wieder sich selbst als die Begierde.

Diese Gestalt des Selbstbewußtseins vermag nicht das Andere mit seinem Fürsichsein so zusammenzuschließen, daß dessen kategoriale Gestalt – sein „Anderssein" – zum Anderen seines „Fürsichseins" – dieses Einen – wird. Eine solche Gestalt des Selbstbewußtseins entspricht nicht seiner Begriffsnatur. Genauer gesehen hat es im Vollzug der Begierde sein „Fürsichsein", seine Selbstheit, negiert, eine Negation an ihr vollzogen. In der Begierde – etwa im Hunger – verliert sich doch das Selbst des Selbstbewußtseins, sein Fürsichsein, in dem Gegenstand, der seine Begierde stillen soll. Es macht sich dadurch selbst zu einem Anderen. Darum schreibt Hegel: „Es ist in der Tat ein *Anderes* als das Selbstbewußtsein, das Wesen der Begierde". Und er fährt fort: „Durch diese Erfahrung ist ihm selbst diese Wahrheit geworden" (S. 139 Mitte).

Der Gegenstand des begehrenden Selbstbewußtseins war freilich nicht mehr das „rein unterschiedene Ich". Über diese Unmittelbarkeit ist es hinaus. Die Wahrheit dieser Unmittelbarkeit erwies sich bereits als Vermittlung, und d. h. als Reflexion, eben als Begierde durch Aufheben eines Anderen, eines Gegenstandes. Aber ist diese zur Wahrheit gewordene Gewißheit diejenige, die wir suchen?

Der folgende Satz bringt sogleich eine Wendung: „Zugleich ist es aber ebenso absolut für sich, und ist dies nur durch Aufheben des Gegenstandes, und es muß ihm seine Befriedigung werden, denn es ist die Wahrheit". Es ist das *Selbst*bewußtsein: dieses

*Selbst*, nicht dasjenige, das sich im Anderssein verloren hat, sondern es selber – das „absolut für sich" ist –, dies „ist" die Wahrheit. Denn Wahrheit hat – hierin folgt Hegel der Tradition – notwendig den Charakter von „Dauer". Die Befriedigung der Begierde ist aber gerade keine dauernde. Mit dem erreichten Selbstgefühl der Begierde flammt diese auch immer wieder erneut auf, und immer wieder macht die Begierde eben diese Erfahrung, daß die in ihr erreichte Befriedigung, *diese* Gewißheit seiner selbst, „bedingt" ist durch die Selbständigkeit des Gegenstandes und daß sie ihm nur wird durch „Aufheben dieses Anderen" (S. 139). Immer erneut erfährt sie somit, daß dieses Aufheben wiederum davon abhängt, daß ein „Anderes" ist. Das Selbstbewußtsein macht als begehrendes die Erfahrung, daß es das zu ihm Andere nicht völlig zu vernichten, es durch „seine negativen Beziehungen" nicht aufzuheben vermag, sondern es immer wieder erzeugen muß, um selbst zu sein, was es ist – denn damit es dieses Andere, seinen Gegenstand überhaupt, in Gestalt immer neuer Gegenstände erzeugt, erzeugt es sich selber als Begierde. Zwar nicht der einzelne Gegenstand der Begierde behält sein „Bestehen", wohl aber die Gegenständlichkeit der Gegenstände selber. So wird etwa der einzelne Gegenstand vom Hunger zwar vernichtet, für den er in der Tat eine „gleichgültige Gestalt" ist (denn dem Hungrigen ist es gleichgültig, was er ißt), die Gegenständlichkeit als solche aber kann nicht verschwinden, da nur im unablässigen Erweis ihrer Nichtigkeit dieses Selbstbewußtsein sein Fürsichsein, die Gewißheit seiner selbst, erhalten kann.

Denn dies ist das Ziel des Selbstbewußtseins: Es will seine „Begriffsnatur" erweisen und also nicht nur ein „Sein für Anderes" sein, sondern vor allem ein „Fürsichsein" – oder genauer: es will ein Fürsichsein *im* Anderssein sein. Dies gelänge nur, indem es sich in seinem Anderen als „seinem" Anderen, dem Anderen dieses Einen, wiederfände. Erst eine solche Vermittlung würde ihm die „Wahrheit der Gewißheit seiner selbst" bringen. Auf S. 139 heißt es weiter: „Um der Selbständigkeit des Gegenstandes willen kann es (scil. das Selbstbewußtsein) daher zur Befriedigung nur gelangen, indem dieser selbst die Negation an ihm vollzieht;

und er muß die Negation seiner selbst an ihm vollziehen, denn er ist *an sich* das Negative, und muß für das Andere sein, was er ist". Dies muß somit der „neue Gegenstand" sein, seine Gegenständlichkeit muß darin liegen, daß er die „Negation seiner selbst an sich vollzieht", und das bedeutet: „Indem er die Negation an sich selbst ist und darin zugleich selbständig ist, ist er Bewußtsein" (ebd.).

Die Erfahrung, die das begehrende Selbstbewußtsein mit der Selbständigkeit des Gegenstandes machte, war, daß es – das begehrende Selbstbewußtsein selber – ihn immer negieren mußte, aber in und durch die Negation sich selbst wieder als Begierde erzeugte und immer wieder einen neuen Gegenstand erzeugen mußte. Nur wenn der Gegenstand selber eine Negation an sich selbst vollziehen könnte und selbständig erhalten bliebe, würde er das begehrende Selbstbewußtsein von jener Unruhe und Qual befreien. Gibt es einen solchen Gegenstand? Es gibt ihn in der Tat. Es ist der Gegenstand, der uns aus der Bewegung des Lebensprozesses als eine von ihm abgesonderte Gestalt entstanden war, die aber eine Einheit ist, die sich selbst generiert, die *Gattung* ist und darüber hinaus „für sich selbst Gattung ist" (S. 138 u.). Sie, diese Gattung, setzt als ein eigener Lebensprozeß alle Unterschiede in sich, und sie dennoch in sich einend, ist sie ein allgemeines Unterschiedenes oder sich einendes allgemeines Einfaches. Es gibt nun *eine* Gattung, die in der Natürlichkeit ihre organische Seinsweise „aufgehoben" hat im Sinne einer Negation, die sich wiederum negiert, und der darum das Leben – wie es auf S. 139 heißt – „seine unorganische allgemeine Natur" ist; und dieses ist das Bewußtsein. Daß es eine in sich geschlossene Substanz gibt, dieses unmittelbare Verhältnis, die Gattung, innerhalb derer jedoch bereits eine Organisation stattfindet, dies ist verwunderlich genug. Der Lebensprozeß als Gattung, insofern er ein Organismus ist und einem bestimmten Zweck dient, ist als solcher schon ein „reflektierter Organismus" (vgl. S. 200), der sich zwar individualisiert, aber in dieser Individualisierung, der Hervorbringung der einzelnen Teile in sich zurückkehrt und dadurch sich selbst erhält: dies ist schon eine erstaunliche Bewegung.

Aber um so erstaunlicher ist es, wenn sich innerhalb ihrer etwas herausbildet, das sich dieses Organische untertan zu machen versteht, nicht dieses Organische vernichtet, sondern innerhalb seiner eine Macht bezeugt, die vom Organischen frei ist in dem Sinne, daß es dieses in seinen Dienst nimmt – es als ein Organon, ein „Organ" für sich in Anspruch nimmt. Es ist ja der Sinn des „Organs", daß es Diener ist dessen, was Aristoteles die Psyche, die Seele, nannte, die sich dann auch für ihn zum *nous*, dem Geist, hervorbildete. Aristoteles hat aber nicht gesehen, daß dieses Hervorbilden, innerhalb der Genesis des Organischen und dieses Herausarbeiten des „Sich" mit dem „Für-sich-selbst-Sein" der Gattung (S. 138 u.) die Genesis des „Selbstbewußtseins" ist, und ferner, daß diese Genesis in einer absoluten, doppelten Negation der Gattung Leben ist als *„unorganische, allgemeine Natur"*. Denn sie setzt als „allgemeine Flüssigkeit" nicht wie die sonstige lebendige Gestalt im Prozeß des Lebens Unterschiede und hört dabei auf zu sein, sondern das Leben als Selbstbewußtsein entfaltet in sich, indem es in sich Unterschiede setzt, in seinen Vorstellungen, in seinem Verhalten, in allen unterschiedlichen Weisen von Sein, das Anderssein und entwickelt sich somit als ein „negatives Wesen" und bezeugt, daß es in diesem Anderssein bei sich selbst ist, mit Hegel: „selbständig in dieser Negativität seiner selbst" (S. 140) ist. Die Gattung als Selbstbewußtsein wird sich gegenständlich, aber so, daß dieser Gegenstand „an sich selbst sein Anderssein oder den Unterschied als einen nichtigen setzt", und gerade insofern dieser ein nichtiger ist, er selbst „darin selbständig" ist (ebd.).

Es gibt einen wichtigen Aspekt in diesem ganzen Prozeß, der noch nicht genügend beachtet wurde. Wir gehen davon aus, daß die Erfahrung des begehrenden Selbstbewußtseins an der Selbständigkeit des Gegenstandes gemacht werde – daß es sich also um den *„Gegenstand"* des Selbstbewußtseins handelt, der diese doppelte Negation an sich vollzieht. Er ist es, der für sich selbst „Gattung" hervorbildet. In diesem Sichhervorbilden verliert er nun gerade nicht für das erfahrende Selbstbewußtsein die Seinsart des bloßen, daseienden „Gegenstandes". Dieser „Gegenstand" erweist sich gerade darin, daß er „für das Andere ist, was er ist" (S. 139), und d. h. für das erfahrende Selbstbewußtsein. Was aber ist dieser Gegenstand? Erst ein solcher, der die doppelte Negation seiner an sich vollzieht. Das aber vermag nur ein „Gegenstand" von der Seinsart eines Selbstbewußtseins. Wenn ein Selbstbewußtsein einem solchen „Gegenstand" gegenübersteht, dann haben wir eine Verdoppelung des Selbstbewußtseins. Innerhalb der Genese des Selbstbewußtseins haben wir nicht nur die Reflexion des einen Selbstbewußtseins, das in der Form der Befriedigung seine Gewißheit sucht, die zur Wahrheit geworden ist (S. 140), sondern zugleich auch eine Reflexion im *Gegenstand* des Bewußtseins; somit eine „gedoppelte Reflexion" (ebd.): Ein jedes von (mindestens) zwei Selbstbewußtseinen ist „für sich", was es „für das andere" ist, ein Gegenstand, der sich aber als Ich selbst doppelt negiert. So schreibt Hegel: „Es ist ein Selbstbewußtsein für ein Selbstbewußtsein", oder jedes dieser Selbstbewußtseine ist ebensowohl Ich wie Gegenstand für das andere (S. 140 Abs. 2). Der nächste Satz lautet: „Erst hierdurch ist es in der Tat; denn erst hierin wird für es die Einheit seiner selbst in seinem Anderssein". Die Erfahrung dieser Einheit ist die, daß es zu seinem Gegenstand ein anderes Selbstbewußtsein hat, ein anderes, das „für es" ist – wie es selber ebenso „für das andere Selbstbewußtsein" ist. Von dieser Einheit – die jetzt gerade nicht mehr nur die Einheit des eigenen Selbst ist – sagt nun der erste Abschnitt des nächsten Kapitels, daß sie eine „vielseitige und vieldeutige Verschränkung" darstellt (S. 141). Sie ist es, die Befriedigung gibt und die wirkliche Wahrheit der Gewißheit. Wenn ich mich auf ein Etwas *nicht* in der Haltung der Begierde richte, sondern so, wie ich einem Wesen meiner Art begegne, entsteht die Möglichkeit der Befriedigung. Ein Mensch *kann* sich auf einen anderen Menschen nur in der Einstellung der Begierde richten, dann aber erreicht er keine „menschliche" Befriedigung. Sie erwächst ihm nur dann, wenn er dem anderen als einem anderen „Selbstbewußtsein", also einem Menschen begegnet wie er selbst ist. Das Selbst des anderen kann deswegen den gesuchten Frieden geben, weil er selber dem anderen diesen

Frieden zu geben vermag. Oder: „Das Selbstbewußtsein erreicht seine Befriedigung nur in einem anderen Selbstbewußtsein" (S. 139).

Nun ist die Rede vom „anderen" nicht so zu verstehen, als ob es sich immer nur um „zwei" Selbstbewußtseine handelt; die logische Bestimmung des „Anderen" enthält, wie Hegel in der *Wissenschaft der Logik* zeigt[20], ihrem Sinn nach „Vielheit". Damit, daß die Möglichkeit eines „Anderen" gesetzt ist, ist sinngemäß Vielheit gesetzt. Das Selbstbewußtsein ist die Gattung in ihrem „Für-sich-sein" als eine solche Allgemeinheit, die als Einfaches in ihren Fächern Unterschiede an sich hat (s. o. S. 45), die wiederum jeder für sich Selbständigkeit haben und bewahren. Solche Einheiten gibt es viele. Denken wir etwa im physischen Bereich an das Licht. Es erscheint in der Nacht nur in der Gestalt von vielen Sternen, wobei jeder Stern als ein solcher selbständig ist, und doch gehören sie alle ihrem Sinn nach zu der Sinneinheit „Licht". Viel schwieriger ist freilich diese Einheit zu denken, die die Gattung „Für sich" bildet – diese Unzahl von je selbständigen und „freien" selbständigen Wesen, die dennoch zusammen zu einer sie übergreifenden Einheit gehören. Es gibt derer viele: Es gibt die Einheit *zweier* Menschen, Freundschaft, Liebe; aber auch die Einheit eines größeren Verbandes: die Einheit der Liebe in der Familie und die Einheit eines „Systems der Bedürfnisse", das Hegel die Gesellschaft nennt.[21]

Es gibt schließlich die Einheit des Volkes, das durch gemeinsame Sitten, gemeinsame Institutionen, Religion, Recht, Kunst, kurz, gemeinsame Kultur, die vielen einzelnen freien Wesen zusammengeschlossen hat. Diese Einheiten scheinen ein Leben besonderer Art, eine eigene Art von Selbständigkeit zu haben im Sinne einer *Substanz*. So wie das Leben – wie wir sahen – nicht starr, sondern „allgemeine Flüssigkeit" ist, so sind auch diese

---

[20] Siehe das Verhältnis des für sich seienden Eins zum Anderen als seiner *negativen* Beziehung auf sich selbst, worin es sich von sich „abstößt" („repulsiert"), so daß das Eins zugleich als viele *Eins* gesetzt ist, im Ersten Buch („Lehre vom Sein") der WL, 1. Abschn., 3. Kap. B (S. 154, insbes. S. 157 ff.); s. auch Enz. §§ 93–97.
[21] S. Rph §§ 158 ff. und 189 ff.

Einheiten kategorial in sich flüssige Substanzen, sie alle sind Ein-fache, die als ihre Fächer, ihre Unterschiede jene selbständigen freien Selbstbewußtseine an sich haben, von denen ein jedes für sich einen Gegensatz zu dieser Einheit bildet und dennoch von dieser Einheit umfangen bleibt, trotz aller Verschiedenheit zu ihr gehört – sei es als Freund, Liebender, Mitglied der Familie oder dieser Gesellschaft oder als Bürger dieses Staates oder gar als Angehöriger der allumgreifenden Einheit Menschheit.

Hegel hat nun diese „für sich seienden" gattungsmäßigen Einheiten philosophisch bestimmt durch den an Bedeutung reichen traditionellen Grundbegriff des „Geistes". Bei diesem Grundbegriff handelt es sich keineswegs um etwas – wie man in der Umgangssprache sagt– „Abstraktes", sondern um etwas höchst Konkretes. Mit dieser Rede von „konkret" ist allerdings gerade das Gegenteil von dem gemeint, was man gemeinhin durch dieses Wort bezeichnet: es handelt sich gerade nicht um etwas sinnlich Einzelnes, das wir vermittels der sinnlichen Gewißheit oder Wahrnehmung erfassen, es handelt sich nicht um das, was wir in dem „farbigen Scheine des sinnlichen Diesseits" (S. 140) zu ergreifen vermeinen – es handelt sich aber auch nicht um das, was wir in jener abstrahierenden Weise des Verstandes meinen, wenn wir von dem „Geiste" sprechen, als ob es ein übersinnliches Jenseits wäre; sondern wenn wir in das Reich des „Geistes" eintreten, dann sind wir bei dem, was uns, wenn wir nur Augen hätten, stets sichtbar wäre als der „geistige" Tag der Gegenwart, denn in der Gegenwart bewegen wir uns liebend oder in Freundschaftsverhältnissen; sittlich verbunden mit anderen leben wir in der Familie, in der Gesellschaft, in unserem Volke, sind wir Teil der Menschheit, verbunden mit ihrem Schicksal. Freilich müssen wir „sehenden Auges" in diesen Verhältnissen leben, und d. h. wir müssen *wissen*, daß es sich bei ihnen um „geistige" Verhältnisse handelt. Es kommt darauf an, einzusehen, was für Hegel wiederum in einer sehr konkreten Weise das „Spekulative" in diesem Verhältnis ist, nämlich diese eigentümliche, gerade nicht sinnlich zu erfassende und auch nicht nur schlechterdings zu verstehende, sondern nur vermittels der Vernunft einsehbare Einheit, die den Begriff des „Geistes" ausmacht.

## Exkurs I

Hegel hat diese „geistige Einheit", die im Begriff des Selbstbewußtseins liegt, in seinem späteren System der „Enzyklopädie der Wissenschaften" als „objektiven" Geist entwickelt und ihn als solchen vom „absoluten" Geist unterschieden, wie er sich in der Religion, in der Kunst und der Philosophie realisiert. Die Bewegungen des objektiven Geistes hat er dann spezieller noch in seinen „Grundlinien der Philosophie des Rechts" behandelt, wobei er das „Recht" in seiner Vollendungsgestalt kennzeichnet als dasjenige, das die vielen freien Selbstbewußtseine, freien Subjekte, in der gattungsmäßigen Einheit ihres Volkes, eben in seinem Geist, zusammenhält, der sich in der Sittlichkeit, und d. h. in Gesetzen, Institutionen, Sitten, Kunst usw., der „Kultur" ausdrückt. Dieses „Recht" gibt einem jeden einzelnen Subjekt sein Recht, als freies unter dem Gesetz und in den Institutionen „anerkannt" zu sein. Hegel hat schon in seinen frühen Schriften, bereits in der Frankfurter Zeit, dann in Jena, das eigentümlich Geistige dieses spekulativen Verhältnisses von Liebe, Freundschaft, Familie, Gesellschaft und Volk von der Bewegung der Anerkennung her zu bestimmen versucht.[22]

## 8. Die Verdopplung des Selbstbewußtseins in seiner Einheit - der Kampf um Anerkennung

Mit dem Begriff der Einheit des Selbstbewußtseins als „verschiedener für sich seiender" (S. 140 unten) ist „schon der Begriff *des Geistes* für uns vorhanden": *„Ich, das Wir, und Wir, das Ich* ist" (ebd.). Das Bewußtsein jedoch, das in der Erfahrung begriffen ist, muß diesen Begriff, der es *ist*, noch an ihm selbst und für sich selbst realisieren. – Es findet sich jetzt zunächst als ein Selbstbewußtsein, dem ein anderes Selbstbewußtsein der Gegen-

---

[22] S. dazu L. Siep: Anerkennung als Prinzip der praktischen Philosophie. Untersuchungen zu Hegels Jenaer Philosophie des Geistes. Freiburg/München 1979.

stand ist. Der Begriff der Einheit des Selbstbewußtseins stellt sich also so dar, daß sich in ihm eine „Verdoppelung" konstituiert – eine Einheit, die Hegel hier bereits eine „geistige" nennt (S. 141 Mitte). Es geht darum – heißt es dort –, die „Auseinanderlegung des Begriffs dieser geistigen Einheit in ihrer Verdoppelung" zu gewinnen. Diese Auseinanderlegung aber stellt sich als „die Bewegung des *Anerkennens* dar". Dementsprechend lautet der erste Satz des Kapitels: „Es (das Selbstbewußtsein) ist nur als ein Anerkanntes". – Wann ist das Selbstbewußtsein ein Anerkanntes? Die Antwort gibt der erste Teil dieses Satzes: „Das Selbstbewußtsein ist *an* und *für sich*, indem und dadurch, daß es für ein anderes an und für sich ist". Bevor wir nun auf die Bewegung des Begriffs achten, d. h. auf die „reinen Selbstbewegungen", auf die „einfachen Bestimmungen des Ansichseins, des Fürsichseins, der Sichselbstgleichheit" (vgl. S. 48), bevor wir deren „immanenten Rhythmus" nachvollziehen und jene „Verkehrungen in sich" beobachten, die in der Notwendigkeit des Gedankens, der Notwendigkeit des *logos*, beruhen, sei in allgemeiner Weise noch dieses vorausgeschickt: Für Hegel ist der Mensch nur dann in der Vollendungsgestalt seines Wesens, wenn er sich genau so zu dem Anderen verhält, wie er sich auch selbst sieht. Sieht er sich selbst als ein „freies" Wesen an, als ein Wesen, das sich selbst bestimmen kann, so müßte er auch den anderen so sehen – wie Kant dies in der Grundlg. z. Metaphysik d. Sitten (AA IV, 430) ausdrückt: als einen „Zweck an sich selbst", als ein Wesen, das nicht benutzt werden darf für die eigenen Zwecke, sondern in seiner Menschenwürde als ein „freies" angesehen werden muß. Nur wenn sich freie Wesen als Freie begegnen, anerkennen sie sich, oder in den Worten Hegels: „Sie *anerkennen* sich, als *gegenseitig sich anerkennend*" (S. 143). Hier ist schon zu ersehen, daß es sich bereits auf dieser Station des Weges um die Frage der „Selbständigkeit oder Unselbständigkeit" des Selbstbewußtseins, der Herrschaft und Knechtschaft, um die Genese zunehmender *Freiheit* handelt. Es wäre hier zu bedenken und zu erkennen, daß für Hegel im Selbstbewußtsein nur seiner Begriffsnatur wegen, die sich als „gedoppelte Reflexion" erweist, „Freiheit" garantiert ist. Von der geistigen Einheit in ihrer Verdoppelung, erklärt Hegel nun weiter, es handele sich bei ihr um die „sich im Selbstbewußtsein realisierende Unendlichkeit" (S. 141).

Es sei daran erinnert, daß es für Hegel zwei Formen von Unendlichkeit gibt: eine „schlechte", die eine nicht reflektierte Verknüpfung von Endlichkeit und Unendlichkeit bildet. Hierin ist das Unendliche „nur unendlich in der Beziehung auf das Endliche" (WL I, S. 130 / WW 5, S. 155). Beide bleiben in „Wechselbestimmung" gegeneinander, und die Unendlichkeit besteht nur im „Progreß ins Unendliche" (ebd.). Diese Form des „schlecht-Unendlichen" hat sowohl die qualitative Bedeutung jener Wechselbestimmung von Endlichem und Unendlichem als solchem, als auch die quantitative Bedeutung des Setzens und Aufhebens des Quantums, das immer wieder über sich hinausweist „ins Unendliche", ohne ein solches zu erreichen.[23] Die „wahrhafte" und „affirmative" Unendlichkeit aber bezieht sich im Setzen und Aufheben des Entgegengesetzten nur auf sich. Sie ist damit qualitativ,[24] und ihre Bewegungsstruktur ist nicht wie bei der schlechten Unendlichkeit das iterative Fortschreiten, sondern eine solche der „Rückkehr" in sich. Mit ihr gelangt diese Unendlichkeit an ihr Ziel. Diese ist es nun, welche die wesentliche Bewegungsstruktur des Selbstbewußtseins ausmacht. Es hat sich bereits gezeigt: Ein Selbst konstituiert sich für Hegel nur so, daß es sich über ein Anderssein vermittelt, sich auf dem Wege über ein anderes in sich reflektiert. Dieses Zu-sich-Zurückkommen aus dem Anderssein zu sich selbst, dem Für-sich-Sein, diese Vermittlung ist die in sich zurückkehrende Bewegung der sich realisierenden wahrhaften, affirmativen und in diesem Sinne „guten" Unendlichkeit. Die Einsicht darein, daß es diese seltsame Bewegung der Rückkehr zu sich gibt, daß es diese „gute" Unendlichkeit gibt, war

---

[23] S. WL I, S. 223–225 (WW 5, S. 262–264) und die folgende „Anmerkung 1".
[24] Auch die quantitative Unendlichkeit vollendet sich ihrem Begriff nach in der Beziehung auf sich, d. h. der Qualität, indem das Quantum auch im unendlichen Progreß als nur durch sich bestimmt erkannt wird und es „das Fürsichbestimmtsein ... an ihm selbst" hat (WL I, S. 238 f. / WW 5, S. 278 f.).

für Hegels ganzes Denken entscheidend. Man kann sein ganzes Werk als einen Versuch ansehen, diese Bewegung in ihren Konkretionen zu verfolgen.

Von der Bewegung der Unendlichkeit im Selbstbewußtsein sagt Hegel vorgreifend, sie sei eine „vielseitige und vieldeutige Verschränkung" (S. 141), deren Momente teils genau auseinander zu halten, teils in dieser Unterscheidung zugleich auch als nicht unterschieden oder immer in ihrer entgegengesetzten Bedeutung zu nehmen und zu erkennen sind. Hier haben wir wieder die „Verkehrung", die Hegel als „Doppelsinnigkeit des Unterschiedenen" bezeichnet und von der er später als der „gedoppelten Bedeutung" spricht (S. 142). Er bestimmt dann das *Wesen* des Selbstbewußtseins daraus, daß es „unmittelbar das Gegenteil der Bestimmtheit, in der es gesetzt ist" (S. 141) sei, und aus seiner jeweiligen Bestimmtheit, in der es gesetzt ist, zurückzukehren – dies ist die Bewegung der „sich realisierenden Unendlichkeit", die im Selbstbewußtsein herrscht. Eben darum kann er sagen: „unendlich, oder unmittelbar das Gegenteil der Bestimmtheit, in der es gesetzt ist".

Im nächsten Abschnitt findet sich zunächst wieder eine Vorzeichnung der gesamten Entwicklung durch den Phänomenologen, d. h. den Philosophen, der das Selbstbewußtsein, „das in Erfahrung begriffen ist", das „erscheinende Wissen" auf seinem Weg begleitet und es durch seine Darstellung auf seinem Weg mitnimmt.[25] Darauf folgt die Darstellung der Erfahrungsbewegung (S. 144 ff.), freilich immer wieder unterbrochen durch Hinweise des Philosophen. Für die Erörterung der nun folgenden Erfahrungsbewegung, die die Gestalten von Herrschaft und Knechtschaft als Gestalten des „erscheinenden Wissens" betrifft, kommt es wesentlich auf deren kategoriale Bestimmungen an. Eine solche Erörterung bzw. Interpretation dieses wichtigen Kapitels muß sich notwendigerweise von vielen bereits vorliegenden Aus-

---

[25] Zu dieser methodischen Rolle des Phänomenologen s. vom Verf.: Hegels Phänomenologie des Geistes, Kap. VI u. Anhang: Die Dialektik und die Rolle des Phänomenologen.

legungen unterscheiden.²⁶ Es ist auch durchaus festzuhalten, daß wir uns bei einer Erörterung der ‚Phänomenologie des Geistes' nicht auf dem Gebiet der ‚Wissenschaft der Logik' bewegen und es hier nicht mit den Kategorien als solchen zu tun haben, sondern mit „Gestalten des Bewußtseins". Aber *diese Gestalten* stehen in einer Beziehung zu den Kategorien, die Hegel in der Einleitung „Momente" (S. 75) nennt, Kategorien oder Momente nämlich, wie sie „für das Bewußtsein" sind oder „wie dieses selbst in seiner Beziehung auf sie auftritt" (ebd.). Hierin liegt, daß wir die reinen Momente, also die Bewegungen des Begriffs, in den Blick bringen müssen, wenngleich wir sie nicht nur als rein logische begreifen dürfen. Den Unterschied zwischen der ‚Wissenschaft der Logik' und der ‚Phänomenologie des Geistes' hat Hegel selbst zu Beginn des letzten Kapitels („Das absolute Wissen") so gekennzeichnet: „Es ist dies jedoch nicht das Wissen als reines Begreifen des Gegenstandes, von dem die Rede ist; sondern dies Wissen soll nur in seinem Werden oder in seinen Momenten nach der Seite aufgezeigt werden, die dem Bewußtsein als solchem angehört, und die Momente des eigentlichen Begriffs oder reinen Wissens in der Form von Gestaltungen des

---

[26] Als Beispiele solcher andersartiger Auslegungen, die unter sich wiederum durchaus differieren, seien genannt: A. Kojève: Hegel. Kommentar zur Phänomenologie des Geistes. Eine Vergegenwärtigung seines Denkens. Dt. Stuttgart 1958 und Frankfurt 1975 (hier: S. 59–71); J. Fetscher. Randglossen zu „Herrschaft und Knechtschaft" in Hegels „Phänomenologie des Geistes", in: Wirklichkeit und Reflexion (FS W. Schulz), Pfullingen 1973, S. 137–144; H. Kesting: Herrschaft und Knechtschaft. Die „soziale Frage" und ihre Lösungen, Freiburg 1973, S. 34 ff.; Prewso/Ritsert/Tracke: Die Dialektik der Anerkennung – ein alternatives Paradigma in Hegels „Herr und Knecht", in: Systemtheoretische Ansätze in der Soziologie, Reinbek 1973, S. 100 ff.; E. Fink: Hegel. Phänomenologische Interpretationen der „Phänomenologie des Geistes", hrsg. v. J. Holl, Frankfurt/M. 1977, S. 175–178. – Die kategoriale Seite wird dagegen zur Geltung gebracht bei B. Lakebrink: Geist und Arbeit im Denken Hegels in: Studien zur Metaphysik Hegels, insbes. S. 129–133; und vor allem: C.-A. Scheier: Analytischer Kommentar zu Hegels Phänomenologie des Geistes. Die Architektonik des erscheinenden Wissens, Freiburg/München 1980, S. 114–120. – Zur allgemeinen Unterscheidung von „werkimmanentem" Auslegen einerseits und verschiedenen Weisen des „rezipierenden" Auslegens andererseits s. vom Verf.: Hegels Phänomenologie des Geistes, S. 12 f.

Bewußtseins. Darum erscheint der Gegenstand im Bewußtsein als solchem noch nicht als die geistige Wesenheit, ... und sein Verhalten zu ihm ist nicht die Betrachtung desselben in dieser Totalität als solcher, noch in ihrer reinen Begriffsform, sondern teils Gestalt des Bewußtseins überhaupt, teils eine Anzahl solcher Gestalten, die *wir* zusammennehmen, und in welchen die Totalität der Momente des Gegenstandes und des Verhaltens des Bewußtseins nur aufgelöst in ihre Momente aufgezeigt werden kann" (S. 550). Die Interpretation dieser Ausführungen zum Unterschied des Begriffs im reinen und im erscheinenden Wissen gehört nicht hierher, sondern wäre Aufgabe einer Bestimmung der systematischen Stellung und der allgemeinen Methode der ‚Phänomenologie des Geistes'.[27] Setzen wir jenen Unterschied voraus, so gilt es nun jedoch gerade zu erkennen, wie es im Wesen des Selbstbewußtseins liegt, „unmittelbar das Gegenteil der Bestimmung, in der es gesetzt ist, zu sein", nämlich durch die „Doppelsinnigkeit" des Unterschiedenen – denn eben hierin liegt die *kategoriale* Verfassung des „Selbstbewußtseins" als einer Gestalt des *Bewußtseins*, die allein auf Grund dieser Verfassung eine „notwendige" Erfahrung zu machen vermag.

Die erste Figur scheint die vorangegangene Bestimmung des Selbstbewußtseins als Begierde aufzunehmen: in ihr verliert das Selbstbewußtsein sein „Selbst" in dem begehrten Gegenstand – kategorial, es ist *in* dem „Anderen". Deshalb sagt Hegel: „Es ist in der Tat ein Anderes als das Selbstbewußtsein, das Wesen der Begierde" (S. 139). Wenn es nun zu Beginn des Kap. A heißt: Das Selbstbewußtsein ist „außer sich gekommen" (S. 141), so bedeutet dies: „*erstlich*, es hat sich selbst verloren, denn es findet sich als ein *anderes* Wesen" (ebd.); dies trifft zunächst auch auf die Begierde zu. Daß hier jedoch ein Unterschied gegenüber dem begehrenden Selbstbewußtsein bestehen muß, ergibt sich schon aus dem voraufgehenden Satz: „Es ist für das Selbstbewußtsein

---

[27] Zu diesem Problem umfassend: H. F. Fulda, Das Problem einer Einleitung in Hegels Wissenschaft der Logik, Frankfurt ²1975 (insbes. S. 140–146, 275 ff.); ferner Bubner op. cit. S. 37 f. u. a. Vgl. auch vom Verf.: Hegels Phänomenologie ... S. 101 ff.

ein anderes Selbstbewußtsein"; – das „Außer-sich-gekommen-Sein" bezieht sich also nicht mehr auf einen „gemeinsamen Gegenstand", der nur eine selbständige lebendige Gestalt und als solche das „Sein des Lebens" schlechthin ist, sondern bereits auf ein anderes „Selbst" als „Gegenstand". Es handelt sich hier um mindestens zwei Selbstbewußtseine oder zwei „Individuen". So heißt es S. 143, 3. Abs.: „Aber das Andre ist auch ein Selbstbewußtsein; es tritt ein Individuum einem Individuum gegenüber auf". Ist das Andere des Selbstbewußtseins seinerseits ein Selbstbewußtsein, so liegt in dem „Außer-sich-gekommen-Sein" des ersten eine „gedoppelte Bedeutung". Sie ist bereits ausgedrückt in jenem „sich selbst"-Verlieren und „sich als ein *anderes* Wesen"-Finden. Wie dies näher zu verstehen ist, wird sich bald genauer in der Erfahrungsgeschichte von Herrschaft und Knechtschaft zeigen. Denn der Knecht verliert seine „Selbstheit", indem er sich vollkommen in den Dienst des Herrn stellt. Er verliert *sich selbst* und sein freies Wesen als eines, das sich selbst bestimmen kann, *in* dem Selbst des Herrn. In ihm – in diesem anderen Wesen – findet er sich. Aber das heißt doch: er verliert sich „selbst". Aber ferner vermag er „sich" auch darin zu „finden". Dies ist die erste Doppelsinnigkeit, die es nur im Verhältnis von Selbstbewußtseinen geben kann, daß es gerade dann und wenn es sein „Selbst" verloren hat und es als ein „anderes" Wesen findet, sich dabei doch um ein Wesen handelt, das zu verlieren und zu finden vermag, das „sich" verlierend *„sich selbst"* im Anderen findet. Es gilt darum „zweitens, es hat das Andere aufgehoben, denn es sieht auch nicht das Andere als Wesen, sondern *sich selbst* im *Andern*" (S. 141, Abs. 2). Wir sehen also hier, wie das Selbstbewußtsein „unmittelbar das Gegenteil der Bestimmtheit, in der es gesetzt ist" (S. 141), ist, wie seine Momente oder Kategorien in ihrer „entgegengesetzten" Bedeutung genommen und erkannt werden müssen. Wir haben hier die Notwendigkeit des Logos, die der erste Satz des nächsten Absatzes ausdrückt: „Es muß dies *sein Anderssein* aufheben" (S. 143). Dieses Aufheben *seines Andersseins* ist nun, als Aufheben dieses ersten Doppelsinnes, „selbst ein zweiter Doppelsinn". Das erste Selbstbewußtsein,

Individuum A – aus dessen Sicht das ganze Verhältnis hier dargestellt wird – hat das Bewußtsein, daß es unmittelbar ein „anderes" Bewußtsein „ist" und „nicht ist"; und diesen Doppelsinn will es aufheben, indem es überhaupt „sein Anderssein" aufzuheben versucht. Dieses Anderssein sieht es in dem „anderen selbständigen Wesen", das ihm als das Individuum B gegenübersteht. Es geht darauf, dieses *andere* selbständige Wesen aufzuheben, mit dem Ziel, dadurch „seiner" als des Wesens gewiß zu werden. Nun hatte aber die Genese aus der Begierde das Resultat, daß es gar nicht ein einzelnes Selbstbewußtsein gibt, weil der „Gegenstand", durch den ein einzelnes Selbtsbewußtsein sich vermittelt, nicht der Gegenstand der Begierde sein kann, sondern ein „Gegenstand", der an sich selbst die Negation vollzieht, und dies ist ein zweites Selbstbewußtsein. Wenn also die Situation so ist, daß im „Gegenstand des Selbstbewußtseins" „ebensowohl Ich wie Gegenstand" (S. 140) ist, wenn das Andere also notwendig ein zweites, eben „ein anderes" selbständiges Wesen ist, das genauso wie es selbst „für sich" und „an sich" ist, dann liegt in dem Sinn, daß Individuum A das „andere" selbständige Wesen, das Individuum B, aufhebt, auch, daß es das Anderssein seiner selbst aufhebt: denn so gesehen ist „dies andere es selbst".

So ist das Aufheben in zweifacher Weise „doppelsinnig": Es ist das Aufheben eines „doppelsinnigen Andersseins" (S. 142), und das Resultat solchen „doppelsinnigen Aufhebens seines doppelsinnigen Andersseins ist ebenso eine doppelsinnige Rückkehr *in sich selbst*" (ebd.). Dadurch, daß es *sein* Anderssein aufhebt, also das, was kategorial zu ihm als dem Begriff gehört, gibt es sich selbst wieder zurück. Zugleich aber gibt es damit auch das andere Individuum, in dem es war, sich wieder zurück. Es hebt „sein" Sein im anderen auf, oder – wie Hegel hier schreibt – „es entläßt das andere wieder frei".

Bis hierher wurde diese Bewegung nur aus der Sicht des *einen* Selbstbewußtseins, des Individuums A, betrachtet, als das „Tun des Einen" (S. 142). Worum es geht, ist aber doch die Bestimmung des „Füreinanderseins" der beiden Selbstbewußtseine, der Begriff der „geistigen Einheit", in der sich die beiden vermitteln.

Denn das Resultat der Bewegung soll sein (S. 143): „Sie *anerkennen* sich *als gegenseitig sich anerkennend*".
Die Frage ist somit: Worin liegt das „Tun des Anderen"? Nun erklärt Hegel: Das Tun des Einen habe „die gedoppelte Bedeutung, ebensowohl *sein Tun* als *das Tun des Anderen* zu sein" (S. 142, 3. Abs.). Der Andere, als ein „Gegenstand" für das Selbstbewußtsein A, vermag es, die Negation seiner selbst „an sich" zu vollziehen. Dies kann es aber nur, wenn es ein „für sich seiendes selbständiges Wesen" ist. So gesehen stünden sich die beiden Selbstbewußtseine, die zwei Individuen, wie zwei abgeschlossene Monaden einander gegenüber. Das Tun des Einen ginge das Tun des Anderen nichts an. Einer vermag den anderen nicht zu beeinflussen. Damit aber würde gerade kein „Füreinandersein" der Selbstbewußtseine zustandekommen. Um das zu erreichen, müßte jedes Selbstbewußtsein sich mit dem anderen vermitteln und zusammenschließen – freilich ohne daß die Selbständigkeit eines jeden verlorenginge, denn geschähe dies nicht, dann wären es ja nicht mehr zwei selbständige Selbstbewußtseine, zwei Individuen, die „füreinander" sind. Durch *beide* muß also zustandekommen, was geschehen soll. Wie aber wäre das möglich? Vom Standpunkt des Selbstbewußtseins A sah es so aus, als ob das Tun des Einen sich gegen den Anderen richten müsse. Da sich nun aber ergeben hat, daß das Tun *beider* „ungetrennt ebensowohl das Tun des Einen als des Anderen" (S. 142) sein muß, ist es erforderlich, daß ein jedes der beiden die Negation wirklich an sich vollzieht. Dies besagt, daß ein jedes sein Anderssein aufhebt, durch das es sich nämlich in der Abhängigkeit von allem unmittelbaren Sein befindet. Die Aufgabe eines jeden Selbstbewußtseins ist, sich von dieser Abhängigkeit, von diesem Versenktsein in die Ausbreitung des Lebens zu befreien, indem es die kategoriale Seite seines Andersseins seinem Fürsichsein unterwirft, sich als ein autonomes Wesen selbst bestimmt. Wenn ein jedes der beiden Selbstbewußtseine, beide Individuen, diese Negation an sich selbst wirklich vollziehen würde, dann – nur dann – ist die Voraussetzung dafür geschaffen, daß sie sich *miteinander* vermitteln und zusammenschließen können. Jetzt

stünden sich zwei Selbstbewußtseine gegenüber, die sich in einem gemeinsamen Element miteinander vermitteln können, dem Element der Freiheit. Eine Vermittlung muß sich durch eine Mitte vermitteln. Nur wenn ein jedes dem anderen die Mitte wäre, durch welche jedes sich mit sich selbst vermittelt und zusammenschließt, dann hätten wir das gewonnen, was wir dem Begriff nach suchen, nämlich den Begriff des Geistes als die Verdoppelung des Selbstbewußtseins in seiner Einheit, so daß das Ich das Wir und das Wir das Ich ist.

Nun bemerkt Hegel, daß diese Vermittlung durch einen Prozeß zustande kommt, der an das „Spiel der Kräfte" (S. 143 u.) erinnert. Im 3. Kapitel des Buches A „Bewußtsein", das überschrieben ist „Kraft und Verstand", Erscheinung und übersinnliche Welt", wurde das Spiel der Kräfte aufgezeigt. Die eine Kraft, die in sich „reflektierte", und die andere, die sich „geäußert" hat, gingen ineinander über in der Weise, daß das „Insichsein" der einen Kraft und das „Außersichsein" der anderen sich so miteinander vermittelten, daß die, die vorher als entgegengesetzte erschienen, sich zusammenschlossen, daß die „andere" Kraft sich als die „Andere" der „Einen" zeigte. Nicht etwa gaben die beiden Kräfte ihre Selbständigkeit auf, sondern ein jedes Extrem tauschte seine eigene Bestimmtheit so aus, daß es diese in der entgegengesetzten Kraft hatte. Bei den Kräften aber gibt es kein Bewußtsein. Dieses Spiel konnte nur für den Philosophen, „für uns", sein. Aber wir haben es jetzt, auf der Ebene der Selbstbewußtseine, mit „Extremen" zu tun, „für die" – d. h. für deren Bewußtsein selbst – dieses Spiel sich vollzieht. Als Selbstbewußtsein wissen sie darum. Wenn hier eine „Austauschung der eigenen Bestimmtheit" geschieht, dann geschieht das in der Helle und Klarheit eines jeden bewußten Ich. Aber welches Austauschen der Bestimmtheit eines jeden einzelnen geschieht hier, welcher „absolute Übergang in das entgegengesetzte" Bewußtsein (S. 142 u.)? Wenn das Selbstbewußtsein B genauso seine Negativität an sich vollzogen hat wie das Selbstbewußtsein A, wenn beide sich zu freien selbständigen Wesen gemacht haben, dann ist zwar ein jedes seiner gewiß, aber noch nicht des

Anderen, es muß, um diese Wahrheit zu gewinnen, sich über das Andere gegenständlich werden. Dieses andere Selbstbewußtsein, das sich freigemacht hat, muß sich ihm darin, daß es so wie es selber ein freies, für sich seiendes ist, „darstellen", sich ihm so „zeigen"; es muß also sein eigenes Fürsichsein in dem Fürsichsein des anderen „anschauen". Dies besagt: Es muß im „Fürsichsein des anderen" „für sich" sein, in dessen Freiheit sich wiederfinden. Sein Fürsichsein, diese Bestimmtheit seiner selbst, tauscht es so aus „im Fürsichsein des anderen". Dann ist das andere für das eine die Mitte, so wie das eine für das andere die Mitte ist. Durch diese Vermittlung werden beide in gleicher Weise erst „für sich" und finden in dem Ganzen dieser Vermittlungsbewegung „für sich", was sie „an sich" sind – die Wahrheit der eigenen Gewißheit. In diesem gegenseitigen Sich-Anschauen, und zwar sich gegenseitig als frei Anschauen, anerkennen sie sich als gegenseitig sich anerkennend. Nicht nur ist das andere Selbstbewußtsein für das eine Selbstbewußtsein in seinem „Ansichsein", sondern zugleich immer auch in seinem „Fürsichsein" für das eine Selbstbewußtsein, eben als die freie Person, die sein Anderssein seinem Fürsichsein untergeordnet hat. Es ist der genaue Sinn, der dem ersten Satz des Kapitels zugrundezulegen ist: „Das Selbstbewußtsein ist *an* und *für* sich, indem und dadurch, daß es für ein anderes an und für sich ist" (S. 141); und das heißt: „... es ist nur als ein Anerkanntes" (ebd.).

Dies also ist die Bedeutung jener „gedoppelten Reflexion", der Verdoppelung des Selbstbewußtseins, von der bereits im einleitenden Kapitel (S. 140, Abs. 1) die Rede war, und auf die sich der erste Absatz aus S. 141 bezog, wo gesagt wurde, daß die Bewegung des Anerkennens die „Auseinandersetzung des Begriffs dieser geistigen Einheit in ihrer Verdoppelung" darstellt. Hier ist die geistige Einheit – oder, in den Worten des letzten Absatzes auf S. 140: die Einheit des Ich, das Wir, und des Wir, das Ich ist – bereits gewonnen; eine Einheit, die Hegel deswegen schon eine solche des „Geistes" nannte, weil sie an sich die „absolute Substanz" ist, die „in der vollkommenen Freiheit und Selbständigkeit ihres Gegensatzes, nämlich verschiedener fürsich-

seiender Selbstbewußtseine, die Einheit derselben ist" (S. 140).
Dieser geistige Begriff der Einheit in ihrer Verdoppelung, der sich im Selbstbewußtsein realisiert, muß nunmehr als Erfahrungsgeschichte dargestellt werden. Wie erscheint dieser Prozeß als die Bewegung der Anerkennung für das erscheinende Wissen selbst?
Die Entwicklung beginnt mit der Darstellung der Ungleichheit beider Selbstbewußtseine (S. 143, 3. Abs.). Nicht ist jedes dem Anderen die Mitte, wie dies im Endzustand des Prozesses der Fall sein wird, sondern die Mitte ist „in die Extreme zersetzt" – diese sind sich entgegengesetzt. Dies bedeutet innerhalb der Bewegung des Anerkennens: eines ist nur „Anerkanntes" und ein anderes nur „Anerkennendes". – Die Entwicklung wird einen langen Weg gehen, bevor eine geglückte Gleichheit beider erreicht wird. In der Tat wird es auf dem Wege der Darstellung der „Phänomenologie des Geistes" erst, wenn sich das Selbstbewußtsein zur „Vernunft" und zum „Geist" hervorgebildet hat, zu einem geglückten Anerkennen kommen. Im „Selbstbewußtsein" im engeren Sinne, welches das Buch B behandelt, ist noch kein geglücktes Anerkennen möglich; es endet in einem nicht geglückten – in der Gestalt des „unglücklichen Bewußtseins".
Auf der ersten, unmittelbaren Stufe des Prozesses, in dem die füreinander zunächst ungleichen Individuen ihre wechselseitige Anerkennung zu erreichen suchen, ist deren Selbstbewußtsein „zunächst einfaches Fürsichsein" (S. 143, 3. Abs.). Hegel kennzeichnet dieses „Fürsichsein", das unvermittelt ist, ähnlich demjenigen, das der Philosoph in der Vorzeichnung als bloß „tautologisch" kritisiert hatte. Es ist zwar „sich selbst gleich", aber diese Sichselbstgleichheit ist nicht durch Vermittlung über ein Anderes gewonnen worden, sondern „durch das Ausschließen alles *andern aus sich*" (ebd.). Sein Wesen und absoluter Gegenstand ist ihm somit nur Ich, und zwar Ich als Einzelnes. „Es ist in dieser *Unmittelbarkeit*" – heißt es dort – „oder in diesem *Sein* seines Fürsichseins *Einzelnes*". Der Unterschied gegenüber dem sich tautologisch, nur innerlich vollziehenden Mitsichgleichseins des Fichteschen „Ich = Ich" liegt darin, daß dieses Selbstbewußtsein doch bereits als in dem Prozeß des Lebens einbehalten ge-

dacht ist als ein „lebendiges", welches als der lebendigen Gattung angehörend, wegen der dem Leben innewohnenden Bewegung notwendig „außer sich kommen", also sich auf ein Anderes beziehen muß. Alles was „anderes für es ist", ist allein auf dieser unmittelbaren Stufe „unwesentlicher, mit dem Charakter des Negativen bezeichneter Gegenstand" (ebd.). Dieser negative Charakter des Anderen als eines Gegenstandes hatte die Begierde an ihm bewährt, indem es ihn wirklich vernichtete. Auf der Stufe jedoch, auf der der „Gegenstand" sich „für uns" bereits als ein anderes lebendiges *Selbstbewußtsein*, das an sich selbst die Negation zu vollziehen vermag, gezeigt hat, und wo das Selbstbewußtsein sein Ziel in der Anerkennung hat, kann es seine Wahrheit nicht durch eine solche wirkliche Vernichtung des Anderen erreichen. – Allerdings sieht zunächst, in seinem „unmittelbaren Auftreten", ein jedes Individuum das andere nur in seinem Ansichsein, unter völliger Nichtbeachtung dessen Fürsichseins. So sind sie „füreinander in der Weise gemeiner Gegenstände" (ebd.). Das Menschliche des Anderen, das freie, sich in seinem Anderssein bestimmen könnende Fürsichsein wird gegenseitig überhaupt nicht beachtet. Sie sind keineswegs „füreinander", im Gegenteil, sie gelten einander als *„selbständige* Gestalten, in das *Sein* des *Lebens* ... versenkt", denn keines der beiden hat auf dieser Stufe das getan, was nötig wäre, daß sie „füreinander" sind: sie haben nicht *„für einander"* die Bewegung der „absoluten Abstraktion" vollzogen, um „alles unmittelbare Sein zu vertilgen, und nur das reine negative Sein des sichselbstgleichen Bewußtseins zu sein" (ebd.). So ist ein jedes Selbstbewußtsein dem anderen in seinem Sein eigentlich nicht viel anderes, als sei es der Gegenstand der Begierde.

## Exkurs II

Man kann versuchen, sich diesen Zustand gedankengeschichtlich durch eine kurze Reflexion auf den Marxismus klarzumachen. Zuvor eine allgemeine Bemerkung: Die Phänomenologie des Geistes stellt Gestalten dar, die einander folgen gemäß der Organisation des

Begriffes. Dies ist eine von der Notwendigkeit des Begriffes her organisierte Geschichte – die Gestalten sind die, die das „erscheinende *Wissen*" erfahren muß, wenn es sich zur Vollendungsgestalt des absoluten Wissens, in der Form des reinen Begriffes, entfalten soll. Zum anderen sind diese Gestalten die, die „in der Zeit", d. h. weltgeschichtlich, einander folgten.
Die jetzt entwickelte Gestalt, in der sich Individuen einander nur als „gemeine Gegenstände" bewußt sind, bildet innerhalb der Entwicklung der Menschheit einen „Naturzustand". Für Karl Marx hingegen hat im späten Zustand des bürgerlichen Kapitalismus der Arbeitnehmer für den Arbeitgeber die Seinsweise eines „gemeinen Gegenstandes". Als Folgeerscheinung des geschichtlichen Ereignisses der Industriellen Revolution hat sich für Marx in der Mitte des 19. Jahrhunderts diese Bewußtseinskonstellation ergeben, so daß der Proletarier für den Kapitalisten gemeiner Gegenstand, d. h. ein Ding ist, im Sinne einer Ware. Dies stellt eine Bewußtseinssituation dar, die für Marx nur durch Gewalt rückgängig gemacht werden kann, weil sich für ihn das „Füreinandersein" nicht daraus begründet, daß sich der Begriff, der Gedanke, in Unterschiede setzt und sich notwendig wieder zusammenschließt. Das bewußtseinshafte Füreinander begründet sich für Marx vielmehr aus den materiellen Produktionsverhältnissen der Gesellschaft. Eben weil für Marx ein geglücktes Füreinandersein nicht aus der Bewegung des Begriffes resultiert, kann er nicht gelten lassen, daß sich die unterschiedenen, entgegengesetzten extremen Seiten des nur Anerkannten und des nur Anerkennenden aus dem Widerspruch des Entgegengesetztseins aufgrund der Macht des Gedankens zu der Einheit gegenseitigen Anerkennens finden würden. Marx war dementsprechend davon überzeugt, daß die Negation von sich im Widerspruch befindlichen materiellen Verhältnissen nur so vollzogen werden kann, daß der „Charakter des Negativen" an den materiellen Verhältnissen durch *Gewalt* bezeugt werden muß – durch *Revolution*. Das Ziel der Revolution war aber für Marx dasselbe, wie für Hegel das Ziel des reinen Begriffes: Die gegenseitige Anerkennung in jenem Element, in dem sich alle selbstbewußten lebendigen Subjekte als menschenwürdige gleich sind, dem Element der Freiheit. Die Möglichkeit solch einer allgemeinen Anerkennung sah Marx in der klassenlosen Gesellschaft.

Was ist es nun, das gemäß dem reinen Begriff des Anerkennens die selbstbewußten Subjekte „füreinander" zu vollbringen haben? Hegel kennzeichnet dieses Tun, das ein jeder vollziehen muß, damit durch beide das zustande kommt, was zum Begriff des Anerkanntseins zustande kommen soll, als die „Bewegung der absoluten Abstraktion" (S. 143, 3. Abs.). Die zwei sich entgegentretenden selbstbewußten Subjekte müssen „füreinander" die Bewegung der absoluten Abstraktion, d. h. des Abstrahierens, des Sichtrennens von allem „unmittelbaren" Sein, vollbringen; ein jeder „für sich" und „an sich" muß das Leben, das Sein in seiner Unmittelbarkeit, d. h. die nur natürliche Art von Leib und Leben und die Unmittelbarkeit der Einzelheit getilgt haben. Das *natürliche* Leben, das einen jeden von dem anderen trennt, ist zunächst die Körperlichkeit, in die ein jeder auf seine Weise als Unterschiedener und dem anderen Entgegengesetzter eingesenkt und versenkt ist. Bei dem lebendigen *Selbstbewußtsein* soll sie freilich nicht „getilgt" werden, sondern aufgehoben in der Weise des Sichselbstbestimmens. Aber auch mannigfaltig anderes, etwa die Natur, die Dinge der Umwelt, in der ein jedes lebt, die alle nicht sein „Ich" ausmachen, sind das „Andere", von dem wir völlig abhängig sein können. Das selbstbewußte Subjekt in seinem bewußtseinsmäßigen Bezug zu der ganzen Sphäre des Anderen bestimmt dieses als Sein-für-Anderes, nämlich für sein Fürsichsein. In diesem Fürsichsein, das sich das Sein für Anderes dienstbar gemacht hat, liegt das wirklich Menschliche. Es liegt darin, sich nicht mit der Sphäre des Andersseins, als etwas, das über uns Gewalt hat, abzufinden, sondern sie zu negieren, d. h. aber nicht einfach zu beseitigen – was auch insgesamt unmöglich ist für den Menschen –, sondern sie und sich selbst in ihr selbst zu bestimmen, und d. h. in der Sprache des vorliegenden Abschnitts, sich als „Selbst" in ihr zu finden d. h. und durch sie vermittelt zu sich zurückzukehren.

Ein jedes lebendige Individuum kann sich in einem anderen lebendigen Individuum wiederfinden, wenn das andere in gleicher Weise wie es selbst sich selbst bestimmt hat, wenn sich also beide selbstbewußten Subjekte darin gleich geworden sind, daß sie beide gleich frei sind; dann konstituiert sich ein jedes im Ich, im Fürsichsein des anderen als dergestalt frei – stellt sich so dar – und wird von ihm als frei erkannt, damit anerkannt, und zwar so, daß sie sich anerkennen als *gegenseitig* sich anerkennend. In diesem Sinne ist es zu verstehen, wenn Hegel den Prozeß der absoluten Abstraktion bestimmt, daß ein jedes das unmittelbare Sein vertilgen und dadurch zu einem „rein negative(n) Sein des sichselbstgleichen Bewußtseins" werden muß. Dazu ist es nötig, daß beide „sich einander" als solches „reines *Fürsichsein* und d. h. als *Selbst*bewußtsein dargestellt haben" (S. 143, 3. Abs.). Nur wenn dies geschieht, wird der Widerspruch, der zwischen den Kategorien des Fürsichseins und des Seins-für-Anderes herrscht, zu einer Synthesis gelangen; und nur dann kommt ein jedes einzelne Selbstbewußtsein, das als Einzelnes in der Bestimmtheit des „einfachen Fürsichseins" nur die eigene „Gewißheit" von sich selbst hat, aber nicht die des anderen, zu einer „Wahrheit" dieser Gewißheit. Wie schon die Überschrift des ersten Kapitels des Buches B sagt, ist es das Ziel, daß für einen jeden die Gewißheit seiner selbst zur Wahrheit wird – was, wie sich nun zeigt, nur zu erreichen ist, wenn auch der andere diese Wahrheit erreicht und also auch die Bewegung der „reinen Abstraktion" an sich vollzieht, so daß sich dann ein jeder im Fürsichsein des anderen (und nicht nur in dessen Ansichsein) gegenständlich werden kann. Dann ist ein jedes Selbstbewußtsein für das andere „an und für sich", d. h. es ist als ein „Anerkanntes".

Es liegt also in dem wohlverstandenen Prozeß des sich gegenseitigen Anerkennens, daß sich das eine Selbstbewußtsein im Fürsichsein des anderen Selbstbewußtseins präsentieren, sich eben dort gegenständlich werden muß, will es als ein Anerkanntes sein. Hierin liegt ja die Notwendigkeit, daß sich beide füreinander „darstellen" müssen, daß sie Wesen sind, die an sich die Negation vollziehen können.

Die jetzt folgende Erörterung des Textes (S. 144 ff.) entwickelt den Erfahrungsprozeß, in dem sie sich füreinander „darstellen". Diese „Darstellung" betrifft zunächst die Bewegung, in der ein Selbstbewußtsein an sich selbst jene reine oder absolute Abstraktion vollzieht und sich dadurch befreit. Sie betrifft dieses Tun des Einen, wie es sich zum „reinen Fürsichsein", nämlich durch Negation des unmittelbaren Seins zu einem „sich selbst gleichen Bewußtsein" hervorbildet. Es ist das eigene Tun durch sich selbst, das aber zugleich ein Tun, ein Darstellen für den Anderen ist.

Es zeigt dem Anderen, wie es an sich selbst die doppelte Negation vollbringt, und d. h., wie es sich selbst von all dem befreit, was es fesselt, und dies ist jetzt auf der ersten Stufe, radikal – und falsch – das Leben schlechthin. Ein lebendiges Selbstbewußtsein ist durch das Leben an ein bestimmtes „*Dasein*" genüpft. Es ist „versenkt in die Ausbreitung des Lebens". Dies soll für es nun „verschwindendes Moment" werden, wenn es sich zum reinen Fürsichsein herausarbeitet. Radikal gesehen, bedeutet dies: Es ist gewillt, sich vom eigenen Leben zu befreien, um die Freiheit des Fürsichseins in völliger Reinheit zu gewinnen.

*Ein* Selbstbewußtsein zeigt also dem anderen, daß es die reine Abstraktion an sich vollzieht, indem es ihm zeigt, daß ihm überhaupt nichts am eigenen Leben gelegen ist. Da nun zugleich das andere Selbstbewußtsein durch sein Tun eben dies auch dem einen Selbstbewußtsein zeigen will, und da zugleich jedes *im Anderen sein Anderssein* aufheben, negieren will, entsteht die Situation des Kampfes auf Leben und Tod. Darin zeigt ein jedes Selbstbewußtsein dem anderen, daß ihm nichts an dem Leben, an seinem Dasein und den Ausbreitungen des Lebens gelegen ist, daß vielmehr all dies für es „verschwindendes Moment" ist. Indem das Individuum sein Leben wagt, zeigt es dem anderen seine völlige Unabhängigkeit vom Leben und sucht, ihm, als Fürsichsein, sich selbst als reines Fürsichsein zu präsentieren, so nämlich, daß es vollkommen „frei" ist von all dem, was mit dem Leben zu tun hat, oder: „daß an ihm nichts vorhanden (ist), was für es nicht verschwindendes Moment wäre" (S. 144, 2. Abs.).

Aber warum – so ließe sich fragen – muß es darauf aus sein, den Anderen zu töten? Warum genügt es nicht, daß es nur seine eigene Unabhängigkeit vom Leben demonstriert, indem es sich selbst tötet? Hegels Antwort ist: Das würde der Bewegung nicht entsprechen, in der sich der Begriff des Anerkennens auseinanderlegt. Es muß, damit ein jedes die Gewißheit seiner selbst gewinnt – für sich ist –, diese Gewißheit zur Wahrheit an dem anderen erweisen. Nur in und aus dem Bezug zu einem Anderen – selbst dort, wo es sich um die Abstraktion vom Leben handelt – ist die Möglichkeit gegeben, diese Wahrheit der Gewißheit zu gewinnen. Sofern also eben dies, was ein jedes „gegen" sich tut, nämlich die Abstraktion vom eigenen Leben, auch zugleich gegen das andere getan werden muß, richtet sich ein jedes gegen das Leben des anderen. Diese Situation wird von Hegel, kategorial, gemäß der Bewegung, die der Phänomenologe vorgezeichnet hat, so bestimmt: Das Selbstbewußtsein ist „außer sich gekommen" – dies besagt, *sein Wesen* stellt sich ihm als das Andere dar; „das Andere ist mannigfaltig befangenes und seiendes Bewußtsein" (S. 144). Dieses will es aufheben im Sinne von *tollere* = vernichten. Insofern es dieses Leben in dem anderen Selbstbewußtsein verkörpert anschaut, es aber sein Anderssein als zu *seinem* Fürsichsein gehöriges, ihm unterstehendes, anschauen will als „absolute Negation", muß es darauf ausgehen, das andere selbständige Individuum zu töten. Wenn beide diese Bereitschaft haben, zum einen ihr eigenes Leben daranzusetzen und zum anderen den anderen zu töten, dann haben wir die Situation des „Kampfes auf Leben und Tod". In ihm wollen sich beide für einander „bewähren".

Ein jedes will aber zugleich in dem anderen, dessen selbständiges Leben es doch gerade vernichten will, die Wahrheit der Gewißheit seiner selbst finden. Der hierin liegende Widerspruch, den das Selbstbewußtsein in seiner Erfahrungsgeschichte erfährt und der es zur Prüfung und Korrektur dieser Erfahrungsgestalt führen muß, wird sich alsbald näher ergeben. Die Erfahrung eines Irrtums ist notwendig für die Erfahrungsgeschichte, die die Phänomenologie darstellt, die immer erneute Einsicht in ihn gehört zu der Geschichte der „Bildung" des Bewußtseins. Nur wenn das Bewußtsein selber prüft und wenn die Prüfung ergibt, daß die jeweilige Wissensgestalt, gemessen an dem jeweilig geltenden Horizont der Gegenständlichkeit, dem Horizont der sie bestimmenden Kategorien, nicht dem für „das Wahre" Erachteten entspricht, daß die Wissensgestalt somit einer Korrektur bedarf, dann vollzieht es diese Korrektur, und aus ihr entspringt „ihm der neue wahre Gegenstand" (S. 13), d. h. eine neue Wissensgestalt mit einem neuen Horizont von Kategorien. Die Erfahrung, die im Kampf auf Leben und Tod gemacht wird, ist eine

notwendige Stufe innerhalb der Bewegung des Begriffes des Anerkennens. Dort heißt es: „Das Individuum, welches das Leben nicht gewagt hat, kann wohl als Person anerkannt werden, aber es hat die Wahrheit dieses Anerkanntseins als eines selbständigen Selbstbewußtseins nicht erreicht" (S. 144).
Es liegt im Doppelsinn einer „Rückkehr" (vgl. o. S. 60), daß, wenn das Eine das Andere als „selbständiges Wesen" aufhebt, es „sich selbst" aufhebt. Hier nun erweist es sich in der Erfahrung des Bewußtseins, daß eine solche Rückkehr, in der Weise einer „Bewährung" durch den Tod des Anderen, mißlingen muß. Wenn das Aufheben des Andersseins darin besteht, ein anderes selbständiges Wesen zu töten, nimmt sich das eine Selbstbewußtsein die Möglichkeit, die Gewißheit seiner selbst zur Wahrheit zu erheben. Das Bewußtsein aber hat diese ihm allein eigentümliche Macht, so zu negieren, daß es das Negierte, das Aufgehobene, *„aufbewahrt* und *erhält"* (S. 145, Mitte). Es kann zwar das unmittelbare Leben als ein Negatives setzen, aber es braucht die Selbständigkeit des Lebens deswegen nicht zu vernichten. Das Leben ist die „natürliche Position des Bewußtseins" (S. 145). Es stellt „Selbständigkeit ohne die absolute Negativität" dar. Wird diese Selbständigkeit nun doch negiert – indem das Leben des Anderen beseitigt wird –, dann ergibt sich eine „Negation ohne die Selbständigkeit" des Lebens, und von einem Leblosen kann eben die durch die ganze Bewegung geforderte Anerkennung nicht kommen. Was das eine Selbstbewußtsein dann erreicht hätte, wäre nur, daß das andere Selbstbewußtsein, durch das es sich vermitteln und anerkennen lassen wollte, verschwunden wäre. Anders ausgedrückt: Für das, welches den Kampf gewann, wäre zwar die fremde Wesenheit – die sein Anderssein ausmachte – aufgehoben, aber es hätte damit, daß das Andere nicht mehr „ist", nicht nur es, sondern sich „selbst" als ein für sich seiendes „Extrem" aufgehoben. „Extrem" konnte es nur sein als eines von Zweien, und „für sich" sein konnte es gleichfalls nur durch Vermittlung über ein Anderes. Und somit ist dies das Ergebnis: „Es verschwindet aber damit aus dem Spiele des Wechsels das wesentliche Moment, sich in Extreme entgegenge-

setzter Bestimmtheiten zu zersetzen; und die Mitte fällt in eine tote Einheit zusammen, welche in tote, bloß seiende, nicht entgegengesetzte Extreme zersetzt ist; und die beiden geben und empfangen sich nicht gegenseitig voneinander durch das Bewußtsein zurück, sondern lassen einander nur gleichgültig, als Dinge, frei" (S. 145). Dieser Weg aber war ein Weg der Erfahrung: „In dieser Erfahrung wird es dem Selbstbewußtsein, daß ihm das Leben so wesentlich als das reine Selbstbewußtsein ist" (ebd.). Auf das Leben kann ein Selbstbewußtsein nicht verzichten. Eben dies ist der neue Schritt, den Hegel über Fichte hinaus tat, daß er das Selbstbewußtsein als in den Prozeß des Lebens eingebettet erkannte. So ist das Ergebnis dieser Erfahrung: Es bedarf des Lebens beider Selbstbewußtseine.

Wenn nun aber *beide* aus dem Kampf um Leben und Tod als „lebende" hervorgehen sollen, dann muß das eine Selbstbewußtsein über das andere so zum Sieger geworden sein, daß dieses nicht vernichtet wird, sondern nur unterworfen, d. h. als aufgehobenes zugleich in seinem Sein *erhalten*. Was besagt dies kategorial auf der Ebene des Bewußtseins? Wir haben *ein* Selbstbewußtsein, das – indem es erfolgreich sein Leben daransetzte, um sein reines Fürsichsein zu gewinnen – zunächst erfolgreich zu sein *scheint*. Es sieht so aus, als ob seine Vermittlung über einen anderen gelungen ist; es wird sich aber noch fragen, ob ein Selbstbewußtsein, das sich über einen Unterlegenen vermittelt, wirklich ein „freies Fürsichsein" wurde. Jedenfalls aber ist dieses Bewußtsein in gewissem Sinne „rein für sich". Dem Bewußtsein des Unterworfenen dagegen war im Kampf das Leben und das Dasein der Dinge wichtiger als die Freiheit – während das eine zumindest Selbständigkeit gewann, hat dieses andere seine Selbständigkeit verloren. Ihm bleibt das Leben oder das Sein für ein Anderes das Wesen. So ist „jenes der Herr, dieses der Knecht" (S. 146 oben). Wir haben also jetzt diese Konstellation: einerseits ein reines Selbstbewußtsein und andererseits ein Bewußtsein, welches nicht für sich rein ist, sondern für ein Anderes, ein Bewußtsein „in der Gestalt der Dingheit" (S. 144 unten).

## 9. Der Herr und der Knecht

Die Rede von Herr und Knecht bezieht sich auf zwei ungleiche, entgegengesetzte Gestalten des *Bewußtseins*. Dieses Verhältnis kann in der Terminologie der Überschrift des vorliegenden Kapitels als dasjenige von „Selbständigkeit" und „Unselbständigkeit" bezeichnet werden, wobei aber zu beachten ist, daß die Bewegung darauf ausgeht, daß die Selbständigkeit nicht bei der Herrschaft und die Unselbständigkeit nicht bei der Knechtschaft verbleibt. Vielmehr wird sich zeigen, daß die Knechtschaft aus der Unselbständigkeit zur Selbständigkeit gelangt, während die Herrschaft aus der Selbständigkeit der Unselbständigkeit verfällt.

Auf der Stufe der Erfahrung, mit der die Bewegung beginnt, ist nun zunächst das herrische Bewußtsein allein das selbständige, und diese neu gewonnene Selbständigkeit kennzeichnet Hegel gegenüber der vorangegangenen (S. 143) so, daß der Herr nicht mehr in der Bestimmtheit eines „einfachen Fürsichseins" gesetzt ist. Ihm ist nicht mehr nur das eigene Ich sein Wesen, er ist nicht mehr in der *Unmittelbarkeit*, nicht mehr in diesem *Sein* seines Fürsichseins *Einzelnes*. Er hat nicht nur alles aus sich ausgeschlossen, er traf ja im Kampf mit einem anderen lebendigen Selbstbewußtsein zusammen, und dadurch, daß er dieses unterwarf, ist er „durch ein *anderes* Bewußtsein mit sich vermittelt" (S. 146). Dieses, durch das sich das herrische Bewußtsein vermittelt, ist das knechtische, das Hegel hier kennzeichnet als ein Bewußtsein, „zu dessen Wesen es gehört, daß es mit selbständigem *Sein* oder der Dingheit überhaupt synthetisiert ist" (ebd.). Das „Ding" aber ist Gegenstand der Begierde. Es ist – wie es weiter unten (S. 146 Abs. 2, Mitte) heißt – für das knechtische Bewußtsein „seine Kette", von der dieses im Kampfe nicht abstrahieren konnte, und darum erwies es sich als unselbständig. Seine Selbständigkeit hatte es nur in der Dingheit. Der Knecht ist – anders ausgedrückt – in der Sorge um die Erhaltung des natürlichen Lebens, die Beschaffung von Lebens-mitteln, verloren. Sie macht sein Leben aus, und es wird sich zeigen, daß sich sein Selbstbewußtsein in dieser sorgenden Weise in der Sphäre des Andersseins verliert, weil er den Herrn mitversorgen muß, wodurch eine Gemeinsamkeit der beiden selbständigen Subjekte als eine Gemeinsamkeit der „Bedürfnisse" entsteht. Eben deswegen handelt es sich für den Knecht in *seinem* Verhältnis zu den Dingen nicht mehr darum – wie es für das begehrende Bewußtsein der Fall war –, nur die Dinge zu zerstören, sondern er wird darauf ausgehen müssen, sie zu erhalten und zu bearbeiten, um sie für den Genuß des Herrn zu formieren.

Jedenfalls zeigt sich, daß in das Gesamtgeschehen zwischen zwei lebendigen Individuen das Verhältnis zu den Dingen gehört. In der Tat ist es so, daß die Vermittlung der *undinglichen* selbstbewußten Subjekte, also deren Fürsichsein für einander, nur möglich ist im Verhältnis zu den Dingen. Erst nachdem die Dinge in *ihrer* Selbständigkeit und eigenständigen Mächtigkeit, die die Freiheit, d. h. das Fürsichsein eines Jeden ständig bedrohen, abgearbeitet worden sind, wird eine Vermittlung zwischen den selbstbewußten Subjekten, nämlich im Elemente ihres Freiseins, im Fürsichsein des Anderen, möglich. Solange die Dinge als *unbearbeitete* Gewalten die Sphäre der Freiheit der selbstbewußten Subjekte bestimmen und sie dadurch im Elemente des Fürsichseins voneinander trennen, solange ist auch jene „geistige" Einheit nicht zu erreichen, die das Ziel der Bewegung des Begriffes der Anerkennung ist.

Was den Herrn angeht, dessen Bewußtseinsweise zunächst zu betrachten ist, so muß allerdings gesagt werden, daß er eben dadurch, daß er sein eigenes Leben in jenem Kampf daransetzte, sich in die Gefahr begab, sein Leben und damit auch seinen Bezug zu den Dingen, deren Genuß, zu verlieren; und damit hat *er* sich bereits wesentlich von jener Gewalt der selbständigen Dinge über ihn gelöst. Und dennoch muß er, da auch er ja weiterleben will, also Lebens-mittel braucht, wieder in ein Verhältnis zu den Dingen treten. Es ist nun zu sehen, wie dies geschieht. Der Herr – so zeigt sich zunächst – ist nicht nur durch den Begriff des Selbstbewußtseins unmittelbare Beziehung des *Fürsichseins*, er ist bereits zugleich als Vermittlung oder als ein Fürsichsein, welches nur durch ein Anderes für sich ist. Als diese Vermittlung bezieht er sich a) unmittelbar auf das Wesen des Knechtes und das Wesen der Dinge, und b) mittelbar auf das Wesen der Dinge durch das Wesen des Knechtes und umgekehrt. Dieses Verhältnis der *Vermittlung* wird nun näher gekennzeichnet. Es heißt: „Der Herr bezieht sich auf *den Knecht mittelbar durch das selbständige Sein*" (S. 146). Der Knecht ist von dem Sein der Dinge, von der Selbständigkeit der Dingheit, noch vollkommen beherrscht. Eben dadurch, daß der Herr demgegenüber seine Macht über die Dinge im Kampf bewiesen und seine völlige Unabhängigkeit von ihnen erwiesen hat, hat er dem Knecht dies gezeigt, dargestellt, und dadurch hat er zugleich die Macht über das *Bewußtsein* des Knechtes erlangt, oder – wie Hegel das ausdrückt – „so hat er in diesem Schluß diesen Andern unter sich" (ebd.).

Aber nicht nur bezieht sich der Herr auf den Knecht durch das selbständige Sein = Ding, er bezieht sich auch mittelbar „*durch den Knecht auf das Ding*" (ebd.) selbst. Nun gibt es eine Möglichkeit, auch die Dinge so zu negieren, ihrer Selbständigkeit so Herr zu werden, daß sie nicht bloß vernichtet, sondern verändert werden, daß sie also nicht zum Verschwinden, sondern gerade zum Bleiben bestimmt werden, indem man sie nur in ihrer *Form* angreift, ihren Stoff aber erhält. Solches Negieren der vorgefundenen Form als Veränderung der Form, wobei der Stoff erhalten bleibt, ist *Arbeit*. Der Mensch kann – anders als das Tier – die vorgefundene, nur unmittelbare Natur zu seiner *eigenen* Um-Welt vermittelnd umwandeln, sie vermenschlichen. Er kann in diesem Sinne eines Bereiches eigener, mit ihm vermittelnder Bezüge eine „zweite Natur" stiften, indem er seine Bedeutungen – sein Ich – in sie hineinversetzt; er kann eine „Welt" der „bearbeiteten Dinge" schaffen. Die *bearbeiteten* Dinge sind dadurch „unselbständig" geworden, sie stehen dem Selbstbewußtsein nun nicht mehr entgegen und versuchen es zu bestimmen, indem sie immer erneut als einzelne Andere Gegenstände der Begierde sind, sondern sie sind jetzt für den selbstbewußten Menschen „nützliche" geworden. Jetzt können sie „genossen" werden. Nur im Genuß kommt die Empfindung, das Gefühl, zu einem eigentlichen, zu einem ungestörten „Selbstgefühl". Nur der Herr, der sich den bearbeiteten, unselbständigen Dingen gegenüberfindet – bearbeitet vom Knecht, den er eben hierzu zwischen sich und die Dinge „eingeschoben" (S. 147 oben) hat – vermag zu genießen, d. h., ein Selbstgefühl in wirklicher Weise zu empfinden und sich auf diese Weise seines Fürsichseins bewußt zu werden. In diesen beiden Momenten also, in denen sich der Herr auf den *Knecht* durch das Sein der Dinge und auf das Sein der Dinge durch den Knecht bezieht, wird ihm sein „Anerkanntsein durch ein anderes Bewußtsein".

Wie steht es mit dem knechtischen Selbstbewußtsein? Wir sagten: Das Selbstbewußtsein muß sich entsprechend dem Begriff des reinen Anerkennens in einem anderen „gegenständlich" werden. Damit ein Selbstbewußtsein sich „gegenständlich" werden kann, muß ihm etwas „entgegenstehen". „Entgegenstehen" aber kann nur, was „Bestehen" hat, was bestehende „Selbständigkeit" hat. So stand dem begehrenden Selbstbewußtsein der lebendige begehrte Gegenstand als ein bestehender selbständiger entgegen. So steht weiter dem Knecht das Ding als ein selbständiges entgegen. Von dieser Selbständigkeit der Dinge bleibt das knechtische Bewußtsein abhängig; die Dinge haben alle Macht über sein Bewußtsein, eine Macht, die es allerdings – in einer Weise, die noch näher zu erläutern ist – zunehmend „abarbeiten" kann. Zunächst aber ist das knechtische Bewußtsein deswegen ein „unselbständiges", weil ihm das selbständige Sein der Dinge, das dergestalt aufgefaßte „Leben", „das Wesen" ist. Daß und wie das knechtische Bewußtsein aus dieser Unselbständigkeit zur Selbständigkeit gelangt – wohingegen das herrische Bewußtsein zunehmend unselbständiger wird –, eben diese Entwicklung ergibt sich aus der jetzt beginnenden Erfahrungsgeschichte. Fürs erste ist der Herr, der seine Unabhängigkeit von den Dingen im Kampf um Leben und Tod bezeugt hat, in seinem Fürsichsein jedenfalls selbständig: Die Dinge haben keine direkte Macht mehr über ihn, sie sind für ihn „unselbständig" geworden, weil er den Knecht zwischen die Dinge und sich eingeschoben und ihm „die Seite der Selbständigkeit" zur Bearbeitung „überlassen" hat (S. 147 oben).

Wie steht es auf dieser Stufe mit der Realisierung des Begriffes des Anerkennens? Zunächst: Zu der in den einleitenden Paragraphen vorgezeichneten Struktur dieses Begriffs gehört insbesondere, daß das zweite oder andere Bewußtsein „selbst das tun (muß), das das erste gegen es tut" (S. 147, 2. Abs.). Das knechtische Bewußtsein hat „selbst" sein Fürsichsein in einer doppelten Richtung aufgehoben: zum einen dadurch, daß es in dem Kampf um Leben und Tod seine Abhängigkeit vom Leben, also von einem bestimmten Dasein, dadurch bezeugte, daß es nicht bis zum letzten gekämpft hat, und zum anderen dadurch, daß es sich nach dem Kampf weiterhin an die Dinge in ihrer Selbständigkeit verlor und sich ihnen gegenüber als das Unwesentliche, das Unselbständige bewußt war. In den beiden Richtungen hat es bezeugt, daß es „nicht über das Sein Meister werden und zur absoluten Negation gelangen" (ebd.) konnte.

Dieses Tun des knechtischen Bewußtseins — dieses unselbständige Verhalten den Dingen gegenüber — ist aber eigentlich die Wesensfolge des Tuns des herrischen Bewußtseins, denn dies ist die „reine negative Macht", das „reine wesentliche Tun", eben dadurch, daß es dieses Abhängigkeitsverhältnis des Knechtes gegenüber den Dingen bewirkt hat, und das knechtische Tun ist deshalb ein völlig unwesentliches, weil „erwirktes" Tun. Die Erfordernisse des reinen Begriffs der Anerkennung (S. 142, 4. Abs.) sind somit insoweit erfüllt, als hierzu gehört, daß das Tun „nicht nur insofern doppelsinnig (ist), als es ein Tun ebensowohl *gegen sich* als *gegen das Andere*, sondern auch insofern, als es ungetrennt ebensowohl das *Tun des Einen* als *des Anderen* ist". Hierauf nimmt der 2. Abs. S. 147 (Mitte) ausdrücklich Bezug. Dennoch fehlt — wie der vorletzte Satz dieses Absatzes erklärt — „zum eigentlichen Anerkennen das Moment, daß, was der Herr gegen den Andern tut, er auch gegen sich selbst, und was der Knecht gegen sich, er auch gegen den Andern tue". Der Herr hat nicht gegen sich selbst das getan, was er gegen den Knecht tat. Er hat sich nicht selber in Abhängigkeit gebracht und verknechtet. Das Gegenteil ist der Fall. Und andererseits: eben das, was der Knecht gegen sich getan hat – sich in Abhängigkeit zu bringen, sein Fürsichsein aufzugeben – das hat er nicht „gegen" den Herrn getan.

Sicher muß man sagen, daß seitens des Knechtes dem Herrn gegenüber ein „Anerkennen" erfolgt. Aber es ist ein „einseitiges und ungleiches Anerkennen" geblieben, während verlangt ist für die Erfüllung des reinen Begriffs des Anerkennens, daß es ein „gegenseitiges" sei.

Zwar hat sich der Herr durch ein anderes Bewußtsein vermittelt, aber das Bewußtsein des Knechtes ist derart, daß es dem „Begriffe nicht enspricht" (S. 147, 3. Abs.). Ein Bewußtsein entspricht erst dann dem Begriffe von Bewußtsein, wenn es ein „Selbst"bewußtsein geworden ist und d. h. ein „fürsichseiendes" – in diesem Sinne: ein „selbständiges". Was der Herr durch die Verknechtung des Knechtes erreicht hat, ist gerade, daß ihm jetzt ein Bewußtsein entgegensteht, das unselbständig, das an das Leben, an die Dinge verloren und nur „Sein für ein Anderes" ist. Es gibt somit gerade kein „fürsichseiendes" Bewußtsein, in welchem sich – gemäß dem erfüllten reinen Begriff des Anerkennens – das herrische Bewußtsein präsentieren könnte. Der Herr kann sich gerade nicht gegenständlich werden in einem Bewußtsein, das seinerseits kein selbständiges Bestehen gefunden hat. Somit ist für das herrische Bewußtsein noch nicht die Gewißheit seiner selbst zur Wahrheit geworden. Seine Wahrheit „ist vielmehr das unwesentliche Bewußtsein und das unwesentliche Tun" (S. 147, 3. Abs.), oder paradox ausgedrückt: „Die *Wahrheit* des selbständigen Bewußtseins ist demnach das *knechtische* Bewußtsein" (S. 147, 4. Abs.). Damit hat sich das, was das herrische Bewußtsein, die Herrschaft, wollte, in das Gegenteil „verkehrt". Was sie wirklich wollte, ist eine wirkliche Anerkennung, die allein die wirkliche Wahrheit der Gewißheit ihrer selbst ausmachen würde. Eben dies kann die Herrschaft nicht erreichen.

In dieser Weise spielt die Macht der Vernunft als eine „List" hinter dem Rücken der Menschen, und man mag hier einmal auf den tiefern Sinn dieses Spielens reflektieren. Wenn ein Einzelner oder auch ein einzelnes Volk im Kampf alle Macht über den Anderen errungen hat und nun der Sieger darauf aus ist, den ergebenen Anderen oder auch das andere Volk in Knechtschaft zu halten, dann wird die Herrschaft wie von selbst um die Früchte ihres Kampfes gebracht. Was jede Herrschaft erstrebt, ist letztlich Anerkennung durch den Anderen oder durch das unterworfene Volk. Ein Herr ist niemals ein rechter „Herr", wenn er nicht als ein solcher auch anerkannt wird. Eben diese Möglichkeit einer echten Anerkennung zerstört der Herr sich aber selber dadurch, daß er das Fürsichsein des Anderen, daß er dessen Freiheit zerstört. Denn – wie Hegel in der Dialektik von Herr und Knecht zeigt – er bedarf des freien fürsichseienden Bewußtseins des Anderen, um sich in ihm, in diesem Fürsichsein, als Freier präsentieren zu können und von ihm – der genauso frei ist wie er selbst – als gleich freier anerkannt zu werden. Der Herr vernichtet somit selber die Bedingung der Möglichkeit einer solchen Anerkennung. Wenn es Anerkennung nur unter Gleichen gibt, wenn nur ein Freier von einem Freien Anerkennung erhalten kann, dann muß die Herrschaft immer ihr Ziel verfehlen. In der Tat ist es ja auch so, daß der Herrscher sich selber immer dessen bewußt bleibt, daß ein Anderer, der „nur" ein Knecht ist, ihn gar nicht wirklich anerkennen kann. Was gilt es schon, von einem Knecht anerkannt zu werden?

Wichtig ist es, bei dem Ganzen zu sehen, daß und wie die List der Vernunft, der Logos selbst, diese „Verkehrung" zuwege bringt: Es bedarf nicht der Anwendung von Gewalt, damit der Herrscher um die Früchte seines Sieges gebracht wird. Karl Marx war anderer Auffassung, weil er nicht an diese Macht des Logos glaubte resp. sie nicht gesehen hat.

Ebenso wie die Verkehrung des herrischen Bewußtseins wie von selbst geschah und von nun ab mehr und mehr zutage treten wird, so wird sich zugleich – ebenfalls allein durch die Macht des Logos – das knechtische Bewußtsein „verkehren". Es wird sich in der Tat zeigen, daß und wie es sich – in dem Verhältnis von herrischem und knechtischem Bewußtsein – so entwickelt, daß es

das herrische zunehmend in eine Abhängigkeit von sich bringt, so daß das herrische Bewußtsein schließlich zum knechtischen Bewußtsein wird. – Um die Möglichkeiten einer solchen Entwicklung zu verdeutlichen, sei folgendes bemerkt:
Das knechtische Bewußtsein ist weiter mit den Dingen beschäftigt, und zwar dadurch, daß der Herr es zwischen sich und die Dinge einschob. Dies geschah zur Befriedigung der gemeinsamen Bedürfnisse, der Bedürfnisgemeinschaft; eben in ihr kündigt sich die Abhängigkeit des Herrn vom Knecht an. Denn der Herr will ja, nachdem der Kampf gewonnen ist, auch weiterleben. Dazu bedarf er der Lebens-mittel. Wir sahen, daß er sie in einem eigentlichen Sinne „genießen" kann, weil der Knecht die Dinge für ihn bereitstellt. In der Tat wird sich wegen dieser Möglichkeit eines echten Genusses der Wunsch des Herrn nach den Dingen mehr und mehr steigern, bis er schließlich zum Luxus wird. Damit aber steigert sich auch mehr und mehr die Abhängigkeit von dem, der ihm diesen Luxus bereitet, vom Knecht. Nicht nur verliert der Herr seine Unabhängigkeit von den Dingen, die er vorher im Kampf um Leben und Tod dem Knechte darstellte und durch die allein er die Herrschaft und Selbständigkeit gewann; d. h. er wird nicht nur überhaupt wieder von den Dingen abhängig, sondern er wird darüber hinaus, weil er sich nur über den Knecht auf die Dinge bezieht, auch zunehmend vom Knecht abhängig. Er verliert somit gerade im Prozeß der Ausübung der Herrschaft zunehmend seine Selbständigkeit.
Es ist jetzt genauer zu fragen, wie sich das knechtische Bewußtsein weiterentwickelt. Hegel zeigt, daß es – gerade umgekehrt wie das herrische Bewußtsein – die Bestimmung der Unselbständigkeit, in die es nunächst gesetzt ist, verliert. Das unselbständige Bewußtsein ist dadurch entstanden, daß es vom Herrn im Kampf um Leben und Tod „zurückgedrängt" wurde – zurück in ein Bewußtsein, dem das Leben, die Dinge allein wesentlich sind, das insofern nur ein Bewußtsein „für ein Anderes" war (S. 148). Diese Bestimmung des „Zurückgedrängtseins" wird aber, *ebenso wie dies beim Spiel der Kräfte der Fall ist, von selbst in die entgegengesetzte Bestimmung umschlagen, indem es*

sich als das „äußert", was es in Wahrheit ist: als selbständigfürsichseiendes Bewußtsein.

Damit sich aber das Bewußtsein als ein selbständiges bewußt werden kann, muß es sich als selbständiges gegenständlich werden. Dies wäre möglich, wenn es sich in einem selbständigen Sein zur Anschauung bringen könnte. Ein solches selbständiges Sein aber haben gerade die Dinge für es. Es könnte sich als „Selbst" – d. h.: „sich selbst als Selbständiges" – in der Selbständigkeit der Dinge, die ihm gegenständlich sind, nur dann wiederfinden, wenn die Selbständigkeit der Dinge in wesentlicher Hinsicht dem „Selbst" des Bewußtseins entstammen würde. Eben dies aber ist der Fall, wenn das Bewußtsein den Dingen eine ihm entstammende Form verleiht, wie es in der Bearbeitung des dinglichen Seins durch den Knecht geschieht. Wenn so das selbständige Bestehen der Dinge der Form zu verdanken ist, die der Knecht diesen Dingen eingeprägt hat, dann kann er sich in der Selbständigkeit der Dinge auch gegenständlich werden, sich in ihnen wiederfinden, also in und durch sie das Bewußtsein seines wahren Wesens als eines „selbständigen fürsichseienden Bewußtseins" erlangen. Damit dies geschehe, ist somit das Formieren, das Arbeiten notwendig. Hierin liegt die große, Menschenwürde und Freiheit schaffende Funktion der Arbeit für Hegel. Durch sie als ein Moment im Prozeß der Bildung wird der Knecht zum Freien.

## Exkurs III

Weltgeschichtlich bedeutet dieser Begriff von Freiheit, daß die Griechen und die Römer auf dem Standpunkt des Zustandes von Herrschaft und Knechtschaft – der also dem Naturzustand folgte – stehengeblieben sind. Sie hatten noch nicht erkannt, daß wesenhaft ein jeder seines „Selbst"bewußtseins wegen fürsichseiend selbständig frei ist und darum auch unabdingbar einen Anspruch auf Freiheit hat. Die griechische Philosophie hatte diese Freiheit noch nicht als „Freiheit", d. h. als selbständiges Fürsichsein gedacht. So war für Aristoteles der Mensch nur insofern frei, als er als Freier *geboren* wurde. Freiheit blieb also für Aristoteles noch an eine äußerliche und zufällige Bestimmtheit gebunden. Darum gab es bei den Griechen und in Rom Sklaverei, ohne daß in ihr ein Verstoß gegen das Wesen des Menschen gesehen wurde. Erst in der Neuzeit, im Denken, das mit dem XVI. Jahrhundert begann und sich dann in der Französischen Revolution realisierte, ist sich die Menschheit dessen bewußt geworden, daß im Wesen des Menschen – seinem selbstbewußten Wesen – liegt: fürsichseiend selbständig, und d. h. selbstbestimmend, frei zu sein. Von nun an ist es wirklich ein bewußter Verstoß gegen das Wesen der Menschheit, wenn diese Freiheit mißachtet und durch Gewalt verletzt und unterdrückt wird. Dafür, daß dieser Verstoß, dieses bewußte Verbrechen geschieht, liefert die Geschichte – seit der Französischen Revolution – genügend Beispiele. Wichtig aber ist, daß es seitdem zugleich auch ein „Gewissen" der Menschheit gibt, das sich freilich oft nur leise meldet.

Noch aber hat das knechtische Bewußtsein seine Abhängigkeit von den Dingen, derentwegen es ja unterlag, keineswegs verloren. Der Knecht braucht die Dinge, um weiterleben zu können, und er braucht sie auch für die Versorgung des Herrn. Diese Gemeinsamkeit der Bedürfnisse ist die erste Form des „Ich = Wir" und „Wir = Ich": somit die erste Form des Begriffes des Geistes. Die Seiten 148–150 stellen nun die Geschichte der Erfahrung dar, in der das knechtische, das „in sich zurückgedrängte Bewußtsein", auch selbst in sich geht und sich zur wahren Selbständigkeit umkehrt. In diesen Ausführungen hat Hegel das Wesen des „Dienens", der „Arbeit" und der „Bildung" entfaltet – Einsichten, die Karl Marx ebenso beeinflußt haben wie jene, die den Prozeß der Anerkennung betreffen.
Der erste Satz des 2. Abs. (S. 148) zeigt an, daß das knechtische Bewußtsein jetzt so aufgefaßt werden soll, wie es „an und für sich" ist; d. h. nicht mehr – wie bisher – nur so, wie es im Verhältnis zur Herrschaft erscheint. Um das Folgende verstehen zu können, muß man sich daran erinnern, daß das knechtische Bewußtsein *eine* Bewußtseinsgestalt, das *eine* Extrem ist, in das das Selbstbewußtsein in dieser Erfahrungsgeschichte gesetzt wird. Hierin liegt: auch das knechtische Bewußtsein ist in seinem wahren Wesen – d. h. „an und für sich" – Selbstbewußtsein, ist selbständiges Fürsichsein. Aber in dieser Bestimmung ist sich das knechtische Bewußtsein – innerhalb der hier verfolgten Erfah-

rungsgeschichte – gerade nicht gegenständlich. Solange es vom Herrn „zurückgedrängt" wird, hat es von sich das Bewußtsein, daß es unselbständig, unwesentlich, d. h. „Sein für Anderes" und nicht „Fürsichsein" ist. Es muß noch an sich selbst erfahren, daß es selbständiges Fürsichsein ist. Es muß sich in der Bestimmung des Fürsichseins anschaulich, gegenständlich werden, um die Erfahrung seines wahren Wesens zu machen. Nun erklärt Hegel (S. 147, 2. Abs.), daß das knechtische Bewußtsein bereits eine Erfahrung gemacht hat, in der ihm sein wahres Wesen gegenständlich wurde. Im „Kampf auf Leben und Tod" nämlich hatte es, anstatt sich heldenhaft und mutig zu erweisen, „um sein ganzes Wesen" Angst gehabt – und nicht nur darum, daß es dieses oder jenes bestimmte Ding verlieren könnte; und es hat auch nicht nur in diesem oder jenem bestimmten Augenblick Angst gehabt, sondern es „hat durchaus in sich selbst erzittert" (ebd.). Wovor hat es sich geängstigt, wovor ist es in sich erzittert? Die Antwort ist: vor dem Tode. Das knechtische Bewußtsein „hat die Furcht des Todes" empfunden. Den Tod aber nennt Hegel den „absoluten Herrn". Der Tod ist letztlich „der" Herr. So war es gar nicht das herrische Bewußtsein, das ihn besiegte, sondern es war die Angst vor dem absoluten Herrn über das Leben, dem Tod – es war diese absolute Gewalt, die das knechtische Bewußtsein weichen ließ und es bestimmte, sich dem Herrn zu unterwerfen. Es war der Tod, der absolut – und d. h. alles – bedingungslos und erbarmungslos vernichtende Herr, vor dem das knechtische Bewußtsein Furcht empfunden hat. Deswegen gab es den Kampf auf, deswegen hat es sich dem herrischen Selbstbewußtsein unterworfen, das von nun ab erst für es „der Herr" ist.

Wichtig ist nun, daß in dieser Furcht des Todes, in dieser Furcht vor dem „absoluten Herrn", die der Furcht vor dem herrischen Bewußtsein vorausgeht, mit dem Knecht etwas den Grund seines Wesens Veränderndes geschah, und eben dies besagt, daß es bereits eine „Erfahrung" gemacht hat, in der ihm sein Wesen gegenständlich wurde. – Versuchen wir, sie genau zu verstehen. Zunächst dieses: Nicht erst Kierkegaard, die Existentialphilosophie oder die frühe Philosophie Heideggers hat die wesensverändernde Macht der Todeserfahrung erkannt. Allerdings ist die Funktion, die der in der Angst erfahrenen Möglichkeit des Todes bei Hegel zukommt, nahezu entgegengesetzt derjenigen, die sie in der Gegenwartsphilosophie hat. In der Gegenwartsphilosophie, bei Heidegger in „Sein und Zeit", ist das Verhalten des „eigentlichen Daseins" zu der Möglichkeit seines Sterblichseins Zeugnis der „Endlichkeit" des Daseins. Bei Hegel spielt umgekehrt die Erfahrung des Todes die Rolle, daß es dem Bewußtsein das erste Mal gegenständlich macht, daß es Selbstbewußtsein und als ein solches in Wahrheit „Fürsichsein" im „Anderssein" ist, die Bewegung der „wahrhaften Unendlichkeit" als Rückkehr zu sich selbst.

Das sei näher erklärt. Wir sahen: der Knecht erfährt den Tod als den „absoluten Herrn", also als das ihm fremde Wesen, das alles aufzulösen vermag, und vor ihm erzittert er. Wenn sich der Gehalt der Todeserfahrung hierin erschöpfen würde, dann bliebe dem knechtischen Bewußtsein ganz und gar verschlossen, würde ihm nicht gegenständlich, daß sein eigenes Bewußtsein, weil es Selbstbewußtsein ist, eben den Charakterzug *an sich* trägt, den er in der Angst dem Tode zuschreibt. Der Knecht erfährt aber doch in der Todesfurcht, daß *sein* Bewußtsein nichts dinghaftes, festes, unveränderbar Bestehendes ist, vielmehr erfährt er an sich selbst eben dies, daß er „in sich selbst erzittert", daß er „innerlich" aufgelöst wurde, daß alles Fixe „in ihm" gebebt hat. In der Todesfurcht macht er die Erfahrung an sich selber, daß sich in und an seinem Bewußtsein eine allgemeine Auflösung aller Festigkeiten, alles Bestehenden vollziehen kann. Todesfurcht ist die Erfahrung des „absoluten Flüssigwerdens alles Bestehens". An sich selbst erfährt er diese „reine allgemeine Bewegung" und d. h. die Macht des Nichts, die Bestehendes verändert.

Diese Macht des Nichts vermag in der Tat die Natürlichkeit des Menschen aufzulösen, der Tod ist die „natürliche Negation" (S. 145, 1. Abs.). Sie wird dem Knecht in der Todesfurcht gegenständlich. Aber wurde ihm nicht auch die eigentlichere Macht des

Nichts gegenständlich, diejenige nämlich, die das im natürlichen Bereich Negierte zu „überleben" vermag – ein Überleben durch das Leben des Geistes? – Diese Frage bezieht sich auf das, was der Herr, indem er die Macht der Negativität *für den Knecht* ist, damit für diesen tut. Auch der Herr hatte, indem er den Knecht im Kampf um Leben und Tod von der Freiheit in die Knechtschaft zwang, an ihm eine Auflösung bewirkt. In dem Tun des Herrn ist ihm die Macht des Nichts, auflösen zu können, in anderer Weise gegenständlich geworden: der Herr vermochte sich durch das Negieren seiner Abhängigkeit von den Dingen zum reinen Fürsichsein hervorzubilden und dies im Verhältnis zu ihm – dem Knecht – zu tun. Dadurch, daß dem Knecht diese absolute Macht im Herrn gegenständlich wurde, gewann er bereits das „Gefühl", daß es diese absolute Macht gibt, die ein Anderssein zu negieren vermag, ohne daß es vernichtet wird, sondern als das Anderssein des Fürsichseins in verwandelter Form erhalten bleibt (S. 148, 3. Abs.). Im Tun des Herrn wurde dem Knecht bereits die Macht der „absoluten Negativität" gegenständlich, die das Wesen des Selbstbewußtseins ausmacht: diese geistige, nicht nur natürliche Negation. Dadurch gewinnt er allerdings erst ein Bewußtsein hiervon, aber noch nicht die Wahrheit der Gewißheit seiner selbst. Dieses Ziel der Bewegung des in Buch B dargestellten Selbstbewußtseins muß eine verwirklichte Wahrheit sein, es muß ein „Sichverwirklichen" sein. Nur ein solches bringt die Rückkehr des Selbstbewußtseins in sich zustande, das „außer sich gekommen" ist. In der Furcht vor dem Tod als dem absoluten Herrn, wie vor dem herrischen Bewußtsein, wird ihm zwar schon gegenständlich, wird „für es", daß es die Möglichkeit der Auflösung und die Möglichkeit einer aufhebenden Veränderung gibt, aber diese Möglichkeiten bleiben „bloße Möglichkeiten", solange sie nicht von dem knechtischen Bewußtsein selbst bewährt werden, durch es selbst an ihm selbst verwirklicht worden sind, solange es nicht selbst das Negierte, das aufgelöste Andere zu dem Anderen des Fürsichseins aufhebt.

Die Macht der „allgemeinen Auflösung" und des Aufhebens muß an der Wirklichkeit vollzogen werden. Eben dies geschieht als „Arbeit". Im Arbeiten wird die allgemeine Auflösung wirklich, die der Knecht bisher an sich nur innerhalb in der Todesfurcht erfahren hatte. Sie wird nicht nur dadurch wirklich, daß – wie gezeigt – der Knecht die ihm entgegengesetzte seiende Form der Dinge aufhebt, sondern vor allem dadurch, daß er sich im Dienst des Herrn selbst verändert, indem er im Dienen, im Bilden der Dinge sich selbst bildet. Diese selbsterzieherische Bildung durch das Dienen liegt darin, daß er jene Abhängigkeit vom natürlichen Dasein, die ihn nach dem Kampf auf Leben und Tod zum Knecht gemacht hatte, zur Auflösung bringt. Durch das Dienen arbeitet er diese Abhängigkeit durch sich und für sich selbst ab. Das, was der Herr in seinem Entschluß, sein Leben daranzusetzen, auf einmal tat – auch bei ihm handelte es sich ja um den Entschluß, die Abhängigkeit von den Dingen als dem „natürlichen Sein" aufzugeben – muß der Knecht langsam „hinwegarbeiten". Hierin liegt: Im Vollzug des Dienens, somit dann, wenn – kategorial gesprochen – der Knecht in der Seinsweise des „Seins für Anderes" ist, wenn ihn die Kette, an die er gefesselt ist, am meisten fesselt, wenn er im Zustand der Verdinglichung ist – eben dann ist er dabei, die Seinsweise des Für-sich-Seins zu gewinnen, dies Verlorensein im Anderssein aufzuheben. Die Festigkeit der Dinge, die das Bewußtsein des Knechtes so bestimmten, daß es selber zu verdinglichen drohte – der Fetischcharakter der Dinge, wie Karl Marx sagen wird –, wird aufgelöst, und während die Festigkeit der Dinge vergeht, tritt langsam die Wahrheit seines menschlichen Wesens heraus, die in seinem Selbstbewußtsein liegende Macht der Negativität, d. h. seine Freiheit.

Es ist nun genauer zu sehen, wie das Dienen zu einer verwirklichten Wahrheit der Gewißheit seiner selbst führt. Zunächst jedenfalls gilt: „Ob zwar die Furcht des Herrn der Anfang der Weisheit ist, so ist das Bewußtsein darin *für es selbst*, nicht das *Fürsichsein*" (S. 148 u.).

Hier sei zur Orientierung vorgreifend gefragt: Wann wäre denn die „Weisheit" an ihrem „Ende" und vollkommen? – Erst dann, wenn nicht mehr nur die Gemeinsamkeit der Bedürfnisse und der

Sorge um deren Befriedigung als Einheit der Verdoppelung zweier Selbstbewußtseine herrschte, sondern wenn das an und für sich *Vernünftige* als Einheit hervorgetreten ist, wenn das Ich = Wir und das Wir = Ich als der Begriff des Geistes in die Erscheinung getreten ist, der „objektive Geist", die Familie, das Volk, der Staat, in dem jeder Bürger frei ist, und wenn darüber hinaus der absolute Geist in der Gestalt der Kunst, der Religion und schließlich der wahren Weisheit erschienen ist, die sich in ihrer *wahren* Gestalt *dargestellt* hätte, nämlich – wie Hegel in der Vorrede der Phänomenologie sagt – als „wirkliches Wissen" (S. 12, 3. Abs.), als die Philosophie und damit als *das wissenschaftliche System*.

Im Zustand einer allgemeinen Freiheit, wie er als *objektiver* Geist herrscht, haben für Hegel alle *unterschiedenen*, lebendigen, selbstbewußten Gestalten zur *Einheit* zurückgefunden; und erst wenn die Philosophie in der Form des Systems zur Darstellung gelangt ist, dann ist für ihn das wahre Wissen wirklich geworden. Bis dahin aber ist der lange Weg der „Phänomenologie des Geistes" zu gehen. Das Selbstbewußtsein im Buch B steht erst am „Anfang der Weisheit".

Es wurde bereits gezeigt, daß der Knecht als *Knecht* durch sein Negieren die „Selbständigkeit der Dinge nicht vernichten kann", daß er „durch sein Negieren nicht bis zur Vernichtung mit ihm (dem Ding) fertig werden" kann (S. 146, 2. Abs.). Das Ding unterliegt in seiner Materie nicht der Macht des Knechtes, es bleibt insofern „selbständig" bestehen. Würde der Knecht es *auch* noch der Materie nach vernichten wollen, dann würde er sich zu dem Ding wie ein begehrendes Selbstbewußtsein verhalten. Nur der genießende Herr verhält sich noch in bestimmter Weise „begehrend" zu den Dingen, aber er ist als Herr von der Last befreit, es seinerseits in seiner Selbständigkeit negieren zu müssen. Eben deswegen hat er den „Genuß". Aber auch diese Befriedigung bleibt eine „verschwindende", hat kein *Bestehen*, denn ihrer Wesensherkunft nach ist auch sie „Begierde" (vgl. S. 149 ob.). Bestehen hätte sie nur, wenn der Kreislauf, der in dem Vernichten des begehrten Gegenstandes und der immer wieder entflammenden Begierde liegt, schlechterdings *gehemmt* würde, wenn vor allem das immer erneute *Verschwinden* der Befriedigung *aufgehalten* würde. Aber wie ist das möglich? Gibt es eine bewußtseinsmäßige Beziehung zu den Gegenständen, die uns selbständig entgegenstehen, in der die Begierde *gehemmt* und das Verschwinden der Befriedigung *aufgehalten* wird? Hegels Antwort: Es gibt sie, und zwar in der Arbeit. In ihr tritt das Bewußtsein „außer es in das Element des *Bleibens*" (S. 149 ob.). Der Gegenstand, den der Knecht gemäß dem in seinem Bewußtsein vorgestellten Plan verändert und zu neuer Gestalt formiert hat, gewährt das „Element des Bleibens". Dabei ist aber – und diese Einsicht ist von entscheidender Wichtigkeit – diese bleibende Form des bearbeiteten Gegenstandes, die das Bewußtsein durch die arbeitende Anstrengung „hinausgesetzt" hat (S. 149, 2. Abs.), keineswegs ein für es „fremdes Wesen". Sie wird ihm nicht „ein Anderes als es selbst" (ebd.), denn diese Form ist nichts als die Verkörperung seines eigenen, das Andere zu sich verwandelnden Fürsichseins. In dem geformten Gegenstand hat sich „sein eigener Sinn" verwirklicht – eine Verwirklichung in einer gegenständlich-bleibenden Gestalt, die nicht wie das durch Befriedigung der Begierde erreichte Selbstgefühl immer wieder „verschwindet", in der vielmehr das Verschwinden deshalb *aufgehalten* ist. Darum kann das arbeitende Bewußtsein auch durch es selbst in ihm sein*en eigenen Sinn* wiederfinden. In der Tat – durch dieses „Wiederfinden" *wird* ihm erst wirklich sein *„eigener Sinn"* (ebd.). In diesem „Werden" liegt das Bilden; in diesem Sinne ist es die Arbeit, die den Menschen „bildet": „Die Arbeit ... ist *gehemmte* Begierde, *aufgehaltenes* Verschwinden oder sie *bildet*" (S. 149 ob.).

Arbeit ist somit Bildung in doppelter Richtung: einmal in der, daß sie Gegenstände bildet, zum anderen in der, daß der Arbeitende „sich" bildet. – Was die erste Seite betrifft, so ist davon auszugehen, daß dem arbeitenden Bewußtsein ein Gegenstand gegenübersteht, der als ein solcher selbständig ist und eine „seiende Form" hat. „Dem Arbeitenden" hat „der Gegenstand Selbständigkeit" (S. 149, 1. Abs.) und das Arbeiten bewirkt, daß

„die entgegengesetzte seiende Form" eines Gegenstandes aufgehoben wird. Arbeit vollzieht sich somit als „negative Beziehung" auf den Gegenstand – negativ gegen die bestehende „entgegengesetzte Form". *Die* Form, die der selbständige Gegenstand hatte, wird negiert, beseitigt. Aber „die negative Beziehung" des Bewußtseins „auf den Gegenstand wird zur *Form* desselben und zu einem *Bleibenden*" (ebd.). Das arbeitende Bewußtsein ist in seinem Aktvollzug „formierendes *Tun*", es macht *seine* negative Beziehung auf den Gegenstand zur Form des Gegenstandes. Dieser Gegenstand, der ihm in seiner Selbständigkeit schlechthin entgegenstand, somit Macht über es hatte, der *ihm* als das gegenständliche Negative und als das fremde Wesen galt, wird als dieses fremde Negative von ihm aufgehoben im Sinne des *tollere*, also zerstört und neu gebildet, formiert. In den Gegenstand wird im Sinne des Aufhebens als *conservare* und *elevare* die Form „hinaufgesetzt". Der Gegenstand, der dem Bewußtsein (des Knechtes) bisher als ein fremder selbständiger galt, trägt jetzt als bearbeiteter *etwas von ihm* an sich. Er ist keineswegs mehr dasjenige Negative, das die Begierde als einen zu negierenden Gegenstand vor sich hat und an dem sie – etwa durch Verzehren – den Charakter des Negativen immer erneut erweisen muß, sondern dieses Negative wird als Negatives nochmals negiert und dadurch in die neue Form gebracht. Ein Negatives nicht nur beseitigen, sondern erneut negieren, verändernd aufheben zu können – eben hierin liegt die Macht des Selbstbewußtzeins. In der Geschichte der Erfahrung muß dem dienenden Bewußtsein aber noch bewußt, es muß ihm gegenständlich werden, daß es selber dieses Selbstbewußtsein ist. Im formierenden Bilden der Arbeit – eben darin, daß es den fremden Gegenstand zu einer neuen Form verändern konnte, die ihm selber entstammt –, *wird* sich das dienende Bewußtsein, das sich bisher nur als ein Sein für Anderes sah, „als reines *Fürsichsein* zum Seienden" (S. 149, 2. Abs.). Das Arbeiten, nicht als einmaliger Akt aufgefaßt, sondern als ein langsamer Prozeß, ist ein Geschehen, das das Bewußtsein „bildet". Denn immer erneut findet sich das arbeitende Bewußtsein durch sich selbst in den bearbeiteten Gegenständen als seinen Produkten. „Es wird also durch dies Wiederfinden seiner durch sich selbst *eigener Sinn*, gerade in der Arbeit, worin es nur *fremder Sinn* zu sein schien" (ebd.). Im Produkt der Arbeit kommt das arbeitende Bewußtsein „zur Anschauung des selbständigen Seins *als seiner selbst*" (S. 149, 1. Abs.).[28] Indem das knechtische Bewußtsein zunehmend das Bewußtsein seines eigenen *Fürsichseins* erarbeitet, gelangt es damit auch zunehmend zum Bewußtsein seiner Freiheit. Indem es produziert, produziert es sein Menschsein.[29]

Worauf es vor allem für das Verständnis des Wesens der Arbeit als einer „negativen Beziehung auf den Gegenstand" ankommt, ist: Negieren hat nicht den Sinn von Verschwindenlassen, es handelt sich nicht um ein Negieren, das an den Dingen die „Vergänglichkeit des Endlichen erweist". Die Dinge als endliche – so wird in der „Wissenschaft der Logik" ausgeführt – haben als solche den Keim des Vergehens in sich – „die Stunde ihrer Geburt ist die Stunde des Todes" (WL I, S. 117). Aber nur der Verstand verharrt in dieser Trauer der Endlichkeit, indem er dieses Nichtsein als die Bestimmung der Dinge auffaßt. Dem-

---

[28] Hierin ist etwas Analoges zu dem zu erkennen, was für Hegel im Vollzug von *Sprache* liegt. In der Tat hatte er in der „Jenenser Realphilosophie" Sprache und Arbeit noch zusammen behandelt. Wie die Sprache, so ist auch die Arbeit ein sich vollziehender *Idealismus*, ein Idealisieren der Materie. Vollzug von Idealismus liegt in der ausdrücklichen Setzung einer Identität von Objektivität durch eine diese übergreifende Subjektivität. Das übergreifende Subjekt qua Begriff setzt diese Einheit seiner selbst mit dem Anderen als das Andere *des* Einen. Hier ist einerseits wieder zu erinnern an Kants transzendentale Apperzeption, daran, wie im begreifenden Erkennen eine Identität dadurch gesetzt wird, daß das „Subjekt", der Begriff, die der Anschauung gegebene Mannigfaltigkeit der Vorstellung zum „Objekt" vereinigt. Andererseits aber befinden wir uns jetzt nicht auf dem theoretisch erkennenden, sondern auf dem praktischen Gebiet, dem des Wollens: hier wird Idealismus *praktiziert*, und zwar durch dieses Tun, das seine „negative Beziehung" einem in bestimmter Form ihm entgegenstehenden Selbständigen aufprägt und es dadurch „idealisiert".

[29] Hieraus ließe sich der viel zitierte Satz von Karl Marx in „Nationalökonomie und Philosophie" verstehen, es sei „das Große an der Hegelschen Phänomenologie", daß sie „das Wesen der *Arbeit* faßt und den gegenständlichen Menschen, wahren, weil wirklichen Menschen, als Resultat seiner *eigenen Arbeit begreift*" (Die Frühschriften, hrsg. v. S. Landshut, Stuttgart 1953, S. 269).

gegenüber aber liegt es im Wesen der *Vernunft,* des vernünftigen Selbstbewußtseins, daß für es diese Bewegung, in der die Dinge scheinbar nur vergehen, umschlägt in ein „bleibendes Sein". Für denjenigen, der *mit* Vernunft das Geschehen *der* Vernunft zu erkennen vermag, gibt es dieses aufbewahrende, emporhebende Aufheben des bloß Negativen, Vergänglichen und Veränderlichen, gibt es die Möglichkeit, daß „das Vergehen selber vergeht" (ebd.). In diesem Sinne vermag das arbeitende Bewußtsein das von ihm selber formierte Andere zum Anderen *seiner* selbst zu formieren und sich selbst in dem so Formierten anschauend wiederzufinden. Ist auch das Selbstbewußtsein in der Arbeit noch nicht für sich selbst vernünftig und im Verhältnis der Vernunft zu ihrer Gegenständlichkeit, so realisiert es doch in seinem Tun bereits dieses vernunftgemäße Aufheben und *erfährt* dadurch sein wahres Verhältnis zu den Dingen. Ohne seine eigene vernünftige Natur, sein Wesen schon als solches zu durchschauen – dies ist auf dieser Stufe nur „für uns", d. h. für den Philosophen, möglich – erreicht es doch durch seine eigene Tätigkeit eine wirkliche und d. h. bereicherte Rückkehr zu sich selbst und bewährt die „Gewißheit seiner selbst" durch diese praktische Verwirklichung seiner selbst.

Hierin liegt also die zweite Seite, die zur Arbeit als Bildung gehört (s. o. S. 88): Der Vollzug der Arbeit *vermittelt* das Bewußtsein über das Andere, den bearbeiteten Gegenstand, *zu sich* zurück. Hegel hat deshalb das formierende Tun auch eine „negative Mitte" genannt (S. 149, 1. Abs.) – und zwar „negativ", weil das formierende Tun zum einen, in Bezug auf den Gegenstand, diesen in doppelter Negation zu neuer Form aufhebt; und zum anderen, weil auch im Bezug auf das Subjekt des „formierenden Tuns", den Arbeitenden selbst, eine Negativität liegt, indem dieser dadurch sich verändert, eben „*sich* bildet". – Diese Erfahrung ist nun noch insgesamt zu betrachten.

Zunächst hatte das knechtische Bewußtsein die Negativität bereits „an" seinem Bewußtsein in der Furcht erfahren, in der Erfahrung der *inneren* Auflösung, der Möglichkeit von Verwandlung schlechthin. Die Furcht richtete sich zunächst auf den „absoluten Herrn", den Tod, und sodann auf den Sieger, das herrische Selbstbewußtsein. Als der Herr gesiegt hatte und er den Knecht in den Dienst zwang, da war das knechtische Bewußtsein zunächst auch noch bestimmt, zurückgedrängt durch die Selbständigkeit der Gegenstände, die ihm entgegenstanden und die ihm der Herr zur Bearbeitung überließ. Aber in der tatsächlichen Bearbeitung, dem Bilden der Dinge, verlieren diese ihr fremdes Wesen, und in der Erfahrung seiner zunehmenden Macht über die Dinge lernt der Knecht mehr und mehr seine Furcht auch vor dem Herrn zu überwinden. Und dies ist nun das Neue: Im Verhältnis zu den Dingen, die er bearbeitet, erweist er sich als mächtiger als die Dinge. Er vermag ihre ihm „entgegengesetzte seiende Form" (S. 149, 2. Abs.) aufzuheben. In dem Bilden der Dinge wird es dem knechtischen Bewußtsein bewußt, daß in ihm selber die „Macht der Negativität" liegt, daß sein Bewußtsein in Wahrheit Selbstbewußtsein ist, d. h. „Fürsichseiendes". Indem es immer erneut durch sich selbst seinen „eigenen Sinn" in den Produkten seiner Arbeit findet, erfährt es an sich selbst und durch sich selbst den Prozeß der Bildung – dies aber ist ein Prozeß, den nur ein Wesen zu durchlaufen vermag, das „geistig" ist; denn er ist bestimmt von der Grundstruktur des Geistes: dem „Beisichselbstsein im Anderssein". Arbeiten, formierendes Tun, ist also an sich geistiges Tun und gehört notwendig zur Bewegung des Geistes in seinem Erscheinen.

Rückblickend werden (S. 149 unten) noch einmal die Momente genannt, die im Prozeß der „Bildung" des knechtischen Bewußtseins liegen, einer Bildung, die bewirkt, daß das in sich „zurückgedrängte Bewußtsein" aus sich herausgeht und sich zur wahren Selbständigkeit des Selbstbewußtseins umkehrt. – „Bildung" ist demnach auf dieser Stufe der „Phänomenologie des Geistes" ein Gefüge aus Furcht, Dienst, Gehorsam und Arbeit – ein Gefüge, insofern vier Momente zusammenkommen müssen, damit eine wirkliche Bildung zustande kommt und damit die Erhebung des knechtischen Bewußtseins als des Bewußtseins, dem das Leben, die Dinge als „Sein für ein Anderes" das Wesen ist, also die Erhebung des unselbständigen Bewußtseins zur Selbständigkeit des Fürsichseins, der Freiheit. Zunächst spielt, wie oben gezeigt, die Furcht des Todes in diesem Bildungsprozeß eine Rolle. In der Empfindung der Furcht des Todes muß das knechtische Bewußtsein „innerlich aufgelöst werden"; es muß „durchaus in sich selbst erzittert" sein, und „alles Fixe" muß „in ihm gebebt" (S. 148 Mitte) haben. Das Bewußtsein muß das „Gefühl" der absoluten Macht des Negativen „an sich" erfahren haben, in der Furcht vor dem „absoluten Herrn", dem Tod, und danach in der Furcht vor dem lebendigen herrischen Bewußtsein. Alle Erfüllungen seines natürlichen Bewußtseins müssen „wankend geworden" sein, denn das „negative Wesen" – das ist das die Auflösung bewirkende Wesen – muß im Bewußtsein selber gewaltet haben, es darf ihm nicht nur äußerlich geblieben sein, „seine Substanz" muß „durch und durch angesteckt" (S. 150) worden sein. Die Substanz muß – wie dies überhaupt das Ziel der „Phänomenologie des Geistes" ist – flüssig geworden sein, damit die Bewegung des Subjektes, des Selbstbewußtseins, des Fürsichseins beginnen kann. Voraussetzung der Macht des Subjekts ist die Erfahrung der Ohnmacht, die Erfahrung, daß der Bestand des natürlichen Bewußtseins aufgelöst wurde. Dazu reicht nicht aus, daß „nur einige Angst ausgestanden" wurde, denn dann wäre das negative Wesen ein nur äußerliches geblieben.

Zu dieser in und aus Furcht gemachten Erfahrung der Auflösung als der Möglichkeit von Veränderung überhaupt muß nun ein weiteres hinzukommen, damit aus der Erfahrung der Ohnmacht diejenige der Macht wird – nämlich die Erfahrung der Macht, als Selbstbewußtsein und Subjekt absolute Negativität zu sein und die doppelte Negation vollziehen zu können. – Dies, was im „Prozeß der Bildung" nun zur Furcht hinzukommen muß, ist der Dienst und die Arbeit. Wie bereits ausgeführt wurde, findet in der Arbeit das knechtische Bewußtsein seinen eigenen Sinn wieder – es schaut in der von ihm gesetzten Form *seine* negative Beziehung an, d. i. das doppelt aufhebende Negieren, und wird dadurch in einem selbständigen Sein, dem der Gegenstände, sich selbst anschaulich.

Wenn jedoch die Arbeit bilden soll, dann muß sie aus einem

weiter verwandelten Bewußtsein heraus geschehen. Das Bewußtsein kann nicht nur ein sich „fürchtendes" bleiben, wenn es ein produktiv arbeitendes sein will. Es muß die anfängliche Furcht überwinden, und dies geschieht, indem es ein „dienendes" Bewußtsein wird, und als solches, in „dienender Haltung", die Auflösung an dem ihm in der Form eines Seienden selbständig entgegenstehenden Ding und dessen Verwandlung zu neuer Form vollzieht. Dienend ist die Haltung erst dann, wenn sich der Knecht bewußt unter die „Zucht des Dienstes" gestellt hat, wenn er bewußt „gehorsam" geworden ist. Dies besagt: Das knechtische Bewußtsein muß sich als „Einzelnes" selbst überwinden, und es muß jene Auflösung aller Erfüllungen seines natürlichen Bewußtseins als fixer eben darin selbst weitergetrieben haben, daß es seinen „Eigensinn" (S. 150) aufgibt, und d. h., daß es statt auf sich nur noch auf die Sache bedacht ist, der es dienen will, daß es sich *versachlicht* hat. Ein Bewußtsein, das im „Eigensinn" verharrt, bleibt „noch innerhalb der Knechtschaft stehen" (ebd.). Es kommt darum auch gar nicht zu einem allgemeinen Bilden, zum Arbeiten in diesem Sinne, es bleibt „eine Geschicklichkeit, welche nur über Einiges, nicht über die allgemeine Macht und das ganze gegenständliche Wesen mächtig ist" (ebd.).
Wie aber kann das knechtische Bewußtsein seinen „Eigensinn", dieses Bewußtsein einer falsch aufgefaßten Freiheit, verlieren? Hegels Antwort ist ähnlich derjenigen, die Aristoteles in der „Nikomachischen Ethik" auf die Frage gab, wie ein Mensch tugendhaft wird, und das hieß für ihn, wie er zwischen den Extremen – etwa des Übereifers und der Müßigkeit – die rechte Mitte findet. Der Mensch wird nach Aristoteles nur dadurch ein guter, ein tugendhafter Mensch, daß er übt. Durch die Praxis, die Übung, durch ständigen Gehorsam auf einen Imperativ, ein Gebot, und die dazu erforderliche Überwindung seiner selbst, eben durch Zucht, muß er sich dazu bringen, eine Beständigkeit des Charakters (*hexis*) zu erwerben, aufgrund derer er dann mit Sicherheit diese Mitte zwischen den Extremen trifft.[30]

[30] Aristoteles: „Nikomachische Ethik", 2. Buch.

Die Einsicht in die Art und Weise, wie das knechtische Bewußtsein durch Zucht und Gehorsam schließlich Freiheit gewinnt, hatte für Hegel weltgeschichtliche Bedeutung. Damit die Völker frei werden können, damit sie schließlich die Fähigkeit der Selbstregierung erlangen können, müssen sie erst die strenge Zucht unter einem Herrn erleiden.[31] So war es nicht damit getan, daß Solon den Athenern die demokratischen Freigesetze gab. Peisistratos mußte sie den Athenern aufzwingen. Erst mußten sich die Athener durch Zucht und Unterwürfigkeit verändern, um den Gehorsam zu lernen, und erst nachdem sie sich durch Gehorsam verändert hatten, wurde die Herrschaft der Peisistraden überflüssig. Auch in Rom waren nach Hegel die streng regierenden Könige notwendig; zunächst mußte die natürliche Selbstsucht der Römer gebrochen werden, damit es zu jener – von Hegel bewunderten – römischen Tugend einer zu allen Opfern bereiten Vaterlandsliebe kam. Somit waren für Hegel Tyrannei und Knechtschaft auch in der Geschichte der Völker eine notwendige Stufe, aber das sind sie für ihn nur solange, bis die Menschheit zum Bewußtsein der Freiheit gelangt ist. Dieses Bewußtsein der Freiheit bedeutet für Hegel Bewußtsein davon, daß das Wesen eines jeden Menschen im Selbstbewußtsein liegt und daß das Selbstbewußtsein die Macht der absoluten Negativität hat in dem erörterten Sinne. Ist die Einsicht in die Macht des Selbstbewußtseins einmal weltgeschichtlich erreicht – was mit der Französischen Revolution eingetreten ist –, dann ist für Hegel Tyrannei nicht mehr zu rechtfertigen. Er ist davon überzeugt, daß ein Volk, das zu dem Bewußtsein gelangt ist, daß der Mensch als selbstbewußtes Wesen frei ist und das den energischen Willen zu dieser Freiheit hat, durch keine Menschengewalt in der Knechtschaft zurückzuhalten ist.[32]

---

31 Enz. § 435, Zus.; Vorl. üb. d. Gesch. d. Philos., WW 18, S. 182 ff.; s. auch VG S. 251.
32 Zwei Beispiele aus unseren Tagen, die als Bestätigung *dieser* Hegelschen Auffassung dienen können: zum einen die Beobachtung, wie die Völker Afrikas zumindest das Bewußtsein der Freiheit erlangt haben, freilich ohne bereits in der Lage zu sein, sich selber freiheitlich, demokratisch verwalten zu können, zum anderen, *wie die Negerbevölkerung in den Vereinigten*

Damit das Dienen des knechtischen Bewußtseins ein „wirkliches" ist und dieses „zu sich selbst kommt" in der Bildung, ist also der Gehorsam ebenso notwendig wie die Furcht. Er ist die Haltung, in der erst die *Arbeit* ihre entscheidende Rolle im Bildungsprozeß erlangen kann, nämlich die der Befreiung des Menschen zu sich selbst – Befreiung in der durch seine Arbeit vermenschlichten Welt. Diese Befreiung erfolgt also nicht durch Gewalt in Form von Revolution, sondern im Gegenteil durch Gehorsam und die Zucht des Dienstes und als deren Vorbedingung sogar durch die das Bewußtsein verändernde Furcht. Im Gefüge des Bildungsprozesses spielen all diese Momente eine einander ergänzende und bedingende Rolle. „Ohne die Zucht des Dienstes und Gehorsams bleibt die Furcht beim Formellen stehen und verbreitet sich nicht über die bewußte Wirklichkeit des Daseins. Ohne das Bilden (das ist das Arbeiten), bleibt die Furcht innerlich und stumm, und das Bewußtsein wird nicht für es selbst" (S. 149 Mitte). Bedeutsam ist, daß die Befreiung des knechtischen Bewußtseins zu sich selbst nur insofern im Bezug auf den Herrn geschieht, als er ihm gegenüber gehorsam sein muß. Eigentlich erfolgt die Befreiung dadurch, daß sich der Knecht im Verhältnis zu den Dingen, zu den Sachen versachlicht. Allerdings, gäbe es nicht das herrische Bewußtsein, dem der Knecht innerhalb der Bedürfnisgemeinschaft gehorcht, dann gäbe es keine Arbeit als Formieren der Gegenstände, und dann käme es nicht zum Wiederfinden des eigenen Sinnes in ihnen. Aber die in dem ganzen Prozeß wichtigste Erfahrung liegt nicht etwa darin, daß sich der Knecht in der Freiheit des Herrn gegenständlich wurde, sondern darin, daß er sich in der bleibenden Form formierter Dinge als den von ihm formierten anzuschauen vermag, daß ihm sein eigener Sinn dadurch *wird*, daß er ihn in ihnen als den Produkten seiner Arbeit *wiederfindet*.

So drängt sich nun die Frage auf: Wie steht es an dieser Stelle der Entwicklung mit dem Prozeß des Begriffs des Anerkennens,

---

Staaten das Bewußtsein der Freiheit hat und deswegen in den letzten 25 Jahren auf eine Institutionalisierung und Anerkennung ihrer Freiheit drängte und sie teilweise erreichte.

mit der Auseinanderlegung seiner Einheit in seiner Verdoppelung, mit dieser Bewegung, die doch diese Erfahrungsgeschichte ausmacht? Stehen sich die zwei entgegengesetzten Gestalten des Bewußtseins, das eine Extrem, die selbständige Gestalt, der das Fürsichsein das Wesentliche ist, der Herr, und jene andere, der in unselbständiger Weise das Sein für ein Anderes das Wesen war, der Knecht, nicht immer noch unversöhnt gegenüber? Es ist bisher nicht zum Schluß – zu einem Zusammenschluß – der beiden Extreme gekommen, so wie dies der reine Begriff des Anerkennens verlangt. Es ist keine Einheit des Selbstbewußtseins des Herrn und des auf die Dinge gerichteten Bewußtseins des Knechtes erfolgt. Es hat sich kein „allgemeines" Selbstbewußtsein aus dem unterschiedenen Sein der Extreme wiederhergestellt, dadurch daß – wie es zum erfüllten Begriff des Anerkennens gehört – sich eine jede Seite als freie, fürsichseiende im Fürsichsein der anderen Seite gegenständlich wird, in ihr sich präsentiert und zur Anschauung gelangt, so daß eine jede die andere als gleich freie anerkannt hätte. Nicht ist jedes dem anderen die Mitte, durch welche jedes sich mit sich selbst vermittelt und zusammenschließt und jede sich und dem anderen unmittelbares fürsichseiendes Wesen ist, wie es verlangt wurde: Es ist noch nicht dazu gekommen, daß „sie sich *anerkennen als gegenseitig sich anerkennend*" (S. 143 oben).

Jedoch läßt sich dies feststellen: Auf dieser Station der Erfahrungsgeschichte hat der Knecht sein Fürsichsein gefunden, so daß eigentlich jetzt der Herr in ihm – als einem Freien – die Wahrheit seines eigenen Fürsichseins finden *könnte*. Da sich der Knecht jetzt selbst befreit hat und sich in dieser Freiheit des Fürsichseins gegenständlich geworden ist, könnte er doch seine Freiheit dem Herrn darstellen, sie ihm präsentieren. Warum kommt es dann doch nicht zu jenem gegenseitigen Sichanerkennen? Die Antwort ist: Durch das Freiwerden des Knechtes wurde der Herr gerade nicht freier, sondern unfreier, so daß sich die Ungleichheit der beiden Seiten nicht zu der Gleichheit hergestellt hat, ohne die es kein allgemeines Selbstbewußtsein gibt. Der Herr hatte nach seinem Siege nicht das Bewußtsein verloren, „Einzelner" zu sein, und als Einzelner bleibt er „begehrendes" Bewußtsein, bleibt er weiter auf den Genuß der Dinge aus, die der Knecht für ihn bearbeitet. Je mehr der Knecht ihm die Dinge für seinen Genuß bereitstellt, um so stärker wächst dieses Begehren nach Genuß. Damit aber wächst seine Abhängigkeit von den Dingen und somit auch vom Knecht. Dies aber besagt: das herrische Bewußtsein bleibt nicht nur ein einzelnes, sondern wird auch zunehmend unselbständiger. Es verliert seine Selbständigkeit und d. h. sein Wesen nicht nur an die Dinge, sondern auch an den Knecht. Es wird selber in diesem Sinne zu einem knechtischen, verknechteten Bewußtsein, und dies eben in dem Maße, in dem das knechtische Bewußtsein im Verhältnis zu den Dingen selbständiger wird. In der Tat, je besser der Knecht arbeitet, je mehr sein Bewußtsein seinen eigenen Sinn in der von ihm erarbeiteten Menschenwelt findet, um so unwichtiger wird die Macht des Herrn und die Rolle, die er im Prozeß der Bildung gespielt hat. Das herrische Bewußtsein wird somit nicht nur mehr und mehr verknechtet und selber zum knechtischen Bewußtsein, sondern es wird für den Prozeß des Bildens sogar überflüssig. Im nächsten Kapitel wird sich zeigen, daß die Weiterentwicklung der Erfahrungsgeschichte der Phänomenologie, die als solche eine große Geschichte der Bildung ist, nicht etwa vom herrischen Bewußtsein getragen wird, sondern vom knechtischen Bewußtsein. Bei den welt- und gedankengeschichtlichen Entwicklungen in der „Phänomenologie", die zu vernünftigen und geistigen Gestalten führen, den Gestalten der Sittlichkeit, handelt es sich immer um Bewußtseinsgestalten, die sich nicht wie der Herr vereinzelt, sondern die sich wie der Knecht versachlicht haben.

# III.

## 10. Allgemeinheit und Freiheit des Selbstbewußtseins

Der reine Begriff des Anerkennens, die Verdoppelung des Selbstbewußtseins in seiner Einheit, ist zu keiner wirklichen Vollendung gelangt. In der Geschichte der Erfahrung sind die zwei entgegengesetzten Gestalten, das selbständige, das herrische, und das unselbständige, das knechtische Bewußtsein, die sich als zwei Extreme gegenüberstanden, noch nicht zu der Einheit gelangt, die als „geistige Einheit" zu der Vollendungsgestalt der Bewegung des gegenseitigen Sich-Anerkennens geführt hätte. Hierzu wäre es nur gekommen, wenn eine jede der beiden Gestalten des Selbstbewußtseins sein Fürsichsein hervorgebildet hätte und dann eine jede Seite in dem Fürsichsein des Anderen die Mitte, durch welche jedes sich mit sich selbst vermittelt und zusammenschließt, gefunden hätte. Wäre dies geschehen, dann hätten sie sich gegenseitig in ihrem wahren Wesen, in ihrem Fürsichsein, und d. h. in ihrer Freiheit, erkannt. Die Gemeinsamkeit hätte nicht mehr nur in der Gemeinsamkeit der Bedürfnisse gelegen, sondern in der Gemeinsamkeit der Freiheit, in der Freiheit, die allen selbstbewußten Ichen aufgrund ihrer Wesensstruktur gemeinsam ist und in eben diesem Sinne von „allen gemeinsamen" das „allgemeine" Selbstbewußtsein ausmacht. Ist sich ein jedes Selbstbewußtsein dessen bewußt, daß sein Selbstbewußtsein das allen gemeinsame, das allgemeine Selbstbewußtsein ist, dann ist es sich bewußt, „für es" die Gattung zu sein, und umgekehrt ist zugleich die Gattung „für es". Diese Allgemeinsamkeit ist die Einheit verschiedener für sich seiender Selbstbewußtseine, ist „Ich, das Wir, und Wir, das Ich" (S. 140), der Begriff des Geistes, der für uns, die Philosophen, bereits vorhanden ist (s. o. S. 52 ff.). Bei der gesamten weiteren Entwicklung handelt es sich um eine Vertiefung, um eine zunehmende „Verwirklichung des allgemeinsamen allgemeinen" Selbtsbewußtseins. Dabei muß das allgemeine

Selbstbewußtsein sein Geistsein mehr und mehr manifestieren. Es ist ein langer Erfahrungsweg nötig, bis es in vollem Sinne *geistig* ist, es muß – wie die Anordnung des Buches C zeigt – innerhalb der Genese noch ein „vernünftiges Selbstbewußtsein" geworden sein.

Von der Darstellung der „Vernunft" (Buch C) aus läßt sich rückblickend sagen, auf welcher Stufe das Selbstbewußtsein im Buche B noch steht: „Bisher ist es ihm nur um seine Selbständigkeit und Freiheit zu tun gewesen, um sich für sich selbst auf Kosten der *Welt* oder seiner eigenen Wirklichkeit, welche ihm beide als das Negative seines Wesens erschienen, zu retten und zu erhalten" (S. 176). Auf dieser bisherigen Stufe ist ihm die Welt, die ganze Realität, das Ganze des „Andersseins" (vgl. S. 175, letzte Zeile), „das Negative seines Wesens". Er hat – anders ausgedrückt – ein „negatives Verhältnis" zu diesem „Anderssein", der Welt.

Die jetzt folgenden Gestalten des Selbstbewußtseins, die das Kapitel B des Buches B darstellt, denen es nur um die eigene Selbständigkeit und Freiheit zu tun ist, sind – was ihre kategoriale Bestimmtheit betrifft – Momente innerhalb einer an sich zeitlosen Genese des Begriffes des allgemeinen Selbstbewußtseins überhaupt; sie sind jedoch zugleich auch „Gestalten", die in die Zeit fallen, bestimmte Epochen innerhalb des fortschreitenden Weltgeistes. Das Problem des Verhältnisses vom zeitlos-logisch-kategorialen Begriffmoment zur geschichtlichen Gestalt in der „Phänomenologie des Geistes" kann aus der kurzen Bemerkung in der *Einleitung*, (S. 74 f.) zusammen mit den Ausführungen auf S. 562 und am Schluß (S. 564) erklärt werden, wo von dem Unterschied zwischen der „Geschichte" nach der Seite ihres in der Form der Zufälligkeit erscheinenden Daseins und der „Wissenschaft des erscheinenden Wissens" als der „begriffenen Organisation der Geschichte" die Rede ist, die beide zusammen die *begriffene Geschichte* ausmachen. Der Titel des Abschn. B des Buches B, S. 151, heißt mit Rücksicht auf bestimmte geschichtliche Gestalten, die sich in der jeweils herrschenden Philosophie zu bewußter Erscheinung gebracht haben und damit zu Gestalten des fortschreitenden Weltgeistes wurden, „Freiheit des Selbstbewußtseins; Stoizismus, Skeptizismus und das unglückliche Bewußtsein". So heißt es ausdrücklich, der Stoizismus sei „als ihrer (scil. der Freiheit) bewußte Erscheinung in der Geschichte aufgetreten" (S. 152, 2. Abs.). Das gilt auch für den Skeptizismus, der für Hegel die Realisierung des Begriffs des Stoizismus ist (S. 154, 3. Abs.). Welche bewußte Erscheinung (oder Erscheinungen) in der Geschichte des Geistes das „unglückliche Bewußtsein" darstellt, ist umstritten.[33] Wichtig ist jedenfalls für alle drei Gestalten, daß sie – wie gesagt – ihre Freiheit noch „gegen" die gegenständliche Welt zu retten versuchten. Eben *deswegen* bleibt ihre Freiheit noch eine „abstrakte"; wie es z. B. mit Bezug auf den Stoizismus heißt: „die Freiheit im Gedanken hat nur den *reinen Gedanken* zu ihrer Wahrheit, die ohne die Erfüllung des Lebens ist" (S. 153, 5. Z. v. u.). Sie war deshalb „nur der Begriff der Freiheit, nicht die lebendige Freiheit selbst". Die Freiheit ist erst dann eine „lebendige", wenn eine „Verwirklichung" der Wahrheit der Freiheit erfolgt, wenn sie zur Realität, zu dem „Leben der Welt", dem „Anderen", ein Verhältnis gefunden hat. Beim Kampf auf Leben und Tod oder bei der Bearbeitung und Bildung der gegenständlichen Welt durch das knechtische – dienende – Bewußtsein war das bereits in gewisser Weise der Fall. Die Entwicklungen des Lebens, als des lebendigen Gegenstandes, gegen den die Begierde und die Arbeit tätig waren, sind bereits Weisen, in denen sich das Selbstbewußtsein zur Realität „verhält". Sie stellen aber noch keine totale Verwirklichung der Freiheit dar. Es wird sich zeigen, daß dies auch noch nicht auf den weiteren Stufen des Buches B der Fall ist. Das Andere, das Leben, die Welt bleibt – wie es bei der Darstellung des „unglücklichen Bewußtseins" heißt – gerade ein „Jenseits seiner selbst" (S. 166, Abs. 2).

---

[33] Vgl. aber unten Kap. 13 und 14.

## 11. Stoizismus

*Was* „uns", den „Philosophen", bis jetzt „geworden" ist als das Resultat der vorangegangenen Erfahrungsgeschichte, ist ein Selbstbewußtsein, „welches denkt" oder „freies Selbstbewußtsein" ist (S. 151 unten). Was heißt nun hier „denken"?
Ein Selbstbewußtsein, so definiert Hegel, ist denkend, „welches sich als die Unendlichkeit oder reine Bewegung des Bewußtseins das Wesen ist" (ebd.). Dies wird in dem nachfolgenden Satz weiter so bestimmt: „Denn nicht als *abstraktes Ich* sondern als Ich, welches zugleich die Bedeutung des *Ansich*seins hat, sich Gegenstand sein, oder zum gegenständlichen Wesen sich so verhalten, daß es die Bedeutung des *Fürsichseins* des Bewußtseins hat, für welches es ist, heißt *denken*" (S. 151 f.). Dieser Bestimmung von „denken" wird sogleich abwehrend entgegengehalten: „Dem *Denken* bewegt sich der Gegenstand nicht in Vorstellungen oder Gestalten, sondern in *Begriffen*" (S. 152 oben).
Worin liegt nun der Unterschied zwischen „Denken" – dieser Terminus ist für Hegel strikt reserviert für die Gedankenbewegung „in Begriffen" – und der Vorstellung eines „Vorgestellten, Gestalteten, Seienden als solchen"? Das Vorgestellte hat die Form von etwas Anderem als das Bewußtsein, das vorstellt. Es wird unterschieden zwischen dem subjektiven Vorstellen und dieser Form, in der das Seiende dem Vorstellen als ein anderes gegenübersteht. Das Vorstellen muß sich darum auch besonders daran erinnern, daß die Einheit mit dem bestimmten und unterschiedenen Seienden *seine* Vorstellung ist. Anders ist es beim Denken. Ihm bewegt sich der Gegenstand in Begriffen – z. B. im Begreifen dessen, was die Freiheit ist – und dies besagt: „in einem unterschiedenen Ansichsein, welches unmittelbar für das Bewußtsein kein unterschiedenes von ihm ist" (S. 152 oben). Es gibt einen Unterschied an diesem Begriff: eben das Begreifen und dieser bestimmte Inhalt – aber wie Hegel einsichtig macht, ist dieser Unterschied im Begreifen unmittelbar auch schon aufgehoben: „aber darin, daß dieser Inhalt ein begriffener zugleich ist, bleibt es (das Denken) sich seiner Einheit mit diesem be-

stimmten und unterschiedenen Seienden *unmittelbar* bewußt". Es ist nicht nötig, sich der Einheit mit diesem Seienden eigens zu erinnern, denn „der Begriff ist mir unmittelbar *mein* Begriff". Und nun fährt Hegel fort: „Im Denken *bin* ich *frei*, weil ich nicht in einem anderen bin, sondern schlechthin bei mir selbst bleibe, und der Gegenstand, der mir das Wesen ist, in ungetrennter Einheit mein Fürsichsein ist; und meine Bewegung in Begriffen ist eine Bewegung in mir selbst" (S. 152 Mitte). Der Gegenstand ist somit unmittelbare Einheit des Ansichseins und Fürsichseins. Freilich durchschaut das Selbstbewußtsein in den jetzt auftretenden Gestalten diese Struktur noch nicht selbst; dies ist erst einem Begreifen möglich, das sich selbst als dergestalt begreifend begriffe. Ein solches Begreifen wäre „absolutes Wissen", die letzte Gestalt der „Phänomenologie des Geistes".

Immerhin ist die Gestalt des stoischen Selbstbewußtseins bereits eine denkende, d. h. begreifende – und so schreibt Hegel: „Es ist aber in dieser Bestimmung dieser Gestalt des Selbstbewußtseins wesentlich dies festzuhalten, daß sie *denkendes* Bewußtsein *überhaupt* oder ihr Gegenstand *unmittelbare* Einheit des *Ansichseins* und des *Fürsichseins* ist" (S. 152, 1. Abs.). Dennoch fehlt – wie sich bald zeigen wird – noch etwas Wichtiges an dieser Gestalt des „Selbstbewußtseins".

Bevor wir hierauf eingehen, ist aber noch die Frage zu beantworten, wie „uns" – den Philosophen – aus den im Abschnitt A des Buches B erörterten Gestalten diese Gestalt des denkenden Selbstbewußtseins „geworden" ist. Sie ist uns nicht aus der Gestalt des selbständigen Selbstbewußtseins als einem solchen geworden. Denn diesem, von dem auf S. 143 Abs. 3 ausgegangen wurde, war „nur die reine Abstraktion *des Ich* sein Wesen" (S. 151 oben). Es hatte sich zunächst „durch das Ausschliessen alles *andern aus sich*" als „einfaches Fürsichsein" bestimmt (S. 143, 3. Abs.) und war in dieser *Unmittelbarkeit* seines Fürsichseins *Einzelnes*, vermittelte sich dann im Kampf um Leben und Tod und danach mit einem anderen Selbstbewußtsein, dem Knecht, blieb aber doch immer noch als Einzelnes nur auf seine Unabhängigkeit von allem Leben, sein Fürsichsein, gerichtet. Es bezog sich dabei zwar auch auf die Sphäre des Andersseins, den Knecht und die Dinge, und insofern bildete es sich aus und gab sich Unterschiede; aber „dies Unterscheiden (wurde) ihm nicht zum gegenständlichen *ansich*seienden Wesen" (S. 151 oben). Das Ding ist als das über den Knecht vermittelte unselbständig und als das zu genießende für den Herrn mit dem Charakter des Negativen behaftet; es ist somit kein gegenständliches „ansichseiendes Wesen", und auch der Knecht ist es nicht, er ist ihm Mittel, Werkzeug, ist ihm als ein unwesentliches Bewußtsein seiend. Das selbständge Selbstbewußtsein wurde somit nicht „ein in seiner Einfachheit sich wahrhaft unterscheidendes oder in dieser absoluten Unterscheidung sich gleichbleibendes Ich" (ebd.). Wenn es zum „Denken" gehört, in dem gegenständlich an sich seienden Unterschiedenen, im Anderssein bei sich selbst zu sein, so findet sich diese Struktur weder am selbständigen Selbstbewußtsein schlechthin noch am herrischen Selbstbewußtsein, weil es für dieses Bewußtsein keine Sphäre des Andersseins in einem eigentlichen Sinne gibt.

Aus den Strukturmomenten des selbständigen und herrischen Selbstbewußtseins kann somit „für uns" das denkende Selbstbewußtsein in der Gestalt des Stoizismus nicht „geworden" sein. So muß es vielmehr das knechtische, das in sich „zurückgedrängte Bewußtsein" sein, aus dem es sich ergibt. Für dieses gilt: In dem von ihm Unterschiedenen, dem geformten, bearbeiteten Gegenstand, im „Formieren als Form der gebildeten Dinge wird es sich zum Gegenstand" (S. 151 Mitte). Es war somit in einem gegenständlichen anschauenden Anderssein bei sich selbst; und ferner schaute es das Fürsichsein als Bewußtsein an dem Herrn an. Nun bemerkt Hegel hier etwas, was er in dem vorangegangenen Kapitel nicht erwähnt hatte, daß nämlich dem dienenden Bewußtsein als solchem diese beiden Momente – Bewußtsein a) *„seiner selbst* als selbständigen Gegenstandes" und b) „dieses Gegenstandes als eines Bewußtseins und hiermit seines eigenen Wesens" zu sein (S. 151, Z. 11 ff.) – *auseinanderfallen.* Es verteilt diese Momente in der Tat auf das Verhältnis des Bewußtseins zu den Dingen und zu dem Herrn. Aber „wir" – die Philosophen – wissen, daß die vom formierenden Tun in die selbständigen Dinge gesetzte Form, die im Vorstellen als Form des Gestalteten für das Bewußtsein „etwas Anderes", vom Vorstellen Unterschiedenes ist, in Wahrheit („an sich") nichts anderes ist als das Selbst des knechtischen Bewußtseins, obzwar als ein selbständiger Gegenstand, und daß sie somit sein Fürsichsein ist, das dem Knecht freilich nur im Wesen des Herrn gegenständlich war. Die „*Form*", etwas Anderes zu sein, das Unterschiedensein und das *Fürsichsein* sind somit „für uns" bereits dasselbe. „Die Seite des *Ansichseins* oder der *Dingheit*, welche die Form in der Arbeit erhielt", ist „keine andere Substanz als das Bewußtsein" (S. 151). „Die Seite des *Ansich*seins" ist das Bewußtsein. Nehmen „wir" nun diese Einsichten positiv auf, dann ergibt sich hieraus diese „neue Gestalt des Selbstbewußtseins": ein Ich, ein Fürsichsein, das zugleich die Bedeutung des „Ansichseins" hat, oder umgekehrt: ein sich zum gegenständlichen Wesen so verhaltendes, daß es „die Bedeutung des *Fürsichseins* des Bewußtseins hat, für welches es ist" (S. 151 f.). Diese Strukturmomente hat ein Bewußtsein, das die Sphäre des Andersseins, das *Ansichsein*, als *seinen* Unterschied, als *seinen* bestimmten Inhalt *an sich* hat, indem es sich Gegenstand ist. Der Inhalt als das Anderssein und das Ansichsein ist zwar in dieser neuen Gestalt vom Ich unterschieden, aber er ist für es doch unmittelbar kein unterschiedener. Ein solches Bewußtsein also ist ein *denkendes*, begreifendes.

Was ist somit der Begriff für Hegel? Wie auf S. 152 definiert, ist er „zugleich ein *Seiendes*, und dieser Unterschied, insofern er an ihm selbst ist, ist sein bestimmter Inhalt". Der Unterschied ist also *in* dem Begriff, und zwar in der Seinsart des „Inhalts" des Begriffes. Daß der Inhalt ein „begriffener" ist, besagt, daß die unmittelbare, fremde Seinsart, wie sie ein Vorgestelltes hat, als dieses fremde Sein vertilgt ist (vgl. S. 154). Sollte es nicht auch besagen, daß das Unterschiedene durch das Denken selbst gesetzt ist, also nicht ein „gegebener" Inhalt ist, der als ein solcher die freie Bewegung des Denkens in sich noch bestimmt? In der Tat sollte es so sein, aber zu dieser Freiheit der Bewegung des

Bewußtseins in sich, zu dieser „wahrhaften Unendlichkeit" hat sich das stoische Bewußtsein noch nicht entwickelt. – Bis hierher ist jedenfalls festzuhalten: das denkende Bewußtsein ist aus den Erfahrungen des knechtischen zurückgedrängten Bewußtseins „geworden".

Aber auch weltgeschichtlich, d. h. in der Entwicklung des Weltgeistes, mußte nach Hegel eine Zeit allgemeiner Knechtschaft und allgemeiner Furcht dem Erscheinen der Bewußtseinsgestalt des Stoizismus vorausgehen. Denn die Bildung des Bewußtseins zu dieser Gestalt erfordert es ja – wie sich bei der Darstellung des knechtischen Bewußtseins gezeigt hatte –, daß in der Furcht, zusammen mit der Zucht des Dienstes und des Gehorsams, zunächst die nur „natürliche" Wirklichkeit des Daseins durch die Arbeit allgemein aufgehoben und zu einer vom Ich formierten, entsprechend den formenden Bestimmungen des Selbstbewußtseins, gebildet wird. Darin kommt es zu einer „allgemeinen Bildung" (S. 153). Die Arbeit bildet die *Welt* zu einer Menschenwelt und zugleich die *Menschen* selbst: durch Furcht, Zucht und Disziplin wird aus bloßer Geschicklichkeit des eigensinnigen Knechtes ein allgemein bildendes, formierendes Vermögen, welches „über die allgemeine Macht und das Ganze gegenständlicher Wesen mächtig ist" (S. 150). Eben dies wurde weltgeschichtlich zu dem Vermögen, alles, was ist, in die dem Denken eigene Form zu setzen. Durch die Arbeit hat sich das Bilden somit zum Denken potenziert. Der Stoizismus als die erste Gestalt des denkenden Geistes ist demnach das *Resultat* eines Sich-Bildens durch bildende Arbeit.

Wenn gesagt wird, daß diese Gestalt des Weltgeistes erst hervortreten kann, nachdem eine Zeit der Arbeit vorangegangen ist, so heißt dies freilich nicht, daß es, nachdem der Stoizismus aufgetreten ist, keine Arbeit mehr gäbe. Es besagt nur: Im Element des Gedankens hat sich eine neue Gestalt des Selbstbewußtseins hervorgebildet, die sich allerdings von dem Verhältnis der „Herrschaft und Knechtschaft", somit von den Bewußtseinsgestalten des begehrenden Herrn und des arbeitenden Knechts zu distanzieren *vermag*, die „negativ" gegen dieses Verhältnis sein kann (vgl. S. 153). Es gibt jetzt eine Gestalt des Selbstbewußtseins, für die nicht mehr *das* „Wesenheit" hat, worauf die Begierde und die Arbeit gerichtet und wogegen diese tätig waren, nämlich die „vielfache sich in sich unterschiedene Ausbreitung, Vereinzelung und Verwicklung des Lebens" (S. 152 u.). Dieses dem Vielfachen des Lebens entsprechende Tun des begehrenden und knechtischen Bewußtseins hat sich nun „in die einfache Unterscheidung zusammengezogen, welche in der reinen Bewegung des Denkens ist" (S. 153 ob.). Gemäß der bereits angegebenen Bestimmung des Denkens in Begriffen (s. o. S. 102 f.) hat für dieses das Seiende nur noch die Bestimmtheit eines im und vom Begreifen selbst gesetzten und innerhalb seiner liegenden Unterschiedenseins. Für das denkende Bewußtsein hat das von ihm Unterschiedene nicht die Form, etwas anderes zu sein als das Bewußtsein, es ist nicht *der* Unterschied, der als bestimmtes Ding oder als Bewußtsein eines bestimmten *natürlichen* Daseins, als ein Gefühl oder als „Begierde und Zweck" auftritt. Nur *der* Unterschied hat Wesenheit für das stoische Bewußtsein, der wie „ein *gedachter* oder unmittelbar nicht von Mir unterschieden ist" (S. 153).

Das stoische Bewußtsein will nur denkend sein. Dies ist der Grund, warum es sich „negativ gegen das Verhältnis der Herrschaft und Knechtschaft" (ebd.) verhält. Es hat sich von all dem zurückgezogen, was für die Herrschaft und Knechtschaft wichtig war. Es sucht nicht wie der Herr eine Anerkennung, die es doch nicht erhalten kann, weil die Herrschaft ihre Wahrheit nur an einem knechtischen Bewußtsein hat, der nicht seinesgleichen ist. Das stoische Bewußtsein sucht aber auch seine Wahrheit nicht wie das knechtische Bewußtsein in dem Willen des Herrn, noch sucht es sie im Dienen. Was es sucht, ist: „in aller Abhängigkeit seines einzelnen Daseins" – „frei zu sein" (S. 153 Mitte). Es will nicht das Leben mit seinen Werken und Leiden, weder in der Bewußtseinsgestalt des Herrn noch des Knechtes. Diese Freiheit gilt ihm mit Recht als die falsche eines Bewußtseins, das noch mit Einzelheit verknüpft im „Eigensinn" verbleibt, das sich gerade noch nicht radikal verändert hat. Das knechtische Bewußtsein blieb ein abhängiges; es blieb „innerhalb der Knechtschaft stehen"; demgegenüber kann das stoische Bewußtsein aufgrund der dem Denken zukommenden Spontaneität – *sponte*, d. h. von sich aus anfangend, „von sich her" – sich dazu bestimmen, sich in die reine Allgemeinheit des „Gedankens" zurückzuziehen, *gleichgültig* dagegen, wie es das Leben in seinen vielfachen Weisen zu beherrschen versucht. Es ist eben diese Gleichgültigkeit, die anzeigt, woran es dem stoischen Denken als Denken noch mangelt: Das stoische Bewußtsein will die „Leblosigkeit sich ... erhalten" (ebd.), es will sich zurückziehen in die „einfache" Unterscheidung, d. h. in die sich in sich selbst unterscheidende Wesenheit des Gedankens. Steht nun der Begriff des Lebens in einem wesentlichen Zusammenhang mit dem des Selbstbewußtseins, indem sich das Genos, die Gattung als „Gattung für sich selbst" (S. 138) aus der Substanz des Lebens zum Selbstbewußtsein potenziert, so liegt hierin, daß es zu dem voll realisierten Begriff des Selbstbewußtseins gehören muß, den Inhalt und die Bewegung des Lebens in sich zu behalten. Schon hieran läßt sich erkennen, daß ein Denken, das sich aus der lebendigen Inhaltlichkeit des Lebens nur in die bloße Bewegung des reinen Gedankens zurückzieht, das nicht das Leben als seinen Inhalt selbst formiert und denkend durchdringt, es tätig, handelnd in die dem Denken eigentümliche, weil *eigene* Form des Denkens: die des Begriffs, gesetzt hat, noch nicht das vollständige, wahre Denken sein kann. Sein Wesen – als ein von der Erfüllung des Lebens abstrahierendes – ist ein „abstraktes" Wesen (s. S. 153, 2. Abs.), freilich nicht mehr in dem Sinne der „reinen Abstraktion", daß es, wie am Anfang der Genese (S. 143, 2. Abs.), alles andere aus sich ausschließt. Demgegenüber hat es sich zwar zu einem Ich ausgebildet, welches das Anderssein als gedachten Unterschied an ihm hat und somit in seinem Anderssein bei sich ist; aber es kehrte bisher noch „unmittelbar" zurück – es vermittelte sich nicht mit dem und durch das Leben. Das hat zur Folge, daß es nur im reinen Gedanken verharrt, seine Reflexion nur auf diese Reflexion selber richtet, oder: „Die *Reflexion* ist eine *gedoppelte*" (S. 153 u.). Es vollzieht sich als ein „Denken des Denkens", das *an sich* schon eine Vollendungsgestalt des Denkens wäre. So kennzeichnet nach Aristoteles das Denken des Denkens, die *noesis noeseos*, das Sein des *theos*, des Gottes, und in kurzen, seligen Momenten der *eudaimonia* die Seinsweise des Philosophen. Aber dem vom Stoizismus vollzogenen Denken des Denkens mangelt etwas: es verharrt in der Gleichgültigkeit *gegen* die lebendige Welt, es distanziert sich von ihr, erfüllt sein Bewußtsein nicht mit den Inhalten des Lebens, um es denkend zu durchdringen und das so *mit Inhalt erfüllte* Reflektierte zu reflektieren. Das besagt weiter: Das stoische Selbstbewußtsein macht sich nicht aufgrund der ihm eigenen Macht der absoluten Negation einheimisch im Leben. Es stellt sich nicht als Individualität handelnd lebendig dar, indem es die Natur bearbeitet, zu seiner Menschenwelt verwandelt, noch versucht es – worin seine eigentliche Aufgabe als ein denkendes Bewußtsein läge – „die lebendige Welt als ein System des Gedankens zu fassen" (S. 154 ob.). Hätte es das eine oder das andere denkend getan, so hätte es sich mit den Gehalten des Lebens selbst erfüllt und sich – als Begriff – im Reichtum der Gestalten des Lebens bewegt, sie denkend durchdrungen, in die eigene Form des Ich gesetzt, d. h. in die Allgemeinheit, welche zugleich Bestimmtheit, und die Bestimmtheit, welche zugleich Allgemeinheit ist; dann hätte es als Handelndes in dem vom denkenden Handeln durchdrungenen Lebensinhalt das, was „gut" ist, und in dem vom theoretischen Denken durchdrungenen Inhalt des Lebens das, was „wahr" ist, zu denken vermocht. Das stoische Bewußtsein enthält den Begriff nur als Ingredienz, aber es hat, da es vom Leben abstrahiert, keinen lebendigen Inhalt *an sich selbst* gewonnen. Auch was die von ihm gedachten Bestimmungen, die Gedankenbestimmungen, angeht, so nimmt es sie nur auf als „gegebene Inhalte", die aber eben, weil sie gegeben sind, „fremde" bleiben. Es kommt nicht zu selbst durchdachten, produzierten Inhalten des Begriffs. Zu eigenen Gedanken kann es erst kommen, wenn das Selbstbewußtsein an dem gegebenen Inhalt, dem Anderssein, sich als „absolute Negation" vollzogen hat (s. S. 154, 2. Abs.), nämlich als die Bewegung des logos, der sich durch *(dia)* die Inhalte hindurcharbeitet – eben als *dialektisches* Denken. Demgegenüber verbleibt das stoische Denken in einer unbewegten Sichselbstgleichheit. In ihr aber bestimmt sich nichts. Sie kann nur nachsprechen, was andere schon als vernünftig erkannten: das Wahre, das Gute, die Weisheit, die Tugend. Aber – wie Hegel sarkastisch bemerkt – diese „allgemeinen Worte ..., bei welchen er (scil. der Stoizismus) stehenbleiben muß, sind ... wohl im allgemeinen erhebend, aber weil sie in der Tat zu keiner Ausbreitung des Inhalts kommen können, fangen sie bald an, Langeweile zu machen" (S. 154). Das Reden von Vernünftigkeit, ohne die Bewegung des vom Leben erfüllten Denkens, ein Denken, das sich vom Dasein nur in sich *zurückgezogen* hat, erlangt auf dem Wege der Erfahrungsgeschichte somit nur eine „abstrakte Freiheit". Es hat nicht die „wirkliche" Erfahrung dessen gemacht, was die Freiheit des Gedankens „ist".

Der Stoizismus bleibt somit stehen bei dem abstrakten „Prinzip, daß das Bewußtsein denkendes Wesen ist und etwas nur Wesenheit für dasselbe hat oder wahr und gut für es ist, als das Bewußtsein sich darin als denkendes Wesen verhält" (S. 152, 2. Abs.). Der Inhalt des Lebens wird *nur ausgeschlossen* von dieser Freiheit des reinen Denkens. Die „Reflexion des Selbstbewußtseins als Stoizismus in den einfachen Gedanken seiner selbst" (S. 155 ob.) ist zwar an sich die in sich zurückgehende Bewegung der „guten Unendlichkeit". Aus ihr aber ist das „selbständige Dasein oder die bleibende Bestimmtheit herausgefallen" (ebd.). Indem es sich zu der Sphäre des Anderen, der Realität der „Welt" nur *gleichgültig* verhält, kommt es gar nicht zu dem eigenen Bewußtsein davon, daß es sich damit gegen jene doch in Wahrheit *negativ* verhält, also auch darauf durch sich selbst *bezieht* und hierin schon die Freiheit des reinen Denkens, die ihm das Wesen ist, durch sich selbst realisiert. Sie ist dem stoischen Bewußtsein noch nicht *als* diese negative Tätigkeit, das „*an sich* Negative" (ebd.), das Wesen. Dasjenige Bewußtsein aber, dem sie sich als solche darstellt, macht somit „die wirkliche Erfahrung, was die Freiheit des Gedankens ist" (S. 154 u.) – der Skeptizismus.

## 12. Skeptizismus

Es *mußte* diese neue Gestalt des Bewußtseins erscheinen, die sich der gänzlichen „Unwesentlichkeit und Unselbständigkeit dieses Andern" (S. 155 ob.) bewußt wird, und zwar jetzt so, daß es diese Unwesentlichkeit an dem „anderen Sein" bewährt. Solches Bewähren geschieht freilich nicht mehr tätig, wie dies beim begehrenden Bewußtsein der Fall war, sondern „denkend"; eine Bewußtseinsgestalt muß erscheinen, die „denkend" das „Sein der *vielfach bestimmten Welt*" vernichtet (ebd.). Dieses Bewußtsein gewinnt nun die Erfahrung davon, wie groß die Macht eines „vernichtenden Denkens" ist; es erfährt, was die Freiheit des Denkens über das Anderssein vermag. Realisiert sich diese Freiheit als die Macht des Negierens, so wird eben diese Negativität des freien Selbstbewußtseins der neuen Gestalt des Bewußtseins gegenständlich – als „reale Negativität" (ebd.), die an der mannigfaltigen Gestaltung des Lebens *denkend* vollbracht wird.

Für Hegel war nun diese geschichtliche Gestalt des Selbstbewußtseins von entscheidender Bedeutung, eben weil sich in ihr das Selbstbewußtsein in seinem wahren Wesen gegenständlich wurde: in seiner Macht, zu negieren. Hegel hatte den Skeptizismus bereits in der „Differenzschrift" von 1801 kurz behandelt und dann ausführlich in dem Aufsatz im „Kritischen Journal der Philosophie", das er 1802 zusammen mit Schelling herausgab, mit dem Titel: „Verhältnis des Skeptizismus zur Philosophie, Darstellung seiner verschiedenen Modifikationen und Vergleichung des neuesten mit dem alten".[34]

Hier sah Hegel in dem „philosophischen Skeptizismus" der Antike ein Moment jeder echten philosophischen Spekulation, eben weil sie das Negative derselben ausmache;[35] allerdings kri-

---

[34] GW 4, S. 197 ff. / WW 2, S. 213.
[35] Der Skeptizismus von Pyrrho bis Sextus Empiricus hatte in den „Tropen" („Wendungen") aufgezeigt, daß das sinnlich Gewisse, Wahrgenommene und in fixen Bestimmungen Verstandene nicht fest, unwandelbar und wahr ist, sondern daß jeweils ebenso auch das Gegenteil sein und gedacht werden kann. Damit hat er, wie später Hegel in der Vorlesung über die Geschichte der Philosophie sagt, „die negative **Kraft** ...", in allem unmittel-

tisiert Hegel zugleich, daß das Negieren des alten Skeptizismus zu früh stehenblieb und deswegen noch nicht die wahre Gestalt der Philosophie erreichte.[36] Er vertritt die zunächst verblüffende Ansicht, daß der gedankengeschichtlich vor dem Skeptizismus aufgetretene *Platonische Parmenides* die wahre Skepsis darstelle.[37] Hegel erklärt: „Welches vollendetere und für sich stehende Dokument und System des echten Skeptizismus könnten

---

bar Angenommenen aufzuzeigen, daß es nichts Festes, nichts an und für sich ist" (WW 19, S. 394 u. 395); und dieses „Aufzeigen des Widerspruchs beim Endlichen ist ein wesentlicher Punkt der spekulativ philosophischen Methode" (ebd., S. 396 u.).

[36] S. auch Vorlesung über die Geschichte der Philosophie, WW 19, S. 359 f.

[37] Gedankengeschichtlich hatte das „Denken" das Wesen des Unterschiedenseins schon eine Zeitlang vorher erkannt, bevor der Skeptizismus als eine Erscheinung des Weltgeistes auftrat. *Platon* hatte bereits gesehen, daß das unmittelbar Seiende in seinem Bestimmtsein, also Unterschiedensein von Anderem, nicht allein durch sich selbst bestimmt ist, sondern auch durch Anderes. Er hat aufgezeigt, wie etwa ein sinnlich Einzelnes nur dadurch ein „Es selbst" ist, daß es vom Anderen, das es nicht ist, *abgegrenzt* ist, daß aber aufgrund dieser Grenze ein *Bezug* zu dem Anderen besteht, das es selbst nicht ist, und daß es insofern auch „sowohl es selbst als das Andere" ist. Diese Dialektik der frühen Dialoge Platons richtete sich also schon ebenso gegen das in fixen unmittelbaren unterschiedenen Weisen des Bestimmtseins ausgebreitete Leben, wie das später der welthistorische Skeptizismus tat. Bei Platon hatte diese alle bestimmten Unterschiede auflösende Dialektik das Ziel, den Denkenden für die wirkliche spekulative Dialektik vorzubereiten, die sich dann nicht mehr auf die Welt des sinnlich Seienden in seinen Unterschieden richtete, sondern auf die reinen Gedankenbestimmungen als solche, auf die Bewegung der Arten von Bestimmungen, der Gene. In seinen Spätdialogen, insbesondere dem „Parmenides", aber auch im „Sophistes", hat Platon durch eine spekulative Dialektik gezeigt, wie sich die kategorialen Arten, etwa das Sein und das Nichtsein, das Eine und das Andere, oder das Viele, das Unendliche oder Unbegrenzte und das Begrenzte, auf Grund der ihnen als Gedankenbestimmung innewohnenden Notwendigkeit – der Notwendigkeit des logos – aufeinander beziehen, in diesem Bezug zusammengehören und zusammenkommen. Hatte die spekulative Dialektik Platons auch schon vieles von der sich selbst bestimmenden Weise der Idee und der Art und Weise gezeigt, wie das Denken ihr Sichselbstbestimmen in Unterschieden nachvollziehen kann und sie in ihrer notwendigen Zusammengehörigkeit aufzuzeigen vermag, so hat sie jedoch nicht – wie der „absolute Idealismus" Hegels – die reinen Gedankenbestimmungen als *geistige* Mächte begriffen, die zum einen alle Gebiete des Lebens durchziehen und zum anderen sich von selber fortbestimmend zur Einheit eines Systems vollenden.

wir finden als in der Platonischen Philosophie des *Parmenides*, welche das ganze Gebiet ... umfaßt und zerstört" (GW 4, S. 207); und zwar ist mit dem „ganzen Gebiet", das zerstört wird, gemeint: Daß das „Bedürfnis", die Aufgabe der Philosophie im aufhebenden Vernichten, Flüssigmachen aller sich gegeneinander setzenden und sich gegenseitig beschränkenden, d. h. verendlichenden Verstandesgegensätzen liegt – und zwar als Vorbedingung einer Aufhebung in das, was Hegel bereits dort das Absolute nannte – hatte er ein Jahr zuvor in der erwähnten Schrift erklärt, die den Titel führt: „Differenz des Fichteschen und Schellingschen Systems der Philosophie". Wenn Hegel den platonischen Skeptizismus des Parmenides preist, dann nicht deswegen, weil in ihm ein bloßes Zweifeln an den Wahrheiten des Verstandes geschieht, sondern weil er auf „ein gänzliches Negieren aller Wahrheit eines solchen Erkennens" (GW 4, S. 207) geht. Und so erklärt er: „Dieser Skeptizismus macht nicht ein besonderes Ding von einem System aus, sondern er ist selbst die negative Seite der Erkenntnis des Absoluten, und setzt unmittelbar die Vernunft als die positive Seite voraus" (ebd.). Die Skepsis ist somit als der Vollzug der Auflösung alles Fixen für Hegel die negative Seite der Erkenntnis des Absoluten. Er ist insofern die „freye Seite einer jeden Philosophie" – nämlich als „befreiend" von aller Endlichkeit der Erscheinung.

Hegel hat somit von Anfang an den Skeptizismus als wesentliches Moment der Realisierung der wahren philosophischen Methode aufgefaßt – ein Moment jedoch, das als Standpunkt des Wissens überhaupt auch nur eine bestmmte *geschichtliche* Bewußtseinsgestalt darstellt, eine bewußte Erscheinung in der Geschichte des Geistes als des Weltgeistes. In der Einleitung zur „Phänomenologie des Geistes" hatte er im erstgenannten Sinne, nämlich als Methode des Philosophierens diejenige der Phänomenologie als einen „sich vollbringenden Skeptizismus" gekennzeichnet (S. 67). Hier hatte er diesen Skeptizismus als die wahre philosophische Methode von einer philosophierenden Einstellung abgesetzt, die nur zweifelt, um sich auf die Autorität des eigenen Wissens stützen zu können – wie dies Descartes tat, der sich zwar vornahm, ganz von neuem anzufangen und darum alles zunächst zu bezweifeln, in der Ausführung aber dann von dieser radikal anmutenden, gegenüber den Inhalten des Wissens jedoch ganz abstrakten Haltung eines „methodischen Zweifels" wieder zu überkommenen Auffassungen und Bestimmungen – insbesondere den der Scholastik entnommenen ontologischen Bestimmungen – zurückkehrte. Hegel bemerkt, der Inhalt des in solch zweifelnder Einstellung Dargestellten könnte nicht zu einem „wahren" werden, weil es sich bei diesem bloßen Zweifeln doch nur um eine Eitelkeit handele, die noch in der Wissensweise des Meinens und des Vorurteils stecken bleibe. Dieser subjektive Zweifel erschöpfe sich in dem Vorsatz, alles selbst zu prüfen, nur der eigenen Überzeugung zu folgen und nur die eigene Tat für das Wahre zu halten. Demgegenüber handelt es sich bei der Methode der Phänomenologie, als eines „sich vollbringenden Skeptizismus", um die Geschichte der Bildung des Bewußtseins zur Wissenschaft. Für sie aber sei nötig, daß das Bewußtsein nicht nur zweifle, sondern daß es an den natürlichen Vorstellungen, Gedanken und Meinungen – also an den Endlichkeiten des Verstandeswissens – „*verzweifle*". Es muß in einer *Bewegung von Erfahrungen* an ihm selbst überzeugt werden, daß es mit dem nichts ist, was es gerade vorher noch mit Gewißheit für die an sich seiende Wahrheit gehalten hatte. So muß es, getrieben von eigenen Erfahrungen, alles Endliche, das in dem fixen Gegensatz des Fürsichseins und Ansichseins gegeben ist, immer erneut auflösen und zu einer neuen Bewußtseinsgestalt fortgehen, bis es die Gestalt des absoluten Wissens des Absoluten erreicht hat. Ein solches „Verzweifeln" ist ein „Sich"-Vollbringen vermittels der Macht des Selbstbewußtseins, seiner *absoluten* Negativität, die freilich erst dann als eine solche von dem Bewußtsein, das in der Erfahrung begriffen ist, durchschaut werden und „für es" wird, wenn es selber zu einem philosophischen geworden ist.

Der „sich vollbringende Skeptizismus", die in der „Einleitung" erörterte Methode der „Phänomenologie des Geistes", ist die philosophische Methode, die den Erfahrungsgang des „erscheinenden Wissens" ausdrücklich macht, ihn begleitet und leitet. Sie läßt es nicht bei den jeweiligen Erfahrungen des „erscheinenden Wissens" bewenden, dem als Nichts gilt, was es vorher als die Wahrheit ansah, nachdem es durch die in der Begriffsstruktur des Selbstbewußtseins liegende „Selbstprüfung"[38] erkannt hatte, daß sein Wissen von dem Gegenstand nicht *dem* entspricht, was ihm vorher als das Ansich, als das Wahre galt, nämlich dem von ihm als seiend gesetzten Maßstab, der zunächst jedoch von ihm selbst als außerhalb des Bewußtseinsbezuges liegend aufgefaßt wird. Der Philosoph läßt es nicht bewenden bei der Auffassung eines bloßen Nichts als dem Resultat, das sich dem erscheinenden Wissen aus dieser Erfahrung einer Nichtentsprechung von Wissen und Gegenständlichkeit ergab. Er faßt dieses Nichts vielmehr als ein Nichts desjenigen auf, dessen Resultat es ist, d. h. der vorangegangenen Erfahrung. Der Philosoph „vollbringt" den Skeptizismus in eigentlicher Weise als das „erscheinende Wissen" in der Entwicklung seiner Erfahrungen, indem er die Momente der vorangegangenen Wissenbewegung nicht als erledigte negative Erfahrung in den Abgrund des Nichts wirft, sondern ihn positiv auffaßt. Für ihn *enthält* das jeweilige „Nichts" das, was das vorhergehende Wissen als Wahres aufgefaßt hatte. Es ist für ihn ein von der vorangegangenen Wissensgeschichte *bestimmtes* Nichts. Der „bloße" Skeptizismus endigt mit der „Abstraktion des Nichts" als einer „Leerheit", er „kann von dieser nicht weiter fortgehen, sondern muß es abwarten, ob und was ihm etwa Neues sich darbietet, um es in denselben leeren Abgrund zu werfen" (S. 68 u.). Und dort heißt es weiter: „Indem dagegen das Resultat, wie es in Wahrheit ist, aufgefaßt wird, als *bestimmte* Negation, so ist damit unmittelbar eine neue Form entsprungen, und in der Negation der Übergang gemacht, wodurch sich der Fortgang durch die vollständige Reihe der Gestalten von selbst ergibt". Der Philosoph, der den Skeptizismus „vollbringt", faßt außerdem das, was in dem Nichts als einem *bestimmte*n liegt, als eine neue Bestimmung auf, als ein

---

[38] Dazu vom Verf. „Hegels Phänomenologie des Geistes", S. 86–91.

neues Prinzip, das eine *neue* Bewußtseinsgestalt bestimmt. So ergab sich z. B. aus der Erfahrung der „sinnlichen Gewißheit", der das Einzelne und das „Dieses" als das Wahre galt, die, daß es mit diesem Maßstab, diesem Prinzip „nichts" ist. Der Philosoph – anders als das Bewußtsein, das in der Erfahrung begriffen ist – faßt dieses Nichts als ein von der vorangegangenen Erfahrung der sinnlichen Gewißheit „bestimmtes" auf. Er sieht, daß und wie sich die Kategorien des „Einzelnen" und des „Diesen" zu denjenigen des „Allgemeinen" entwickeln mußten. Für ihn ergibt sich eine neue Wissensweise, die des Nehmens des Allgemeinen als eines „Wahren": das „Wahrnehmen". Der Philosoph achtet auf die kategoriale Seite der Erfahrungsgeschichte und verfolgt deren Entwicklung – freilich so, wie sie nacheinander in den Gestalten des „erscheinenden Wissens" auftraten. Dies ist die Sicht der „Phänomenologie des Geistes". Ist die letzte Gestalt, die des absoluten Wissens, erreicht, dann sind alle Kategorien versammelt und dann kann der Philosoph die nächste Aufgabe übernehmen: die Darstellung der reinen Kategorien in ihrer Sinnfolge. Das ist der Gegenstand des zweiten Teils des Systems der Wissenschaft, der Wissenschaft der Logik.

Der Bewußtseinsgestalt des Skeptizismus ist also die Negativität, die allem wahren Denken eignet, das Wesen. Zugleich aber ist sie auf die ihr äußerliche Ausbreitung des Lebens gerichtet – und dies *in* der Einstellung, daß die Negativität des denkenden Selbstbewußtseins das Wesen und die äußere Welt als solche nichtig sei. Das Bewußtsein hat gegen diese damit eine „polemische Richtung gegen die vielfache Selbständigkeit der Dinge" (S. 155 Mitte) bekommen. Der Gedanke ist „zu dem vollständigen, das Sein der *vielfach bestimmten* Welt vernichtenden Denken" (S. 155 ob.) geworden. Das bereits in sich vorher vollendete freie Selbstbewußtsein kehrt sich mit Erfolg gegen sie, weil für das Denken – im Element des Denkens – die Selbständigkeit alles unterschiedenen Seins in Wahrheit nur ein Unterschied an ihm ist, d. h. an dem sich als Begriff vollziehenden Selbstbewußtsein. Die Begierde und die Arbeit hatten den Begriff des selbständigen Selbstbewußtseins dadurch zu realisieren versucht, daß sie sich als „negative Beziehung" gegen die bestehende Form der Dinge, ihr Anderssein richteten. Aber sie vermochten die Negation noch nicht für ein Selbstbewußtsein auszuführen, das sich als *denkendes* erst in sich vollenden mußte und damit erst frei geworden ist. Das skeptische freie, denkende Bewußtsein vermag deswegen mehr durch seine negative Richtung gegen das Anderssein, weil für es als einem freien Selbstbewußtsein – im Element des Gedankens – alles unterschiedene Sein nur „verschwindende Größen" sind. Was für es „verschwindet", ist überhaupt der Unterschied, sofern er sich als „ein fester und unwandelbarer aufstellt" (S. 156 Mitte). Denn es hat erkannt, daß das jeweils als unterschiedenes „Bestimmte" nichts Bleibendes an ihn hat. Das Unterschiedene ist „eben dies ..., nicht an ihm selbst zu sein, sondern seine Wesenheit nur in einem Andern zu haben" (ebd.). Und Hegel fährt fort: „Das Denken aber ist die Einsicht in diese Natur des Unterschiednen".

Das skeptische Bewußtsein hat als denkendes diese Einsicht, daß ein jedes Seiendes kein unterschiedenes von anderen und insofern bestimmtes *in bleibender Weise* ist, denn es weiß davon, daß für das Denken – und nur für es – das „Eine" und das „Andere", diese beiden kategorialen Bestimmungen, in einem solchen logischen Bezug zueinander stehen, daß jedes bestimmte Seiende in eben diesem Bestimmtsein als das Eine in ein zweites Bestimmtsein – das Anderssein – übergehen muß und deswegen als dieses unterschiedene bestimmte Seiende unselbständig, unwesentlich ist. – Daß und wie das Anderssein als *reine gedankliche Bestimmung* jedoch auch wieder zu dem Einen als dessen gedankliche Bestimmung gehört und in einen Bezug zu ihm zurückgeht, so daß die Wahrheit jeder seienden Bestimmtheit überhaupt in die der reinen Gedankenbestimmungen zurückgeht und die Gebundenheit des Denkens an die außer ihm seiende, obzwar ständig zu negierende Sphäre der Gegenständlichkeit überhaupt verschwindet – zu diesem Denken des Begriffs *als Begriff* gelangt das skeptische Bewußtsein allerdings noch nicht. Wozu es gelangt, ist das Wissen, daß alle Unterschiede von Seienden „verschwindende Größen" sind und daß „alles unterschiedene Sein" überhaupt in Wahrheit ein Unterschied des „Selbstbewußtseins" ist (S. 155). Es ist diese dialektische Bewegung, die die „Phänomenologie des Geistes" bereits in all den vorangegangenen Kapiteln aufgezeigt hat. Denn auch hier wurde jeweils gezeigt, daß das, was der Erfahrung als das Feste, Unwandelbare und Bleibende an sich galt, seine Wesenheit nur in einem anderen hatte und insofern nur ein „verschwindendes" Ansichsein, ein verschwindender Unterschied war. So findet sich hier (S. 155, 2. Abs.) auch ein ausdrücklicher Rückbezug auf all die Gestalten, die dem Skeptizismus als solchem vorangehen als Gestalten, in denen er als Bewegung, durch welche das jeweilige Verhältnis von Wissen und Gegenstand sich für das Wissen änderte, bereits wirksam war.

So wurde die sinnliche Gewißheit bereits ausdrücklich als eine „Dialektik" bezeichnet, die das „erscheindende Wissen" als eine Erfahrungsgeschichte selber durchgemacht hatte (s. S. 86). Und am Ende des Kapitels „Wahrnehmung" (S. 101 f.) wurde von jenen „Wesenheiten" gesprochen, den Gedankenbestimmungen, die als „Mächte" die Wahrnehmung durchziehen und deren „Spiel" sie seien. Die Wahrnehmung erfährt sich als dieser Dialektik der Gedankenbestimmung preisgegeben (vgl. S. 101 f.).

Mit ausdrücklichem Bezug hierauf wird nun im vorliegenden Kapitel gesagt, daß es sich bei den vorangegangenen Erfahrungsbewegungen der „Phänomenologie des Geistes" um eine Dialektik handelte, die nur „negativ" und „unmittelbar" gewesen sei (S. 156, 2. Abs.). In den vorangegangenen Stufen erscheine sie dem Bewußtsein als etwas, dem es preisgegeben war, die somit gerade nicht „durch es selbst" geschah. Der Skeptizismus wird demgegenüber dadurch gekennzeichnet, daß ihm das dialektische „Moment des Selbstbewußtseins" geworden ist, „welchem es nicht geschieht, daß ihm, ohne zu wissen wie, sein Wahres und Reelles verschwindet". Der Skeptizismus kann „in der Gewißheit seiner Freiheit dies andere für reell sich Gebende selbst verschwinden" (S. 156) lassen, eben deswegen, weil er denkend erkannt hat, daß alles unterschiedene Seiende als Unterschiedenes ebendies ist, „nicht *an ihm selbst* zu sein, sondern seine Wesenheit nur in einem Andern zu haben" (ebd.). Das Endliche ist entweder als Sinnliches oder als sonstwie Beschränktes, Begrenztes und insofern Unterschiedenes wesenhaft ein Verhältnis zu einem Anderen. Eben darin, daß es „bestimmt" ist, daß es eine Grenze an sich hat, eine Negation seiner selbst, liegt, daß es schon *das* ist, was es jetzt nicht ist. Das skeptische Bewußtsein hat das ständige „Vergehen" des Unterschiedenseins des Seienden erkannt. Es erfährt aber in diesem Wandel all dessen, was sich befestigen will, die Gewißheit seiner eigenen Freiheit, als durch es selbst gegeben und erhalten. Es erfährt die unwandelbare und wahrhafte *„Gewißheit seiner selbst"* in der Seelenruhe und Unerschütterlichkeit, der Ataraxie des Sichselbstdenkens. In der Tat lag das eigentliche Ziel des geschichtlichen Skeptizismus darin, daß sich ein jeder zu dieser Haltung der Seelenruhe eines sichselbstgleichen Bewußtseins angesichts der zufälligen Verwirrung und des Schwindels der unterschiedlichen Bestimmungen erziehen sollte. In der Erfahrung des Verschwindens alles Unterschiedenen soll sich für den Skeptiker die Unbeweglichkeit und Sicherheit des eigenen Gemütes ergeben, eine Gleichgültigkeit, wie sie die Tiere von Natur aus haben, die sich der Skeptiker aber durch Vernunft erwerben muß.

Bei einem Sturm während einer Schiffahrt soll der Skeptiker Pyrrho seine Gefährten, die sich zu ängstigen begannen, auf ein Schwein hingewiesen haben, das von dem Sturm ganz unberührt ruhig weiter fortfraß, und gesagt haben: In solcher Unbeweglichkeit und Sicherheit des Gemütes muß auch der Weise stehen – aber diese Ataraxie darf nicht schweinisch sein, sondern sie muß aus der Vernunft geboren sein (s. Hegels Vorl. über die Geschichte der Philosophie, Bd. 2, WW 18, S. 551 f.). Müßte aber die Einsicht, daß alles Seiende als unterschiedenes von anderem kein bestimmtes in bleibender Weise ist (s. o. S. 116 f.) nicht zur Folge haben, daß das Selbstbewußtsein jeden Halt, jedes Gleichgewicht verloren hätte und in Unruhe, Furcht und Angst umhergetrieben würde? Das skeptische Bewußtsein hat aber, im Gegenteil, aus dieser Einsicht die Sicherheit des Gemüts und die absolute Ruhe zu erlangen versucht. Es hat daraus, daß es eingesehen hat, daß sich alles unterschiedene und einzelne Feste für sein Denken als vergänglich erweist, geglaubt die Konsequenz ziehen zu können, daß es eben dadurch seine eigene Freiheit als durch sich selbst gegeben erhalten könne und durch diese Erfahrung mit dem wirklichen Sein alles Unterschiedenen „die Gewißheit seiner Freiheit" (S. 156 Mitte) sogar zur Wahrheit erhoben hätte – jenes Ziel des ganzen Buches B mit dem Titel „Die Wahrheit der Gewißheit seiner selbst". Es brauchte ja all dem derart Vergänglichen nur einfach seine „Zustimmung" zu verweigern, d. h. die „Epoché" zu vollziehen.

„Das skeptische Bewußtsein erfährt also in dem Wandel alles dessen, was sich für es befestigen will, seine eigene Freiheit als durch es selbst sich gegeben und erhalten" (S. 156, 3. Abs.). Das Bewußtsein, das die Epoché vollzieht (vgl. S. 156, 2. Abs.) läßt in der Gewißheit seiner Freiheit das „für reell sich Gebende selbst verschwinden", und zwar nicht nur „alles Gegenständliche als solches, sondern sein eigenes Verhalten zu ihm, worin es als gegenständlich gilt und geltend gemacht wird, also auch sein *Wahrnehmen*" und die „*Sophisterei*", die durch die Gesichtspunkte des „insofern" noch „befestigen" will, „was es in Gefahr ist zu verlieren, sein *aus sich bestimmtes* und *festgesetztes Wahres*" (ebd.). Eben dadurch, daß es selber all dies verschwinden läßt, durch diese „selbstbewußte Negation" wird ihm die Gewißheit seiner Freiheit, die es *sich selbst* verschafft hat, und durch eben diese Erfahrung wird die Gewißheit – im Sinne des Titels des ganzen Buches B – „zur Wahrheit erhoben". Positiv aufgefaßt, ist dies die Freiheit und die wahrhafte Gewißheit seiner selbst, die in der Seelenruhe des Sichselbstdenkens liegt. Das skeptische Bewußtsein wäre somit zu der Ruhe gelangt, die in der Sich-selbst-Gleichheit liegt. Das skeptische Bewußtsein meinte in der Tat, diese „unwandelbare und *wahrhafte Gewißheit seiner selbst*" (S. 156, 3. Abs.) erlangt zu haben. Dementsprechend behauptete es, daß es sich seiner selbst in dieser Bestimmtheit, in diesem „Gedanken" einer „Sichselbstgleichheit" bewußt sei.

Aber das skeptische Bewußtsein ist in Wahrheit nicht zur Seelenruhe gelangt. Dies erhellt nun daraus, wie es als „wirkliches Bewußtsein" ist und was sein Bewußtsein als Denken wirklich zum Inhalt hat. Es ist ja ein *Resultat* der vorangegangenen Gestalten des Selbstbewußtseins, es hat sein Werden, die vielfache Entwicklung, dem es entstammt, nicht einfach abstreifen können. Es kam hervor aus einem „Gemisch von sinnlichen und gedachten Vorstellungen" (S. 156 u.), in denen sich für diese das Leben ausbreitete. Für das skeptische Bewußtsein fielen nur dessen Unterschiede, die vielfältigen Bestimmungen, zusammen. Sie erweisen sich alle als gleich darin, als unterschiedene und als Unterschiede verschwindend zu sein. Aber eben diese Gleichheit aller Unterschiede ist doch selber wieder eine *Bestimmtheit*, und d. h., sie muß sich ihrerseits auflösen, in ihr Anderes übergehen. Ihr Anderes ist die „Ungleichheit", und dies besagt: der Inhalt des skeptischen Bewußtseins löst sich selber immer wieder in Ungleichheit auf, also in die vielen bestimmten Unterschiede, die dann wiederum in die Gleichheit zurückgehen. Insofern ist das skeptische Bewußtsein keineswegs Ruhe, sondern es „ist die absolute dialektische Unruhe" (ebd.). Es ist, „statt sichselbstgleiches Bewußtsein zu sein, nur eine schlechthin zufällige Verwirrung, der Schwindel einer sich immer erzeugenden Unordnung" (S. 157 ob.). Eben darin nun, daß es *„dies für sich selbst"* ist (ebd.), liegt, daß es selbst „diese sich bewegende Verwirrung" immer erneut hervorbringt und sich dann − als skeptisches Bewußtsein − auch dazu bekennt, daß es selber nur ein ganz „zufälliges, einzelnes Bewußtsein" sei, ein „empirisches Bewußtsein", d. h. ein solches, „das sich nach dem richtet, was keine Realität für es hat, dem gehorcht, was ihm kein Wesen ist, das tut und zur Wirklichkeit bringt, was keine Wahrheit hat" (ebd.). Es gilt sich als „einzelnes, zufälliges" − und dies ist für Hegel gleichbedeutend mit „tierischem Leben" und einem „verlorenen" Selbstbewußtsein. Ein Bewußtsein, das sich selbst als Einzelnes und Zufälliges gilt, hat dasjenige verfehlt oder verloren, wozu für Hegel das Auszeichnende und Eigentümliche des Menschlichen liegt: Es kann zum „allgemeinen" Selbstbewußtsein werden, in dem vollen Sinne des „Vernünftigen und Geistigen", von dem freilich erst das Buch C – „Vernunft" – handelt. Dieser *eine* Aspekt des „Allgemeinen" als vernünftigen und geistigen Selbstbewußtseins hatte sich auch schon am Selbstbewußtsein als solchem gezeigt. Er liegt, kurz gesagt, darin, sich als einzelnes doch als Glied des allgemeinsamen Selbstbewußtseins zu wissen, eines Volkes und dessen Substanz, in dessen Sitten und Gewohnheiten zu Hause zu sein. Freilich gilt es, auch noch die höhere Form des „Allgemeinen", die sich in der Kunst, der Religion und der Philosophie zeigt, zu realisieren.

Was ist nun die Wahrheit des skeptischen Bewußtseins? Gilt es sich als das „sichselbstgleiche", das in allem Wandel unwandelbare, in allem Unwesentlichen Wesentliche? Oder gilt es sich als das Unwesentliche, das Zufällige, das Einzelne, als die Bewegung einer äußersten Verwirrung und Verkehrung? Die Antwort auf diese Frage ist: Es ist ein Bewußtsein, das sich als *beides* – ebenso als ein sich selbst gleiches unwandelbares Bewußtsein erfährt, in diesem einen Extrem der Gedankenbestimmung, wie auch als ein absolut sich verwirrendes und verkehrendes Bewußtsein, in diesem anderen Extrem. Es ist ein wesenhaft sich *widersprechendes* Bewußtsein, das sich selbst in dieser widersprechenden Weise gilt, und zwar so, als ob es sich dabei um zwei Bewußtseine handle. Legt es sich selber in seinem Selbstverständnis aus, dann ergibt sich eine „bewußtlose Faselei, von dem einen Extreme des selbstgleichen Selbstbewußtseins zum anderen, des zufälligen, verworrenen und verwirrenden Bewußtseins hinüber und herüberzugehen" (S. 157 Mitte). Daß das skeptische Bewußtsein diese beiden Gedanken, die sein Selbstverständnis bestimmen, ein sichselbstgleiches wesentliches und ein ungleiches unwesentliches Bewußtsein zu sein, nicht zusammenbringt, das eben kennzeichnet es zutiefst. So erkennt es „seine Freiheit *einmal* als Erhebung über alle Verwirrung und alle Zufälligkeit des Daseins und bekennt sich ebenso das *andremal* wieder als ein Zurückfallen in die *Unwesentlichkeit* und als ein Herumtreiben in ihr" (S. 157). Es hat selbst „das gedoppelte widersprechende Bewußtsein der unwandelbaren Gleichheit und der völligen Zufälligkeit und Ungleichheit mit sich" (S. 157 f.). Dies zeigt sich in dem Widerspruch zwischen seinem Tun und seinen Worten. „Es spricht die Nichtigkeit des Sehens, Hörens usf. aus und es *sieht, hört usf. selbst*" (S. 157 u.). Oder es spricht das absolute Verschwinden von allem, das ist, aus – eben weil es ein unterschiedenes ist –, aber da es dieses Aussprechen als ein Tun vollzieht, so „ist" doch jedenfalls dieses, es verschwindet gerade nicht.

Um den Unterschied des skeptischen Bewußtseins gegenüber der nachfolgenden Gestalt, dem „unglücklichen Bewußtsein", zu erkennen, ist festzuhalten, daß es diesen Widerspruch seiner selbst auseinanderhält, daß es gerade die Erfahrung macht, daß es „ein in sich selbst widersprechendes Bewußtsein" (S. 158, 2. Abs.) ist. Diese Erfahrung macht der Skeptiker z. B. dann, wenn ihm die Gleichheit in Bezug auf irgendein Verhältnis aufgezeigt wird; er wird sofort aufgrund seiner Einsicht in die Natur des Unterschiedenen nachzuweisen versuchen, daß alles *Unterschiedene* nicht gleich mit sich, sondern ungleich ist, daß es nicht an sich, sondern nur in der Relation auf Anderes ist, so daß es also selber in sein Anderes scheint und dieses Andere in sich scheinen läßt, daß also überhaupt, was ist, nur scheint. Er beginnt damit – und darin liegt ja die Absicht der skeptischen Tropen – Widersprüche aufzuzeigen, Ungleichheiten. Wird ihm nun vorgehalten, daß somit doch alles ungleich sei, eben das, was es selber ausgesprochen hat, dann wird er dazu übergehen, zu zeigen, daß alle diese Unterschiede als verschwindende zusammenfallen und insofern in einer Gleichheit zueinander stehen. Dieses Hinübergehen von einem Standpunkt zum anderen nennt Hegel nun am Ende des § 9 ein „Gerede", das in der Tat einem „Gezänke eigensinniger Jungen" gleiche, „deren einer A sagt, wenn der andere B, und wieder B, wenn der andere A sagt, und die sich durch den Widerspruch *mit sich selbst* die Freude erkaufen, *miteinander* im Widerspruch zu bleiben" (S. 158, 1. Abs.).

Nun ist das skeptische Bewußtsein aber doch in Wahrheit „*Ein* Bewußtsein, welches diese beiden Weisen an ihm hat" (S. 158, 2. Abs.), und dies, obwohl der Skeptizismus meint, er könne diese unterschiedlichen Weisen an zwei verschiedene Bewußtseine verteilen. Hierin liegt die Konsequenz: Dies ist eine Gedankenlosigkeit, die im weiteren Verlauf der Gedankengeschichte verschwinden muß; es ergibt sich eine neue Bewußtseinsgestalt, die nunmehr „*für sich* das gedoppelte Bewußtsein seiner als des sich befreienden unwandelbaren und sichselbstgleichen und seiner als des absolut sich verwirrenden und verkehrenden" ist, und nun – dies ist das Entscheidende – zugleich das „Bewußtsein dieses seines Widerspruches ist" (ebd.). Dieses Bewußtsein, das sich als das gedoppelte und darum sich widersprechende erfahren hat, das Bewußtsein, das solche Entzweiung erlitten hat, hat Hegel das „*unglückliche* Bewußtsein" genannt.

## IV.
### 13. Das unglückliche Bewußtsein I

Die letzte Gestalt des Selbstbewußtseins, in der es sich vollendet, ist die schwierigste, zum einen weil sie die in sich differenzierteste ist, zum anderen auch, weil ihre inhaltlich-geschichtliche Deutung weniger eindeutig ist als bei vorangehenden Gestalten des Teils B. Zwar wird mit dem Selbstbewußtsein „für uns oder an sich" bereits der Begriff des Geistes erreicht (s. o. S. 52 f.). Doch bezieht sich dieses Bewußtsein für sich selbst noch nicht in der *Form* des geistigen Wissens auf seine Gegenständlichkeit. Für das Bewußtsein des Geistes wäre nämlich der Gegenstand bereits das andere *seiner selbst*. Die Vollendung dieses Wissens wird darin bestehen, daß es alle Gegenständlichkeit *als* „geistiges Wesen" (s. S. 550) erkennt. Dieser Unterschied des wirklichen Geistes zum abstrakten, einseitigen, weil bloß subjektiven Selbstbewußtsein (im Buch B) ist grundsätzlich bei dem Versuch einer inhaltlich-geschichtlichen Deutung der Gestalten der „Phänomenologie" zu beachten. Ist Geschichte für Hegel die Entwicklung und Darstellung des Geistes, „wie er zum *Wissen dessen* zu kommen sich erarbeitet, was er *an sich* ist" (VG, S. 62 ob.), so könnten nur diejenigen Stufen des erscheinenden Wissens der „Phänomenologie des Geistes" die Epochen der Weltgeschichte vollständig bestimmen, in denen der Geist auch bereits als solcher, d. h. als sich wissender, existiert und damit ebenso das Subjekt wie die Substanz, der wahre Inhalt des Wissens ist. In den vorangehenden Stufen wie hier im Buch B dagegen handelt es sich nur um *für sich* noch ungeistige, abstrakte und substanzlose Formationen des erscheinenden Wissens. Doch da auch diese an sich notwendige Momente des Geistes bilden, sind sie auch bestimmten Epochen der geschichtlichen Entwicklung des wirklichen Geistes zuzuordnen. Sie gehören nicht nur der „begriffenen Organisation" des erscheinenden Wissens, sondern auch dem „an die Zeit entäußerten", nämlich dem geschichtlich erscheinenden Geist an, dessen zeitliche Abfolge eben durch die inneren Momente seines an und für sich wahren Gehalts bestimmt ist (vgl. S. 563 f.). So konnten bereits die Verhältnisse von Herrschaft und Knechtschaft sowie Stoizismus und Skeptizismus als geistige Verhältnisse der geschichtlichen Epoche der römischen Weltherrschaft gedeutet werden (s. o. Exkurse I und II), ohne daß damit der römische Geist in seiner geschichtlichen Totalität vollständig bestimmt wäre, was erst im „Rechtszustand" (PhG S. 342 ff.) erreicht wird.[39] Ist jedoch eine historisch konkrete Interpretation dieser dem „unglücklichen Bewußtsein" vorangehenden Formen des Selbstbewußtseins aus dem Text der „Phänomenologie des Geistes" allein bereits eindeutig und verständlich, so bedarf eine entsprechende Auslegung dieser letzten Gestalt ergänzender Ausführungen, die sie in eine welt- und geistesgeschichtliche Epoche einordnen.

Solche Ausführungen sind von Hegel selbst später, mit eindeutigem terminologischen Bezug auf die Darstellung des Buches B der „Phänomenologie", in den Berliner Vorlesungen über die Philosophie der Geschichte gegeben worden. Da er die „Phänomenologie" von 1807 jedenfalls niemals desavouiert hat – obgleich sie keinen adäquaten Ort mehr im enzyklopädischen System fand – spricht nichts dagegen, in die Deutung der „Phänomenologie" auch bereits diese späteren Ausführungen miteinzu-

---

[39] Dies zeigen besonders deutlich Hegels Berliner Vorlesungen über die Philosophie der Geschichte (vgl. WW 12: 382, 383 f., 387).

beziehen, wenn und soweit sie terminologisch angemessen und
sachlich einleuchtend sind. Eben dies aber trifft für den vorliegenden Abschnitt in wesentlichen Punkten zu.[40]
Doch kann eine solche Deutung nur verständlich werden vor
dem Hintergrund einer detaillierten Darstellung der Bewegung
des unglücklichen Bewußtseins durch seine bestimmten Momente
und deren Übergänge. Deshalb werden wir die geschichtlichen
Deutungen verschiedener Aspekte des unglücklichen Bewußtseins in das folgende Kapitel (14) einfügen, dessen primäre Aufgabe jedoch die analytische Darstellung des Gedankenganges
dieses Abschnitts ist. Denn vom bestimmten Sinn dieses phänomenologischen Ganges kann genau nur soviel wirklich verstanden werden, wie von der Zusammensetzung der einzelnen
Schritte, ihrer Aspekte und immanenten Voraussetzungen expliziert und eingesehen wird. Alle scheinbar verständlicheren Deutungen durch geschichtliche, religiöse, soziale Phänomene sind für
das Begreifen der inhaltlichen Kontinuität des erscheinenden
Wissens als solchem sekundär; und sie sind, wie bereits festgestellt wurde, überhaupt nur im Lichte methodischer Rückbeziehung auf ihren systematischen Ort zulässig. Sie können jedenfalls nicht die immanente, eigentümliche Form der Zusammenhangsbildung der phänomenologischen Entwicklung ersetzen.
Und es sei auch betont, daß jeder Versuch, die Verständlichkeit
durch schlichtes Übergehen Hegelscher Wendungen, die dunkel
erscheinen, zu erleichtern – ein Verfahren, das in den vorliegen-

---

[40] J. Hippolyte (in: Genèse et Structure de la Phénoménologie de l'Esprit
de Hegel, Paris 1946) hat gezeigt, daß bereits Hegels Jugendschriften eine
geschichtliche Deutung des „unglücklichen Bewußtseins" der PhG vorbereiten (S. 185–187, 195). Vgl. auch die ausführliche Darstellung dieser Schriften
in Hinsicht auf das Problem des „unglücklichen Bewußtseins" bei J. Wahl
(Le Malheur de la Conscience dans la Philosophie de Hegel, Paris 1929,
[2]1951: S. 21–50). In den Jugendschriften fehlt jedoch noch die Gliederung
durch die Abfolge von Gestalten des erscheinenden Wissens, wodurch auch
die Formation des unglücklichen Bewußtseins erst eigentlich eine bestimmte
*geschichtliche* Bedeutung erhält, insofern sich Geschichte für Hegel erst als
die kohärente Folge der inneren Momente des Geistes, als Selbstvermittlung
aus der Entäußerung und d. h. als „Er-Innerung" und „Aufbewahrung"
konstituiert (s. PhG S. 564).

den Kommentaren zum „unglücklichen Bewußtsein" fast ausnahmslos praktiziert wird[41] – streng genommen nur das Gegenteil bewirken kann. Denn dadurch wird eben in der Regel jedesmal gerade ein bestimmtes Glied in der Kette übersprungen, durch die letztlich allein das sachlich richtige Verständnis erwartet werden kann. Um dieses zu erreichen, bleibt aber nichts übrig, als sich so vorbehaltlos wie möglich auf das einzulassen, was es hier zu verstehen gibt und nicht ein scheinbares Verständnis durch anderweitige Ausschmückungen gewissermaßen zu erzwingen.

Wegen der außerordentlichen Komplexität dieses Abschnitts über das „unglückliche Bewußtsein" wollen wir ihn in doppelter Form behandeln: zuerst werden Ausgangsposition und Hauptmomente der Entwicklung in einer zusammenfassenden Form dargestellt. Dies dient der inhaltlichen Orientierung über den Abschnitt insgesamt und sollte für den Leser, der sich, etwa in der ersten Annäherung an die „Phänomenologie", das Einlassen auf die Details der Entwicklung noch nicht zutraut oder jedenfalls ersparen möchte, hinreichend sein, um wenigstens die Grundlinie dieser Entwicklung und den Übergang zum Vernunft-Bewußtsein zu erfassen. Das letzte Kapitel bringt dann die genauere Auseinanderlegung der Momente und ihrer Aspekte in der Form einer Textanalyse, verbunden mit den Einfügungen geschichtlicher und religiöser Deutungen, soweit sie – unter den genannten Vorbehalten – inhaltlich plausibel erscheinen.

*Ausgangsposition und Momente des
„unglücklichen Bewußtseins"*

Die Zusammenfassung der beiden einander abwechselnden Formen des skeptischen Bewußtseins in die Einheit des Selbstbewußtseins macht dieses zu einem *in sich selbst entzweiten* Bewußtsein: Bewußtsein seiner als die Sichselbstgleichheit und

---

[41] Die Ausnahme bildet der „Analytische Kommentar" zu Hegels „Phänomenologie des Geistes" von C.-A. Scheier (Freiburg/München 1980).

Unwandelbarkeit des reinen Denkens und Bewußtsein seiner als veränderlichem einzelnem, das auf die unaufhörlich wechselnde Mannigfaltigkeit der äußeren Dinge bezogen ist. Im Bewußtsein des Unwandelbaren, das gemäß seinem Gegenstand selbst unwandelbares Bewußtsein ist, findet und begreift es sein Wesen. Aber zugleich hört es nicht auf, auch wandelbares Bewußtsein und als solches, gegen das erste, unwesentlich zu sein.

Diese Struktur bildet den *Begriff* des unglücklichen Bewußtseins (s. u. A 1.–2.). Es handelt sich um ein Verhältnis des einzelnen Bewußtseins als solchem zu seinem eigenen Wesen, das es sich jedoch nur so denken kann, daß es *nicht* einzelnes und *nicht* ein mannigfach verschiedenes sowie in der Zeit sich veränderndes, sondern nur schlechthin unveränderliches Bewußtsein ist. Es muß also immer schon über sich hinaus denken, wenn es auch nur *sich* denken will, da es selbst in jeder der Seiten unaufhebbar auf die andere bezogen ist.

Diese „Situation" und Bestimmung des hier zu betrachtenden Bewußtseins – die sich allein aus der bisherigen Formation ergibt – läßt sich „konkreter" vorstellen als die Struktur des religiösen Bewußtseins: der Mensch als das einzelne Bewußtsein bezieht sich auf Gott als „das Unwandelbare", das aber über ihn hinaus liegt, transzendent, oder wie Hegel sagt: „ein Jenseits" für ihn ist. Doch ebensowenig wie das abstrakte Selbstbewußtsein die substantiellen Formen der geschichtlichen Realisierung des Geistes darstellt, sowenig kann auch hier bereits das wahrhafte religiöse Bewußtsein erreicht sein und entwickelt werden, da eben der substantielle Begriff des Geistes noch fehlt. Es ist richtig, daß der Begriff des unglücklichen Bewußtseins die *Struktur* des religiösen Bewußtseins erhält; aber dies ist nicht mehr als eine abstrakte Form, so abstrakt wie das hier vorgestellte „unwandelbare Wesen", das denn auch in unserem Abschnitt kein einziges Mal den Namen „Gott" erhält. Die Deutung des unglücklichen als religiöses Bewußtsein und seiner verschiedenen Formen als geschichtliche Gestalten dieses Bewußtseins muß deshalb unter dem gleichen Vorbehalt wie die geschichtliche Deutung des Abschnitts B insgesamt verstanden werden: es handelt

sich nur um abstrakte Strukturen, notwendige innere Momente des Geistes, die erst im Lichte der entwickelten Philosophie des Geistes und damit der Geschichte und Religion *als* solche Momente gedeutet, weil begriffen werden können.
Liegt nun im unmittelbaren Begriff des unglücklichen Bewußtseins die bloße Entgegensetzung von wandelbarem und unwandelbarem Bewußtsein (A.1), so resultiert doch sogleich aus dem einfachen *Vollzug* dieses in sich entzweiten Bewußtseins *als Selbstbewußtsein* die Bezogenheit jeder der beiden Seiten an ihr selbst auf die andere (A.2). Da das vollziehende, der Bewußtseinsbeziehung zugrunde liegende Subjekt aber bis jetzt nur das für sich einzelne Bewußtsein sein kann, tritt auch das für es an sich Wahre, nämlich das Unwandelbare, nur in derjenigen Bedeutung auf, die ihm als dem jeweils „wahren Gegenstand" des Bewußtseins zukommt. Die Bezogenheit jeder Seite auf die andere an ihr selbst, also die Verknüpfung von Einzelheit und Unwandelbarem, ergibt sich aus dieser einseitigen Perspektive als die „erste Erfahrung", die das einzelne Bewußtsein in seinem unmittelbaren Verhältnis zum Wesen als dem wahren Gegenstand macht. Es findet durch diese Erfahrung aber jedenfalls auch den *an sich* wahren Gegenstand, der als Einheit von Einzelheit und Unwandelbarem von hier an das „gestaltete Unwandelbare" ist. Aus diesem neuen Grundverhältnis heraus, das im Folgenden dem Abschnitt ‚B' zugrunde liegt, vollbringt das unglückliche Bewußtsein selbst seine Realisierung – die Erlangung der „Wahrheit der Gewißheit seiner selbst", durch die es sein Unglück überwindet. Diese Realisierung besteht darin, daß das einzelne Bewußtsein die Gewißheit seiner selbst nicht mehr getrennt von der Gegenständlichkeit, sondern gerade nur in ihr finden wird. Die drei Schritte der Realisierung des unglücklichen Bewußtseins auf dieses Ziel hin (B.1–3) sind sodann bestimmt durch die Art und Weise, wie sich das Bewußtsein auf das für es wahre Wesen, den „Gegenstand", bezieht, indem ihm jeweils eine bestimmte Weise der Verknüpfung von Einzelheit und Unwandelbarem Gegenstand ist.
Unter diesem Aspekt sind die drei Schritte, als drei zusammen-

hängende, weil auseinander hervorgehende Verhältnisse des einzelnen Bewußtseins zu der von ihm vorgestellten Einheit von Einzelheit und Unwandelbarem, nach den drei Verknüpfungsweisen zu unterscheiden:
1. die Verknüpfung wird unmittelbar vorgestellt, d. h. als Einheit, in der die Momente nicht unterschieden werden;
2. beide Momente treten auseinander, die Einzelheit erhält ein gesondertes Dasein, das Unwandelbare aber bleibt das übergreifende Wesen dieses Daseins und erhält deshalb in diesem zweiten Verhältnis auch zuerst die Bedeutung des „Allgemeinen" (wodurch nun die Herkunft des „Unwandelbaren" aus dem rein-abstrakten *Denken* des Skeptizismus ausdrücklich zur Geltung gelangt);
3. die Jenseitigkeit des Unwandelbaren bzw. Abstraktheit des Allgemeinen wird getilgt, indem es selbst seine Bestimmtheit und Realität nur *als* aufgehobene Einzelheit erhält. Dies aber ist für das Bewußtsein, das sich selbst als einzelnes versteht und in diesem Selbstverständnis „für sich" ist, nur so möglich, daß es sich selbst, nach seiner Eigenheit als (bloß) einzelnem Bewußtsein, aufhebt zugunsten des Wesens, das ihm der an sich wahre Gegenstand ist.

Als Gestalten des Bewußtseins, also mehr inhaltlich, können diese drei Verhältnisse nun vorgreifend näher charakterisiert werden:
1. Das unmittelbare Verhältnis des Bewußtseins zur (unmittelbaren) Einheit von Einzelheit und Unwandelbarem ist das „reine Bewußtsein", das sich als „Andacht" vollzieht. Hierin erfährt es sich mit einem Gefühl schmerzlicher Entzweiung, der Sehnsucht, als dem Unwandelbaren entgegensetzt. Indem dieses aber selbst Einzelheit wie das existierende Bewußtsein ist, muß es auch eine solche Wirklichkeit wie dieses, in der Gestalt der Einzelheit, haben. Hierdurch treten im Gegenstand die beiden Momente auseinander, und es ergibt sich die zweite Gestalt.
2. Das einzelne Bewußtsein verhält sich der Wirklichkeit gegenüber tätig: als Begierde, Arbeit und Genuß. Die Wirklichkeit

ist aber nun nicht nur Material der Bearbeitung, sondern andererseits auch Gestalt des Unwandelbaren. Die Welt ist deshalb jetzt für das arbeitende und genießende Bewußtsein „gebrochen" – einerseits nichtig, veränderbar, verfügbar; andererseits aber eigentlich eine Seite, die das Unwandelbare dem Bewußtsein darbietet (eine „geheiligte Welt"). Die Gewißheit seiner selbst, die das arbeitende und genießende Bewußtsein in diesem Verhältnis erfährt, ist deshalb ebenso wie diese Welt eine „gebrochene": Arbeit und Genuß *verdankt* es in Wahrheit dem Unwandelbaren, und die dadurch unmittelbar erlangte Selbständigkeit wird im Dank gerade wieder aufgehoben. Gleichwohl bleiben Arbeit und Genuß erhalten und mit ihm die Wirklichkeit des einzelnen Bewußtseins – ja sie wird sogar im Dank noch auf reflektierte Weise bestätigt und befestigt. Das einzelne Bewußtsein „reflektiert sich in sich".
3. So erreicht es eine neue, vertiefte Selbständigkeit im extremen Fürsichsein. Hierin befindet es sich aber auch in der extremen Ferne zum Unwandelbaren, und diese Fixierung des Bewußtseins im Fürsichsein des Einzelnen ist gerade „der Feind in seiner eigentümlichen Gestalt" – der Feind der Vereinigung des einzelnen Bewußtseins mit dem Unwandelbaren als seinem Wesen. Dies zeigt sich nun sogleich darin, daß die extreme, einseitige Selbständigkeit im reinen Fürsichsein in Wahrheit halt- und bestandlos ist; sie besteht nicht durch sich selbst, sondern nur durch die vermittelnde Beziehung auf das Unwandelbare (im Dank). Durch die bewußte Anerkennung der Vermittlung durchbricht das einzelne Selbstbewußtsein seine Fixierung in sich und überläßt die Erlangung der Gewißheit seiner selbst der Kraft dieser Vermittlung zwischen ihm und dem Unwandelbaren. Wenn diese „Entäußerung" des Fürsichseins in allem Wollen und Tun vollständig vollbracht wird, ist seine eigene Einzelheit auch wirklich aufgehoben im anderen Extrem. Dadurch ist die vollkommene Einheit der fürsichseienden Einzelheit mit dem Unwandelbaren oder Ansichsein erreicht. Das einzelne Bewußtsein behält für sich außerhalb dieser Einheit keine Realität. Es löst sich als

bloßes Selbstbewußtsein auf und ist nun, als Bewußtsein der so gesetzten und realisierten Einheit, in Wahrheit das Bewußtsein, darin „alle Realität" zu haben – die konkrete Allgemeinheit –, und so ist es, als die neue wesentliche Gestalt des erscheinenden Wissens, Bewußtsein der „Vernunft".

## 14. Das unglückliche Bewußtsein II
### Analytische Darstellung
### der Bewegung des unglücklichen Bewußtseins
### und seiner geschichtlichen Bedeutung

*A. Der Begriff des unglücklichen Bewußtseins*
(Verhältnis des Bewußtseins
zum „ungestalteten Unwandelbaren")

Die Bewegung des „unglücklichen Bewußtseins" hat ihren Ursprung im Resultat der Dialektik des Skeptizismus. Wenn das skeptische Bewußtsein zu der Erfahrung gelangt, daß es in sich widersprüchlich ist, wandelt es sich zu der neuen Gestalt, die Hegel „unglückliches Bewußtsein" nennt (S. 158, Abs. 2). In jener Erfahrung kommt es zu dem Bewußtsein seiner selbst, daß es ebenso die allgemeine, unwandelbare und sich selbst gleiche Einheit ist, als die es sich frei weiß, wie es sich selbst ungleiches, zufälliges und sich wandelndes Bewußtsein ist. Es ist somit als *Selbst*bewußtsein in sich entzweit. Der Widerspruch, dessen Seiten das skeptische Bewußtsein noch auseinanderhielt, ist nun in ihm selbst fixiert. „Hierdurch ist die Verdoppelung, welche früher an zwei einzelne, an den Herrn und an den Knecht sich verteilte, in eines eingekehrt; die Verdoppelung, welche im Begriffe des Geistes wesentlich ist, ist hiermit vorhanden, aber noch nicht ihre Einheit, – und das unglückliche Bewußtsein ist das Bewußtsein seiner als des gedoppelten, nur widersprechenden Wesens" (ebd.). Dies ist der Begriff des unglücklichen Bewußtseins überhaupt. Seine Realisierung aber muß das Verhältnis der

Entgegensetzung des Unwandelbaren und des Wandelbaren, Einzelnen überwinden.

(1) Unmittelbare Entgegensetzung des einzelnen Bewußtseins für sich zum Unwandelbaren

Die Exposition der Entwicklung des unglücklichen Bewußtseins leitet Hegel im 1. Absatz (S. 158 unten/159 oben) ein durch eine allgemeine Beschreibung seiner Grundstruktur: an sich oder „für uns" kann dieses Bewußtsein auf keiner der Seiten seines widersprüchlichen Wesens zur Ruhe kommen. Es muß „in dem einen Bewußtsein immer auch das andere haben" (S. 158 u. f.). Und hier fügt Hegel, wie mehrfach im Fortgang dieses Abschnitts (s. S. 160 Mitte; 161 Abs. 1; 163 Abs. 1, 2. Hälfte; 165 Abs. 1), vorgreifende Bemerkungen hinzu, die das Ziel der Entwicklung des erfahrenden Bewußtseins betreffen: „Seine wahre Rückkehr aber in sich selbst oder seine Versöhnung mit sich wird den Begriff des lebendig gewordenen und in die Existenz getretenen Geist darstellen, weil an ihm schon dies ist, daß es als Ein ungeteiltes Bewußtsein ein gedoppeltes ist: es selbst *ist* das Schauen eines Selbstbewußtseins in ein anderes, und es selbst *ist* beide, und die Einheit beider ist ihm auch das Wesen; aber es *für sich* ist sich noch nicht dieses Wesen selbst, noch nicht die Einheit beider" (S. 159 Abs. 1).

Der letzte Satz führt zurück zu dem Punkt, an dem das erfahrende Bewußtsein selbst am Anfang der Entwicklung des unglücklichen Bewußtseins noch steht: wandelbares und unwandelbares Selbstbewußtsein sind für es nur entgegengesetzt. Obgleich das unglückliche Bewußtsein selbst schon die *„unmittelbare Einheit* beider" (Abs. 2) ist, weiß es sich zunächst, so wie es aus dem skeptischen Selbstbewußtsein in sich reflektiert ist, nur als in sich widersprüchlich. Nur indem es das Unwandelbare von sich selbst als dem Einzelnen trennt, hält es sich in dieser anfänglichen Situation vom Widerspruch frei: es selbst ist das Unwesentliche, das Unwandelbare das Wesen. In dieser Entgegensetzung und Trennung sind beide „*für es* einander fremde Wesen" (ebd.).

Damit ist die Ausgangsposition des unglücklichen Bewußtseins gemäß seinem Begriff in der ersten Unmittelbarkeit festgestellt. Mit dem „aber ..." der 9. Zeile des 2. Absatzes (S. 159) beginnt sich jedoch sogleich die Dynamik anzukündigen, die dieses Bewußtsein dazu bewegt, den seinem Begriff zu Grunde liegenden Widerspruch durch weitere Veränderungen seines Verhältnisses zu dem, was ihm das Wesen ist, wirklich zu überwinden, statt ihn in der Weise der abstrakten Trennung nur aus sich auszuschließen. Daß damit der Widerspruch nicht wirklich überwunden ist, zeigt sich nämlich sogleich darin, daß es als Einzelnes und Unwesentliches in dieser Konstellation nicht zur Ruhe kommt und verharren kann, sondern sich „als Bewußtsein der Unwandelbarkeit oder des einfachen Wesens" doch gerade „von dem Unwesentlichen, d. h. von sich selbst zu befreien" suchen muß. Der Widerspruch ist nicht dadurch von ihm ausgeschlossen, daß es das Wesen als ein ihm fremdes von sich als Einzelheit ausschließt. Indem es dies tut, bleibt es gerade in der ausschließenden *Beziehung* befangen, die die Form der unmittelbaren Entgegensetzung hat. Es kann somit durch die Trennung nicht zur Gleichgültigkeit gegen das Wesen gelangen, sondern vielmehr nur erst recht zum Bewußtsein seiner eigenen Zerrissenheit. Das Bewußtsein seiner selbst als Einzelnes und Unwesentliches strebt eo ipso nach seiner eigenen Aufhebung, nämlich seiner Erhebung zum Unwandelbaren als *seinem* Wesen. Ist es als einzelnes das „Bewußtsein des Lebens, seines Daseins und Tuns", so ist es eben darin „nur der Schmerz über dieses Dasein und Tun, denn es hat darin nur das Bewußtsein seines Gegenteils als des Wesens, und der eigenen Nichtigkeit" (S. 160 Abs. 1). Die beiden folgenden, d. h. die letzten Sätze dieses Absatzes bereiten dann den Übergang zur ersten Erfahrung vor, die das unglückliche Bewußtsein in der anfänglichen Position der Entgegensetzung an sich selber macht und die im ersten Satz des zweiten Absatzes ausgesprochen wird. Darin wird es sich seinem entwickelten Begriff gemäß verhalten und die Grundlage für seine Realisierung durch sich selbst erreichen. Bevor wir jedoch darauf eingehen, soll die geschichtliche Deutung dieser anfänglichen Position des unglücklichen Bewußtseins betrachtet werden.

Das unglückliche Bewußtsein als Gestalt des erscheinenden Wissens hatte sich aus dem skeptischen Selbstbewußtsein hervorgebildet. Ist dieses – wie ihm zuvor schon die Verhältnisse von Herrschaft und Knechtschaft sowie des Stoizismus – historisch ein spezifisches Moment der römischen Welt, so wäre nun der folgende Übergang zum unglücklichen Bewußtsein mit den dargestellten Bestimmungen auch historisch vom antiken Skeptizismus aus aufzunehmen und zu verfolgen in eine neue Epoche des geschichtlichen Geistes. Die entsprechende Darstellung findet sich in den Berliner Vorlesungen im dritten Abschnitt der „römischen Welt" als Hervorgang der welthistorischen Bedeutung des jüdischen Volkes. Die Verinnerlichung des Widerspruchs des reinen Gedankens, der Selbstgleichheit und Unwandelbarkeit, zur zufälligen Mannigfaltigkeit des Lebens und der Welt – also der Übergang vom skeptischen zum unglücklichen Bewußtsein – konkretisiert sich in der geschichtsphilosophischen Darstellung Hegels als Übergang des weltlich-politischen Verhältnisses des geistigen Bewußtseins zur Wirklichkeit in ein religiöses Verhältnis.

Der Geist der römischen Kaiserzeit bestand in der Herrschaft der abstrakten Allgemeinheit, als Person des abstrakten Rechts, über alle materiale Bestimmtheit, die demgegenüber nur als unwesentliche Zufälligkeit galt. In der wirklichen Existenz aber bedeutet diese Bindung des ganz abstrakten Rechts an die Person zugleich die Legitimierung der Herrschaft des Einen mit aller inhaltlichen Willkür, in der gerade das Besondere zur Allgemeinheit erhoben wird. Dieses ist die herrschende Person, der Wille des Herrn, alle übrigen Personen, mit ihrer Besonderheit, sind ihm in der wirklichen Existenz untergeordnet. Das Bewußtsein der Vielen mußte, um diesem Verhältnis angemessen zu sein, zur vollkommenen Gleichgültigkeit gegenüber dem besonderen Inhalt seines Lebens gelangen – entweder im unmittelbaren sinnlichen Genuß oder in der Freiheit des Denkens. Dem Geist dieser Zeit entsprechen deshalb die Philosophien des Stoizismus, Epikureismus und Skeptizismus. Von ihnen sagt Hegel in den Vorlesungen über die Philosophie der Weltgeschichte, daß sie, „obgleich in sich entgegengesetzt ... auf dasselbe hinausgingen, nämlich den Geist in sich gleichgültig zu machen gegen alles, was die Wirklichkeit darbietet" (WW 12, S. 385). Damit war jedoch diese Wirklichkeit ebenso wenig getilgt wie die Existenz des Einzelnen in seinem denkenden Selbstbewußtsein. Deshalb fährt Hegel fort: „Aber diese innerliche Versöhnung durch die Philosophie war selbst nur eine abstrakte, in dem reinen Prinzip der Persönlichkeit; denn das Denken, welches als reines sich selbst zum Gegenstand machte und sich versöhnte, war vollkommen gegenstandslos, und die Unerschütterlichkeit des Skeptizismus machte zum Zweck des Willens die Zwecklosigkeit selbst. Die Philosophie hat nur die Negativität alles Inhalts gewußt und ist der Rat der Verzweiflung gewesen für eine Welt, die nichts Festes mehr hatte. Sie konnte den lebendigen Geist nicht befriedigen, der nach einer höheren Versöhnung verlangte" (ebd.).

Daß aber die Versöhnung „höher" sein soll, besagt, daß sie konkreter sein soll, nämlich als Einheit des Allgemeinen und Einzelnen. Nicht die Abstraktion vom letzteren erbringt die „Versöhnung", sondern nur das Festhalten des unmittelbaren Widerspruchs und seine Überwindung für das Selbstbewußtsein selbst. Dieses muß den Widerspruch auf sich nehmen und die Gestaltung des „unglücklichen Bewußtseins" durchlaufen. Geschichtlich nimmt es so die beiden Seiten der Abstraktion des römischen Geistes in sich hinein und hält sie zusammen: Das abstrakte, bloß gedachte Recht der vielen Einzelnen und das wirkliche Recht der einen Person des Mächtigen, durch das jene „zugleich aufgehoben und rechtlos" sind (WW 12, S. 388). Ist dies die äußere Zucht, die „Zucht der Welt", so „fehlt noch die höhere Bestimmung, daß das Innere selbst zum Schmerz und zur Sehnsucht komme, daß der Mensch nicht nur gezogen werde, sondern dies Ziehen sich als ein Ziehen in sich hinein zeige. Was nur unsere Reflexion war, muß dem Subjekte selbst als eigene so aufgehen, daß es sich in sich selbst als elend und nichtig wisse. Das äußerliche Unglück muß ... zum Schmerze des Menschen in sich selber werden: er muß sich als das Negative seiner selbst fühlen, er muß einsehen, daß sein Unglück das Unglück seiner

Natur sei, daß er in sich selbst das Getrennte und Entzweite sei" (ebd.). Diese über den Skeptizismus hinausgehende, ihn in sich reflektierende Bestimmung des Selbstbewußtseins gehört als geistiges Verhältnis in der Geschichte nicht mehr der „eigentlichen römischen Welt" an – sie „gibt vielmehr dem jüdischen Volke seine welthistorische Bedeutung und Wichtigkeit ..." (ebd.). Entspricht die zitierte Beschreibung derjenigen des unglücklichen Bewußtseins in den drei ersten Absätzen dieses Abschnitts der PhG (S. 158 u. bis 160 Abs. 1), so kann hierin – mit den zu Beginn des vorigen Kapitels genannten Einschränkungen – die geschichtliche Deutung des unglücklichen Bewußtseins in seinem Begriff gesehen werden, aus dem die weiteren Stufen seiner Realisierung – historisch der Übergang zum Christentum und dessen Entwicklung bis zur Reformation – zu begreifen sind.[42]

Allerdings umfaßt die angeführte Darstellung aus der Philosophie der Geschichte sogleich mehr als nur den *unmittelbaren* Begriff des unglücklichen Bewußtseins, der streng genommen nur die Position der Entgegensetzung und Fremdheit der Seiten ausmacht (S. 159 Abs. 2, Zeile 1–8). Die bereits ausgeführte Bewegung, die zum entwickelten Begriff des unglücklichen Bewußtseins führen wird (A.2: S. 160, 2. Abs., Zeile 1–4), ist in der geschichtsphilosophischen Darstellung, die zuletzt zitiert wurde, schon miteinbezogen: es ist das Bewußtsein des Schmerzes und der eigenen Nichtigkeit des Einzelnen, also bereits die reflektierte Spannung in der Entgegensetzung zum Wesen, das hier den jüdischen Geist auszeichnet.

Jene Position der abstrakten, statischen Getrenntheit aber, die der Dynamik des Schmerzes und des Strebens nach Erhebung und Selbstaufhebung noch voraufgeht (S. 159 Abs. 2, Zeile 1–8),

---

[42] J. Hippolyte (s. Anm. 40) nennt diese geschichtliche Deutung „un exemple concret" (S. 190, auch 189). Ebenso W. Janke (Historische Dialektik, Berlin/New York 1977) S. 352. Damit wird allerdings die Konkretion des Geistes in seiner geschichtlichen Manifestation nicht angemessen bezeichnet, denn diese ist mehr als ein „Beispiel", insofern eben die geschichtlichen Epochen philosophisch zu begreifen sind als die bestimmten Realisierungen der wesentlichen Momente des Geistes.

findet bereits in der ersten Einführung des jüdischen Geistes (im 1. Teil „Die orientalische Welt") ihren geschichtsphilosophischen Ort: Die Vielheit der wandelbaren Vorstellungen des existierenden einzelnen Subjekts – und damit dieses selbst – wird als nichtig angesehen; nur das rein Geistige, das Prinzip des Unwandelbaren ist wahrhaft und wirklich.[43] Indem so ausschließlich Gott, das rein Unwandelbare, Wesen und Wahrheit hat, bleibt dem einzelnen Bewußtsein zunächst nur das Gefühl seiner Getrenntheit von ihm, in der es nichtig ist und sich nur durch Dienst und Gehorsam erhält: „Wir sehen bei diesem Volke den harten Dienst, als Verhältnis zum reinen Gedanken. Das Subjekt als konkretes wird nicht frei, weil das Absolute selbst nicht als der *konkrete* Geist aufgefaßt ist ..." (WW 12, 243). In dieser unmittelbaren Entgegensetzung des einzelnen Bewußtseins für sich zum Unwandelbaren bleibt dieses in seiner abstrakten Allgemeinheit ein *gestaltloses* Jenseits, und jenes versteht sich ihm gegenüber in seiner bloßen natürlichen Einzelheit. Zugleich aber bezieht es sich doch auch als religiöses Bewußtsein auf sein Wesen und hebt sich damit *in sich selbst* auf: „Die Innerlichkeit haben wir wohl vor uns, das reine Herz, die Büßung, die Andacht, aber es ist nicht auch das besondere konkrete Subjekt" – die Einzelheit – „sich gegenständlich im Absoluten geworden, und es bleibt daher streng an den Dienst der Zeremonie und des Rechts gebunden, dessen Grund eben die reine Freiheit als abstrakte ist. Die Juden haben, was sie sind, durch den Einen; dadurch hat das Subjekt keine Freiheit für sich selbst ... Das Subjekt kommt nie zum Bewußtsein seiner Selbständigkeit..." (ebd.).

Selbständigkeit und Freiheit des Selbstbewußtseins – das ist noch immer das Ziel, von dem das unglückliche Bewußtsein zunächst allerdings weiter entfernt zu sein scheint als zuvor. Doch seinem

---

[43] WW 12, S. 241: „Wenn das Geistige im phönizischen Volke noch durch die Naturseite beschränkt war, so zeigt es sich dagegen bei den Juden vollkommen gereinigt; das reine Produkt des Denkens, das Sichdenken kommt zum Bewußtsein, und das Geistige entwickelt sich in seiner extremen Bestimmtheit gegen die Natur und gegen die Einheit mit derselben." S. 242 u.: „Nur das Eine, der Geist, das Unsinnliche ist die Wahrheit ...".

Begriff nach ist, weil *in sich* entzweit, das unglückliche Bewußtsein als solches keineswegs nur die *eine* Seite und das Unwandelbare, von ihm Getrennte, ein ihm wirklich äußerer Gegenstand. Es ist vielmehr von Anfang an für das einzelne Bewußtsein – also das Subjekt des Unglücks – das *Negative seiner selbst*. Gerade weil dieses Verhältnis die eigentümliche Grundbestimmung des jüdischen Geistes ausmacht, erhält er nach Hegel die zitierte „welthistorische Bedeutung und Wichtigkeit"; denn in ihm liegt die *Möglichkeit*, daß das einzelne Bewußtsein durch die Erfahrung, die es in der Beziehung auf sein Wesen macht und in der es selbst sich entwickelt, auch zur konkreten Einheit mit seinem Wesen und zur Versöhnung gelangt. – Die nähere Bestimmung dieser Möglichkeit und ihre geschichtliche Gestalt ist nun zu betrachten.

(2) Hervortreten der Einzelheit am Unwandelbaren und des Unwandelbaren an der Einzelheit

Das unglückliche Bewußtsein hatte sich bereits als in sich bewegt erwiesen, indem es den Widerspruch seines Wesens in die Entgegensetzung seiner selbst, als Unwesentliches, und des Wesens, zu dem es sich zu erheben strebt, setzt. In dieser unmittelbaren Entgegensetzung des einzelnen Bewußtseins zum Unwandelbaren, in der sich das unglückliche Bewußtsein seinem Begriff nach ursprünglich befindet, bezieht sich das einzelne Bewußtsein als solches also bereits ebenso auf das Unwandelbare wie auf sich selbst. Das Unwandelbare ist ihm genau dadurch und insofern das Wesen, daß es selbst sich als nichtig betrachtet (s. o. S. 134; PhG S. 160 Abs. 1). Strebt es deshalb sich aufzuheben, um sich zu seinem Wesen zu erheben, so ist es doch es selbst, das sich erheben will. „Diese Erhebung ist selbst dies Bewußtsein; sie ist also unmittelbar das Bewußtsein des Gegenteils, nämlich seiner selbst als der Einzelheit" (ebd.). Das Unwandelbare aber ist somit in Wahrheit nicht nur dem Einzelnen entgegengesetzt, sondern, als das Wesen *für* das Einzelne, gar nicht ohne dieses gegenwärtig. „Es wird *für es* die Einzelheit *überhaupt* am unwandelbaren Wesen" (S. 160, 2. Abs., Zeile 3). Ist das einzelne Bewußtsein aber sich selbst unwesentlich, so ist es auch dies wiederum nur, insofern es sich zugleich auf das Unwandelbare als sein Wesen bezieht. An ihm selbst, der Einzelheit als solcher, hat es somit das Unwandelbare. Diese wechselseitige Verknüpfung bildet erst den entwickelten Begriff des unglücklichen Bewußtseins: „In dieser Bewegung aber erfährt es eben dieses *Hervortreten der Einzelheit am Unwandelbaren* und *des Unwandelbaren an der Einzelheit*" (S. 160, 2. Abs., 1. Satz). In Wahrheit, d. h. „für uns" handelt es sich um die in sich unterscheidende Einheit der Entgegengesetzten (S. 160, Abs. 2, Zeile 5 f.). Diese Feststellung ist ebenso wie der Rest dieses Absatzes und der ganze folgende Absatz eine vorgreifende Charakterisierung der phänomenologischen Situation, in der das unglückliche Bewußtsein als solches sich jetzt befindet. Dieses selbst, also dasjenige, das aus der Erfahrung des Skeptizismus als das für sich einzelne Bewußtsein hervorging, gelangt zu dieser Wahrheit als der absoluten Gewißheit seiner selbst erst durch eine schrittweise Veränderung seines Verhältnisses zum wahren Gegenstand oder Wesen. In dieser Veränderung vollbringt es seine Realisierung, d. h. die Erfahrung über sein jeweiliges Verhältnis.

Mit jener Reflexion der bloßen Entgegensetzung von Einzelheit und Unwandelbarem hat sich nun zwar auch für das einzelne Bewußtsein schon ergeben, daß seine Erfüllung nicht allein auf der Seite des reinen Unwandelbaren in völliger Abstraktion von der Einzelheit liegen kann. Dieses neue Bewußtsein von der Entgegensetzung ist schon die erste notwendige Erfahrung, durch die die eigentliche Realisation überhaupt erst beginnen kann. Aber dadurch wird die Entgegensetzung noch keineswegs überwunden. Was erreicht ist, ist nur die Gewißheit der Verknüpfung der Entgegengesetzten, in der aber für es „noch die Verschiedenheit beider das Herrschende ist" (ebd.). Aus dieser Ausgangssituation heraus wird dann in den folgenden Sätzen dieses Absatzes vorgezeichnet, wie die drei Formen der Verknüpfung sich für das erfahrende Bewußtsein selbst in seiner Realisierung ergeben werden, ehe es zur Gewißheit der Einheit der Verknüpfung – als der *Bewegung*, die in Wahrheit wechselseitig von beiden Seiten ausgeht – und damit der Versöhnung gelangen kann. Die thematische Entwicklung dieser drei Formen oder Momente der Bewegung wird sich bei der Darstellung der Realisierung (B. 1–3) noch ausführlich ergeben, sodaß wir jetzt darauf nicht eingehen.

An dieser Vorzeichnung der Momente der Realisierung aber haben wir nun die angekündigte nähere Bestimmung der *Möglichkeit*, daß aus dem entwickelten Begriff des unglücklichen Bewußtseins seine wahrhafte Aufhebung in der konkreten Einheit gewonnen werden könne. Entspricht dem unglücklichen Bewußtsein in seinem Begriff der Geist des Judentums, so muß das erreichte wechselseitige Hervortreten der Einzelheit und des Unwandelbaren aneinander, das aus dem Schmerz dieses Bewußtseins resultiert, auch noch in jenem zu erkennen sein. Die bereits zitierte „welthistorische Bedeutung und Wichtigkeit", wie Hegel sie dem jüdischen Volk und seinem Geist zuschreibt, wurde gerade dort angesetzt, wo dieser Geist über die römische Welt hinausgeht, nämlich in der „Bestimmung der Zucht in sich selbst, des Schmerzens seiner (des Menschen) eigenen Nichtigkeit, des eigenen Elends, der Sehnsucht über diesen Zustand des Innern hinaus" (WW 12, S. 388). Es wurde bereits darauf hingewiesen, daß diese Bestimmung, bezogen auf das unglückliche Bewußtsein, die mit der anfänglichen Entgegensetzung mitgesetzte Dynamik schon in sich enthält, also nicht mehr nur den unmittelbaren Begriff (gemäß S. 159 Abs. 2, Zeile 1–8) darstellt. Diesem entsprach vielmehr nur die erste geschichtliche Gestalt des Judentums, die Hegel noch in der orientalischen Welt ansetzt. Der Unterschied aber zwischen der unmittelbaren, bloßen Entgegensetzung zum Unwandelbaren und der im Streben nach Erhebung in sich reflektierten Entgegensetzung entspricht dem Unterschied zwischen dem Gott Abrahams, Isaaks und Jakobs einerseits und dem Gott Davids und der Propheten.[44] Den über die römische Welt hinausgehenden Geist des Judentums, der welthistorische Bedeutung erlangt, bezieht Hegel denn auch auf die zweite,

---

[44] Ebenso J. Wahl (s. Anm. 40) S. 129; vgl. WW 12, S. 391.

entwickeltere Stufe, wenn er in dem dem obigen Zitat folgenden Satz sagt: „Am reinsten und schönsten finden wir die angegebene Bestimmung des jüdischen Volkes in den Davidischen Psalmen und in den Propheten ausgesprochen, wo der Durst der Seele nach Gott, der tiefste Schmerz über ihre Fehler, das Verlangen nach Gerechtigkeit und Frömmigkeit den Inhalt ausmachen" (WW 12, S. 388 f.).[45]

Aus diesem Verhältnis ergibt sich die neue Bestimmung des Unwandelbaren des unglücklichen Bewußtseins, das im ersten Satz des zweiten Absatzes S. 160 als das „Hervortreten der Einzelheit *am* Unwandelbaren und des Unwandelbaren *an* der Einzelheit" ausgesprochen wurde. Diese Bestimmung bildet die Grundlage des realisierenden Prozesses, in dem die Verschiedenheit von Unwandelbarem und Einzelheit auch für das einzelne Bewußtsein selbst aufgehoben wird, in den hier vorgezeichneten drei Stufen. Erst wenn das Unwandelbare für das einzelne Bewußtsein die Bewegung des Einswerdens mit der Einzelheit auch von sich aus vollbringt, wenn dies also nicht mehr nur die *„einseitige Bewegung"* des Einzelnen (S. 161, 1. Zeile) ist, wird die Erfahrung vollständig sein, durch die das Unglück des einzelnen Selbstbewußtseins überwunden wird. Auf der jetzt erreichten Stufe ist dafür nur erst die notwendige Ausgangsposition geschaffen mit der Reflexion-in-sich der unmittelbaren Entgegensetzung beider Seiten, die den entwickelten Begriff des unglücklichen Bewußtseins ausmacht.

Wenn nun durch dieses wechselseitige Hervortreten beider an jedem Moment das Unwandelbare für das Einzelne als *gestaltetes* Unwandelbares vorgestellt wird (so zuerst S. 160 Abs. 2 Anfang), dann ist damit geschichtlich der Eintritt des Christentums bezeichnet. So wie phänomenologisch jenes wechselseitige

---

[45] Die Unterscheidung des Judentums in die beiden Formen seines religiösen Geistes hat Hegel ausführlich bereits in den „theologischen Jugendschriften" durchgeführt. J. Hippolyte (s. Anm. 40) faßt diesen Unterschied dahin zusammen, mit Abraham und Moses opponiere sich der Mensch einem unwandelbaren Gott, der das Wesen ist, und setze sich selbst auf die Seite des Nicht-Wesens; mit David und den Propheten aber erhebe er sich zum Unwandelbaren (S. 186).

Hervortreten die Grundlage und innere Möglichkeit für die Realisierung des unglücklichen Bewußtseins bildet, die nur im Verhältnis zum gestalteten Unwandelbaren ausgetragen werden kann, so bildet geschichtlich das Judentum in der „zweiten Stufe" (David und die Propheten) die Grundlage und Potenz für die Aufhebung des Unglücks des Menschen in sich.

Dieser Prozeß aber muß weit über die Stufe des bloßen Selbstbewußtseins hinausgehen – denn bis jetzt handelt es sich, wie bereits hervorgehoben wurde, nur um die Erfahrung des einzelnen Selbstbewußtseins, und die Unwandelbarkeit, wie sie für es ist, ist nur die „Unwandelbarkeit des Bewußtseins" (S. 160 Abs. 1) – nicht aber „das Unwandelbare *an und für sich selbst*", das in diesem Kapitel noch gar nicht auftreten kann; denn es gehört erst dem konkreten Selbstbewußtsein, des wirklichen, d. h. weltlich-substantiellen Geiste an, der in diesem Selbstbewußtsein seine Weltlichkeit wiederum aufhebt (s. das Kapitel „Die Religion"). Die Überlegung, daß die Bewegung der Vereinigung ebenso vom Einzelnen wie vom Wesen ausgeht und damit die Entgegensetzung an jedem Moment durch es selbst aufgehoben wird, ist deshalb auch, obwohl sie sich „für uns" bereits aus dem Begriff des in sich entzweiten Bewußtseins ergibt, „hier unzeitig" (ebd.). Vielmehr ist nun jene Bewegung durch die Momente zu betrachten, die das für sich einzelne Bewußtsein in seinem Verhältnis zu dem gestalteten Unwandelbaren durchläuft.

### B. Die Realisierung des unglücklichen Bewußtseins
(Verhältnis des Bewußtseins
zum „gestalteten" Unwandelbaren)

Die Ausgangsposition im Verhältnis des einzelnen Bewußtseins zum gestalteten Unwandelbaren, dessen drei Stufen nun zu entwickeln sind, wird von S. 161 Abs. 2 bis S. 162 Abs. 2 zunächst allgemein als Grundlage der neuen Entwicklung beschrieben. Das Unwandelbare ist bis jetzt nur die Unwandelbarkeit des *Bewußtseins*, noch nicht „das Unwandelbare *an und für sich selbst"* (S. 161 Abs. 1). So ist es für das einzelne Bewußtsein selbst noch von ihm unterschieden und getrennt. Es behält auch in seiner Gestaltung „den Charakter und die Grundlage des Entzweit- und Fürsichseins gegen das einzelne Bewußtsein" (Abs. 2). Dies gilt grundsätzlich, auf verschiedene Weise, für alle drei Momente der Realisierung, und die Überwindung dieser Trennung wird auch die Überwindung des Unglücks des Selbstbewußtseins erbringen. Das abstrakte einzelne Bewußtsein, das noch nicht religiöses Bewußtsein, d. h. Selbstbewußtsein des substantiellen Geistes ist, erfaßt das Absolute nur in dieser Abstraktion des Unwandelbaren, das es zwar an sich als bestimmtes, einzelnes und somit *als Einheit* von Unwandelbarem und Einzelheit vorstellt; aber zugleich ist es gerade als diese nur ansichseiende Einheit auch vom abstrakten Fürsichsein des bloß einzelnen, unwesentlichen Bewußtseins getrennt.

Diese Formation des unglücklichen Bewußtseins, Grundlage und Ausgangsposition seiner Realisierung, bildet ein Moment des erscheinenden Wissens und als solches ein immanentes Moment des sich realisierenden Geistes, das damit ebenso wie die vorangehende Stufe einer bestimmten Epoche der Weltgeschichte angehört. An die Zuordnung des Begriffs des unglücklichen Bewußtseins zum Verhältnis des Selbstbewußtseins im Geist des Judentums schließt sich nun in der Tat die Zuordnung der Realisierung des unglücklichen Bewußtseins zu den geschichtlichen Epochen des Christentums an: Die in der Darstellung des erscheinenden Wissens jetzt erreichte Grundlage und Ausgangsposition dieser Realisierung findet ihre Entsprechung in Hegels Charakterisierung des Christentums bei dessen Eintritt in die Weltgeschichte. Was für das unglückliche Bewußtsein der PhG das „Geschehen" ist, „daß das Unwandelbare die Gestalt der Einzelheit erhält" (S. 161 Abs. 2), ist geschichtlich die Erscheinung Christi (s. WW 12, S. 392). Aber für das einzelne Selbstbewußtsein, das nicht „das denkende spekulative Bewußtsein" ist (ebd.), ist hiermit nur erst die „Bestimmung des Geistes als eines *Diesen*", als ein „sinnliches Dasein" eingetreten. Hierin die wahrhafte „Versöhnung der Welt" (S. 391 Mitte, auch S. 393,

1. Zeile), die religiöse Einheit von Gott und Mensch und damit auch „die Versöhnung des Schmerzes und des Unglücks des Menschen in sich" (S. 392) zu begreifen, ist das abstrakte Selbstbewußtsein noch nicht fähig. Es wird sich über sich hinaus zu diesem wahrhaft religiösen Bewußtsein bilden, und die weiteren Momente dieses Bildungsweges werden spätere Epochen der geschichtlichen Entwicklung bestimmen. Der phänomenologische wie der geschichtliche Weg setzt mit dem ersten Verhältnis, dem „reinen Bewußtsein" als „reinem Gemüt" ein. Wir werden deshalb auf diese Entsprechung in der Darstellung dieses Momentes (B 1) zurückkommen.

Das gestaltete Unwandelbare, wie es vom Bewußtsein nun vorgestellt wird, steht ihm „als ein undurchsichtiges sinnliches *Eins*, mit der ganzen Sprödigkeit eines *Wirklichen* gegenüber" (S. 161 Abs. 2 u.). In der Ausgangsposition für die Realisierung liegt damit ein Widerspruch, den das Bewußtsein für sich selbst zum Austrag bringen muß: die Gestaltung des Unwandelbaren ist einerseits das „Begründende" der „Hoffnung, mit ihm Eins zu werden" (S. 161 u.); andererseits aber muß, da die Gestaltung für es nur ein zufälliges Geschehen in Raum und Zeit ist, jene Hoffnung „ohne Erfüllung und Gegenwart bleiben" (ebd.): „Durch die Natur des *seienden Eins*, durch die Wirklichkeit, die es angezogen, geschieht es notwendig, daß es in der Zeit verschwunden und im Raume ferne gewesen ist und schlechthin ferne bleibt" (S. 162 Abs. 1). Nur durch die Überwindung dieser Äußerlichkeit des Verhältnisses des Selbstbewußtseins zu seinem Wesen wird dieser in der unmittelbaren Beziehung zum gestalteten Unwandelbaren enthaltene Widerspruch aufgehoben. Deshalb erinnert Hegel auch, in völliger Entsprechung zu dieser Ausgangsposition, bei der geschichtlichen Erscheinung Christi daran, daß „das sinnliche Dasein, worin der Geist ist, nur ein vorübergehendes Moment" (WW 12, S. 393 Mitte) sei: „Christus ist gestorben; nur als gestorben ist er aufgehoben gen Himmel und sitzend zur Rechten Gottes, und nur so ist er Geist. Er selbst sagt: *Wenn ich nicht mehr bei euch bin, wird euch der Geist in alle Wahrheit leiten*" (ebd.). Um also das wahrhafte Verhältnis

zu werden, muß es sich in ein geistiges verwandeln, und deshalb ist es „ebensowenig ... das rechte Verhältnis, wenn wir uns Christi nur als einer gewesenen historischen Person erinnern" (ebd.) – so wäre er bloß „geistlos betrachtet" (ebd.).
Dies ist, wie alle historische Deutung hier, vom systematischen Standpunkt der Geschichtsphilosophie gesprochen. Aber als Moment des wirklichen Geistes muß das einzelne Selbstbewußtsein auch für sich diese Erfahrung machen – und es *kann* sie machen, da ihm jetzt das *„Einssein* des Einzelnen mit dem Unwandelbaren" (S. 162 Abs. 2), also das geistige Wesen in seiner Erscheinung, „Wesen und Gegenstand" ist (ebd.). Es hat damit das Ziel bereits in sich, das die Bewegung seiner Erfahrung im Ausgang von der unmittelbaren Beziehung zum „gestalteten Unwandelbaren als einem fremden Wirklichen" (S. 162 Abs. 2 letzter Satz) leiten wird. Um dieses Ziel – das „absolute Einswerden" (ebd.) – zu erreichen, muß es die Äußerlichkeit seiner Beziehung zum Wesen als jener Einheit überwinden. Die drei Stufen, durch die es diese Überwindung vollbringt, werden sich nun bestimmen gemäß den auf S. 160 (Abs. 2 ab Mitte) bereits genannten Weisen der Verknüpfung von Einzelheit und Unwandelbarem. Je nach der Art dieser Verknüpfung, die jeweils der Gegenstand des Bewußtseins ist, wird es nämlich seine Beziehung zum gegenständlichen Wesen erfahren und sich selbst jeweils dementsprechend verstehen.

### B (1) Das reine Bewußtsein in Andacht und Sehnsucht

Die unmittelbare Beziehung des einzelnen Bewußtseins auf das gestaltete Unwandelbare ist die Beziehung des „reinen" Bewußtseins: Wesen und Gegenstand ist ihm das Einssein des Unwandelbaren mit der Einzelheit, es selbst als bloß einzelnes, existierendes Bewußtsein geht ganz auf in der ausschließlichen Beziehung auf dieses Einssein. Es bleibt als diese Beziehung zugleich noch immer selbst die eine beziehende Seite, die aber zunächst, unmittelbar, nicht mehr thematisch ist. Hegel erinnert deshalb zu Beginn dieser Entwicklung (S. 162 Abs. 4) noch einmal (wie schon S. 161 Abs. 1 gesagt wurde) daran, daß „noch nicht entstanden" sei, wie das gestaltete Unwandelbare „an und für sich selbst" ist, sondern „seine Gegenwart (ist) hier nur erst einseitig durch das Bewußtsein vorhanden und eben darum nicht vollkommen und wahrhaftig, sondern bleibt mit Unvollkommenheit oder einem Gegensatz beschwert" (S. 162 u.). Es ist nun zu sehen, worin Unvollkommenheit und Gegensatz bestehen und wie das Bewußtsein sich ändert, wenn sie erfahren werden.

Das reine Bewußtsein ist die Beziehung des einzelnen, unwesentlichen Bewußtseins auf die Einheit von Einzelheit und Unwandelbarem. Als diese Beziehung aber vollzieht es auch schon diese Einheit, obgleich noch nicht für sich. Es hat als *reines* Bewußtsein sowohl die Einzelheit als auch die Unwandelbarkeit erreicht – und dies in positiver Einheit. Darin besteht sein Fortschritt gegenüber dem Stoizismus – der die Einzelheit nur negieren konnte: „das abstrakte, von der Einzelheit nur *wegsehende* Denken" (S. 163 Abs. 1) – und gegenüber dem Skeptizismus – der sich zwar auf beide Seiten bezog, aber dies nur in der Form des „bewußtlosen Widerspruchs" vermochte und selbst, als das beziehende Bewußtsein in seiner Einzelheit, in diesem hin- und hergehenden, „nur unruhige(n) Denken" (ebd.) bestand. Somit hat das unglückliche Bewußtsein zwar die Einseitigkeiten dieser beiden Positionen aufgehoben, „es bringt und hält das reine Denken und die Einzelheit zusammen" (ebd.). Aber auch für es bleibt diese Einheit noch getrennt von ihm, insofern sie ihm nur gegenständliches Wesen ist. Auch für es ist somit noch nicht „die Einzelheit des Bewußtseins mit dem reinen Denken selbst" – der Seite der Unwandelbarkeit – „ausgesöhnt" (ebd.). Denn hier ist die Einheit beider zwar Wesen und Gegenstand – aber noch nicht dies, daß das auf diesen Gegenstand sich als Bewußtsein beziehende Subjekt selbst als solches auch diese Einheit sei: „es ist nicht *für es*, daß dieser sein Gegenstand, das Unwandelbare, welches ihm wesentlich die Gestalt der Einzelheit hat, *es selbst* ist, es selbst, das Einzelheit des Bewußtseins ist" (ebd.). *Daß* es dies überhaupt sei, ist hier wiederum eine Vorwegnahme des

Phänomenologen, ebenso wie die früheren Hinweise darauf, daß mit der vollständigen Versöhnung das Bewußtsein selbst zum *Geist* werden wird (vgl. S. 159 oben u. S. 160 Schluß des 2. Abs.). Das hier erreichte reine Bewußtsein ist vielmehr nur erst die „Mitte, worin das abstrakte Denken (des Stoizismus) die Einzelheit des Bewußtseins als Einzelheit berührt" (S. 163 Abs. 1). Es vollzieht sich selbst, indem es, die unwesentliche Einzelheit, sich auf das Unwandelbare, das reine Denken in der Form der Einzelheit, bezieht. Somit bleibt es nach der Seite seiner selbst als bloßer Einzelheit auch in dieser reinen Beziehung auf das gestaltete Unwandelbare doch unterschieden von der Einheit, die sein Wesen außer ihm selbst ist, obgleich es als reines Bewußtsein auch beide aufeinander bezieht.

Im folgenden Absatz (S. 163 Mitte bis S. 164 unten) wird nun diese erste Charakterisierung näher bestimmt und sodann die sich daraus ergebende Dialektik ausgeführt. – Das reine Bewußtsein hält die beiden Seiten, die es in der Berührung vermittelt, nur passiv zusammen. Es bringt sie nicht hervor, sondern *findet* sie schon vor.[46] Zwar ist auch das einzelne Bewußtsein, *insofern* es *reines* Bewußtsein ist, „*an sich* denkende reine Einzelheit und sein Gegenstand eben dieses" (S. 163 Abs. 2, 1. Satz) – aber die Weise, wie es sich auf diesen Gegenstand bezieht, ist nicht die des reinen Denkens, sondern des Fühlens, in dessen Unmittelbarkeit die beiden Seiten zur Berührung gelangen. Dieses Gefühl wird nun zunächst als „Andacht" bezeichnet: „es geht, sozusagen, nur *an* das Denken *hin*, und ist *Andacht*" (ebd.). In der Andacht gibt sich das einzelne Bewußtsein an den gestalteten Unwandelbaren hin, und das heißt: an das reine Denken, das dieser ja an ihm selbst ist. Das Verhalten des reinen Bewußtseins ist also „Denken" nur in einer innerlichen, ungeformten Weise, die Hegel beschreibt als „das gestaltlose Sausen des Glockengeläutes oder eine warme Nebelerfüllung, ein musikali-

---

[46] Hier ist zu erinnern an die Feststellung, daß in der Ausgangsposition des gesamten Verhältnisses zum gestalteten Unwandelbaren diese Gestaltung dem Bewußtsein als ein *Geschehen* erscheint (S. 161 Abs. 2, 2. Satz; vgl. ob. S. 144).

sches Denken, das nicht zum Begriffe, der die einzige immanente gegenständliche Weise wäre, kommt. Es wird diesem unendlichen reinen innern Fühlen wohl sein Gegenstand, aber so eintretend, daß er nicht als begriffner, und darum als ein Fremdes eintritt. Es ist hierdurch die innerliche Bewegung des *reinen* Gemüts vorhanden..." (ebd.).

Das Bewußtsein dieses Gefühls deutet sich damit bereits als die Erfahrung eines Mangels an. Bevor die sich daraus ergebende Bewegung und Veränderung des Bewußtseins und seines Gegenstandes betrachtet wird, sei noch auf die historische Situation hingewiesen, die durch dieses Verhältnis des Selbstbewußtseins als einem abstrakten Moment des wirklichen Geistes bestimmt ist. Es handelt sich, wie bereits ausgeführt wurde, bei der gesamten Entwicklung der Realisierung des unglücklichen Bewußtseins, die hier unter B (1)–(3) gefaßt wird, um die innere, subjektive Struktur des Christentums in seiner Geschichte, und die anfängliche Charakterisierung der ersten Stufe kennzeichnet auch die historische Situation des anfänglichen Christentums. – Die Realisierung des Christentums in der Geschichte geschieht wesentlich durch die „Bildung der christlichen Vorstellung zur Kirche" (WW 12, S. 394 Abs. 3). Sie beginnt mit der „Stiftung der christlichen Religion" (ebd.). In ihr wird „das Prinzip derselben mit unendlicher Energie, aber zuerst abstrakt, ausgesprochen" (ebd.). Dieses Prinzip ist für das Selbstbewußtsein als *Moment* des Geistes unmittelbar gegeben als dasjenige Verhältnis, in dem eben das einzelne Selbstbewußtsein, das für sich noch nicht das des Geistes ist, sich selbst in unmittelbarer Beziehung auf das Unwandelbare vorfindet: „Die unendliche Erhebung des Geistes zur einfachen Reinheit ist an die Spitze als Grundlage gestellt. Die Form der Vermittlung ist noch nicht gegeben, sondern es ist das Ziel als ein absolutes Gebot aufgestellt" (WW 12, S. 395 Mitte). Das Gebot besagt, daß der Mensch nur im reinen Bewußtsein sich positiv und angemessen zu seinem wahren Wesen verhält: „Das reine Herz ist der Boden, auf dem Gott dem Menschen gegenwärtig ist" (ebd.), wie Hegel mit Bezugnahme auf die Seligpreisungen der Bergpredigt feststellt. Die Gestalt des reinen Bewußtseins bleibt die Form des einzelnen Selbstbewußtseins auch in der *Geschichte* des Christentums, bis die Vermittlung als die bewußte Unterscheidung des Inhalts und seiner Vergegenwärtigung vom Einzelnen eintritt. Dies aber geschieht historisch mit der konkreten Ausbildung der Kirche als der Vermittlungsinstanz für die Gläubigen. Die innere Bewegung des reinen Bewußtseins bis zu seiner Rückkehr in sich, d. h. bis zum Übergang in die zweite Gestalt der Realisierung, ist deshalb maßgebend für das einzelne Selbstbewußtsein in einem langen geschichtlichen Zeitabschnitt. Ihn umfaßt in Hegels Vorlesungen über die Philosophie der Geschichte der ganze erste Abschnitt der „germanischen Welt".

Als das „abstrakte Prinzip" der germanischen Völker beschreibt Hegel das „Gemüt" (WW 12, S. 423). Dieses hat in seiner Beziehung auf Wesen und Wahrheit, die ihm durch das Christentum gegeben werden, die Gestalt des reinen Bewußtseins, wie die folgenden Ausführungen erkennen lassen: „Das Gemüt hat keinen besonderen Inhalt; im Christentum ist es dagegen gerade um die Sache, um den Inhalt als Objekt zu tun" (ebd.). So ist das Gemüt „die subjektive Seite gegen die objektive im Christentum" (ebd.) – das reine Bewußtsein der Andacht gelangt noch nicht zum Begriff, der, wie es hieß, „die einzige immanente gegenständliche Weise wäre" (S. 163 Abs. 2 Mitte). Und was Hegel nun für die geschichtliche Entwicklung des „germanischen Prinzips", als fortschreitende Institutionalisierung der Kirche im Mittelalter, sagt, gilt auch für die weitere Bewegung des unglücklichen Bewußtseins: „Das Subjektive muß nun auch objektive Form gewinnen, d. h. sich zum Gegenstande entfalten" – das, was das Bewußtsein an sich ist, muß für es werden. „Es ist Bedürfnis, daß für die unbestimmt empfindende Weise des Gemüts das Absolute auch als Objekt werde, damit der Mensch auch zum Bewußtsein seiner Einheit mit diesem Objekte gelange" (WW 12, S. 424 ob.). Und ebenso gilt die folgende Vorzeichnung des Bildungsweges des geschichtlichen einzelnen Subjekts auch für den Weg des Bewußtseins der „Phänomenologie": „Dazu gehört die Reinigung des Subjektes an ihm, daß es wirk-

liches, konkretes Subjekt werde, daß es als weltliches Subjekt allgemeine Interessen gewinne, daß es nach allgemeinen Zwecken handle, vom Gesetz wisse und darin befriedigt werde" (ebd.).
Nehmen wir nun die Bewegung des unglücklichen Bewußtseins dort wieder auf, wo wir sie (oben S. 149) verlassen haben: als die „innerliche Bewegung des *reinen* Gemüts" (S. 163, 6. Zeile v. u.), das zwar in der Andacht dem reinen Denken seines Wesens ganz hingegeben ist, aber diese sich hingebende Beziehung nicht selbst als reines Denken vollzieht. Hegels Darstellung läßt genau an diesem Punkt, an dem der Mangel des Bewußtseins gezeigt wird, die eigentliche Bewegung der Erfahrung einsetzen: Indem das reine, andächtige Bewußtsein auch in seiner zunächst scheinbar selbstvergessenen Hingabe doch immer auch einzelnes, unwesentliches Bewußtsein ist und bleibt, ist auch die Andacht kein völlig in sich ruhendes, selber unwandelbares Verhältnis, sondern in ihr *fühlt* das Gemüt sich selbst – „aber als die Entzweiung" (S. 163 5. Zeile v. u.). Dieses Gefühl ist somit die innere „Bewegung einer unendlichen *Sehnsucht*" (4. Zeile v. u.). Die Fortführung dieses Satzes und der darauf folgende Satz zeigen den inneren Widerspruch der Sehnsucht, der die Bewegung im Bewußtsein selbst hervorbringt: 1. die positive Seite: in der Sehnsucht liegt „die Gewißheit ..., daß ihr Wesen ein solches reines Gemüt ist, reines *Denken*, welches sich als *Einzelheit denkt*; daß sie von diesem Gegenstande eben darum, weil er sich als Einzelheit denkt, erkannt und anerkannt wird" (S. 163, 3. Zeile v. u. / S. 164 ob.); 2. die negative Seite: „Zugleich ist dies Wesen das unerreichbare *Jenseits*, welches im Eingreifen entflieht oder vielmehr schon entflohen ist" (ebd.).
Beide Seiten sind nicht voneinander zu trennen, denn das Bewußtsein ist sich auch als andächtiges, reines Bewußtsein seiner bewußt – diese Beziehung auf sich selbst erfährt es nun gerade in dem, was ihm das Wesen sein sollte: dies ist für es das sich als Einzelheit denkende Unwandelbare; und insofern erreicht das Bewußtsein „sich selbst ... unmittelbar in ihm" (ebd.). Aber statt hierin schon die Versöhnung zu finden, kann es wegen der für es noch zu Grunde liegenden Verschiedenheit (vgl. ob. S. 160

Mitte) sich selbst doch nur „als das dem Unwandelbaren entgegengesetzte" Bewußtsein (S. 164 Zeile 7) verstehen und vorfinden. Es kann so gerade in seiner reinen, unmittelbaren Beziehung auf das zur Einzelheit gestaltete Unwandelbare „sich als dies entgegengesetzte (Bewußtsein) nicht abhalten" (Z. 10). Es begreift nicht, sondern fühlt nur - und im Fühlen ist die Rückbindung an die sinnliche Einzelheit als die Form des unmittelbaren Daseins unaufhebbar. In der fühlenden Beziehung gelangt es daher auch nicht zum ersehnten „Ergreifen" des Unwandelbaren, des Wesens, sondern wird stets wieder auf das Bewußtsein seiner eigenen Unwesentlichkeit zurückgewiesen. Das Ergebnis dieser Bewegung ist nun für das Bewußtsein selbst die Jenseitigkeit des Unwandelbaren zu ihm - gerade insofern es dieses jetzt als gestaltetes, d. h. „als *Einzelnes, oder* als *Wirkliches*" (Z. 15) zu erreichen strebt.

In den folgenden Sätzen wird auch bereits ausgesprochen, worin der „Fehler" dieses Bewußtseins in seiner Suche nach dem Wesen als dem gestalteten Unwandelbaren liegt: Dieses wird gesucht als ein Einzelnes - und zwar „als Gegenstand oder *ein Wirkliches*; Gegenstand der sinnlichen Gewißheit" (Z. 20) - nicht aber als „*allgemeine*, gedachte Einzelheit, nicht *Begriff*" (Z. 18). Hiermit macht das Bewußtsein selbst die Erfahrung des von ihm zunächst nur vorausgesetzten Verhältnisses seiner selbst zum gestalteten Unwandelbaren, das bereits vorgezeichnet wurde (vgl. S. 160 u. 161 ob.): „wenn es durch die Gestalt der einzelnen Wirklichkeit ihm einerseits zwar näher gebracht zu sein scheint, so ist es ihm andererseits nunmehr als ein undurchsichtiges sinnliches *Eins*, mit der ganzen Sprödigkeit eines *Wirklichen*, gegenüber" (S. 161 u.). Wird es in dieser Gestalt gesucht, so könnte es auch nur als in Raum und Zeit daseiend gefunden werden. Dann aber kann es niemals *als* wahrhaft Unwandelbares gefunden werden. Gegenüber jener Wirklichkeit eines Daseins in Raum und Zeit kann vielmehr das Unwandelbare als solches immer nur ein Jenseits sein. Deshalb wurde zuvor schon in der Darstellung des reinen Bewußtseins vom Unwandelbaren als dem Ziel desselben gesagt: „Wo es gesucht werde, kann es nicht gefunden werden, denn es soll eben *ein Jenseits*, ein solches sein, welches nicht gefunden werden kann" (S. 164 Z. 16).

Der Widerspruch, der in der Sehnsucht des reinen Bewußtseins erfahren wird – zwischen der Gewißheit seiner selbst im Wesen, von dem es sich „erkannt und anerkannt" weiß, und der Erfahrung, daß dies anerkennende Wesen doch für es und gegen es ein unerreichbares Jenseits ist – dieser Widerspruch beruht also auf der inneren Widersprüchlichkeit seiner eigenen Vorstellung von diesem Wesen: es sei zum einen das Unwandelbare des reinen Denkens, zum anderen aber dies in der Gestalt sinnlich daseiender Vereinzelung. Indem nicht beides zugleich zu haben ist, erreicht dies Bewußtsein das Unwandelbare als Einzelnes immer nur, insofern es „schon entflohen" und „verschwunden" ist – d. h. es erreicht es selbst gar nicht, sondern ihm kann an der wirklichen Einzelheit „nur das Grab seines Lebens zur Gegenwart kommen" (Z. 24). – In der Suche nach dieser Gegenwart des Unwandelbaren wird es die entscheidende Erfahrung machen, die sein Verhältnis verändern wird.

Wenn das Bewußtsein nur im *gestalteten* Unwandelbaren sein Wesen hat, kann die Einzelheit an diesem seinem wahren Gegenstand nicht aufgegeben werden. Da es jedoch bis jetzt nur die sinnliche Einzelheit kennt – als „Gegenstand der unmittelbaren sinnlichen Gewißheit" (Z. 21) –, wird es auch zunächst darin sein Heil suchen. Eine Erfüllung aber kann es nur in einer solchen Einzelheit finden, die eben zugleich *unwandelbare* Einzelheit ist. Gerade indem die Suche unter den bisherigen Voraussetzungen mit allem Ernst betrieben wird, gelangt das Bewußtsein selbst zu der Einsicht, daß es in einer äußerlich einzelnen Wirklichkeit nicht finden kann, was es eigentlich sucht.

Die entscheidende weiterführende Erfahrung des reinen Bewußtseins ist eben die, „daß das *Grab* seines *wirklichen* unwandelbaren Wesens keine *Wirklichkeit* hat, daß die *verschwundene Einzelheit* als verschwundene nicht die wahre Einzelheit ist" (S. 164 Z. 29). Das Bewußtsein weiß sich nach dieser Einsicht in einem veränderten Verhältnis zum Wesen, weil eben dieses selbst für es nun eine neue Gestalt hat. Kein sinnliches Dieses kann ihm nun in unmittelbarer Einheit von Einzelheit und Wesen der wahre Gegenstand sein. Vielmehr muß es beide Seiten dieses Gegenstandes, obwohl aufeinander bezogen, unterscheiden: zum einen das Unwandelbare als solches, zum anderen seine Gestaltung, die zwar als Einzelheit ihm noch ein Dieses ist, aber nicht mehr ein einziges bestimmtes Dieses, sondern ein Dieses überhaupt, unter das alle bestimmte Wirklichkeit, *als* Gestaltung des Unwandelbaren, subsumiert werden kann. Im zweiten Verhältnis wird sich diese letztere Seite des neuen wahren Gegenstandes in der Auffassung der äußeren Welt *als* einer „geheiligten Welt" (S. 165 Abs. 2) zeigen, die erstere hingegen als das Extrem des „rein Allgemeinen" (S. 166 Abs. 2 Ende), in das sich die Bewegung zuerst reflektieren wird (s. u. S. 159).

Diese Aufteilung der beiden notwendigen Momente des wahren Wesens ist das erste, negative Resultat der Bewegung des reinen Bewußtseins: Das Bewußtsein gibt es auf, die „unwandelbare Einzelheit" – also das Wesen in der Form der Einheit beider Momente – „als *wirkliche* aufzusuchen"; und ebenso läßt es ab von dem Bemühen, die gesuchte wahre Einzelheit „als verschwundene festzuhalten" (S. 164 Z. 32). Das wahrhafte, positive Resultat dieser Erfahrung aber wird mit diesem Schritt – dem Übergang in das zweite Verhältnis, soweit es den Gegenstand betrifft – nur vorbereitet, noch nicht vollzogen: „... erst hierdurch ist es fähig, die Einzelheit als wahrhafte oder als allgemeine zu finden" (Z. 34). Dies vollbringt es erst wirklich als Resultat des dritten Verhältnisses, worin es schließlich sein Unglück überwindet.

Das Verhältnis des reinen Bewußtseins und seiner entscheidenden Wende zu einer gewandelten, nämlich der gedoppelten Vorstellung des unwandelbaren Wesens findet sich nun wiederum als innere Struktur einer geschichtlichen Epoche, die ihren dramatischen Höhe- und Wendepunkt in den Kreuzzügen des christlichen Mittelalters hat. – Zunächst war ja bereits der Ausgangspunkt des reinen Bewußtseins, des „Gemüts", durch Hegels Bestimmung des Prinzips der germanischen Völker in der Zeit ihrer Christianisierung geschichtlich gedeutet worden (s. o. S. 150). Der

Prozeß der Institutionalisierung und Stabilisierung von Kirche und Papsttum bis zum Hochmittelalter findet aus der abstrakten Perspektive des einzelnen Selbstbewußtseins noch keine zureichende Grundlage. Es muß im Rahmen der Geschichtsphilosophie des objektiven Geistes vorausgesetzt werden. Doch die zuletzt behandelte Suche des Bewußtseins nach einer adäquaten Vergegenwärtigung des gestalteten Unwandelbaren, d. h. seiner als Einzelheit, bildet einen wesentlichen Grundzug des religiösen Bewußtseins, wie es durch die sich etablierende Kirche bestimmt wurde: Das Bewußtsein der Einheit des Menschen mit Gott, in Christus zur Anschauung geworden (WW 12, S. 453 unten), soll bestärkt und beständig gemacht werden in der Gegenwart eines Diesen (vgl. WW 12, S. 454 f., 468 f.). Dies liegt in der „Natur der christlichen Religion selbst ..., ... daß die göttliche Natur gewußt wird als nicht auf irgendeine Weise ein Jenseits, sondern in der Einheit mit der menschlichen Natur in der Gegenwart zu sein" (S. 467 u. f.). Das Christentum hat „einen Fuß in der Gegenwart des Selbstbewußtseins" (S. 468).

Doch es kommt alles darauf an, wie diese Gegenwart als erreicht verstanden werden kann: ob als geistige oder als sinnliche. So wie das unglückliche Bewußtsein auf der bis jetzt erreichten Stufe das Wesen nur als sinnlich wirkliche Einzelheit sucht, so hat die Kirche Christus als *Diesen* vergegenwärtigt in der Messe, und in sinnlicher Gegenwart in der Hostie. „Es ist darin das Richtige erkannt, daß das Opfer Christi ein wirkliches und ewiges Geschehen ist, insofern Christus nicht bloß sinnliches und einzelnes, sondern ganz allgemeines, d. h. göttliches Individuum ist; aber das Verkehrte ist, daß das sinnliche Moment für sich isoliert wird, ... daß also die Gegenwart Christi nicht wesentlich in die Vorstellung und den Geist gesetzt wird" (S. 454). „Der Katholik fällt vor der Hostie nieder, und so ist das Äußerliche zu einem Heiligen gemacht" (ebd.) – und das Heilige zu einem Ding (ebd.).

Ist diese Verkehrung, in der das „Unwandelbare" als sinnlich Gegenwärtiges, Äußerliches gesucht und geglaubt wird, einmal eingetreten, so „wird zugleich dieses Äußerliche zu einer unendlichen Mannigfaltigkeit, denn das Bedürfnis dieser Gegenwart ist unendlich" (S. 468). So breiten sich Wunderglaube, Heiligen- und Reliquienkult aus, um jenes Bedürfnis auf möglichst vielfache Weise zu befriedigen, ohne es jedoch je ganz erfüllen zu können, solange die Verdinglichung des Wesens herrscht. Hegel macht in diesem Zusammenhang noch eine Reihe weiterer Bemerkungen (s. S. 455; 469), die die verkehrenden Folgen dieses Verhältnisses für das religiöse Bewußtsein betreffen. Jedenfalls liegt diesem Verhältnis insgesamt genau diejenige Stellung des „reinen Bewußtseins" der „Phänomenologie" zugrunde, die das Wesen in einem „Gegenstand der unmittelbaren sinnlichen Gewißheit" sucht. Und so wie dieses Bewußtsein die umwendende Erfahrung erst im Verschwinden des *Grabes* selbst macht, so hat sich auch geschichtlich die unendliche Suche nach sinnlicher Gegenwart des Wesens schließlich zusammengezogen auf den singulären Punkt, an dem Christus, obgleich seiner zeitlichen Existenz nach vergangen, als „diese letzte *im Raume* partikularisierte Gegenwart" gefunden werden könnte: „als räumliche und im Raum konkrete, an dieser Stelle, diesem Dorfe usf., ist sie ein erhaltenes Diesseits. Dies Diesseits ist es nun, was der Christenheit abgeht, was sie noch gewinnen muß" (S. 469).

So bildet sich auf der Grundlage dieser Bewußtseinsstellung, die das unglückliche Bewußtsein in seinem ersten Verhältnis kennzeichnet, die die gesamte christliche Welt des 12. und 13. Jahrhunderts durchziehende Überzeugung, es sei „der Christenheit unwürdig, daß die heiligen Orte und das Grab Christi nicht im Besitz der Kirche sind. In diesem Gefühl ist die Christenheit eins gewesen; darum hat sie die *Kreuzzüge* unternommen, und sie hatte dabei nicht diesen oder jenen, sondern einen einzigen Zweck – das *Heilige Land* zu erobern" (S. 469 f.).

Gerade diese Konzentration auf *ein* Ziel ermöglicht die durchschlagende Kraft der Erfahrung, daß auf diese Weise, in dieser Form die ersehnte und gesuchte Befriedigung und wesentliche Erfüllung des subjektiven Gemüts nicht gefunden werden kann – weder wird hier eine Vereinigung mit dem „gestalteten Unwandelbaren", noch auch nur ein dauernder Besitz des „Grabes seines wirklichen Wesens" erreicht. So entspricht der Rückwendung des unglücklichen Bewußtseins in sich auch geschichtlich eine geistige Wende in der Zeit nach den Kreuzzügen: „... im Grabe liegt wahrhaft der eigentliche Punkt der Umkehrung, im Grabe ist es, wo alle Eitelkeit des Sinnlichen untergeht ... Im Negativen des *Dieses*, des Sinnlichen ist es, daß die Umkehrung geschieht und sich die Worte bewähren: „Du lässest nicht zu, daß Dein Heiliger verwese".[47] Im Grabe sollte die Christenheit das Letzte ihrer Wahrheit nicht finden" (S. 471). Sie „hat das leere Grab, nicht aber die Verknüpfung des Weltlichen und Ewigen gefunden und das Heilige Land deshalb verloren" (S. 472) – das Unglück des Bewußtseins ist nicht überwunden, denn es muß erkennen, daß „die verschwundene Einzelheit als verschwundene nicht die wahre Einzelheit ist". (S. 164 Z. 34) Ebenso wie in der „Phänomenologie" schließt Hegel in den Vorlesungen hieran einen Vorgriff auf das Endziel an, dessen schrittweise Realisierung im Folgenden beginnt, das jedoch erst in einer späteren Epoche erreicht sein wird: „das absolute Resultat der Kreuzzüge" ist, „daß das *Dieses*, als das Verknüpfende des Weltlichen und Ewigen, das geistige Fürsichsein der Person ist. So gewinnt die Welt das Bewußtsein, daß der Mensch das *Dieses*, welches göttlicher Art ist, in sich selbst suchen müsse; dadurch wird die Subjektivität absolut berechtigt und hat an sich selbst die Bestimmung des Verhältnisses zum Göttlichen" (WW 12, S. 472).

Zunächst aber hat das Unternehmen der Kreuzzüge für das religiöse Bewußtsein ein negatives Resultat: „Der Geist, unbefriedigt bei jener Sehnsucht nach der höchsten sinnlichen Gegenwart, hat sich in sich zurückgeworfen. Es ist ein erster und tiefer Bruch geschehen" (S. 474). Auch das unglückliche Bewußtsein, als ein inneres Moment des religiösen, gelangt aus der Erfahrung seines ersten Verhältnisses zu einer Rückkehr in sich und, wie bereits angedeutet wurde, zu einer veränderten Vorstellung des für es wahren Wesens.

[47] S. Psalm 16,10; Apostelgeschichte 2,27.31; 13,35.

*B (2) Das Bewußtsein als Begierde, Arbeit, Genuß und Dank
im Verhältnis gegen die Wirklichkeit*

Das Bewußtsein hat im Gefühl der Sehnsucht seine Entzweiung mit seinem unwandelbaren Wesen gefühlt. Sodann hat es im Versuch, die Erfüllung und Aufhebung der Sehnsucht in der Gegenwart des Unwandelbaren als eines Einzelnen, sinnlich Wirklichen zu erlangen, die Erfahrung der Vergeblichkeit dieser Suche gemacht. Das erste Resultat dieser Erfahrung ist eine „Rückkehr des Gemüts in sich selbst" (S. 164 Abs. 2). Das Selbstgefühl der ersten Entzweiung ist wieder hergestellt, aber jetzt im bewußten Verhältnis zur Wirklichkeit einerseits und zum Unwandelbaren als solchem andererseits. In diesem Verhältnis aber ist es selbst ein „für sich seiendes Wirkliches" (S. 165 ob.). Es findet sich so, anders als das selbstvergessene, passive Bewußtsein der Andacht, als selber tätig in Beziehung auf die äußere Wirklichkeit – als Begierde, Arbeit und Genuß.
In dieser tätigen Beziehung geht es ihm nun unmittelbar um die Bewährung seiner Selbstgewißheit „durch Aufheben und Genießen des fremden Wesen, nämlich desselben in der Form der selbständigen Dinge" (S. 165 Abs. 1). Zum einen aber ist seine Selbstgewißheit weiterhin oder vielmehr, nach der letzten Erfahrung, von neuem entzweit in das einzelne, wandelbare und das unwandelbare Bewußtsein. Und zum andern ist nun auch die Wirklichkeit, auf die es sich in Begierde, Arbeit und sodann auch im Genuß richtet, nicht mehr wie diejenige, gegen die das arbeitende Bewußtsein des Knechtes sich richtete, einfach „ein an sich Nichtiges", durch dessen Aufhebung es seine eigene Selbständigkeit erfährt, sondern sie ist ihm zugleich „Gestalt des Unwandelbaren": indem dieses selbst Einzelnes ist, ist es zunächst auch Wirkliches, wie sich bereits zeigte. Aber es ist dies nicht mehr nur als ein zufälliges, in Raum und Zeit verschwindendes Einzelnes, sondern – wie Hegel hier zum ersten Male auch *für* das Bewußtsein geltend macht – es ist als Unwandelbares zugleich *Allgemeines* (S. 165 Abs. 2). Deshalb „hat seine Einzelheit überhaupt die Bedeutung aller Wirklichkeit" (ebd.).

So ist die gegenständliche Wirklichkeit also einerseits zwar nichtig, indem sie durch Begierde, Arbeit und Genuß verändert, aufgehoben und verzehrt wird; andererseits aber, *als* Gestalt des *Unwandelbaren*, ist sie „auch eine geheiligte W e l t" (ebd.) – und damit bleibt auch die in der Tätigkeit des Bewußtseins erreichte Bewährung eine „gebrochene" (Abs. 1), ebenso wie das Bewußtsein selbst einerseits und die gegenständliche Wirklichkeit andererseits.

Das Bewußtsein erfährt diese Gebrochenheit seiner Bewährung so, daß sie für es nur zustande kommt, indem „das Unwandelbare selbst seine Gestalt *preisgibt* und ihm zum Genusse überläßt" (S. 166 ob.). Nicht wirklich durch sich selbst kann das einzelne arbeitende und genießende Bewußtsein die gegenständliche Wirklichkeit aufheben, sondern daß es dies kann, *verdankt* es eigentlich dem unwandelbaren Jenseits: dieses hat ihm „die Fähigkeiten und Kräfte" dazu verliehen (S. 166 Abs. 1). Im Tun gegen die äußere Wirklichkeit findet das Bewußtsein als einzelnes sein *Fürsichsein*; aber insofern es die darin benötigten Fähigkeiten und Kräfte dem Unwandelbaren verdankt, als „eine fremde Gabe" (ebd.), ist es eben darin auch *an sich*. Dies bedeutet jedoch, daß es sein Ansichsein gerade nicht in sich und durch sich selbst findet, sondern als ein zu ihm Anderes; und damit ist auch die Veränderung und Aufhebung, die es an der gegenständlichen Wirklichkeit ausübt, selber nur insoweit sein Werk, als das Unwandelbare ihm diese Wirklichkeit überläßt und preisgibt zur Bearbeitung. Hegel sagt, hierin „stößt das unwandelbare Wesen sich von sich ab" (S. 166 Abs. 2, Mitte) und überläßt der Tätigkeit nur „das Abgestoßne", das nur seine „Oberfläche" ist. Sowohl im Tun als auch im Bewußtsein ist es somit aber in Wahrheit das Unwandelbare, von dem alle Bewegung ausgeht. Es wird deshalb als die „absolute Macht" und das „rein Allgemeine" bezeichnet – als solches hat es sich dem Bewußtsein „dargestellt", indem dieses die Bewegung in es reflektiert.

Damit aber hat das einzelne Selbstbewußtsein ein weiteres Mal die gesuchte Bewährung der Gewißheit seiner selbst nicht durch sich selbst erlangt und sein Fürsichsein nicht als freies, sondern als abhängiges erfahren. Doch auch hier bleibt die Erfahrung nicht stehen, sondern wird sich vielmehr noch einmal wenden und durch diese Wendung das Verhältnis eröffnen, in der das unglückliche Bewußtsein seine Krisis erreicht. Dieser Übergang zum dritten Verhältnis wird im folgenden Absatz (S. 166 unten/167) dargestellt.

Die Rückwendung vom Extrem des rein Allgemeinen zum Einzelnen, das das Bewußtsein in seinem Fürsichsein ist, wird eingeleitet durch die Gegenüberstellung des Tuns des Unwandelbaren mit dem Tun des Einzelnen in Beziehung auf das Unwandelbare als solches, nämlich dem Danken: das Unwandelbare gibt seine Oberfläche der Bearbeitung preis, das einzelne Bewußtsein aber ist nicht nur tätig gegen diese Oberfläche, die äußere Wirklichkeit, sondern über die Tätigkeit von Arbeit und Genuß hinaus ist es tätig in Beziehung auf das Unwandelbare als solches – als absolute Macht und rein Allgemeines –, indem es *dankt*. Die Bedeutung des Dankens, in dem das Verhältnis des einzelnen Bewußtseins als Begierde, Arbeit und Genuß sich zusammenfaßt, liegt nun darin, daß das Bewußtsein „die Befriedigung ... seiner *Selbständigkeit* sich *versagt*, und das Wesen des Tuns von sich ab dem Jenseits zuweist" (S. 167 ob.). Somit ist aber bereits zumindest eine *Gegenseitigkeit* des Tuns festzustellen: nicht allein das Unwandelbare ist gebende Macht, sondern indem das einzelne Bewußtsein dankt und seiner Befriedigung entsagt, ist es auch tätig, nämlich gerade in diesem „sich Aufgeben" (ebd.).

Es zeigt sich so aber, daß die Selbstaufgabe noch nicht alles und kein letzter Schritt sein kann: das Selbst oder das Fürsichsein verschwindet hierin nicht einfach, sondern erhält sich zugleich *als* das dankende Bewußtsein. Also ist es nur ein „Schein", daß das Bewußtsein der Befriedigung seines Selbstgefühls entsagt; und so wie das Danken „*sein eignes Tun*" bleibt, so *ist es* auch zuvor selbst „Begierde, Arbeit und Genuß gewesen; *es* hat als Bewußtsein *gewollt, getan, genossen*" (S. 167 Z. 11). Im Verhältnis zur „sich preisgebenden Wohltat" (Z. 16) des Unwandelbaren, das hierin doch nur seine Oberfläche preisgibt, tut das einzelne Bewußtsein sogar mehr, wenn es im Dank seiner Selbständigkeit entsagt. In Wahrheit aber erreicht und befestigt es darin seine Selbständigkeit sogar auf eine indirekte, nämlich durch die scheinhafte Entsagung vermittelte Weise. Noch die Überlegung, daß es selbst mehr aufgibt als das Unwandelbare, trägt dazu bei, das Aufgegebene sogleich umso reicher und selbstsicherer wiederherzustellen.

Gegenüber der ersten Reflexion-in-sich, der des Allgemeinen aus der allseitig ausgebreiteten Wirklichkeit der seienden Einzelheiten, der sich das einzelne Bewußtsein zunächst selbst unterordnete, geht dieses nun aus seiner Reflexion-in-sich als gestärktes Fürsichsein hervor. Das Resultat seines Verhältnisses als Begierde, Arbeit, Genuß und Dank ist: „Die ganze Bewegung reflektiert sich ... in das *Extrem der Einzelheit*" (Z. 21–25); und für dieses ist die ursprüngliche Entgegensetzung des Bewußtseins selbst – als der fürsichseienden Einzelheit – zum Bewußtsein des Unwandelbaren wiederhergestellt. Die Seiten dieser Entgegensetzung haben aber jetzt einen veränderten Wert. Dies wird in den beiden folgenden Absätzen, mit denen die Darstellung des dritten Verhältnisses eingeleitet wird, sogleich näher bestimmt. – Zuvor jedoch sei noch ein Blick auf die geschichtliche Bedeutung des zweiten Verhältnisses geworfen.

Wenn der Abfolge der Formationen des erfahrenden Bewußtseins die zeitliche Sukzession historischer Ereignisse entsprechen muß, dann kann das zweite Verhältnis des unglücklichen Bewußtseins nur die Zeit nach den Kreuzzügen, also die Zeit seit dem ausgehenden 13. Jahrhundert, betreffen. Das unglückliche Bewußtsein bildet einen abstrakten Grundzug des religiösen Bewußtseins, das in einer bestimmten Epoche des geschichtlichen, objektiven oder Welt-Geistes herrschend war. In seinem zweiten Verhältnis nun bezieht sich das unglückliche Bewußtsein nicht mehr unmittelbar, sondern nur noch mittelbar auf das unwandelbare Wesen, nämlich über sein Verhältnis zur äußeren Wirklichkeit. Die vermittelnde Instanz tritt dabei jedoch noch nicht hervor für das Bewußtsein. Sie wird erst im Fortgang des dritten

Verhältnisses zu einem selbständigen Moment des gegenständlichen Komplexes. Geschichtlich ist diese vermittelnde Instanz des religiösen Bewußtseins des Mittelalters die Kirche mit der gesamten Organisation ihrer Institutionen. Durch die Kreuzzüge nun, so konstatiert Hegel in seinen Vorlesungen, „vollendete die Kirche ihre Autorität" (WW 12, S. 473). Die Ausbildung der Kirche zu einer selbständigen Institution überhaupt liegt zwar vor der Zeit der Kreuzzüge.[48] Die Vollendung ihrer Autorität bedeutet aber den Höhepunkt ihrer Herrschaft über das Bewußtsein und damit auch die Befestigung der ihr eigenen „Verkehrung", gegen die das Bewußtsein sich nun in sich als einzelnes reflektieren wird.

Die durch die Kirche, ihre Lehre und Erziehung vermittelte Beziehung des Bewußtseins zur Wirklichkeit der Welt läßt diese eben als eine gebrochene erscheinen: Sie ist zum einen das unmittelbar äußerliche Material für Begierde und Arbeit; sie ist aber zum andern die „geheiligte Welt", von Gott gegebene Schöpfung, zum Gebrauch und Genuß des Menschen nach Maßgabe der ihm von Gott verliehenen Fähigkeiten und Kräfte. Hierin versteht der religiöse Mensch nun die Macht des Allgemeinen, die selbst für ihn der nur jenseitige Adressat seines Dankes ist. Die eigentlich weltliche Realisierung des Allgemeinen aber wird durch dieses einzelne Bewußtsein noch nicht erreicht, obgleich auch sie geschichtlich, für den substantiellen objektiven Geist mit der beginnenden Staatenbildung einsetzt.[49] Er gehört dem sich entfremdeten Geist an, dessen Dasein die „Bildung" ist (s. PhG S. 350 ff.), eine Wirklichkeit, die nur als *geistiges* Wesen besteht (s. S. 346).

Das abstrakte, einzelne Selbstbewußtsein aber, das das Allgemeine nur in der abstrakten Weise des Unwandelbaren vorstellt, findet, wie sich zeigte, die Wirklichkeit nur als wirkliche Einzelheit in sich selbst – jedoch zugleich nicht mehr in der

---

[48] Vgl. Hegels Ausführungen über diesen Prozeß und über die in der Kirche des Mittelalters angelegten Widersprüche: WW 12, S. 449–460.
[49] S. das 3. Kap. der „Germanischen Welt": „Übergang der Feudalherrschaft in die Monarchie" (WW 12, S. 477 ff.).

Form der unmittelbaren sinnlichen Existenz, sondern erst in ihrer Aufhebung. Die „Trennung des geistigen und weltlichen Prinzips" (WW 12, S. 457 ob.), die nach Hegel der Kirche im Mittelalter überhaupt zugrunde liegt, findet in dieser Reflexion-in-sich des Einzelnen gegenüber aller äußeren Wirklichkeit ihren abstrakten Ausdruck. Ihre geschichtlich konkrete Form aber zeigt sich im Nebeneinander der hemmungslosen Machtpolitik von Papst und Kirche und der asketischen Spiritualisierung des Lebens im mönchischen Ideal. Bei diesem wird die geschichtliche Deutung des dritten Verhältnisses des unglücklichen Bewußtseins anknüpfen.

*B (3) Das Bewußtsein als aufgehobenes Fürsichsein:
Einheit von Einzelnem und Allgemeinem*

Das einzelne Bewußtsein hat nun seine eigene Wirklichkeit erfahren. Durch seine Tätigkeit gegen die äußere Wirklichkeit, bei der es sich in dem Glauben verhält, sein ganzes Tun nur passiv dem jenseitigen Unwandelbaren zu verdanken, hat es sich gerade auf sich selbst fixiert und ist in der Reflexion aus dem dankenden Anerkennen seiner selbst gewiß geworden als der ihm „wahrhafte(n) Wirklichkeit" (S. 168 Abs. 1, letzte Z.).
Doch diese Wirklichkeit des einzelnen Bewußtseins ist nur das eine Extrem des Verhältnisses, aus dem es sich gebildet hat. Es bleibt in der Beziehung auf das zuvor (S. 166 Abs. 2, Ende, vgl. ob. S. 159) ebenfalls in sich reflektierte andere Extrem, nämlich das rein Allgemeine.
„Dies dritte Verhältnis, worin diese wahrhafte Wirklichkeit das Eine Extrem ist, ist die *Beziehung* derselben auf das allgemeine Wesen, als der Nichtigkeit; und die Bewegung dieser Beziehung ist noch zu betrachten" (S. 168 Abs. 2).
Insofern das einzelne Bewußtsein für sich wahrhafte Wirklichkeit ist, ist ihm das Allgemeine nichtig. Man könnte sich deshalb an dieser Stelle fragen, warum es dann überhaupt noch eine weitere Bewegung geben müsse; warum das Bewußtsein nicht in

dieser erreichten Gewißheit seiner selbst beruhigt und zufrieden sein könne? Hegel gibt darauf keine explizite Antwort, sondern verlangt – wie fast immer – vom Leser offenbar die selbständige Berücksichtigung und Präsenz der zur Beantwortung erforderlichen Momente. Der folgende Absatz spricht jedenfalls sogleich von der „entgegengesetzten Beziehung des Bewußtseins", in der ihm keineswegs das allgemeine Wesen, sondern umgekehrt seine eigene Realität – die doch gerade als erreichte „wahrhafte Wirklichkeit" dargestellt wurde – das Nichtige sei (S. 168 Abs. 3). Damit wird vorausgesetzt, daß jener Zustand des bloßen Fürsichseins des Einzelnen, das sich vom allgemeinen, ihm äußerlichen Wesen in sich zurückzieht und abscheidet, nicht die vollständige Bestimmung des erreichten Bewußtsein ist. Diese Auffassung würde in der Tat bedeuten, daß das Resultat der Bewegung des zweiten Moments selber in seiner reinen Unmittelbarkeit und ohne die *in ihm aufgehobene Vermittlung* festgestellt würde. Berücksichtigt man jedoch die Vermittlung, dann erkennt man, daß die Wirklichkeit und Selbstgewißheit des einzelnen Bewußtseins nur dadurch Bestand hat, daß es sich aus dem Dank für die empfangene Gabe der Kräfte und Fähigkeiten, die ihm Arbeit und Genuß ermöglichen, in sich reflektiert. Die hier erreichte Selbstgewißheit der Wirklichkeit des einzelnen Bewußtseins resultiert erst aus dem „Niederschlagen" des unmittelbaren Bewußtseins seiner Eigenheit in Arbeit und Genuß, das es im dankenden Anerkennen vollzieht. Darin aber bindet es sich ja zuerst einmal an das allgemeine Wesen, und nur insofern auch diese Bindung noch immer sein eigenes Tun ist, liegt darin eine Affirmation seiner selbst. Die wahre Bedeutung der Entsagung seiner Selbständigkeit im unmittelbaren Verhältnis zur äußeren Wirklichkeit – in Begierde, Arbeit und Genuß – besteht also ebenso in der Anerkennung des allgemeinen Wesens wie in der erst dadurch vermittelten Wiederherstellung seiner Selbständigkeit. Die so erreichte Gewißheit seiner selbst ist deshalb untrennbar geknüpft an die Anerkennung des Unwandelbaren als des allgemeinen Wesens, durch die das einzelne Bewußtsein erst zur Gewißheit seiner selbst gelangt.

Die mit Abs. 3 (S. 168) beginnende Darstellung der Bewegung des dritten Verhältnisses setzt demnach mit jenem Moment in diesem Verhältnis ein, das im Bewußtsein der Wirklichkeit des Einzelnen als dessen vermittelnde Bedingung bereits enthalten ist. Ist das Bewußtsein für sich die wahrhafte Wirklichkeit, so doch nur, wie sich gezeigt hat, indem es gerade seine unmittelbare Wirklichkeit, die es im Tun und Genuß vorfindet, aufhebt. Die aus dem zweiten Verhältnis hervorgegangene Selbständigkeit als die Reflexion-in-sich zum Extrem der Einzelheit wirft das Bewußtsein nur zurück auf sich selbst. So aber hat es für sich zunächst keinen anderen Inhalt als die Tätigkeiten des Arbeitens und Genießens. Diese Situation kann abstrakter dadurch erklärt werden, daß das aus dem zweiten Verhältnis resultierende Bewußtsein sich zunächst nur wieder in seiner Unmittelbarkeit versteht: Es selbst ist das Wirkliche, das allgemeine Wesen aber das Nichtige. Daß jedoch das letztere in Wahrheit vielmehr Bedingung seiner Möglichkeit ist, wird sich für es nun erst in der Erfahrung mit sich, in dieser neuen Unmittelbarkeit seiner scheinbar alleinigen Wirklichkeit, herausstellen.

Es weiß sich als wirklich, insofern es sich aus der Aufhebung seiner unmittelbaren, auf die äußere Welt gerichteten Tätigkeiten und Bestrebungen in sich reflektiert. Damit aber erweist sich sogleich auch an ihm selbst, in der Wirklichkeit seiner Einzelheit, die Macht des Allgemeinen: jene Aufhebung geschieht durch und für es selbst nur um der bewußten Anerkennung jener gebenden Instanz willen, die das Unwandelbare für es geworden war. Unmittelbar ist somit für das Bewußtsein sein Inhalt (seine „Realität") das Nichtige (S. 168 Abs. 3, Z. 2), denn Tun und Genuß als solche verlieren allen „allgemeinen Inhalt und Bedeutung" (Z. 5). Die Macht des Allgemeinen hat es also ex negativo bereits anerkannt, indem es sich in seiner Selbstgewißheit immer nur dadurch zu erhalten weiß, daß es die Inhalte seines einzelnen Tuns und Genusses aufhebt. Gerade weil das einzelne Bewußtsein nur sich selbst, insofern es aus dieser Aufhebung resultiert, als die wahrhafte Wirklichkeit versteht, nicht aber den positiven Grund dieser Aufhebung, erreicht es auch hierin nicht sein Ziel.

Vielmehr dreht es sich im Kampf der Aufhebungsbemühung immer im Kreise, denn es kommt von dem immer wieder Aufzuhebenden zugleich doch niemals los. „Seiner als *dieses wirklichen Einzelnen* ist das Bewußtsein sich in den tierischen Funktionen bewußt. Diese, statt unbefangen, als etwas, das an und für sich nichtig ist und keine Wichtigkeit und Wesenheit für den Geist erlangen kann, getan zu werden, da sie es sind, in welchen sich der Feind in seiner eigentümlichen Gestalt zeigt, sind sie vielmehr Gegenstand des ernstlichen Bemühens und werden gerade zum Wichtigsten" (S. 168 Abs. 3).

Da in diesem Kampf der „Inhalt seines Bestrebens statt eines Wesentlichen das Niedrigste, statt eines Allgemeinen das Einzelnste ist" (S. 168 u.), ist hierin das Unglück, keine wahrhafte Befriedigung zu finden, noch verbunden einer „Ärmlichkeit" des ganzen Bemühens, die in den vorangehenden Formen des unglücklichen Bewußtseins noch nicht vorhanden war. – Dies ist das Bild des religiösen Asketen, des Mönches, der im isolierten Bewußtsein seiner selbst seine unmittelbare Wirklichkeit zu annullieren trachtet, doch nicht darüber hinaus zur Gewißheit der geistigen Versöhnung seiner Einzelheit mit dem göttlichen allgemeinen Wesen gelangt. Diese Figur ist zwar nicht ausschließlich auf eine einzige historische Epoche festzulegen, doch scheint es einleuchtend, daß nach der geschichtlichen Erfahrung der Kreuzzüge, das „unwandelbare Wesen" sei nicht in einer sinnlichen Einzelheit zu gewinnen, ein In-sich-Zurückgehen des religiösen Selbstbewußtseins und eine Negation der äußeren Bindungen an die Welt in besonderem Maße zum Ziel der religiösen Bemühung werden mußte. Das Allgemeine bleibt als der bewegende Grund dieser Bemühung, in der Verinnerlichung des religiösen Asketen, zunächst noch verborgen. Das Ziel vollständiger Entsagung der Teilhabe an den weltlichen Gütern kann jedoch auch für das einzelne Bewußtsein nur erreicht werden, wenn es sich auch *für sich* – mit seinem Willen in allem negierenden Tun – ausdrücklich dem Allgemeinen als seinem positiven Zweck unterordnet. Dieses aber ist geschichtlich für den religiösen Asketen die allgemeine Macht der Kirche. Durch diese letzte

Wendung wird er auch über sein „unglückliches Bewußtsein" hinausgelangen.

Der erste Schritt zu dieser Überwindung ist nun der, daß das Bewußtsein den Gedanken des Ansich als des allgemeinen Wesens – desjenigen, zu dem sich für es das Unwandelbare im zweiten Verhältnis bestimmt hatte – positiv miteinbezieht und zur Geltung bringt. Nur durch diesen Gedanken war, wie sich gezeigt hat, die Aufhebung und „versuchte unmittelbare Vernichtung seines wirklichen Seins" (S. 169 Abs. 1) vermittelt und motiviert. Diese Aufhebung beruhte auf der anerkennenden Beziehung des einzelnen Bewußtseins auf das gebende Prinzip des allgemeinen Wesens. Doch das ganz in sich reflektierte Bewußtsein, das sich in dem beschriebenen Kampf befindet, bezieht sich nun nicht mehr unmittelbar, sondern nur mittelbar auf das Allgemeine, insofern dieses für den Sinn und Zweck des Kampfes nur vorausgesetzt wird. War also das Streben nach Aufhebung der Einzelheit ursprünglich seinerseits vermittelt durch die Beziehung auf das Unwandelbare als allgemeines Wesen, so ist nun, wo zunächst nur noch die negative Bewegung der Aufhebung der einzelnen Wirklichkeit durch das Bewußtsein selbst Gegenstand ist, seine Beziehung auf das Unwandelbare, nicht aber jene Aufhebung *mittelbar* (S. 169 Abs. 2). Es muß sich jedoch gerade dieser nun für es mittelbaren Beziehung wieder bewußt werden, wenn es das Unglück seines aussichtslosen Kampfes überwinden will. Dies nämlich kann es nur, indem es sich der Voraussetzung und des wahren Zieles dieses Kampfes bewußt wird: Die Voraussetzung aber ist die Anerkennung, daß das Unwandelbare oder allgemeine Wesen für es selbst, für seine eigene Wirklichkeit wesentlich sei; und das Ziel ist, die Gewißheit seiner selbst in diesem Wesen, oder sein Fürsichsein im Ansichsein zu finden.

Die Wiederholung der Beziehung der fürsichseienden Einzelheit auf das andere Extrem des Ansich oder allgemeinen Wesens ist aber zugleich eine *wechselseitige* Vermittlung: das Ansich ist nur, was es für das Bewußtsein ist; das einzelne Bewußtsein aber weiß sich auch seinerseits für das unwandelbare Bewußtsein (des Ansich) vermittelt als das eine Extrem dieses ganzen „Schlusses", das die mittelbare Beziehung insofern ist, als sie die Mitte der bezogenen Extreme (des einzelnen Bewußtseins und des Unwandelbaren) ist. Dadurch gewinnt die Mitte auch Selbständigkeit als unterschiedenes Moment für das einzelne Bewußtsein, von dem aus die Bewegung ja letztlich immer zu betrachten ist: die Mitte ist für es ein *Tun*, das es mit dem Unwandelbaren verbindet; und somit bewirkt erst eigentlich diese tätige Mitte die „Vertilgung, welche das Bewußtsein mit seiner Einzelheit vornimmt" (S. 169 Abs. 3, Ende). In der Tat war es ja die (jetzt nur noch als mittelbar bewußte) Beziehung auf den Gedanken des Unwandelbaren, die das einzelne Bewußtsein zu seinem Kampf um Aufhebung seiner unmittelbaren Wirklichkeit bewegte. Durch die Konkretion dieser Mitte zu einem tätigen und „bewußten Wesen" (ebd.), das das Tun des einzelnen mit dem unwandelbaren Bewußtsein vermittelt, wird der zuvor nur in sich kreisende Kampf um Aufhebung der Einzelheit durch sich selbst überwunden – der Kreislauf wird durchbrochen, indem das einzelne Bewußtsein durch den „Mittler" die Gewißheit erhält, sich seiner Einzelheit auch *für das Unwandelbare* entäußert zu haben. Die Aufhebung der einzelnen Wirklichkeit wird nun nicht mehr allein durch das einzelne Bewußtsein selbst vollbracht – das sich in seinem einseitigen Vollbringen nur umso mehr in sich fixiert und dadurch die Aufhebung sogleich wieder wertlos gemacht hatte; sondern sie erfolgt durch die Unterstellung des *eigenen Entschlusses und Willens* des einzelnen Bewußtseins unter den „Rat des Mittlers". Nur so befreit sich das einzelne Bewußtsein wahrhaft „von dem Tun und Genuß als *dem seinen*" (S. 169 Abs. 4, Anfang). „Die Handlung, indem sie die Befolgung eines fremden Beschlusses ist, hört nach der Seite des Tuns oder des *Willens* auf, die eigene zu sein" (ebd.).

Doch diese Selbstaufgabe bleibt noch eine bloß *innere* Form der Entäußerung des Fürsichseins oder des Ich. Sie bleibt noch unvollständig, ja sie ist sogar noch grundsätzlich der Gefahr der Ambivalenz und Heuchelei ausgesetzt, wie sich in der ersten Form der bloß inneren Selbstaufgabe, dem Danken, gezeigt hat. Denn die Eigenheit des Wollens kann sich für das sich selbst

reflektierende einzelne Subjekt auch in der bewußten Unterordnung unter den fremden Rat doch immer wieder *als selbst gewollte* durchsetzen und fixieren. Zur Vollständigkeit gelangt die Selbstaufgabe erst, wenn das Bewußtsein sie auch an der gegenständlichen Seite seines Daseins vollbringt. Das bedeutet die Verzichtleistung nicht nur auf den eigenen Willen, sondern auch auf des Produkt seiner Arbeit und den Genuß als solchen — „auf seine in der Arbeit und im Genuß erhaltene *Wirklichkeit*" (S. 169 u./170 ob.). Die drei wesentlichen Momente dieser inneren und äußeren Selbstaufgabe des einzelnen Bewußtseins sind somit: (1) der Gehorsam: „... indem es etwas ganz Fremdes, ihm Sinnloses vorstellend und sprechend sich bewegt" — hierin gibt es seine „selbstbewußte *Selbständigkeit*", den verständigen Willen auf; (2) die Armut: „... indem es von dem Besitze, den es durch Arbeit erworben, etwas abläßt"; und (3) die Enthaltsamkeit: indem es „den gehabten *Genuß* ... auch wieder ganz sich versagt" (S. 170 Abs. 1).
So wie geschichtlich die Ausbildung des Mönchswesens überhaupt weit vor der Zeit liegt, auf die die jetzt erreichte Formation des unglücklichen Bewußtseins zu beziehen ist, so auch die Aufstellung der mönchischen Gelübde im Besonderen. Aber erst hier, nach dem geistigen Scheitern der Kreuzzüge und der Diremtion des Geistes in die Extreme des Weltlichen und Geistlichen, erhalten sie für das einzelne religiöse Selbstbewußtsein eine bildende und bewegte Kraft. Das hier betrachtete Selbstbewußtsein ist nur das religiöse, insofern es abstrakt durch die Ausrichtung auf das „unwandelbare Wesen" gekennzeichnet ist. Seine jetzt erreichte Gestalt ist gewissermaßen die Reinform der mönchischen Bestrebungen um eine rein geistlich orientierte Verwirklichung der kirchlichen Lehren. Die Kirche ist der „Mittler" zwischen dem Individuum und Gott. Was sie vorschreibt, ist dem Einzelnen absolutes Gebot, das allein ihm zum Heil dienen kann. Zu den geschichtlichen Bewegungen, die von diesem Bewußtsein beseelt sind, zählt Hegel in seinen Vorlesungen bereits die Stiftungen von Mönchs- und Ritterorden während und nach der Kreuzzugszeit. Sie sollten „eine Ausführung dessen sein ...",

was die Kirche bestimmt ausgesprochen hatte: es sollte Ernst gemacht werden mit der Entsagung des Besitzes, des Reichtums, der Genüsse, des freien Willens, welche von der Kirche als das Höchste aufgestellt worden war. Die Klöster oder sonstigen Stiftungen, welchen dieses Gelübde der Entsagung auferlegt worden war, waren ganz in das Verderben der Weltlichkeit versunken. Jetzt aber suchte der Geist innerhalb des Prinzips der Negativität rein an sich zu verwirklichen, was die Kirche aufgestellt hatte" (WW 12, S. 474).

Diese wirkliche Entsagung, die die selbständige Institution der Kirche, als Mittler der allgemeinen Macht, am einzelnen Bewußtsein vollbracht hat, hat eben dadurch dessen Befreiung bewirkt. Daß sie jedoch nicht nur für das subjektive einzelne Bewußtsein, durch *seine* Entsagung, geschehen ist, sondern auch für das Bewußtsein des objektiven Geistes, nämlich als seine allgemeine Zerrissenheit und als die Verkehrung der sittlichen Substanz – gerade in jenen mönchischen Gelübden, wie Hegel ausdrücklich betont hat[50] – das zeigt sich erst in der Realität derjenigen Gestalt des erscheinenden Wissens, in der eben der Geist als solcher das Subjekt des Wissens ist.[51] Die Entrücktheit des religiösen Asketen, der als gehorsames Glied seiner Kirche die vollständige Verwirklichung der mönchischen Gelübde vollbringt, erweist sich jedoch bereits als die extremste und reinste, eben darum auch einseitigste Form der „allgemeinen Zucht", die nach Hegel das menschliche Bewußtsein auf Grund seines immanenten geistigen Wesens durchmachen muß, um zur „Vernunft" zu kommen, und zwar sowohl individuell als auch geschichtlich. Die geschichtlichen Formen dieser Befreiung „*durch* die Knechtschaft" (WW 12, S. 487) – beim unglücklichen Bewußtsein handelt es sich um eine innere, geistige Knechtschaft des einzelnen Bewußtseins – haben dabei allerdings eine äußere Seite, die in der Zeit vergeht und so

---

[50] WW 12, S. 457 f. – Die Verkehrung der sittlichen Tugenden in den mönchischen Gelübden spiegelt nur die grundsätzliche Verkehrung, die Hegel in der Kirche des Mittelalters sieht.
[51] S. PhG S. 350 ff.: „Die Welt des sich entfremdeten Geistes. a. Die Bildung und ihr Reich der Wirklichkeit".

nicht wiederholt wird. Die Form der historischen Ausbildung des Christentums, das sich in den germanischen Völkern institutionalisierte, war die geschichtliche Leistung des Mittelalters, als ein Prozeß der Bildung des Geistes: „Die Härte des selbstsüchtigen, auf seiner Einzelheit stehenden Gemütes – dieses knorrigen Eichenherzens des germanischen Gemüts – ist durch die fürchterliche Zucht des Mittelalters gebrochen und zermürbt worden. Die zwei eisernen Ruten dieser Zucht waren die Kirche und die Leibeigenschaft" (WW 12, S. 486 unten f.). Das unglückliche Bewußtsein, für das, als abstrakter Vorform der Religion, Gott nur als das Abstraktum des „Unwandelbaren" das wahre Wesen ist, bildet einen Grundzug der einen Seite jener Zucht, nämlich der Kirche. „Die Kirche hat das Gemüt außer sich gebracht, den Geist durch die härteste Knechtschaft hindurchgeführt, so daß die Seele nicht mehr ihr eigen war; aber sie hat ihn nicht zu indischer Dumpfheit herabgebracht, denn das Christentum ist in sich geistiges Prinzip und hat als solches eine unendliche Elastizität ... Es wird in der Dogmatik ausgesprochen, daß diesen Kampf notwendig jeder Mensch durchgemacht haben müsse, denn er ist von Natur böse, und erst durch seine innere Zerrissenheit hindurchgehend kommt er zur Gewißheit der Versöhnung" (S. 487). Aber diese allgemeine Notwendigkeit realisiert sich nun weiter unter geschichtlich veränderten Bedingungen und Formen. Hier fährt Hegel fort: „Wenn wir dies einerseits zugeben, so muß andererseits doch gesagt werden, daß die Form des Kampfes sehr verändert ist, wenn die Grundlage eine andere und die Versöhnung in der Wirklichkeit vollbracht ist. Der Weg der Qual ist alsdann hinweggefallen (er erscheint zwar noch später, aber in einer ganz anderen Gestalt), denn wie das Bewußtsein erwacht ist, befindet sich der Mensch in dem Elemente eines sittlichen Zustandes. Das Moment der Negativität ist freilich ein notwendiges im Menschen, aber es hat jetzt die ruhige Form der Erziehung erhalten, und somit schwindet alle Fürchterlichkeit des Kampfes. Der Mensch hat das Gefühl der wirklichen Versöhnung des Geistes in ihm selbst und ein gutes Gewissen in ihrer Wirklichkeit, in der Weltlichkeit, erlangt. Der Menschengeist hat sich auf seine Füße gestellt" (S. 487 f.). – Betrachten wir nun, wie sich die positive Wendung, die in den beiden letzten Sätzen dieses Zitats aus den Vorlesungen bereits ausgesprochen wird, am vollendeten einzelnen Selbstbewußtsein in der Überwindung seines Unglücks ergibt.

In seinen Verzichtleistungen von Gehorsam, Armut und Enthaltsamkeit verschwindet das einzelne Bewußtsein nicht einfach, sondern es erhält sich als Selbstbewußtsein, gerade insofern es sich darin aufgibt und auf seine Wahrheit bezieht. Die Bewegung der Selbstaufhebung in den Bestimmtheiten der einzelnen Wirklichkeit ist so auch eine *positive* Bewegung, da nur durch eigene Tätigkeit und bewußtes Selbstverhältnis jenes Resultat erzielt werden kann. Die Aufhebung der Eigenheit des Willens unter den Rat und Beschluß des Mittlers gipfelt darin, daß auch die eigene *Einsicht* in das, was es tun soll, nichtig sei und preisgegeben werden müsse. Dieses „Treiben eines unverstandenen Geschäfts" aber wird eben im ersten Satz des folgenden Absatzes (S. 170 Abs. 2) zugleich als „das positive Moment" bezeichnet. Zwar wird in diesem „Treiben" zunächst eine negative Tätigkeit ausgeübt: es „nimmt ... sich in Wahrheit und vollständig das Bewußtsein der innern und äußern Freiheit, der Wirklichkeit als seines *Fürsichseins*" (ebd.); aber zugleich bedeutet dies die endgültige „Gewißheit, in Wahrheit seines *Ich* sich entäußert, und sein unmittelbares Selbstbewußtsein zu einem *Dinge*, zu einem gegenständlichen Sein gemacht zu haben" (ebd.).

Die Betonung liegt darauf, daß hiermit die Entäußerung „in Wahrheit und vollständig" vollbracht sei, im Unterschied zu jener nur inneren und unechten Selbstaufgabe, die im dankenden Anerkennen doch in Wahrheit sowohl an der äußeren Eigenheit des Besitzes und Genusses als auch sogar noch an der inneren Eigenheit festhält, die nämlich im Bewußtsein des selbst gefaßten Entschlusses und des selbst bestimmten Inhalts liegt. Wenn nun dagegen das unmittelbare Selbstbewußtsein zu einem Ding und gegenständlichen Sein geworden ist – und zwar für das Bewußtsein selbst –, so ist damit alle Eigenheit des bloß einzelnen Bewußtseins – deren Spitze sich im Eigen*willen* artikuliert –

wirklich aufgehoben. Damit steht nicht mehr im Selbstbewußtsein und für es seine Einzelheit – die in der Bindung an das unwandelbare, mannigfaltige Dasein in und außer ihm bestand – seinem unwandelbaren Wesen gegenüber. Diese Entgegensetzung ist verschwunden, weil die Fixierung der Seite der Einzelheit sich selbst aufgelöst hat, indem die extreme Reflexion-in-sich der einzelnen Wirklichkeit des Selbstbewußtseins durch die vollständige Selbstaufgabe in ihr Gegenteil umgeschlagen ist. Das daraus hervorgehende Bewußtsein hat sein Selbstbewußtsein nur noch in der Negation seiner selbst, indem es alle Eigenheit des Wollens und Vollbringens in den Mittler legt. Das es jedoch durch diesen mit dem Unwandelbaren vermittelt ist – und umgekehrt, denn der Mittler ist ja „der gegenseitige Diener eines jeden bei dem andern" (S. 169 Abs. 3) – hat die Aufopferung der Einzelheit nicht nur eine negative Bedeutung, sondern die darin vollbrachte Aufhebung des eigenen Willens ist zugleich „das Setzen des Willens als eines *Andern*" (S. 170 u.). Dieser Wille ist zwar für das Bewußtsein selbst nur der Wille des andern Extrems, des Unwandelbaren, das nur an sich ist; und indem hierin seine Selbstaufhebung durch den Mittler bewirkt ist und damit mittelbar auf das Unwandelbare zurückgeht, ist die positive Bedeutung des Willens, der vom Bewußtsein als der Wille eines Andern gesetzt ist, die, daß er der Wille des Unwandelbaren ist; und damit ist er auch für es nun *an sich allgemeiner Wille*. In ihn hat sich das reine Fürsichsein des einzelnen Bewußtseins aufgehoben, und diese Aufhebung ist ebenso für es wie an sich. Aber dieses konkrete Ansich, in dem das Fürsichsein aufgehoben ist, ist für das Bewußtsein in der jetzt erreichten Stellung eben nicht *es selbst*. Es hat sich, die Wirklichkeit seines Fürsichseins, zwar an das Ansich entäußert, aber darum ist dieses, das Positive seines Willens und Tuns, nicht sein eigenes Tun.

Dies ist die letzte Spitze des unglücklichen Bewußtseins, das zwar nach der positiven Seite seiner Selbstaufgabe, insofern es sich vollständig seines Fürsichseins entäußert hat, sein Unglück überwunden hat: nur in dieser völligen Entäußerung, in der es keine innere Entzweiung mehr geben kann, also nur insofern es an sich, nicht aber insofern es für sich ist, hat sein Unglück von ihm abgelassen. Darin hat es nun erfahren und „läßt sich von dem vermittelnden Diener diese selbst noch gebrochne Gewißheit aussprechen" (S. 171): daß *an sich* sein Unglück „das verkehrte", also in Wahrheit kein Unglück sei, sondern „sich in seinem Tun selbstbefriedigendes Tun, oder seliger Genuß" (ebd.). Aber solange und insofern das Bewußtsein dieses wahrhafte Ansich, die Einheit des Einzelnen und des Allgemeinen, nur gegenständlich vorstellt und damit sich doch unmittelbar von ihm unterscheidet, ist eben die Gewißheit seiner Versöhnung noch die „gebrochene" und das „Aufgehobensein (von Schmerz und Unglück) ... in der positiven Bedeutung ein *Jenseits*" (ebd.).

*Dieses* „Jenseits" ist nun jedoch, im Unterschied zu allen früheren Formen, in denen es auftrat, auch für das Bewußtsein selbst die Einheit des Allgemeinen mit der Einzelheit, da in ihm die Einzelheit des Bewußtseins aufgehoben ist – und dies ebenso für es, das einzelne Bewußtsein, wie für das andere, das ihm als das unwandelbare Bewußtsein zuerst nur entgegengesetzt war. Im Gedanken dieser Einheit gelangt somit auch das einzelne Bewußtsein zu der Gewißheit, daß es „in seiner Einzelheit absolut *an sich* ist" (S. 171 u.) – denn es selbst hat sich aufgehoben, und die Einzelheit, die es ist, ist damit nicht vernichtet, sondern mit dem Allgemeinen oder Ansich vereinigt. Sein Tun hat keine Bedeutung und Wirklichkeit mehr in seiner einzelnen Unmittelbarkeit, wie es vom Selbstbewußtsein in seinem reinen Fürsichsein verstanden wurde. Aber indem es auf den Mittler übertragen und durch ihn in das Unwandelbare gesetzt wurde, ist es zum Tun *an sich* erhoben worden; und als solches ist es nun „absolutes Tun" – das Tun des einzelnen Bewußtseins, das in ihm sein Sein hat, ist nicht mehr unwesentlich, sondern als Tun des Einzelnen auch Tun des Unwandelbaren. Diese Vereinigung wird vom Bewußtsein vorgestellt als der neue, wahre Gegenstand.

„Aber in diesem Gegenstande, worin ihm sein Tun und Sein, als dieses *einzelnen* Bewußtseins, Tun und Sein *an sich* ist, ist ihm die Vorstellung der *Vernunft* geworden, der Gewißheit des Be-

wußtseins, in seiner Einzelheit absolut *an sich*, oder alle Realität zu sein" (S. 171, letzter Satz).
Das Bewußtsein geht mit der Vorstellung dieses Gegenstandes, der die „Vernunft" ist, „in sich selbst zurück" (S. 176, 1. Satz): Die *Gewißheit*, alle Realität zu sein, die als Gegenstand vorgestellt wird, hat an ihr selbst die Form der Einzelheit. Sie ist als gegenständliches Wesen für das vorstellende Bewußtsein das Ansich, und somit ist ihm nun selbst gewiß, „daß das *einzelne* Bewußtsein *an sich* absolutes Wesen ist" (ebd.). Es findet und präsentiert sich hiermit selbst seine vollkommene Einheit mit dem Wesen, Ansichsein und Allgemeinen – und dieses hat seinerseits aufgehört, jenseitiges Extrem gegen das Bewußtsein zu sein, indem es für das letztere nur noch über die Vermittlung bestimmt wird, in die es, das Einzelne, sich entäußert hat. Das Resultat ist deshalb gerade diese Mitte als die Einheit von Einzelheit und Allgemeinheit, Fürsich- und Ansichsein. Das Einzelne hat sich, negativ gegen sich selbst, darin entäußert für die Vorstellung: es subsumiert seine eigene Bestimmtheit unter das Wesen; aber das Ansich, das frühere Unwandelbare, wird umgekehrt auch dadurch selbst bestimmt, konkretisiert – die abstrakte Unwandelbarkeit ist ihrerseits *realisiert* in der vermittelnden Mitte und nur dadurch „alle Realität". Es ist somit in Wahrheit diese Mitte, in die beide Extreme zurückgegangen sind, und die die erreichte konkrete Einheit als den neuen wahren Gegenstand ausmacht. Erst indem sie so vorgestellt wird, wird sie als „Vernunft" vorgestellt, und die Erfahrung des Bewußtseins hat zur Bildung einer entscheidenden neuen Gestalt des erscheinenden Wissens geführt.
Diese Bildung des Selbstbewußtseins zur Vernunft, die aus der Aufhebung des unglücklichen Bewußtseins hervorgeht, stellt, wie wir sahen, insgesamt für Hegel die abstrakt-subjektive Struktur der philosophisch begriffenen Geschichte des Christentums dar. Sie vollzieht sich geschichtlich konkret im positiven Resultat aus dem spirituell gewordenen Mönchswesen des ausgehenden Mittelalters. Als dieses Resultat versteht Hegel die Reformation. Die in der Verwirklichung der mönchischen Ge-

bote vollbrachte Entäußerung des einzelnen Ich an das allgemeine Wesen, und die dadurch zur Gewißheit gewordene Einheit mit ihm wird als die Wahrheit der christlichen Religion überhaupt erkannt: „Luthers einfache Lehre ist, daß das *Dieses*, die unendliche Subjektivität, d. i. die wahrhafte Geistigkeit, Christus, auf keine Art in äußerlicher Weise gegenwärtig und wirklich ist, sondern als Geistiges überhaupt nur in der Versöhnung mit Gott erlangt wird – *im Glauben und im Genusse* ... Es ist ... das Bewußtsein ... von einem Wirklichen, das nicht sinnlich ist" (S. 494). Dieser Glaube aber ist „nicht Glauben an Abwesendes, Geschehenes und Vergangenes, sondern die subjektive Gewißheit des Ewigen, der an und für sich seienden Wahrheit, der Wahrheit von Gott" (495). Diese Gewißheit wird nur durch den „Heiligen Geist bewirkt" (ebd.), d. h. sie ist „eine Gewißheit, die nicht dem Individuum nach seiner partikulären Besonderheit, sondern nach seinem Wesen zukommt" – „der Geist Christi erfülle wirklich das menschliche Herz, Christus sei also nicht bloß als historische Person zu nehmen, sondern der Mensch habe zu ihm ein *unmittelbares Verhältnis im Geiste*" (ebd.). Der Unterschied zwischen Priestern und Laien im wesentlichen, religiösen Sinne fällt deshalb weg. „Jeder hat an sich selbst das Werk der Versöhnung zu vollbringen" (496) – nur dadurch werden „die absolute Innigkeit der Seele, die der Religion selbst angehört, und die Freiheit der Kirche gewonnen" (ebd.). Das Subjekt selbst „soll ein wahrhaftes werden, indem es seinen partikulären Inhalt gegen die substantielle Wahrheit aufgibt und sich diese Wahrheit zu eigen macht. So wird der subjektive Geist in der Wahrheit frei"; und umgekehrt wird dadurch, durch diesen Prozeß der „Bildung" – der in Wahrheit die wechselseitige Bildung von Subjekt und Substanz ist – „die christliche Freiheit wirklich" (ebd.).

Bildet in der Phänomenologie von 1807 das Buch C „Vernunft" bereits das letzte – die weiten Einteilungen gehören *in* dieses –, so ist weltgeschichtlich für Hegel mit der Reformation, „das neue, das letzte Panier aufgetan, um welches die Völker sich sammeln, die Fahne des *freien Geistes*, der bei sich selbst ...

ist" (ebd.). Dieses höchste geistige Prinzip muß nun wieder zur Realisierung gelangen, muß objektiv werden: „Die Zeit von da bis zu uns hat kein anderes Werk zu tun gehabt und zu tun, als dieses Prinzip in die Welt hineinzubilden, indem die Versöhnung an sich und die Wahrheit auch objektiv wird, der Form nach ... Recht, Eigentum, Sittlichkeit, Regierung, Verfassung usw. müssen nun auf allgemeine Weise bestimmt werden, damit sie dem Begriffe des freien Willens gemäß und vernünftig seien. So nur kann der Geist der Wahrheit im subjektiven Willen, in der besonderen Tätigkeit des Willens erscheinen; indem die Intensität des subjektiven freien Geistes sich zur Form der Allgemeinheit entschließt, kann der objektive Geist erscheinen" (497). Ist das Prinzip der „konkreten Freiheit" als solches im religiösen Bewußtsein hervorgetreten und fundiert, so muß seine weltliche Realisierung auch in dieser Bindung geschehen und begriffen werden: „In diesem Sinne muß man es nehmen, daß der Staat auf Religion gegründet sei. Staaten und Gesetze sind nichts anderes als das Erscheinende der Religion an den Verhältnissen der Wirklichkeit" (ebd.).

Wie aber der Weltgeist auf dem Wege dieser Realisierung noch weitere Stufen und Formationen zu durchlaufen hat, so muß auch das erscheinende Wissen, das, nach der Gestalt des unglücklichen Bewußtseins, zunächst als „Vernunft" auftritt, bis zu seinem absoluten Ziel *als Wissen* sich noch durch eine lange Reihe von Verhältnissen zur wahren Gegenständlichkeit hindurcharbeiten.

# Verzeichnis
## der zitierten Ausgaben und Einzelwerke

*Fichte*, Johann Gottlieb
- Fichtes Werke, hrsg. von Immanuel Hermann Fichte, Berlin 1971 (reprogr. Nachdruck der Ausgaben von 1834/35 und 1845/46)

*Hegel*, Georg Wilhelm Friedrich

　　*a) Werkausgaben*

- - GW: Gesammelte Werke, hrsg. im Auftrag der Deutschen Forschungsgemeinschaft, Hamburg (Meiner) 1968 ff.

- - WW: Werke in 20 Bänden, auf der Grundlage der *Werke* von 1832–1845 neu ediert von E. Moldenhauer und M. Michel, Frankfurt/M. (Suhrkamp: Theorie Werkausgabe) 1969–1971

　　*b) Einzelwerke*

- Enz: Enzyklopädie der philosophischen Wissenschaften im Grundrisse (1830), zitiert nach §§ (WW 8–10)

- JR I,II: Jenenser Realphilosophie, aus dem Manuskript hrsg. von Johannes Hoffmeister: I: Die Vorlesungen 1803/4, Hamburg (Meiner) 1932; II: Die Vorlesungen 1805/6, Hamburg (Meiner) 1931

- Nohl: Hegels theologische Jugendschriften, nach den Handschriften der Königl. Bibl. in Berlin hrsg. von Herman Nohl, Tübingen 1907

- PhG: Phänomenologie des Geistes. Nach dem Texte der Original-Ausgabe hrsg. von Johannes Hoffmeister. Hamburg (Meiner), 6. Aufl. 1952

- Rph: Grundlinien der Philosophie des Rechts oder Naturrecht und Staatswissenschaft im Grundrisse. Mit Hegels eigenhändigen Notizen und den mündlichen Zusätzen (WW 7)

- VG: Die Vernunft in der Geschichte. Hrsg. von Johannes Hoffmeister. Hamburg (Meiner), 5. verb. Aufl. 1955

- WL: Wissenschaft der Logik, Bände I, II, hrsg. von Georg Lasson. Hamburg (Meiner) 1934 (unveränd. Nachdruck 1963)

*Kant*, Immanuel
- – AA: Kants gesammelte Schriften, hrsg. von der Königl. Preußischen Akademie der Wissenschaften. Berlin 1907 ff.
  – Die ‚Kritik der reinen Vernunft' wird nach der Originalpaginierung der Ausgaben A (1781) und B (1787) zitiert.

*Schelling*, Friedrich Wilhelm Joseph
- – SW: Schellings Werke, nach der Originalausgabe in neuer Anordnung hrsg. von Manfred Schröter. München 1927 ff.

# Sachregister

Absolutes 113, 138, 144, 150
Andacht 130, 138, 148, 150
Anderes, Anderssein 2, 3, 5, 20, 22, 24 f., 28, 30, 32 f., 40, 41, 45 f., 49 f., 51, 55, 59 f., 67 ff., 100, 105, 108, 117
Anerkennung 24, 31 A, 53 ff., 76 ff., 97
Angst 83 f., 93, 119
Anschauung 63, 81, 96
–, intellektuelle 2
Ansich(sein) 41, 63, 65, 102 ff., 105, 118, 131, 159, 167 f., 175
Apperzeption, transzendentale 4, 5, 15, 18, 90 A
Arbeit 29, 75 ff., 81, 82 ff., 86, 88 f., 90 A, 96, 158 ff., 169
Ataraxie 119
Aufheben 30, 32, 33, 70, 85, 89, 91, 139

Bedürfnis 74, 80, 82, 99
– der Philosophie 10, 113
Begierde 23, 26 ff., 45 ff., 58, 73, 87, 98, 158 ff.
Bergpredigt 149
Bewußtsein
–, natürliches 3, 8, 10 f., 12 f., 15 f., 93 f.
–, philosophisches 3
–, religiöses 128, 144, 145, 155 f., 162, 166 f., 177
Bildung 81, 82 ff., 88 f., 92, 96, 162, 175 f.

Bildungsgeschichte 8 f., 12, 70, 98, 150 f.

Christentum 137, 142, 144 ff., 149 f., 154 ff., 171, 175 ff.
Denken 15, 102 ff., 111, 116 f., 130, 138A, 148 f., 151
Dialektik/dialektisch 110, 112 A, 118
Ding 20, 26, 27, 43, 72, 73, 75, 81, 87, 105, 155, 172

Eigensinn 88, 90, 92, 94, 96, 107
Einheit s. Identität
Endlichkeit 90, 113, 119
Epoché 120
Erfahrung 4, 5, 19 f., 36, 115
Erfahrungsgeschichte 12 ff., 64, 70, 76, 115
Erklären 20 f.
Eudaimonia 109

Freiheit 54, 62, 63, 66, 74, 79, 81 f., 86, 87, 95, 97, 99, 101, 110, 111, 119 f., 138, 172, 176 f.
Füreinander(sein) 60 f., 65, 66
Fürsich(sein) 27, 42, 43, 46 f., 51, 55, 63 ff., 67 f., 71 f., 78, 83, 86, 88, 89, 99, 102 ff., 105, 131, 157, 159, 161, 172

Gattung 35, 38 f., 42 f., 48, 99
Gegenstand/Gegenständlichkeit s. Objekt/Objektivität

Geist 6, 18, 35, 37, 39, 52 f., 62, 63, 92, 124 f., 137, 143, 145 f.
–, subjektiver 30, 176 f.
–, objektiver 5, 53, 87, 161, 170, **177**
–, absoluter 5, 53, 87
Gemüt 149 f., 151, 171
Genuß 76, 80, 87, 98, 158 ff., 162, 164, 167 ff., 174
Germanentum 150, 171
Geschichte 124, 126 A
–, begriffene 100, 125
– pragmatische G. des menschlichen Geistes 1
– des Selbstbewußtseins 1, 3
Gott 6, 36 f., 109, 128, 138, 145, 149, 155, 169, 171, 176

Handeln 109

Ich 2, 14, 18, 23, 25, 28, 44 f., 64, 102, 105, 172
Idealismus 1 ff., 14, 18 f., 90 A, 112 A
Identität 2, 4, 5, 18, 22, 23, 35, 45, 54, 90 A
Individuum 13, 38, 40 ff., 44, 59 f., 169
Innerlichkeit 138, 148 f.

Jenseits 101, 128, 130, 138, 151 ff., 174
Judentum 137 ff., 141 f., 143

Kapitalismus 66
Kategorie/kategorial 15, 18, 27, 57, 58, 59 f., 70, 100, 116

Kirche 149 f., 155, 162 f., 166 ff.
Kraft 36, 62
Krankheit 27
Kreuzzüge 154 ff., 162, 169

Leben 28, 35 ff., 65, 69, 71 f., 106, 134
–, tierisches 121
List der Vernunft 78

Mensch/menschlich 30, 31 A, 50, 54, 65, 66, 75, 82, 86, 95, 106, 121
Mönchstum 166 f., 175 f.
Moralität 28

Natur/natürlich 2, 38 f., 49, 67, 75, 171
– zweite N. 75
Negation/negatives Wesen 26, 33, 45, 46, 47 ff., 61, 65, 66, 68 f., 71, 85, 89 f., 91 f., 93, 109, 110, 111 (A), 114 f., 116, 139, 157, 171
– natürliche N. 84, 85
Notwendigkeit 11 f., 54, 58, 59, 66, 112 A, 171

Objekt/Objektivität 2, 4 f., 18, 21, 22, 34, 47, 49 f., 76, 117, 124, 150
Ontologie 6
Organismus 37 f., 45, 48 f.
Ousia s. Substanz

Persönlichkeit 136

Realität 11, 130, 132, 166, 175

Rechtszustand 125, 135
Reflexion 14 f., 24, 36 f., 42, 50, 63, 108, 131
Reflexionsphilosophie 9 f., 12 f., 16 f.
Reformation 137, 175 f.
Revolution 66, 96

Schöpfung 162
Seele 49
Sehnsucht 130, 136, 141, 151
Sein-für-Anderes 27, 41, 43, 67, 78, 80, 83, 86
Sinnlichkeit, sinnliches Dasein 14, 23, 32, 144 ff., 152 ff., 155
sinnliche Gewißheit 3, 19, 24 ff., 27, 111 A, 116, 118, 152, 155
sinnliche Wahrnehmung 3, 19 f., 24 ff., 27, 111 A, 116, 118
Sittlichkeit 28, 35, 51, 177
Skeptizismus 17, 52, 101, 111 ff.
spekulativ 52
– s.e Methode 111 A
Sprache 90 A
Subjekt 2, 4, 7, 14 f., 22, 38 f., 41, 90 A, 150 f.
Substanz 6, 7, 15, 35, 39, 42, 48, 51, 63, 169

Telos 6 f., 13, 16, 43, 54, 157

Theologie 6
Tod 69 f., 83 ff.
Trieb 28 f.

Unendlichkeit 36, 55 f.

Verdinglichung 86, 156
Vernunft 3, 5, 13 f., 15, 18, 35, 52 f., 78 f., 87, 91, 132, 174 f.
Versöhnung 133, 136, 139, 144, 166, 171, 176
Verstand 5, 6, 9, 13 f., 19 f., 21, 90, 111 A, 113
Vorstellen 102 ff.

Weltgeschichte 66, 81 f., 95, 100, 106, 125, 144 f.
Wille 23, 29, 168, 171 f., 177
Wissen
–, erscheinendes 8 f., 10, 12, 14, 16 f., 56, 66, 100, 114 f., 125
–, absolutes 8, 10, 12, 13, 15, 16, 57, 102, 114, 116
Wissenschaft 10 ff., 15, 87
– der Erfahrung des Bewußtseins 8, 12
– der Logik 7 ff., 18, 38, 51, 55, 57, 90, 116

Ziel, Zweck s. Telos

# Namenregister

Abraham 141, 142 A
Aristoteles 37, 81 f., 94, 109

Bubner, R. 7 A, 8 A, 9 A, 58 A

Claesges, U. 8 A

David und die Propheten 141, 142 A, 143
Descartes, R. 14 f., 16, 23, 113 f.
Dilthey, W. 37

Fetscher, I. 57 A
Fichte, J. G. 1 ff., 14, 18, 23, 28, 44, 72
Fink, E. 57 A
Flay, J. C. 8 A
Fulda, H. F. 7 A, 8 A, 58 A
Gadamer, H. G. 13 A

Heidegger, M. 8 A, 84
Hösle, V. 39 A
Hyppolite, J. 126 A, 137 A, 142 A

Janke, W. 137 A
Kant, I. 4 ff., 14 f., 17 f., 21 f., 23, 40, 44, 90 A

Kesting, H. 57 A
Kierkegaard, S. 83
Kojève, A. 31 A, 57 A

Lakebrink, B. 57 A
Luther 175

Marx, K. 66, 79, 82, 86, 90 A
Moses 142 A

Peisistratos 95
Platon 112 f., 112 A
Pöggeler, O. 39 A
Pyrrho 111 A, 119

Scheier, C.-A. 57 A, 127 A
Schelling, F. W. J. 1 ff., 14, 111
Sextus Empiricus 111 A
Siep, L. 53 A
Solon 95
Spinoza, B. 15

Trede, J. H. 7 A

Wahl, J. 126 A, 141 A
Wandschneider, D. 39 A